KANT

Dados Internacionais de Catalogação na Publicação (CIP)
(Câmara Brasileira do Livro, SP, Brasil)

Cassirer, Ernst
  Kant : vida e doutrina / Ernst Cassirer ; tradução de Rafael Garcia e Leonardo Rennó Ribeiro Santos. – Petrópolis, RJ : Vozes, 2021.

  Título original: Kants Leben und Lehre

  1ª reimpressão, 2023.

  ISBN 978-65-5713-288-3

  1. Filosofia alemã 2. Filósofos – Alemanha – Biografia 3. Kant, Immanuel, 1724-1804 I. Título.

21-65009   CDD-193

Índices para catálogo sistemático:
1. Filósofos alemães : Biografia e obra 193
2. Kant : Filosofia alemã 193

Cibele Maria Dias – Bibliotecária – CRB-8/9427

KANT
Vida e doutrina

ERNST CASSIRER

Tradução de Rafael Garcia e Leonardo Rennó Ribeiro Santos

EDITORA VOZES

Petrópolis

Tradução do original em alemão intitulado *Kants Leben und Lehre*

© desta tradução:
2021, Editora Vozes Ltda.
Rua Frei Luís, 100
25689-900 Petrópolis, RJ
www.vozes.com.br
Brasil

Todos os direitos reservados. Nenhuma parte desta obra poderá ser reproduzida ou transmitida por qualquer forma e/ou quaisquer meios (eletrônico ou mecânico, incluindo fotocópia e gravação) ou arquivada em qualquer sistema ou banco de dados sem permissão escrita da editora.

CONSELHO EDITORIAL

Diretor
Volney J. Berkenbrock

Editores
Aline dos Santos Carneiro
Edrian Josué Pasini
Marilac Loraine Oleniki
Welder Lancieri Marchini

Conselheiros
Elói Dionísio Piva
Francisco Morás
Gilberto Gonçalves Garcia
Ludovico Garmus
Teobaldo Heidemann

Secretário executivo
Leonardo A.R.T. dos Santos

Diagramação: Raquel Nascimento
Revisão gráfica: Nilton Braz da Rocha / Fernando Sergio Olivetti da Rocha
Capa: Renan Rivero

ISBN 978-65-5713-288-3

Este livro foi composto e impresso pela Editora Vozes Ltda.

Sumário

Apresentação da tradução brasileira, 7

Prefácio à primeira edição, 15

Introdução, 19

1. Anos de juventude e educação, 25

2. Os anos como *Magister* e o início da doutrina kantiana, 48

    1. A imagem de mundo das ciências naturais – Cosmologia e cosmofísica, 48

    2. O problema do método metafísico, 64

    3. A crítica da metafísica dogmática – Os "Sonhos de um visionário", 82

    4. A separação do mundo sensível e inteligível, 96

    5. A descoberta do problema crítico fundamental, 117

3. A construção e os problemas fundamentais da *Crítica da razão pura*, 138

4. Primeiros efeitos da filosofia crítica. Os Prolegômenos. As Ideias de Herder e a fundamentação da filosofia da história, 208

5. A construção da ética crítica, 220

6. A *Crítica da faculdade de julgar*, 254

7. Os últimos escritos e as últimas batalhas. A religião nos limites da simples razão e o conflito com o governo prussiano, 333

Referências bibliográficas, 385

    Edições de Kants Leben und Lehre utilizadas, 385

    Traduções em português das obras de Kant utilizadas, 385

    Obras citadas por Cassirer, 387

Apresentação da tradução brasileira

Publicado pela primeira vez em 1918, *Kant – Vida e doutrina* é um texto consagrado na historiografia filosófica, o que se evidencia tanto pela recepção e ampla leitura à época de sua publicação como também por sua presença, mesmo já centenário, na literatura especializada recente de Kant. A obra alcançou audiência considerável também por suas traduções para o espanhol em 1948, para o italiano em 1977, para o inglês em 1981 e para o turco em 1987. Já em 2001 a obra ganhou uma nova edição em alemão no contexto da publicação da coleção das obras completas de Ernst Cassirer pela Editora Felix Meiner de Hamburgo. A obra também foi traduzida para os idiomas grego (2001) e romeno (2013). As seguidas reimpressões da obra, tanto no original como em suas traduções, confirmam seu sucesso entre leitores e críticos.

Originalmente, *Kant – Vida e doutrina* foi concebido como "volume de comentário e adendo" à edição das obras completas de Kant organizada por Ernst Cassirer entre os anos de 1912 e 1918 com a colaboração de Hermann Cohen, entre outros. Esta coleção foi publicada pela Editora Bruno Cassirer em Berlim e logo se tornou uma das mais lidas no circuito acadêmico alemão. De fato, por longo tempo essa edição rivalizou com a edição da Academia de Ciências de Berlim, que lhe é anterior e cujo esforço coletivo e longevo a tornou finalmente a edição padrão entre estudiosos. Não obstante, a edição organizada por Cassirer foi uma referência central aos estudiosos da filosofia de Kant nos anos de 1920 e 1930, em grande medida caudatária do prestígio e do reconhecimento então conferidos aos pensadores neokantianos (cf. Paetzold, pp. 35-45; Gordon, 2010, p. 64).

Kant – Vida e doutrina rapidamente se desvinculou da coleção para a qual fora concebido e ganhou vida própria. Também como obra filosófica, ela vai muito além da modesta tarefa afirmada de comentário destinado "àqueles que se encontram ainda em meio aos estudos" da obra de Kant e apresenta uma interpretação que pode ser lida como a mais abrangente síntese da compreensão sobre Kant produzida pelo programa crítico da Escola de Marburgo. É como se aqui Cassirer complementasse a sua própria apresentação de Kant feita no segundo volume do seu *O problema do conhecimento na filosofia e na ciência modernas* (1907) (cf. Liebert, 1920). Lá, nas detidas exposições que compreendem os livros *De Newton a Kant* e *A filosofia crítica*, ele reconstrói o conjunto dos problemas metodológicos e conceituais que animavam a ciência e a filosofia que posteriormente suscitam a *crítica da razão* [*Vernunftkritik*]. Já em *Kant – Vida e doutrina*, Cassirer se coloca no debate com intérpretes do pensamento kantiano em declarada oposição à corrente filológica de interpretação – cujos resultados são expressamente admitidos e reconhecidos, mas cuja abordagem ameaçaria transformar o sistema kantiano num "agregado de contradições" – e apresenta uma visão geral da totalidade do pensamento kantiano, vista então como uma espécie de "renovação" da qual falaremos à frente, mas cujo teor podemos indicar a partir da constatação do lugar conferido à *Crítica da faculdade de julgar*: se no texto de 1907 ela é praticamente ignorada, em *Kant – Vida e doutrina* ela é colocada no centro da interpretação do sistema kantiano (Lipton, 1978, p. 40).

Quando visto pelo prisma do programa neokantiano de Marburgo, "apontar um caminho que conduz da periferia ao cerne do sistema crítico" [p. VII] não é meramente efeito casual do receio de perder-se "na abundância dos problemas particulares" da obra e da vida de Kant; apresentar as "ideias estruturantes fundamentais do sistema kantiano" em seus contornos gerais é uma decisão relativa ao método e ao programa de pesquisa instituído e desenvolvido por Cohen, Natorp e finalmente pelo próprio Cassirer. A ideia nuclear deste programa é a de *método transcendental* (ou *método crítico*), difundida por Cohen, que *grosso modo* pode ser sintetizada em partir do *faktum* da ciência e buscar suas condições de possibilidade. "O método transcendental pressupõe uma determinada experiência [...] e procura reconstruí-la de acordo com a sua possibilidade" (Cohen, 1871, p. 493). Esta ideia metodológica fundamental de Cohen, chave de sua própria interpretação do sistema kantiano e reconhecidamente a sua grande contribuição como professor de Filosofia na Universidade de Marburgo, é usada aqui como o fio condutor da narrativa de Cassirer sobre o desenrolar do programa crítico: a concepção do sistema é entretecida com a do método. Por seu turno, é a continuidade metodológica que permite a urdidura da sistemática entre a primeira e segunda críticas com a terceira. Dada esta abordagem, tanto o sistema como o método são entendidos não como estruturas acabadas, mas como "forças moventes e propulsivas" do pensamento de Kant (cf. Natorp, 1912, p. 194).

A este princípio metodológico Cassirer ainda acrescenta a articulação entre a forma doutrinal e a forma de vida de Kant, que é a marca mais distintiva desta obra. Tal como no caso de sua doutrina, Cassirer busca chegar a uma "visão de conjunto" a respeito da vida de Kant capaz de explicitar sua "figura espiritual verdadeiramente unitária", ao invés de se estribar nas idiossincrasias folclóricas sobre o filósofo legadas pelos biógrafos. A "individualidade peculiar e genuína" de Kant é apresentada a partir dos "traços fundamentais de sua mentalidade e de seu caráter, sobre os quais também repousam sua originalidade e criatividade filosófica" [p. VIII]. O modelo para essa concepção unitária da figura de Kant remonta sobretudo a Goethe, de quem Cassirer empresta a pena na abertura e nas páginas finais do livro e em tantas outras passagens em que procura aproximar o indivíduo de sua obra. De Goethe vem também o teor heroico que assume a vida de Kant. Cassirer aborda por diversos ângulos a confluência dos elementos da vida de Kant que reverberam em sua filosofia, tais como a criação num lar pietista, as persistentes preocupações financeiras que perpassam sua juventude até parte de sua vida madura e o atrito com o governo prussiano perto de sua velhice. Também neste sentido o livro de Cassirer foi "renovador". A abordagem que faz confluir a vida e a doutrina descortina ainda um horizonte muito mais amplo: a relação entre a obra filosófica e seu tempo histórico. Há uma espécie de permeabilidade entre a vida e a doutrina de Kant que tem de ser considerada também naquilo que extrapola a dimensão individual de sua vida. Assim como a reflexão sobre a prática tem de ser considerada no amplo espectro que vai da dimensão ético-subjetiva, passando pela da sociedade civil, até a cosmopolita, a exposição sobre a vida de Kant se desdobra até abarcar seu sentido simbólico mais profundo em função do momento da publicação de *Vida e doutrina*. A representação de um Kant heroico, cujo *sentimento pela humanidade*, segundo relato comovente de Wasianski, é marca indelével a ponto de resistir à senilidade, tem a ver com a necessidade de apresentar ao conjunto da intelectualidade alemã da época – aos mandarins, que fique claro! – qual é e precisa ser a genuína e mais preciosa herança da cultura europeia moderna a ser resgatada e recolocada no centro das considerações sobre os rumos da Alemanha e da Europa do início do século XX.

Neste ponto, é preciso considerar *Kant – Vida e doutrina* ao lado de *Liberdade e forma: estudos sobre a história espiritual alemã*, publicado por Cassirer em 1916 – ou seja, durante a Primeira Guerra. Enquanto aquele interpreta Kant como filósofo enraizado na história espiritual europeia, este constrói um quadro da história espiritual alemã para contrastá-la com a histeria nacionalista que se alastrou na sociedade alemã nos anos de guerra. A frase de abertura desta obra já expõe inequivocamente o posicionamento internacionalista de Cassirer: "A era renascentista criou para os povos da Europa uma nova unidade que transcende todas as barreiras nacionais na medida em que lhes deu uma orientação comum em direção a um ideal de formação secular livre" [*Liberdade e forma* [FF] p. 1]. Deste ambiente cultural teria surgido um "novo sentimento de humanidade" que seria a unidade profunda da cultura europeia. Esta posição de Cassirer contrasta com a assumida pela classe acadêmica alemã que aderiu massivamente às "ideias de 1914", incluindo Cohen e Natorp. Contra o furor nacionalista, Cassirer defendia uma concepção de liberdade que se aproximava mais daquela que remonta à liberdade de consciência [*Gewissenfreiheit*] da teologia de Lutero e à responsabilidade moral individual de Leibniz, absorve os desenvolvimentos da estética e desemboca na filosofia crítica de Kant, cujo eixo central, a doutrina da liberdade, passa a constituir "o ponto a partir do qual uma nova luz se lança sobre o todo de sua filosofia tanto como sobre o todo da formação alemã" [FF p. 152]. "O que Kant recebeu do contexto cultural nacional no qual estava enraizado e o que lhe devolveu retroativamente pode ser resumido no *único* conceito fundamental de *autonomia*, no pensamento da espontaneidade e da autolegalidade do espírito. O idealismo alemão expressou como princípio fundamental que uma verdadeira existência espiritual só está presente onde é conhecida em sua origem e fonte, onde é reconhecida na lei peculiar de sua estrutura" [FF p. 392].

Considerado o debate concreto em que *Liberdade e forma* e *Kant – Vida e doutrina* inscrevem, a argumentação de Cassirer apresenta uma interpretação do conceito de liberdade mais próxima da concepção liberal, como liberdade individual, que ele faz questão de associar à Revolução Francesa, em oposição à concepção de liberdade como dever para com a comunidade popular cuja matriz seria "genuinamente" alemã. Uma das intenções de Cassirer seria a de contar o "outro lado da história", reconstruindo as bases do espírito alemão em sua interconexão com o desenvolvimento espiritual das "outras grandes nações europeias" para "tornar visível a grande e firme linha deste desenvolvimento em si, e reconhecer as forças independentes nas quais sua unidade interior está fundada". Nesse sentido, a defesa veemente de uma unidade europeia supranacional apenas sob a qual as unidades nacionais se constituíram e em relação às quais mantêm a sua unidade profunda, se contrapõe ao "chauvinismo espiritual". Mesmo pensadores como Fichte, diz Cassirer, teriam defendido um ideal de Estado nacional que deveria tornar efetiva a liberdade dos cidadãos, e não fazer valer algum tipo qualquer de peculiaridade popular [cf. FF p. 393]. Visto a partir dessa perspectiva, o breve quarto capítulo de *Kant – Vida e doutrina*, implantado entre os longos capítulos dedicados às três críticas, ganha outra importância no corpo do texto. Foi com plena consciência e atenção ao seu momento histórico presente que Cassirer defendeu a interdependência sistemática da metafísica da história e da metafísica dos costumes. Sem esconder o antagonismo profundo que há entre a defesa da autonomia e a convicção de que é muito difícil esclarecer-se sozinho, entrelaçar história e liberdade em suas origens intelectuais, em sua interdependência sistemática e em sua realização efetiva serve como parâmetro de avaliação do presente histórico e permite projetar o futuro.

Com a publicação de *Kant – Vida e doutrina* encerra-se um ciclo também na vida intelectual de Cassirer. Do ponto de vista de sua obra até então, os estudos sobre o *Problema do conhecimento*, *Liberdade e forma* e o trabalho esmerado de edição das obras completas de Kant parecem ter sido fundamentais para o resultado geral de *Vida e doutrina*: o primeiro reconstrói o percurso epistemológico moderno, o segundo, a gênese do espírito alemão; o trabalho de edição lhe permitiu investigar ampla e profundamente toda a obra de Kant e sua fortuna crítica. Acrescentamos ainda a esta lista o livro *Conceito de substância e conceito de função* (1910), considerado seu primeiro grande trabalho autoral. A resultante de todas essas investigações epistemológicas, históricas e metodológicas é o que possibilita afirmar que *Vida e doutrina* representa uma "renovação", mesmo quando a consideramos em função da própria Escola de Marburgo. É dizer: o fio condutor de todas essas obras é o acúmulo intelectual produzido sob a batuta de Cohen, mas Cassirer não é um mero repetidor de seu professor; em vez disso, nota-se um aprofundamento da perspectiva inicial de tal ordem que o resultado, se é que pode ser visto como um desdobramento dos princípios investigativos originais da Escola, por outro lado apresenta traços originais inconfundíveis (cf. Porta, pp. 45-70). Percebe-se esse movimento na estrutura de *Vida e doutrina*: o coração da exposição sobre a *Crítica da razão pura*, no terceiro capítulo, é dedicado à exposição do sentido metodológico do transcendental e à teoria da experiência propostas pela obra de Kant. Não à toa, em dois momentos centrais desse capítulo Cassirer remete o leitor às obras *Teoria da experiência de Kant* e *Princípio do método infinitesimal* de seu antigo professor. A consolidação da interpretação original de Cassirer (que significa originalidade inclusive na compreensão e abrangência do método transcendental e do campo da experiência para a filosofia) aparece no capítulo dedicado à *Crítica da faculdade de julgar*, conforme percebido em geral pelos estudiosos de sua obra. Este, que é o capítulo mais longo de *Vida e doutrina*, procura apresentar a terceira crítica não como uma mera consequência sistemática, mas como essencialmente expansiva e voltada à abertura de novos campos de problemas. Nesse sentido, Cassirer explora a pluralidade das possibilidades abertas pela reflexão filosófica sobre a formabilidade que ultrapassa a teoria puramente lógica da formação conceitual empírica e a questão das condições de possibilidade da classificação sistemática das formas naturais; num dado momento, chega a falar em "funções da consciência", ressaltando o fato de que cada uma delas "mostra uma direção ao objeto que lhe pertence exclusivamente e lhe dá uma cunhagem particular" [p. 299]. O leitor já familiarizado com sua obra perceberá também os germes da *Filosofia das formas simbólicas*, bem como perceberá com nitidez a ausência de outros elementos imprescindíveis, tais como a cooperação junto ao círculo intelectual da *Kulturwissenschaftliche Bibliothek Warburg* em Hamburgo, onde Cassirer passa a residir a partir de 1919, após ser apontado como professor da recém-fundada universidade naquela cidade.

São praticamente coincidentes no tempo o falecimento de Cohen, a publicação de *Vida e doutrina* e a nomeação de Cassirer para uma nova etapa de vida (pessoal e acadêmica) na portuária e cosmopolita Hamburgo (cf. Levine, 2013). Simbolicamente, podemos ler isso como o encerramento da experiência intelectual tipicamente marburguesa, que por seu turno também coincide no tempo com o fim da era guilhermina, com o fim das ilusões do mandarinato alemão e a fundação da República na cidade de Goethe e Schiller. É sobre este pano de fundo que será erigida sua *crítica da cultura*, uma antropologia filosófica da simbolização, da transformação e da libertação.

Esta tradução valeu-se da sólida tradição de traduções dos escritos de Kant e procurou incorporá-las nas citações diretas feitas por Cassirer, bem como buscou ater-se à terminologia empregada pelos tradutores para verter também citações indiretas e expressões em geral que já foram bem debatidas na língua de chegada. Contudo, não descuidou da atenção devida às especificidades do texto de Cassirer. Tentamos preservar suas marcas estilísticas, como os longos parágrafos e períodos, mas em algumas ocasiões, por razões de compreensibilidade e fluidez de leitura, optamos por diminuir períodos excessivamente longos e reorganizá-los internamente. Desse modo, embora tenhamos recorrido constantemente às edições inglesa, espanhola e italiana (ver referenciadas) no percurso deste trabalho, não nos furtamos a buscar nossas próprias soluções.

Nas notas de rodapé, optamos por suprimir as paginações da edição de Cassirer das obras completas de Kant. Em seu lugar, recorremos à padronização das siglas proposta pela Kant-Forschungsstelle der Johannes Gutenberg-Universität Mainz, seguida da indicação entre colchetes da referência e paginação das obras cotejadas em português. Por exemplo: *Crítica da faculdade de julgar, KU*, AA 5: 176s. [Tradução de Fernando Costa Mattos. Petrópolis: Vozes, 2016, p. 77]. A lista completa das obras traduzidas cotejadas por estes tradutores consta na seção final do livro.

Rafael Garcia

Referências

CASSIRER, E. *Freiheit und Form. Studien zur deutschen Geistesgeschichte.* Ernst Cassirers Gesammelte Werke vol. 7. Hamburgo: Felix Meiner, 1998.

CASSIRER, T. *Mein Leben mit Ernst Cassirer.* Hamburgo: Felix Meiner, 2003.

COHEN, H. [1871] *Kants Theorie der Erfahrung.* Berlim: Fred. Dümmlers, 1885.

GORDON, P. *Continental divide*: Heidegger, Cassirer, Davos. Massachusetts: Harvard University Press, 2010.

LEVINE, E. *Dreamland of Humanists*: Warburg, Cassirer, Panofsky and the Hamburg School. Chicago: Univ. of Chicago Press, 2013.

LIEBERT, A. Cassirer, Ernst, Kants Leben und Lehre (Book review). In: *Kant-Studien*, 25, pp. 233-237.

LIPTON, D. *Ernst Cassirer*: The dilema of a liberal intellectual in Germany. 1914-1933. Toronto: Univ. of Toronto Press, 1978.

NATORP, P. Kant und die Marburger Schule. In: *Kant-Studien*, 17, 1912, pp. 193-221.

PAETZOLD, H. *Ernst Cassirer*: von Marburg nach New York: eine philosophische Biographie. Darmstadt: Wissenschaftliche Buchgesellschaft, 1995.

PORTA, M. O problema da "Filosofia das Formas Simbólicas". In: *Estudos Neokantianos*. São Paulo: Loyola, 2011.

Prefácio à primeira edição

// O texto que aqui publico pretende servir como comentário e adendo à edição das obras completas de Kant, para a qual ele constitui o volume de conclusão. Ele não se dirige, por conseguinte, àqueles leitores que em qualquer sentido acreditem já terem "dado conta" de Kant e de sua doutrina, mas sim àqueles que se encontram ainda em meio aos *estudos* de suas obras. A eles este texto gostaria de apontar um caminho que conduz da periferia ao cerne do sistema crítico, da multiplicidade das questões particulares a uma visão geral aberta e compreensiva da totalidade do pensamento kantiano. Consequentemente, desde o início este texto esteve empenhado em não se perder na abundância dos problemas particulares que a doutrina de Kant apresenta em toda parte, e a expor com vigorosa atenção apenas o contorno do sistema kantiano nos grandes e decisivos eixos de seu edifício do pensamento. O valor do trabalho detalhado que fora produzido nas últimas décadas pela "filologia kantiana" não deve ser subestimado, e os resultados a que ele conduziu em sentido histórico e sistemático também exigiram, naturalmente, o exame meticuloso nesta exposição. Contudo, parece-me que essa direção da investigação detalhada teria antes encoberto que evidenciado a concepção viva daquilo que Kant quis dizer com unidade e totalidade. Em contraposição a uma direção de pesquisa e de trabalho que parece antes de tudo se satisfazer em descobrir as "contradições" de Kant e que, em última instância, ameaça transformar o sistema crítico num agregado de tais "contradições", nós devemos e podemos ambicionar resgatar uma visão de conjunto sobre Kant e sua doutrina, tal como a tiveram Schiller ou Wilhelm von Humboldt. Com essa intenção, o presente exame se dedica sobretudo a retornar da multiplicidade e da quase imensurável complexidade das questões particulares à sobriedade e coesão, à elevada simplicidade e universalidade das ideias estruturantes fundamentais do sistema kantiano. Essa meta – nos limites externos que foram estabelecidos para a exposição ao longo do plano geral da edição das obras completas – só poderia ser alcançada se abdicássemos de expor por inteiro os contornos do trabalho intelectual kantiano e de desenvolvê-lo em pormenores ao leitor. E eu tive de me impor a mesma restrição // tanto para a parte sistemática como para a parte biográfica. Aqui também ignorei conscientemente a riqueza dos traços particulares e das anedotas que fora legada pelos primeiros biógrafos de Kant, e que se reproduziu, desde então, em todas as suas biografias. Procurei mostrar apenas os grandes e recorrentes traços do estilo de vida de Kant, e o que sobressai cada vez mais definidamente como o "sentido" uniforme desse estilo de vida no decorrer do seu desenvolvimento humano e filosófico. O conhecimento de sua individualidade não perdeu nada com isso, como espero. Pois sua individualidade peculiar e genuína só pode ser buscada naqueles traços fundamentais de sua mentalidade e de seu caráter, sobre os quais também repousam sua originalidade e criatividade filosófica. Ela consiste não em quaisquer peculiaridades e excentricidades de sua personalidade e de seu comportamento, mas na direção e na tendência ao *universal* que se destaca tanto na configuração de sua vida como na de sua doutrina. Tentei mostrar como ambos os momentos se condicionam e se completam mutuamente, como eles remontam à mesma origem e, por fim, se associam para um resultado uniforme; e como, com isso, a personalidade e a obra de Kant na realidade estão em perfeita sintonia. Aquilo que, contrariamente, diz respeito ao contorno externo da vida de Kant só deve fazer parte da exposição na medida em que revele e expresse verdadeiramente o conteúdo próprio da existência de Kant: a essência e o crescimento das ideias fundamentais kantianas.

O manuscrito deste texto estava pronto para impressão já na primavera de 1916. O atraso que o andamento das edições completas sofreu durante a guerra é a causa de que somente agora, mais de dois anos após sua conclusão, ele seja publicado. Eu lamento esse atraso de impressão ainda mais porque agora não posso entregar o texto em mãos ao homem que o acompanhou desde seus inícios com sua participação mais calorosa e incentivadora. Hermann Cohen faleceu em 4 de abril de 1918. O que seu trabalho significa para a renovação e o desenvolvimento continuado da doutrina kantiana na Alemanha eu procurei expor em outro lugar[1], e não desejo voltar novamente a isso aqui. Mas com profunda gratidão eu devo aqui recordar a impressão pessoal que eu mesmo, por mais de 20 anos, // experimentei dos livros de Cohen sobre a filosofia de Kant. Estou ciente de que fui introduzido por meio desses livros pela primeira vez à seriedade e profundidade da doutrina kantiana. Desde então eu sou repetidamente trazido de volta

---

1. Hermann Cohen und die Erneuerung der Kantischen Philosophie. In: *Kant-Studien* 17 (1912), p. 252–273.

aos problemas da filosofia kantiana em diversos estudos próprios e em ligação com tarefas objetivas de muitos tipos. E minha interpretação desses problemas se configurou muitas vezes de modo distinto daquela de Cohen. Mas a ideia metodológica fundamental pela qual Cohen se norteava e que está subjacente à sua interpretação do sistema kantiano se revelou a mim como fecunda, como produtiva e proveitosa. Mesmo para Cohen, essa ideia fundamental, a exigência de um "método transcendental", se tornou a suma da filosofia científica. E, nesse sentido, porque ele mesmo entende a doutrina kantiana não como um todo histórico acabado, mas sim como expressão das *tarefas* perenes da filosofia, ela se tornou para ele não apenas uma potência histórica, mas sim um poderio vital imediatamente efetivo. Como tal ele a sentiu e a ensinou. E também, nesse sentido, ele compreendeu a ligação entre a filosofia kantiana e os problemas fundamentais gerais da vida espiritual alemã. Ele indicou essa ligação em muitos de seus escritos, mas expô-la completa e extensivamente é a tarefa que ele próprio atribuiu à presente edição das obras completas kantianas. Agora também seu texto *Kants Bedeutung für die Deutsche Kultur* [O significado de Kant para a cultura alemã], há tempos planejado e cujos esboço e construção ele me revelou poucos dias antes de sua morte, não será levado a cabo. Mas ainda que não nos fosse mais possível que Cohen estivesse no círculo de colaboradores dessa edição, seu nome deve se manter permanentemente atrelado a ela. Pois como ele mesmo se manteve até o fim junto de cada um dos colaboradores dessa edição, como amigo e como professor, seu modo de pensar moldou ao mesmo tempo a unidade ideal e marcou a convicção fundamental metodológica e objetiva comum que se manteve determinante e condutora de seu trabalho.

Schierke im Harz, 14 de agosto de 1918
Ernst Cassirer

Introdução

// Goethe disse certa vez, em consideração a Kant, que toda filosofia deveria ser amada e vivida se quisesse dar significado à vida. "[...] o estoico, o platônico, o epicurista, cada um deles a seu modo deve dar conta do mundo; essa é precisamente a tarefa da vida da qual ninguém será dispensado, não importa a qual escola pertença. Os filósofos, por sua vez, nada podem nos oferecer além de formas de vida. [...] A moderação rigorosa de Kant, por exemplo, exigiu uma filosofia que fosse condizente com essa sua inclinação inata. Leiam sobre sua vida e logo encontrarão como ele abrandou educadamente seu estoicismo que, de fato, constituía um grande problema para as relações sociais, ajustou-o e colocou-o em equilíbrio com o mundo. Todo indivíduo tem, por suas inclinações, um direito a princípios que não o anulem como indivíduo. Aqui, ou em nenhum outro lugar, deve ser procurada a origem de toda a filosofia. [...] Todo sistema consegue [...] dar conta do mundo, tão logo um verdadeiro herói entre em cena. Na maioria das vezes, é apenas a parte aprendida da natureza humana que cai em contradições; o que nela é inato sabe fazer seu caminho, e não raramente até mesmo derrota, com o maior êxito, o que se lhe opõe. [...] Primeiramente precisamos estar de acordo com nós mesmos antes de estarmos preparados para ao menos de certa forma equilibrar desarmonias que nos importunam desde fora, quando não suspendê-las."[1]

Nessas palavras está indicada com toda concisão uma das metas mais essenciais que a investigação e a exposição científica da vida de Kant teria de se colocar. Não se pode aqui lidar com meras narrações de vicissitudes e eventos exteriores. O real encanto e a real dificuldade da tarefa consistiriam em descobrir e tornar explícita a "forma de vida" [*Lebensform*] que corresponde a essa forma de doutrina [*Lehrform*]. No que diz respeito a essa forma de doutrina enquanto tal, ela tem sua própria história que ultrapassa qualquer limite indivi-

---

1. Carta de Johann Wolfgang von Goethe a Johannes Daniel Falk. In: *Goethes Gespräche*, Vol. IV, p. 468.

dual, pois os *problemas* da filosofia kantiana, se quisermos persegui-los em sua origem e desenvolvimento, // não se confinam ao âmbito de sua personalidade. Muito antes, neles se destaca uma lógica autônoma das coisas; habita neles um conteúdo ideal que, apartado de toda limitação de tipo temporal ou pessoal subjetiva, possui uma existência objetiva fundada em si mesma. E não obstante, de outro lado, não se interpreta a relação entre "forma de doutrina" [*Lehrform*] e "forma de vida" [*Lebensform*] em Kant de tal modo que a última seja apenas um suporte e receptáculo passivo da primeira. Na existência de Kant – tal como notado corretamente, sem dúvida, por Goethe – não é meramente o pensamento que submete a vida em seu teor objetivo e em sua "verdade" objetiva, e sim ele ao mesmo tempo recebe da vida, à qual ele dá forma, sua própria forma de volta. Aqui rege aquela inter-relação peculiar, na qual cada um dos dois momentos que atuam um sobre o outro aparecem ao mesmo tempo como determinantes e como determinados. O que Kant é e significa, não no todo da história da filosofia, mas como personalidade individual, vem à tona primeiramente nessa dupla relação. Como ela se tece, como a unidade que é criada através dela se evidencia de modo cada vez mais claro e puro, é isso o que constitui o tema intelectual fundamental de sua vida, e, com isso, o centro de interesse em sua biografia. Pois a tarefa essencial de toda a exposição da vida de um grande pensador permanece: investigar como a individualidade cada vez mais sólida com sua obra se funde e aparentemente se perde completamente nela, e como, entretanto, seus traços intelectuais fundamentais permanecem conservados e apenas através dela alcançam clareza e visibilidade.

Na vanguarda da nova filosofia há um livro que expõe essa relação de modo clássico. O *Discurso do método* de Descartes visa desenvolver um procedimento fundamental por força do qual todas as ciências particulares deveriam ser deduzidas e demonstradas a partir de seus primeiros e mais gerais fundamentos. Mas, em virtude de uma necessidade interna, essas apresentações objetivas fundem-se com o relato sobre o percurso do próprio desenvolvimento de Descartes, de seu início na primeira dúvida fundamental até a certeza inabalável garantida pela ideia da "matemática universal", e pelos princípios e leis fundamentais de sua metafísica. Uma dedução rigorosa de proposições objetivas e verdades é a meta à qual o trabalho visa. Ao mesmo tempo, contudo, involuntariamente e como que paralelamente a isso, o tipo moderno da personalidade filosófica é aqui alcançado e claramente descrito. É como se a nova unidade do "subjetivo" e do "objetivo", que constitui o pensamento sistemático fundamental da doutrina cartesiana, tivesse de se expor novamente, num aspecto e num sentido inteiramente // outros. A segunda grande obra de Descartes, suas *Meditações sobre Filosofia Primeira*, também comprovam esse estilo peculiar. Aqui encontramos as mais altas abstrações da metafísica cartesiana, mas nós as vemos emergindo como que de uma situação concreta que é conservada em sua singularidade, em sua coloração específica. O eu, o "cogito" é alçado a princípio universal da filosofia. Simultaneamente, contudo, desprende-se desse pano de fundo a figura da nova vida que Descartes criou para si mesmo em afastamento consciente da tradição e de todos os vínculos e convenções sociais quando de seu isolamento na Holanda. A forma literária da solilóquia pode aqui ser remetida a exemplos antigos, em especial à *Solilóquia* de Agostinho e às confissões filosóficas de Petrarca. O conteúdo interno, contudo, é novo e único. Pois a confissão não surge de um afeto ético ou religioso; ela brota da energia pura e indômita do próprio pensar. O pensamento se expõe em sua estrutura objetiva, como uma trama sistemática de conceitos e verdades, de premissas e conclusões. Mas, com isso, toda a ação de julgar e raciocinar ganha vida diante de nós. E nesse sentido se explicita com a forma de sistema, ao mesmo tempo, a "forma de vida" pessoal. Se esta é dependente daquela ou aquela desta, não nos cabe mais perguntar aqui, pois ideal e real, imagem de mundo e configuração de vida, tornaram-se momentos de um único e mesmo processo indivisível de desenvolvimento intelectual.

Se tentarmos nos valer de um ponto de vista análogo em relação à vida e à doutrina de Kant, com isso nos encontraremos colocados de imediato frente a uma dificuldade peculiar. Pois o material biográfico que possuímos para a produção de uma tal visão de conjunto parece já à primeira vista ser de modo algum suficiente. O século XVIII é, como nenhum outro, caracterizado pelo ímpeto à introspecção e à confissão. Das mais diversas fontes, esse impulso adquire sempre novo sustento. O percurso para a empiria psicológica, para o "estudo experimental da alma" [*Erfahrungsseelenkunde*], se une aos impulsos religiosos que provêm do pietismo e com o novo culto do sentimento, que tem em Rousseau seu ponto de partida. Kant é intimamente tocado por todas essas tendências intelectuais. Como sua criação na infância se encontra sob o signo do pietismo, ele se dedica em sua juventude e vida adulta à análise psicológica para descobrir nela um novo // fundamento para a metafísica. E Rousseau vale para ele como o Newton do mundo moral, que revelou suas leis e móbiles mais secretos. Mas apesar disso, o que possuímos de testemunhos pessoais de Kant é tão parco em volume quanto pobre de conteúdo. De notas de diário, praticamente nada se pode conhecer. Seria necessário, pois, contar com as anotações e considerações que ele teria acrescentado nos livros com que dava aula. Numa época em que se buscava e valorizava efusões sentimentais em trocas de correspondência entre amigos, ele se mantinha com frio ceticismo à distância de tais acessos de sentimentalismo. Suas cartas não contribuem em termos de complemento e prosseguimento dos pensamentos que ele colocou em seus textos científicos e filosóficos. Eles são de um significado extraordinário para o conhecimento do sistema e da história de seu desenvolvimento, mas dão apenas ocasional e relutantemente espaço para um estado de ânimo pessoal e para um interesse pessoal. À medida que Kant fica mais velho, mais essa característica se acentua. Seu primeiro texto, *Pensamentos sobre a verdadeira estimação das forças vivas*, começa ainda com uma série de considerações puramente pessoais, nas quais ele busca determinar, ao mesmo tempo e em primeiro lugar, o seu lugar individual a partir do qual ele almeja julgar o objeto. Aqui, num tema que pertence puramente à matemática e à mecânica abstratas, fala não apenas o pesquisador científico, mas o sentimento-de-si do jovem pensador e escritor que se lança para além dos estreitos limites das tarefas particulares, na direção da mais elevada vivacidade subjetiva do tratamento e da exposição. E até nos escritos de maturidade esse som reverbera: na crítica objetiva da metafísica que é levada a cabo nos *Sonhos de um visionário*, nota-se por toda a parte a expressão da autolibertação pessoal que é aqui levada a termo por Kant. Mas a partir do momento em que a fundamentação do sistema crítico foi estabelecida, o estilo próprio de Kant também sofre uma virada. O dito *[d]e nobis ipsis silemus*[2], que ele toma de Bacon para usar como *motto* da *Crítica da razão pura*, ganha mais e mais força. Quanto mais Kant atinge sua grande tarefa objetiva de modo determinado e claro, // mais ele se torna lacônico sobre tudo o que diz respeito a sua própria pessoa. Para o biógrafo de Kant a fonte parece esgotar-se no mesmo ponto em que se abre verdadeiramente a investigação e exposição sistemática de sua obra.

Entretanto, essa dificuldade, em si mesma, não pode nem deve constituir um entrave determinante, pois aquela parte da vida de Kant que se desenrolou fora de sua obra, de qualquer modo, não pode ser de significação determinante para a tarefa mais profunda que a biografia filosófica se colocou. O que a obra mesma não nos diz aqui não pode ser substituído por qualquer conhecimento, não importa quão vasto, da vida interior ou exterior de seu autor. Não é essa falta, portanto, que percebemos como a limitação peculiar de nosso conhecimento da essência de Kant, mas sim – por paradoxal que isso possa soar – o seu contrário, que nesse ponto obstrui a liberdade e a extensão da nossa visada. A interpretação adequada da personalidade de Kant não padece de insuficiência, mas sim de excesso de dados e informações que nos são transmitidos sobre ele. Os primeiros biógrafos de Kant, aos quais remetemos todo o nosso conhecimento do percurso de sua vida, não buscam outra meta senão a mais exata reprodução de todas aquelas pequenas peculiaridades das quais se constitui a vida exterior de Kant. Eles acreditavam ter compreendido o ser humano Kant ao retratarem exaustiva e fielmente todas as peculiaridades de seu modo de agir, dividir e organizar a vida cotidiana, as suas mais particulares predisposições e hábitos. Eles levaram esse retrato até mesmo à descrição do que Kant vestia, comia e bebia. Nós podemos

---

2. Silenciemos sobre nós mesmos [N.T.].

conferir seus relatos sobre as atividades diárias de Kant, com o relógio à mão, de hora a hora, minuto a minuto; sabemos de cada parte de sua mobília e de suas finanças; estamos a par das minúcias de todas as máximas de sua conduta física e moral. E a imagem de Kant foi transmitida para a tradição e a memória geral tal como ela é aqui desenhada. Quem pode pensar nele sem que ao mesmo tempo lhe ocorra alguma das peculiaridades e idiossincrasias, das milhares de características anedóticas que essa tradição nos transmitiu tão zelosamente? Quem, por outro lado, quiser se empenhar em esboçar uma imagem intelectual abrangente de Kant que seja adquirida completamente fora de sua doutrina, deve aqui notar imediatamente uma contradição interna. Pois como podemos compreender que quanto mais essa doutrina avança em seu caminho, e assim mais decididamente assimila sua tendência à pura universalidade, à necessidade objetiva e à validade universal – ao mesmo tempo // o indivíduo, em sua configuração da vida, parece sucumbir cada vez mais às meras particularidades, idiossincrasias e excentricidades? Trata-se aqui de uma contradição real e indissolúvel entre a forma do sistema crítico e a própria "forma de vida" de Kant – ou essa contradição desaparece, talvez, tão logo designamos ao nosso *exame* biográfico uma outra referência e escolhamos uma nova diretiva para ele? Essa é a questão que o biógrafo de Kant tem colocada diante de si em primeiro lugar. Sua tarefa poderia então ser considerada cumprida se ele conseguisse organizar e interpretar a massa caótica de notas e notícias que possuímos sobre a pessoa de Kant e sobre a sua conduta de vida, de tal modo que esse agregado de traços pontuais se consolidasse numa figura espiritual verdadeiramente unitária, não numa unidade de um caráter moral. Essa meta não foi atingida em parte alguma pelos primeiros biógrafos de Kant, por mais que sejam por vezes atraentes suas narrativas ingênuas e francas. Delas não temos qualquer consciência metodológica. Seu modo de exame se manteve no sentido próprio de "excêntrico": eles se contentam em selecionar e juntar traços particulares periféricos sem buscar e suspeitar do verdadeiro centro intelectual-vital do qual eles direta ou indiretamente partem. Se muito daquilo que sabemos ou acreditamos saber sobre a essência pessoal de Kant hoje nos parece estranho e paradoxal, então devemos nos perguntar se essa singularidade é fundamentada meramente no objeto da vida de Kant ou na consideração subjetiva a que essa vida foi submetida com tanta frequência. Se, com outras palavras, em grande parte o excêntrico da opinião e do juízo não foi o que imputou a Kant a aparência de excêntrico.

 Mas certamente não é culpa somente desse ponto de vista exterior do qual, na maior parte das vezes, a observação ocorre, se acreditamos perceber um dualismo desproporcional entre o fim interior e o exterior na vida de Kant. Essa oposição não é meramente aparência, mas, sim, se enraíza nas condições mesmas sob as quais essa vida foi estruturada e das quais ela não se desvinculou em sua ascensão contínua. O desdobramento completo e regular da vida e das criações, que é permitido aos mais felizes entre os grandes, não foi dado a Kant. Ele moldou toda sua existência com a força e a pureza de uma vontade inabalável e a trespassou com *uma* ideia dominante. Mas essa vontade, que se mostra em grande medida como positivo-criativa na construção de sua filosofia, traz, // em contraparte, um traço limitante e negativo para a vida pessoal. Todas as emoções do sentimento subjetivo e do afeto subjetivo constituem para ele apenas o material que, de modo cada vez mais decidido, ele almeja submeter à autoridade da "razão" e ao mandamento objetivo do dever. Se nessa batalha a vida de Kant perde em plenitude e harmonia, de outro lado, por meio dela atinge-se pela primeira vez seu verdadeiro caráter heroico. Esse processo de autoconstituição interna também se faz visível apenas na medida em que se interpreta a história de vida de Kant e o desenvolvimento sistemático de sua doutrina como uma coisa só. A integridade e a totalidade características que se expressam na existência de Kant não podem ser concebidas quando se busca compor esse todo a partir de suas "partes" individuais. Deve-se pensar como, de início, e originalmente, a obra e a vida são ambos subjacentes um ao outro. Como esse fundamento primeiro e indeterminado se desdobra e se evidencia mais ainda na energia pura do pensamento e na energia da configuração da vida pessoal é o que constitui o conteúdo essencial da história do desenvolvimento de Kant.

1. Anos de juventude e educação

1.

// A história da infância de Kant e de seus anos escolares pode ser contada em poucas palavras. Na casa humilde de um trabalhador alemão, como o quarto filho do seleiro Johann Georg Kant, Immanuel Kant nasceu em 22 de abril de 1724. No que concerne à origem da família, o próprio Kant relatou, numa carta escrita já em idade avançada, que seu avô, cuja última morada fora em Tilsit, viera da Escócia. Ele teria sido um dos muitos que emigraram de lá em grandes levas entre o fim do século XVII e início do século XVIII, e que se estabeleceram parte na Suécia, parte no leste da Prússia[1]. A prova objetiva dessa informação não foi confirmada, menos ainda na forma em que ela se encontra em Kant. Já o bisavô de Kant, agora com certeza, fora taberneiro, morador de Werden, próximo a Heydekrug[2]. Também a informação de Borowski, o primeiro biógrafo de Kant, de que o nome da família originalmente era grafado "Cant", e que o próprio Kant adotou pela primeira vez a escrita usual do nome, não se comprovou correta. Até onde o nome pode ser rastreado documentalmente, encontramos por toda parte a versão "Kant" ou "Kandt". Possivelmente daí que a declaração sobre a ascendência escocesa, que Kant obviamente tomou de uma tradição antiga de família, seja sem fundamento. Em todo caso, ela não se comprovou até hoje com segurança suficiente. No que concerne aos pais de Kant, quase tudo que é conhecido sobre eles é o que, mais tarde, o filho contou a partir de suas escassas memórias da própria infância. Mais profundamente do que a figura do pai, parece tê-lo marcado a imagem da mãe. Dela, que ele perdeu quando tinha

---

1. Carta a Jakob Lindblom de 13 de outubro de 1797, *Br*, 12: 206.

2. Ver Johannes Sembritzki, Kant's Vorfahren, in: *Altpreussische Monatsschrift* 36 (1899), p. 469ss. e idem, Neue Nachrichten über Kant's Großvater, in: *Altpreussische Monatsschrift* 37 (1900), p. 139ss. Ver Emil Arnoldt, *Kants Jugend und die fünf ersten Jahre seiner Privatdozentur im Umriss dargestellt*, in: Gesammelte Schriften, ed. Otto Schöndörffer, Vol. III, p. 103-210.

quatorze anos, ele falava, já velho, // com profundo amor e comoção; ele era consciente de ter recebido através dela as primeiras influências intelectuais que permaneceriam decisivas para sua concepção geral e estilo de vida. "Eu nunca me esquecerei de minha mãe", disse ele para Jachmann, "pois ela plantou e nutriu o primeiro germe do bem em mim, ela abriu meu coração para as impressões da natureza; ela despertou e ampliou meus conceitos, e suas lições tiveram uma influência perene e salutar sobre minha vida"[3]. A mãe é também quem parece ter primeiro reconhecido os dons intelectuais do rapaz e, seguindo orientação de seu conselheiro espiritual, o professor de Teologia e pregador Franz Albert Schultz, decidiu encaminhá-lo para estudos acadêmicos. Com Schultz, porém, entrou na vida de Kant um homem que veio a ter uma significação decisiva para toda a sua educação juvenil. Tal como os pais de Kant, ele tinha o pietismo como sua base religiosa fundamental. Mas, ao mesmo tempo, foi aluno de Wolff, que o teve em alta conta. Ele também conhecia a fundo os conteúdos da filosofia alemã contemporânea e, com isso, as tendências da educação secular. No outono de 1732, aos oito anos de idade, Kant entra para o *Collegium Fridericianum*, cuja direção Schultz assumiria no ano seguinte. O que esse colégio ofereceu a Kant foi tão somente de caráter informativo, e desse ponto de vista foi mesmo bastante limitado. Ainda regia, especialmente na Prússia, o tipo antigo de escola latina de erudição. A meta da aula era quase exclusivamente colocada no conhecimento e uso hábil do latim. Ademais, em 1690, na Pomerânia, era novamente retomada uma ordenação eclesiástica de 1535 que proibia expressamente o uso da língua alemã nas aulas: "Em quaisquer circunstâncias os preceptores devem conversar com os discípulos em latim, e não em alemão, pois que tal é em si mesmo leviano e, entre crianças, irritante e pernicioso"[4]. O estado e a constituição interna do *Fridericianum* à época que Kant o frequentou lembrava – se abstrairmos da direção teológica específica da instituição – em muitos aspectos a escola latina em Stendal, na qual cresceu Winckelmann, // sete anos mais velho que Kant. Em ambas, a instrução gramático-filológica constituía a verdadeira linha mestra da aula, enquanto a matemática e a lógica, que estavam incluídas no plano de ensino, eram oferecidas apenas de forma muito precária. Toda ciência da natureza, a história e a geografia estavam excluídas do currículo[5]. Se ponderamos que fo-

---

3. Reinhold Bernhard Jachmann, *Immanuel Kant geschildert in Briefen an einen Freund* (Ueber Immanuel Kant, Bd. II), Königsberg 1804, p. 97-104: p. 99ss. (carta 8).
4. Citação de Karl Biedermann, *Deutschland im achtzehnten Jahrhundert*, Vol. II/1, p. 490.
5. Sobre a época escolar de Winckelmann, ver Carl Justi, *Winckelmann in Deutschland. Mit Skizzen zur Kunst- und Gelehrtengeschichte des achtzehnten Jahrhunderts. Nach gedruckten und handschriftlichen Quellen dargestellt*, p. 33ss.

ram essas áreas que mais tarde atraíram Kant, quase que exclusivamente, em seu primeiro período de produção intelectual, áreas às quais ele se dedicou com o entusiasmo de juventude pelo saber tão logo obteve liberdade de decisão, então podemos mensurar quão pouco significado as aulas das quais ele participou no *Fridericianum* tiveram para sua orientação intelectual mais profunda e fundamental. Apenas do filólogo Heydenreich, o professor de Latim na *Prima*, Kant manteve uma recordação amistosa, pois encontrou nele um método de explicação dos autores clássicos que não se restringia apenas à gramática e aos formalismos, mas ao mesmo tempo também almejava o conteúdo, e insistia na clareza e na "exatidão" dos conceitos. Dos outros professores Kant disse expressamente, mais tarde, que eles não conseguiram acender nenhuma fagulha que provocasse nele a chama para o estudo da filosofia ou da ciência. Assim, sua predisposição original mais característica permanece obscura: mesmo os amigos de juventude de Kant, que julgaram ver os traços de sua grandeza futura, à época, viam nele apenas o futuro grande filólogo. O que ele conservou da escola como um componente verdadeiro de sua futura educação intelectual se restringe, de fato, à admiração e ao conhecimento exato dos clássicos latinos que ele manteve até sua velhice. Ele parece ter sido pouco tocado pelo espírito grego, que era ensinado exclusivamente pelo uso do Novo Testamento.

 Das mais antigas memórias da infância e da juventude da maioria dos grandes homens provém um brilho que parece iluminá-las a partir de dentro – também nos casos em que a tal juventude se encontra sob a opressão da pobreza e da dura necessidade exterior. Nas memórias de juventude dos grandes artistas esse encanto costuma fascinar verdadeiramente. No caso de Kant, quando mais tarde ele rememora sua juventude, menos a enxerga sob a luz da fantasia e da idealidade da memória e, com o juízo // do entendimento maduro, mais vê nela meramente o tempo da imaturidade intelectual e da falta de liberdade moral. Por mais que, posteriormente, ele tenha se imbuído nas ideias teóricas fundamentais de Rousseau, em quem o *sentimento* em relação à infância e juventude permanecem vivos, Kant nunca foi capaz de despertá-lo em si mesmo. Rink relata um dizer dele, segundo o qual aquele que, já homem, sente saudades dos tempos da infância permaneceu como criança[6]. E ainda mais indicativo e tocante, Hippel narra em todas as declarações de afeto um homem reservado, que costumava dizer que, constantemente, era tomado de assalto por pavor e apreensão quan-

11

---

6. Comparar com Friedrich Theodor Rink, *Ansichten aus Immanuel Kant's Leben*, Königsberg 1805, p. 22ss.

do relembrava da "escravidão da juventude"[7]. Reconhece-se nessas palavras as amarguradas deixadas pela educação juvenil em Kant, uma impressão que ele nunca foi capaz de apagar completamente de sua vida. O decisivo aqui não eram a pressão exterior de sua situação e os esforços e as privações que ela lhe impôs, pois tudo isso ele suportou com tal serenidade durante toda sua vida que lhe parecia quase espantoso e ofensivo quando, mais tarde, alguém falava disso. O valor da vida, quando se avalia segundo a soma dos *prazeres*, "é menor do que zero"[8]: esse não é um teorema isolado da filosofia kantiana, mas sim verdadeiramente o *Motto* contínuo de sua visão de mundo e de sua conduta de vida. Desde os primeiros anos, sua meta de vida não foi a "felicidade", mas sim a autonomia do pensamento [*Selbständigkeit im Denken*] e a independência da vontade [*Unabhängigkeit im Wollen*]. Precisamente nesse ponto intervém a disciplina intelectual sob a qual Kant foi colocado na juventude. Essa disciplina não se contentava com o cumprimento concreto de determinadas prescrições e deveres, e sim almejava tomar posse da pessoa *por inteiro*, de suas intenções e convicções, de seu sentimento e de sua vontade. Essa provação do "coração", no sentido do pietismo, foi praticada incessantemente. Não havia uma emoção // tão encoberta e íntima que pudesse escapar dela e que não se procurasse monitorar por um controle constante. Mesmo 30 anos depois, David Ruhnken, o então famoso professor de Filologia na Universidade de Leiden que frequentou a *Fridericianum* na mesma época de Kant, falava da "disciplina pedante e sombria dos fanáticos" à qual sua vida fora submetida na escola[9]. Basta um breve exame do plano de ensino da instituição, repleto de práticas de preces e orações, de educação moral, sermões e catequização para confirmar esse juízo. O curso recebia daqui o seu cunho não apenas moral, mas também intelectual, pois mesmo as aulas teóricas eram expressamente determinadas a manter constantemente desperta a relação com as questões religiosas e teológicas.

Se desejamos ter uma imagem ilustrativa do espírito dessas aulas, devemos complementar as escassas informações das práticas de ensino que possuímos do *Fridericianum* através dos vários testemunhos característicos que nos informam sobre o crescimento e o desenvolvimento do espírito pietista na Alemanha. As diferenças individuais pouco pesam aqui, na verdade, pois este é o mesmo desti-

---

7. Biographie des Königl. Preuß. Geheimenkriegsraths zu Königsberg, Theodor Gottlieb von Hippel, zum Theil von ihm selbst verfasst, Gotha 1801, p. 78ss.
8. Ver *Crítica da faculdade de julgar*, *KU*, 5: 434 [Tradução de Fernando Costa Mattos. Petrópolis: Vozes, 2016, p. 331].
9. David Ruhnken, carta a Kant de 10 de março de 1771, *Br*, 10: 117.14-15.

no do pietismo, que originalmente era dirigido puramente à vivificação de uma religiosidade pessoal íntima, posteriormente se petrificaria num padrão geral. O que os indivíduos relatam de sua conversão assume aos poucos os contornos de um esquema fixo que sempre se repete com poucas variações. E esse esquema passou a ser, de modo cada vez mais determinado, a *condição* para a conquista da salvação. Uma das correspondentes de Susanne von Klettenberg sente falta, nessa natureza religiosa verdadeiramente profunda, de uma "luta penitencial formal", sem a qual a conversão interna permaneceria sempre questionável e duvidosa[10]. Em contraponto ao conteúdo religioso original do pietismo, evidencia-se de modo cada vez mais consciente e exigente uma determinada *técnica* religioso-psicológica. Mal se pode abrir uma das biografias dessa época sem se deparar com seus traços por toda a parte.

// Não apenas a educação teológica geral de jovens daquele tempo ficou sob sua influência – como, por exemplo, Semler descreveu de modo vivaz e impressionante em sua autobiografia – mas também homens como Albrecht von Haller, que representam toda a amplitude e o conteúdo da educação alemã de então, tentaram inutilmente ao longo de suas vidas libertar-se internamente dela. No espírito crítico de Kant, contudo, parece ter se consumado logo de início a divisão. Já no rapaz e no jovem, prepara-se a dissociação que mais tarde constituirá um dos mais característicos momentos fundamentais do sistema: a separação do sentido ético da religião de todas as suas formas de manifestação exteriores, como se evidencia no dogma e no rito. Não se trata, nessa separação, de um discernimento abstrato conceitual, mas de um sentimento que nele se consolida mais e mais quando compara entre si as duas formas de religiosidade que ele encontra na casa de seus pais e na instituição de ensino *Fridericianum* e pondera sobre elas. Os juízos sobre o pietismo formulados por Kant em seus últimos anos soam, de início, quando simplesmente os justapomos de modo superficial, curiosamente ambíguos e contraditórios. Mas eles mantêm de imediato um sentido totalmente unívoco quando se pondera que há formas bastante distintas de direção de pensamento e conduta de vida pietistas que Kant tem em vista. A primeira, que ele encontrou corporificada na casa dos pais, ele continuou a valorizar e ter em consideração, mesmo quando se afastou internamente dela por sua própria concepção. "Também eram", disse ele certa vez a Rink, "as concepções daquele tempo [...] e os conceitos daquilo que se chamava de virtude e devoção,

13

---

10. Sobre a história do pietismo, ver Albrecht Ritschl, *Geschichte des Pietismus* e Julian Schmidt, *Geschichte der Deutschen Litteratur von Leibniz bis auf unsere Zeit*; Biedermann, *Deutschland im achtzehnten Jahrhundert*, Vol. II/1.

não menos do que claros e suficientes. Assim se pensava realmente as coisas. Diga-se o que for do pietismo, as pessoas que o levaram a sério se mostraram dignas de respeito. Elas possuíam o que de mais elevado um ser humano pode ter, aquela tranquilidade, aquela alegria, aquela paz interior que não podia ser perturbada por qualquer paixão. Nenhuma carência, nenhuma perseguição os deixava de mau humor, nenhuma desavença era capaz de atiçar sua cólera e sua inimizade. Numa palavra, até mesmo o mero observador seria levado involuntariamente a respeitá-los. Ainda me recordo [...] como outrora irromperam desavenças entre o comércio de cintos e de selas sobre seus respectivos privilégios que afetavam meu pai bem consideravelmente; mas, não obstante, as conversas sobre essa desavença se davam no nosso ambiente familiar com tanto cuidado e amor em consideração dos oponentes por parte dos meus pais que, embora eu // fosse apenas um rapaz de 14 anos, nunca pude me esquecer desse pensamento"[11]. Mais profunda ainda era a aversão que àquele tempo Kant sentia da padronização e mecanização da religiosidade, cujo protótipo ele via do mesmo modo no pietismo. Ele não apenas – com relação expressa a Haller – rejeitou qualquer análise autopunitiva da vida psíquica individual, porque ela é o caminho direto "para cair na confusão mental de alegadas inspirações superiores, em iluminatismo [*Illuminatism*] ou terrorismo"[12], mas também em anos seguintes rejeitou e estigmatizou toda a manifestação exterior de disposição religiosa como hipócrita. É conhecido seu juízo sobre a falta de valor da oração, que ele manifestou tanto em conversas pessoais quanto em seus escritos – e pode-se sentir, sempre que ele se expressa sobre isso, um afeto contido em que parece reverberar uma memória da "disciplina fanática" de seus anos de juventude[13]. Aqui vemos pela primeira vez como uma *lição* fundamental da filosofia kantiana – a oposição que ela faz entre a religião da moralidade e a religião da "candidatura à graça" – se enraíza numa das mais antigas e profundas *experiências de vida* do pensador[14].

---

11. Rink, *Ansichten aus Kant's Leben*, p. 13ss.; comparar com fala semelhante de Kant a Kraus em Rudolph Reicke (ed.), Kantiana. *Beiträge zu Immanuel Kants Leben und Schriften*, Königsberg 1860, p. 5.
12. *Antopologia de um ponto de vista pragmático*, Anth, 7: 133.
13. Ver Biographie Hippels, p. 34; comparar com "Vom Gebet" [*Reflexion* n. 8092 – *Refl*, 19: 637-638].
14. Não há dúvidas de que o ideal de educação religiosa para jovens de Kant é desenvolvido *per antiphrasin* a partir das experiências de sua infância. "A respeito da religião", escreve ele a Wolke, diretor do *Philanthropin* em Dessau, quando o recomenda o filho de seu amigo Motherby como pupilo, "o espírito do *Philanthropin* está em sintonia com o modo de pensar do pai, tanto que ele deseja que até o conhecimento natural sobre Deus, tanto quanto pode alcançar paulatinamente com seu crescimento e com o desenvolvimento de sua compreensão, não poderia ser dirigido diretamente a atividades devocionais, mas sim só após ele aprender a discernir que elas só têm ao todo o valor de um meio para vivificar um temor ativo a Deus e escrupulosidade em seguir

Schiller lamentou, // numa carta a Goethe, quando da publicação da *Antropologia* de Kant, que esse "espírito sereno e jovial" não teria podido desvencilhar suas asas da imundície da vida, e que certas impressões lúgubres da juventude teriam se mantido gravadas indelevelmente nele[15]. Esse juízo se baseia num sentimento correto, mas capta, entretanto, apenas o momento negativo dessa situação. O conflito no qual Kant se viu imerso significa ao mesmo tempo a primeira e determinante aprendizagem de seu caráter e de sua vontade; na medida em que ele separaria sua disposição e sua visão de vida, ao mesmo tempo ele define um contorno geral de seu ser e seu desenvolvimento futuro.

Os primeiros *anos de universidade* de Kant, a julgar pelas escassas informações que se obtiveram deles, também possuem sua significação mais na direção da formação da vontade do que de conhecimentos que eles puderam proporcionar no curso regular das aulas. Instituição escolar e instituição universitária quase não são essencialmente separadas uma da outra nesse tempo na Prússia. Ainda em 1778, sob o governo de Frederico o Grande, fora promulgado aos professores da Universidade de Königsberg um decreto ministerial que proibia expressamente a livre-estruturação de lições acadêmicas e exigia aderência estrita a um determinado manual: o pior compêndio é de certa forma melhor do que nenhum. Os professores poderiam, se possuíssem saber suficiente, complementar o autor. A leitura dos próprios *dictata*, entretanto, deveria ser terminantemente abolida. Além disso, o plano de ensino era detalhado para cada disciplina e era dado valor especial a que os palestrantes aplicassem exames regulares, "em parte para verificar como seus ouvintes haviam compreendido isso e aquilo, em parte para estimular seu zelo e atenção, e para conhecer os mais capazes e diligentes"[16]. Era bastante estreito, portanto,

---

seus deveres como comandos divinos. Pois que a religião não seja senão um tipo de candidatura à graça e bajulação perante o mais alto Ser, em respeito ao qual os homens apenas decidem através da diversidade de suas opiniões o tipo que mais O agradaria, é um delírio que, seja baseado em dogmas ou livre deles, torna toda convicção moral incerta na medida em que esse delírio assume, afora uma boa conduta, também algo além de um meio, por assim dizer, para conseguir a graça do Mais Alto e ocasionalmente se eximir através disso do cuidado mais meticuloso em respeito à boa conduta, e ter, em caso emergencial, um refúgio de prontidão" (carta a Christian Heinrich Wolke de 28 de março de 1776) [*Br*, 10: 192].

15. Friedrich Schiller, carta a Johann Wolfgang von Goethe de 22 de dezembro de 1798, in: *Briefe. Kritische Gesamtausgabe*, Vol. V, p. 474s.

16. Sobre o estado e as instalações da universidade de Königsberg, ver Daniel Heinrich Arnoldt, *Ausführliche und mit Urkunden versehene Historie der Königsbergischen Universität*, 2 Vol., Königsberg 1746 [Citação: Vol. I, Beilage 54 (Friedrich Wilhelm I, Verordnung vom 25. Oktober 1735), p. 314-393: p. 336].

16 o círculo em que o estudo acadêmico //tinha para se mover entre professores e alunos. Mesmo Kant, que, conforme um traço fundamental de sua personalidade, tratou de adaptar-se às ordenações exteriores existentes da vida e de resignar-se a elas, parece, num primeiro momento, ter avançado quase sem consciência para além desse limite estreito. Mas é ainda mais significativo que desde o início, não obstante, ele o rompe involuntariamente, por assim dizer. Assim como ele mais tarde, como docente, amplia o padrão de ensino prescrito – a ordem ministerial acima citada abre exceção expressa para o senhor professor Kant e sua geografia física, pois não há ainda qualquer compêndio adequado –, já como estudante de 17 anos ainda incompletos Kant mostra todos os traços de sua independência intelectual precoce na determinação e na organização de seus estudos. A "escolha de uma faculdade!" ainda constituía a divisa e a palavra de ordem geral na organização universitária de então, que para a Prússia, por exemplo, havia sido reestabelecida recentemente através de um decreto de Frederico Guilherme I de 25 de outubro de 1735. "E a partir de agora", diz o decreto, "não será mais aceita a objeção de que alguns jovens não sabiam, quando entravam na academia, se iriam para a carreira teológica, a jurídica ou a médica, tanto mais tais *studiosi* já deveriam saber, e pouca esperança deles se pode esperar, dado lidarem tão mal com suas próprias coisas, que quando vão à academia não estão ainda resolvidos acerca do que pretendem tratar; também não será de modo algum aceito o pretexto de que eles se dediquem somente à filosofia ou a parte dela. Mas deve-se ser aceito numa das faculdades acima para ao menos ganhar algo por si mesmo com elas"[17]. Em contraste com essa concepção, que no sentido de Frederico Guilherme I vê na universidade apenas a escola para o futuro funcionário público que deve se tornar útil e hábil para algum ramo determinado de serviço, desde o início uma outra visão fundamental era certa para Kant – segundo tudo o que sabemos a respeito – que ele manteve destemidamente e fez valer contra todas as pressões de situações externas. Quando ele foi matriculado na Universidade de Königsberg em 24 de setembro de 1740 ele estava sob a pressão das mais limitadoras e miseráveis condições de vida. "Pobre" e "silenciosamente", ou seja, sem companhia do sacerdote e com isenção das taxas funerárias, sua mãe
17 fora sepultada três anos antes, segundo registro da Igreja de Königsberg, // e a mesma observação se encontra no funeral de seu pai em 24 de março de 1746. Mas, com segurança e desenvoltura de gênio, Kant parecia ter já àquela época

---

17. Idem, Beilage 54, p. 328 e 329; ver aqui e especialmente o seguinte: Arnoldt, *Kants Jugend und die fünf ersten Jahre seiner Privatdozentur*, p. 115ss.

rejeitado qualquer ideia de uma formação profissional para mera subsistência. A tradição por longo tempo o tinha qualificado, por notícias indeterminadas, como estudante de teologia – contudo, a investigação exaustiva e fundamental dessa questão por Emil Arnoldt já deixou claro que Kant não pertencia de modo algum à Faculdade de Teologia e jamais teve, com isso, a intenção de se formar um teólogo por profissão. A notícia que se encontrava a esse respeito em Borowski foi retirada pelo próprio Kant na prova a que ele submeteu o esboço da biografia de Borowski. Especialmente característico nesse aspecto, contudo, é o relato de um dos amigos mais íntimos de Kant em sua juventude, Heilsberg, conselheiro de guerra e de domínios públicos em Königsberg, no qual é atestado que Kant nunca pretendeu ser um *"studiosus theologiae* avançado"[18]. Quando ele atendia às preleções de teologia, só o fazia porque ele era da opinião, que ele sempre também inculcava em seus colegas de estudos, de que se deve procurar tomar conhecimento de todas as ciências e, por isso, não se poderia excluir nem a teologia "se não se busca nela seu pão"[19]. Em conexão com isso, Heilsberg relata como Kant e ele, juntamente com um terceiro amigo de juventude, Wlömer, assistiram uma preleção de Franz Albert Schultz, ex-professor de Kant no *Fridericianum*, e ficaram tão marcados nela por sua diligência e sua inteligência que Schultz os chamou, ao final da última aula, e os questionou acerca de suas condições e propósitos pessoais. Quando Kant respondeu que "gostaria de se tornar um médico"[20], enquanto Wlömer se confessava um jurista, Schultz quis saber por que eles, nesse caso, estavam assistindo aulas de teologia. Uma questão que Kant teria respondido com a simples frase "por curiosidade intelectual"[21]. Nessa resposta se encontra uma força e uma pregnância peculiarmente ingênuas. Ela já contém a primeira consciência de uma direção intelectual // básica que não se poderia designar por qualquer meta particular de estudos que fosse exterior, bem como ela não se deixaria satisfazer por nenhuma de tais metas. Temos a impressão de um reconhecimento involuntário desse fato quando, mais tarde, Jachmann admite, na biografia de Kant, que ele teria questionado inutilmente o "plano de estudos" que este se-

18

---

18. Arnoldt, *Kants Jugend und die fünf ersten Jahre seiner Privatdozentur*, p. 126.

19. Idem, p. 125.

20. Idem, p. 126. Se essa resposta de Kant – como Arnoldt quer dizer – continha uma "mistura de humor malicioso" (p. 127) permanece aberto; é mais plausível assumir que ela era a única com a qual Kant pôde expressar seu interesse dominante no esquema em vigência das divisões das faculdades.

21. Idem, p. 126.

guia na universidade. Nem o único amigo íntimo de Kant[22] conhecido por ele, o doutor Trummer em Königsberg, pôde dar alguma informação sobre isso. É apenas sabido que na universidade Kant estudou excelentemente *humaniora* e não se dedicou a nenhuma ciência "positiva"[23]. O constrangimento em que se encontraram aqui o biógrafo de Kant e seu amigo contém em si um traço de ironia inconsciente: ela encobre toda a contradição que existe entre os propósitos materiais das pessoas ordinárias e aquela utilidade sem propósito que prevalece mesmo na vida do gênio mais sensato e mais consciente de si. O afastamento de Kant da estrutura escolar e curricular da universidade de seu tempo, e a virada que ele toma para as *humaniora* indica, considerado do ponto de vista de sua história de vida, um dos primeiros germes daquela forma livre, "humana", da própria educação que atinge sua validade e realização mais tarde, com a colaboração decisiva de sua filosofia na Alemanha. No desenvolvimento desse ideal de humanidade intervêm imediatamente, na verdade, o mais individual e o mais geral, o pessoal e o ideal. Nas preleções de Kant, o jovem Herder, que já havia se libertado da opressão intelectual de seus anos de infância e colégio, desbravou pela primeira vez aquela nova reivindicação de uma "formação humana", que constitui doravante a base e a motivação de seu trabalho.

Para o próprio Kant, aliás, o fruto desses anos de estudo consistia menos no que lhe fora transmitido em conhecimentos e ideias teóricos do que na disciplina intelectual e moral à qual eles o educaram desde o início. As privações que tinham de ser superadas a pouco e pouco, dia a dia, com a mais obstinada perseverança, nunca perturbaram sua equanimidade interior, de acordo com tudo o que sabemos sobre esses anos. Elas aprofundaram apenas aquele traço de "estoicismo" que se encontrava nele desde o início. E exatamente porque esse estoicismo não foi imposto desde fora, mas surgia de uma direção básica de seu ser, // esse capítulo de sua vida recebe ao mesmo tempo certo vigor ingênuo e despreocupação. Nas narrações dos camaradas de Kant de então, em particular nas memórias que o octogenário Heilsberg esboçou como material para o discurso do memorial de Wald, por toda parte destaca-se nitidamente esse traço. Nota-se como entre Kant e os colegas de estudo com os quais ele coabita tece-se uma estreita comunidade pessoal e intelectual que, ao mesmo tempo, assume de fora para dentro as formas de uma primitiva comunidade de bens – Kant ajuda os

---

22. No texto, lê-se "Freund und Duzbruder". Cabe mencionar que o termo *"Duzbruder"* se refere a um modo mais informal de tratamento, que se dá pelo uso do pronome *Du* em vez de *Sie*. Trata-se, portanto, de uma amizade com maior grau de intimidade pessoal [N.T.].
23. Jachmann, *Immanuel Kant geschildert in Briefen an einen Freund* (carta 2), p. 10-15: p. 10 e 11.

outros através de seus conselhos e lições, enquanto, por seu turno, recebe deles ajuda nas pequenas tribulações da vida material exterior[24]. Impera nesse círculo um legítimo espírito de camaradagem, um "livre dar e receber" no qual ninguém é devedor do outro[25]. Pois nesse ponto Kant exerceu desde a mais tenra juventude o mais extremo rigor sobre si mesmo. Era uma das "máximas" básicas, que ele concebeu desde o início, afirmar sua independência financeira, porque nela ele via uma condição da independência de seu espírito e de seu caráter. Mas embora com o avanço da idade esse senso de independência incondicional de Kant tenha trazido algo de rígido e intransigente para sua vida, sua juventude apresentava ainda aqui uma flexibilidade mais livre e descontraída, que era natural para seu caráter e seus talentos sociais. A sintonia desses dois momentos, o impulso para a companhia e a comunicação viva e simultaneamente a afirmação segura da liberdade interior e exterior, é o que marcou a postura da vida estudantil de Kant. De Winckelmann, cujos anos escolares se assemelham de modo impressionante em muitas particularidades do desenvolvimento intelectual e da formação exterior da vida aos de Kant[26], disse seu biógrafo que, na verdade, em seu caráter não havia nada de juvenil, salvo a força para suportar muito trabalho[27]. Pode-se aplicar essas palavras a Kant, pois mesmo a vida com colegas da mesma idade, da qual nos são contados muitos detalhes engraçados, foi criada, // na verdade, de uma comunidade de estudos e de trabalho na qual já se reconhecia em Kant, que em toda parte aparecia como o líder e superior intelectual, muitos traços que o prefiguravam como futuro professor acadêmico. Como Kant mesmo não amava "nenhuma distração, menos ainda festanças"[28], conta Heilsberg, então ele teria também acostumado seus ouvintes – a expressão é marcante – gradualmente à mesma mentalidade. A única recreação a que ele se permitia era jogo de bilhar e cartas que, pela grande destreza desenvolvida por ele, ocasionalmente também se tornava uma fonte de renda bem-vinda.

Contudo, quando se trata da reconstrução intelectual dessa época, podemos ficar ainda menos nos traços exteriores da vida. Tudo o que aqui foi relatado

---

24. Ver informações de Heilsberg em Reicke, Kantiana, p. 48-51: p. 48 e 49.
25. Ver a descrição de Arnoldt, *Kants Jugend und die fünf ersten Jahre seiner Privatdozentur*, p. 146ss.
26. Compara-se desse ponto de vista especialmente a informação que Paalzow dá sobre os anos de estudo de Winckelmann (Justi, Winckelmann, p. 46s.) com o que Heilsberg (Reicke, Kantiana, p. 48-51) conta sobre Kant; especialmente característico é que também Winckelmann se opôs à obrigação de se ligar a uma das três "mais altas faculdades".
27. Justi, Winckelmann, p. 44.
28. Reicke, Kantiana, p. 49.

fica em segundo plano quando contraposto ao novo domínio interior que deve ter se aberto pela primeira vez a Kant àquela época. O conceito de *ciência*, tanto em sua universalidade abstrata quanto em sua realização substancial específica, tornou-se nessa época pela primeira vez verdadeiramente vívido para ele. O que a escola lhe ofereceu em conhecimento não foi, em última análise, muito mais do que mero material para a memória, enquanto ele era confrontado de imediato pela "filosofia e a *mathese*", e, com efeito, em sua mais íntima relação e interação. O professor acadêmico que lhe proporcionou ambas conquistou com isso ao mesmo tempo influência determinante sobre toda a direção futura de seus estudos. O que sabemos desse professor, o que sabemos de Martin Knutzen e suas atividades como docente e escritor, não permite conceber imediatamente a profundidade dessa influência. Pois Knutzen aparece em seus escritos como um pensador de fato sério e perspicaz, mas seus problemas não se estendiam de modo essencial para além do círculo da filosofia acadêmica de então. Ele não toma inteiramente partido particular no interior desse círculo, mas aspira a ter um juízo próprio e a decidir de modo independente. Mas mesmo a atenção mais aguda que se dedicou a ele como professor de Kant pôde descobrir muito pouco em ideias verdadeiramente características e sugestões decisivamente novas[29]. Quando Christian Jacob Kraus, que entre os amigos e alunos de Kant era quem possuía a compreensão mais profunda sobre o significado e o conteúdo de sua *filosofia*, disse sobre // Knutzen que ele, na Königsberg de então, teria sido o único que pôde ter influência sobre o gênio de Kant, isso se referia menos ao conteúdo de sua doutrina do que ao espírito no qual ela era apresentada. Dentre os professores da Universidade de Königsberg, Knutzen era o único que representava a concepção europeia de *ciência*. Somente ele mirava para além dos limites dos compêndios de ensino tradicionais; somente ele se colocava em meio às discussões gerais que eram conduzidas em torno das questões fundamentais do conhecimento racional e da realidade, pois ao seu interesse pertenciam tanto os escritos de Wolff como os de Newton. Com as preleções e exercícios desse professor, Kant adentrou, a partir de então, numa nova atmosfera intelectual. O fato particular que mostra ter sido Knutzen o primeiro a lhe emprestar as obras de Newton não é de pouco valor em sua significação biográfica, pois Newton representa para Kant, por toda a sua vida, o conceito personificado de ciência. E um sentimento de que agora pela primeira vez ele havia calcado os pés no

---

29. Sobre Knutzen, comparar com Benno Erdmann, *Martin Knutzen und seine Zeit. Ein Beitrag zur Geschichte der Wolfischen Schule und insbesondere zur Entwicklungsgeschichte Kants*, Leipzig, 1876.

mundo intelectual deve ter sido vívido em Kant desde o início. Como escreveu Borowski, a partir de então ele "assistiu incessantemente [...] as preleções de filosofia e matemática"[30] de Knutzen. Essa aula abrangia tanto a lógica como a filosofia da natureza, tanto a filosofia prática e o direito natural, a álgebra e a análise infinitesimal como a astronomia geral. Com isso, uma nova extensão do conhecimento tinha sido aberta para Kant que, entretanto, dado seu intelecto desde sempre dirigido para o sistemático e o metódico, precisou dar ao saber um valor e um sentido outros.

Essa tendência de desenvolvimento interno se destaca com clareza total nos primeiros escritos, com os quais ele encerra seus anos de educação. Ainda como estudante ele deve ter redigido esses escritos: As atas da Faculdade de Filosofia da Universidade de Königsberg contêm, no semestre de verão do ano de 1746, a observação de que os *Pensamentos sobre a verdadeira estimação das forças vivas* do "*Studiosus* Immanuel Kandt" foi submetido à censura do diretor da faculdade [*Dekan*]. A impressão do tratado foi por muito tempo adiada. Ela foi iniciada em 1746, mas concluída somente três anos mais tarde. Sobre os motivos intelectuais que levaram Kant à escolha desses temas não se encontra qualquer indicação biográfica mais próxima, mas o próprio conteúdo dos escritos nos deixa supor o caminho // pelo qual o jovem Kant foi introduzido ao problema da medida das forças. Quando se leva em conta a literatura da filosofia da natureza e da física das primeiras décadas do século XVIII, percebe-se que a contenda em torno da medida de força, tal como conduzida com grande fervor especialmente na Alemanha, tem uma questão geral de fundo. Através da defesa da *medida de força* de Leibniz procura-se manter ao mesmo tempo o *conceito de força* leibniziano. Esse conceito de força se via ameaçado por todos os lados: oposto a ele estava a concepção "geométrica" de Descartes, para a qual a matéria e o movimento nada mais são do que modificações da mera "extensão"; de outro lado, afirmava-se cada vez mais forte e exclusivamente a intuição fundamental da mecânica newtoniana que rejeita toda conclusão sobre a "essência" da força e vê na descrição e no cálculo dos fenômenos a única tarefa da ciência empírica[31]. No decurso da contenda, os papéis dos opositores individuais estranhamente se inverteram gradualmente e se confundiram. Pois aqui já não mais permanecia clara e distintamente o metafísico contra o matemático, como podia parecer ainda no começo

---

30. Ludwig Ernst Borowski, *Darstellung des Lebens und Charakters Immanuel Kant's. Von Kant selbst genau revidirt und berichtigt* (Ueber Immanuel Kant, Vol. I), Königsberg 1804, p. 28 e 29: p. 28.
31. Mais detalhes sobre isso em meu *Das Erkenntnisproblem in der Philosophie und Wissenschaft der neueren Zeit*, Vol. II [ECW 3], p. 400ss.

da discussão. Em vez disso, cada um coloca a "metafísica" no seu próprio campo de discussão para depois condenar novamente seu uso feito pelo outro. Se Newton e Clarke veem no conceito de mônada de Leibniz uma renovação do conceito de substância aristotélico-medieval que seria incompatível com as regras fundamentais do modo de conhecimento moderno, ou seja, o método matemático e da ciência da natureza – de outro lado, Leibniz não falha em bradar reiteradamente contra o conceito de forças que atuam a distância, por meio do qual a antiga "barbárie" da física escolástica reavivava-se com suas formas substanciais e suas qualidades obscuras. Assim, a verdadeira questão começava a se deslocar cada vez mais de um campo puramente fisicalista para um campo metodológico geral. E precisamente por esse aspecto do problema Kant se sentia imensamente atraído. Aqui não se tratava mais da descoberta e constatação de determinados fatos isolados, mas sim, sobretudo, de uma oposição fundamental na *interpretação* [*Deutung*] dos fenômenos conhecidos e dados do movimento. Aqui deveriam ser levados em conta não apenas as observações e fatos individuais, mas os *princípios* sobre os quais se ergue o exame da natureza, e pelos quais as suas variadas competências // são ponderadas. Kant colocou sua questão particular sobretudo em vista dessa tarefa geral. Isto é o notável desses escritos de juventude: que o primeiro passo que Kant deu no campo da filosofia da natureza se transformou imediatamente numa investigação sobre o *método* da filosofia da natureza. Toda a sua crítica da interpretação leibniziana se fixa nesse ponto de vista: de um lado, é esclarecido expressamente que ele não contestava tanto o resultado de Leibniz como o modo de sua fundamentação e dedução, "não exatamente a coisa ela mesma, mas sim o *modum cognoscendi*"[32]. Essa concentração segura e consciente da questão implicada na contenda no "*modus cognoscendi*" é o que empresta ao tratado de Kant seu cunho característico. "Deve-se ter um método por meio do qual se possa examinar, em todos os casos, através de um exame dos princípios sobre os quais uma dada opinião é construída, e através da comparação desses mesmos princípios com as consequências deles extraídas, se também a natureza das premissas contém em si o que é exigido no exame das proposições delas deduzidas. Isso acontece quando se observa com exatidão e total atenção as determinações que se atrelam à natureza das conclusões, quando se observa se na construção da prova foram selecionados princípios tais que es-

---

32. *Gedanken von der wahren Schätzung der lebendigen Kräfte und Beurteilung der Beweise, deren sich Herr von Leibniz und andere Mechaniker in dieser Streitsache bedienet haben, nebst einigen vorhergehenden Betrachtungen, welche die Kraft der Körper überhaupt betreffen* (§ 50), in: Werke, Vol. I (Vorkritische Schriften, Vol. I), ed. Artur Buchenau, Berlim 1912, p. 1-187: p. 60 [I, 60] [*GSK*, 1: 60].

tejam limitados às determinações particulares implicadas na conclusão. Quando não se encontra isso, então sabe-se seguramente que essas conclusões, que de certa forma são insuficientes, nada comprovam. [...] Numa só palavra: todo esse tratado deve ser pensado como uma única e simples criação desse método"[33]. Kant chamou de *Tratado do método* seu escrito físico-filosófico de juventude. Mais tarde, no auge de sua vida e de sua produção, ele chamou a *Crítica da razão pura* de um tratado do método: na mudança no sentido dessa definição para si mesmo encontramos toda a sua filosofia e o seu desenvolvimento.

Entretanto, Kant está aqui ainda muito distante de uma visão "crítica" no sentido de sua doutrina posterior, e seria arbitrário se tentássemos lê-la no tratado. Já havia // brotado nele a dúvida sobre a consistência e a solidez da metafísica escolar, mas ela se apoiava mais numa sensação geral que num embasamento conceitual com clareza e nitidez. "Nossa metafísica", sentencia o escrito, "está, de fato, como muitas outras ciências, apenas no limiar de um conhecimento verdadeiramente profundo. Sabe Deus se um dia ele será ultrapassado. Não é difícil ver suas fraquezas em muito do que ela supõe. [...] Nada aqui é mais culpado que a propensão dominante daqueles que buscam ampliar o conhecimento humano. Eles gostariam de ter uma grande filosofia, mas seria desejável que ela também fosse sólida. Essa é quase a única satisfação para um filósofo pelo seu esforço quando ele, após uma trabalhosa investigação, finalmente pode sossegar em posse de uma ciência verdadeiramente sólida. Consequentemente, seria muito exigir dele que confie em sua própria aprovação apenas ocasionalmente, que não oculte em seus próprios descobrimentos as imperfeições que ele mesmo não está preparado para aprimorar. [...] O entendimento é inclinado às aprovações, e é portanto muito difícil retê-lo por muito tempo. Caberia abandonar essa compulsão para, em prol de um conhecimento fundamentado, oferecer em sacrifício tudo aquilo que um conhecimento de amplo apelo e atratividade tem em si"[34]. Mas essa renúncia prudente e precoce será constantemente contrariada no próprio tratado de Kant pelo impulso e pela audácia juvenil da especulação. Não é apenas a distinção da força "viva" e da "morta", sobre a qual se baseia todo o tratado, ele mesmo mais de um modo "metafísico" do que "físico", mas, contrariamente, predomina nele em toda parte a luta por se erguer da mera descrição do particular e do real para a intuição das "possibilidades" mais universais do pensar. Particularmente característico, nesse ponto de vista, é a ideia de que

---

33. Idem (§ 88), p. 95s. [I, 93s.] [*GSK*, 1: 93-94].
34. Idem (§ 19), p. 30 [I, 30s.] [*GSK*, 1: 30-31].

o espaço tridimensional dado em nosso mundo empírico seja, talvez, apenas um caso especial num sistema de formas espaciais que podem ser diferentes em sua estrutura e em suas medidas. "Uma ciência de todos esses tipos possíveis de espaço seria", como acrescenta o tratado, "inquestionavelmente a mais elevada geometria da qual um entendimento finito poderia se ocupar". Ela conduziria simultaneamente consigo a ideia de que as formas distintas do espaço poderiam corresponder a muitos mundos distintos que, contudo, não estariam absolutamente em conexão e interação dinâmica uns com os outros[35]. Por toda a parte, no texto, aspira-se sobretudo a uma reconciliação // e unificação da matemática e da metafísica, da qual Kant é sem dúvida consciente de não corresponder ao gosto dominante da época no âmbito da ciência, mas que ele não obstante tomava por indispensável porque seria evidente que as "mais primárias fontes de eventos da natureza deveriam constituir necessariamente uma recusa da metafísica"[36].

O que, contudo, do ponto de vista da história de vida de Kant, constitui o verdadeiro interesse de *Pensamentos sobre a verdadeira estimação das forças vivas*, é não tanto o conteúdo do texto como o tom em que ele é escrito. Seu conteúdo parece, de um ponto de vista exclusivo das ciências da natureza, indubitavelmente insuficiente, em especial quando ele é comparado a outras obras anteriores e contemporâneas da mecânica clássica – com *Mechanica sive motus scientia*, de Euler (1736), e com o *Essai de Dynamique* de d'Alembert, de 1743. Reconhece-se que o estudante de 22 anos, levando em conta todo o impressionante conhecimento que ele adquiriu da literatura da matemática e da física, não se apropriara ainda verdadeiramente de todo o conteúdo mais profundo da formação matemática da época. As distinções entre forças mortas e vivas, entre as relações da "pressão morta" e do "movimento efetivo", sobre as quais o modo de exame de Kant repousa por completo, já haviam sido superadas na mecânica moderna, que oferecia a definição unívoca de todos os conceitos fundamentais e a mensurabilidade exata de todas as relações. *Desse* ponto de vista, o famoso epigrama mordaz de Lessing sobre a *Estimação das forças vivas* de Kant, no qual ele esquecera a estimação da própria força, não estava errado. E não obstante, ainda hoje, depois de quase todos os resultados terem sido superados, provém do texto um encanto peculiar que não se encontra no que ele contém e oferece positivamente, mas no que ele almeja e promete. Encontramos aqui pela primeira vez com plena força e assertividade o *pathos* subjetivo do pensamento de

---

35. Idem (§ 8–11), p. 20ss. [Citação, p. 23 (I, 24)] [*GSK*, 1: 24].
36. Idem (§ 51), p. 61 [I, 61] [*GSK*, 1: 61].

Kant. Esse pensamento é dirigido exclusivamente ao assunto, em face do qual toda e qualquer "opinião" perde valor, mesmo quando parece corroborada pela tradição e pelo brilho de um nome famoso. "Era um tempo onde havia muito a se temer com tal audácia; eu imagino que essa época tenha passado, e que o entendimento humano tenha felizmente se livrado dos grilhões que o impuseram outrora a ignorância e o temor. De agora em diante, pode-se corajosamente // ousar desconsiderar a respeitabilidade de Newton e Leibniz, quando ela se contrapõe à descoberta da verdade, e não obedecer nenhuma outra persuasão além da força do entendimento." Desse ponto de vista, a investigação da doutrina das forças vivas recebe um novo sentido. O jovem crítico se apresenta não mais como defensor da opinião de um determinado partido, mas sim como defensor do "entendimento". A "dignidade do entendimento humano" deve ser defendida ao unificá-la consigo mesma na pessoa dos homens perspicazes[37]. Mas essa defesa não permanece apenas no plano eclético. Quando Kant dirige sua atenção preferencialmente a uma certa "proposição média" sobre a qual as afirmações de ambos os opositores devem concordar[38], essa intermediação que é demandada não trata apenas de um *compromisso* de conteúdo entre as intuições contrapostas, mas da obtenção da prova e da distinção exata das *condições* sob as quais a proposição e a contraproposição se encontram, e por meio das quais elas adquirem primeiramente sua validade específica. Assim aqui já se percebe como em cada sentença particular se desenvolve e se determina, por assim dizer, o estilo geral do modo de pensar de Kant, ainda que esse estilo careça de um tema verdadeiramente digno. E é tão forte no próprio Kant a consciência dessa particularidade e dessa originalidade que ela compele imediatamente à expressão subjetiva. "Eu imagino", diz ele no prefácio do texto, "que não seja inútil às vezes depositar certa confiança generosa em suas próprias forças. Uma confiança desse tipo anima todos os nossos esforços e confere a eles um certo arrojo que é muito benéfico à investigação da verdade. Quando estamos dispostos a persuadir a nós mesmos de que nos é permitido confiar em nossa reflexão, e que seria possível encontrar erros num Leibniz, então nos empenhamos em tornar verdadeira essa nossa suposição. Depois de nos perdermos milhares de vezes nesses empreendimentos, o ganho no conhecimento das verdades daí advindo se torna muito mais considerável do que se tivéssemos nos mantido sempre na rua principal.

26

---

37. Idem (Vorrede u. § 125), p. 5 e 152 [I, 7 e 148] [*GSK*, 1: 7 e 149] [Obs.: Kant emprega no prefácio "Verstand", não "Vernunft"].
38. Idem (§ 20), p. 31 [I, 32] [*GSK*, 1: 32].

Nisso eu me baseio. Eu já determinei o rumo que desejo seguir. Seguirei meu percurso e nada vai me impedir de avançar nele"[39].

// Assim, puro e contundente, ressoa o tom da promessa nas primeiras frases do primeiro texto kantiano. No momento que Kant entra em cena como escritor de filosofia, toda a penúria e a miséria de sua existência exterior são como que extintos, e paulatinamente, com uma clareza quase abstrata, destaca-se a lei determinante sob a qual se encontram seu ser e seu modo de pensar. A partir de agora, entra em sua vida aquele traço grandioso da consequência que compensa a falta de riqueza e de diversidade exterior. Ele havia encontrado a forma não de uma doutrina determinada, mas, sim, do próprio pensar e querer. Que essa forma seria mantida e levada adiante, disso ele estava consciente já em seus 20 anos, com a autoconfiança incondicional do gênio: "*Nihil magis praestandum est*", expressa o *motto* de Sêneca, do qual ele parte no *Pensamentos sobre a verdadeira estimação das forças vivas*, "*quam ne pecorum ritu sequamur antecedentium gregem, pergentes, non qua eundum est, sed qua itur*"[40]. Esse dito, que Kant elege como máxima de seu pensamento, deve contudo valer simultaneamente como máxima de vida. Ele só poderia conseguir e manter o exercício livre futuro de sua profissão de escritor se ele renunciasse imediatamente a ela por um longo tempo. Ele deixaria Königsberg ainda antes da conclusão da impressão de seu texto de estreia para, como informa Borowski, "obrigado pela circunstância de suas condições", assumir um cargo de professor particular na casa de um pastor no interior[41]. Não menos do que sete (quando não nove) anos durou esse exílio na posição de *Hofmeister*; nele, porém, Kant conquistou para si a independência social e a livre-autodeterminação que para ele constituía o conteúdo de tudo aquilo que ele jamais almejara ou esperara para si como uma vida feliz[42].

---

39. Idem (Vorrede), p. 8 [I, 10] [*GSK*, 1: 10].
40. [Idem, p. 5 (I, 7).] [*GSK*, 1: 7] O trecho citado de Sêneca, extraído de *De vita Beata*, diz: "É preciso atentar para não seguir tal como ovelha o rebanho à frente porque, não sabendo para onde ir, vai para onde as outras se dirigem" [N.T.].
41. S. Borowski, *Darstellung des Lebens Kant's*, p. 30s.
42. "Desde jovem o grande homem fazia o esforço de se fazer autônomo e independente de todos, assim ele poderia viver não para os homens, mas sim para si mesmo e seu dever. Essa livre-independência, ele esclareceria ainda em sua maturidade, era o fundamento de toda felicidade de sua vida. Eu asseguraria que ele sempre fora mais feliz em renunciar a algo do que desfrutar ao custo de se tornar devedor de alguém" (Jachmann, *Immanuel Kant in Briefen an einen Freund* (Brief 7), p. 61-74: p. 65s.).

// 2.

Nos anos que se seguem, a vida de Kant retorna quase completamente à obscuridade – de tal modo que até mesmo seus contornos externos não podem ser traçados com segurança, assim como as indicações de lugar e de tempo para os períodos específicos dessa época se tornam incertas e oscilantes. A maioria dos biógrafos concorda que Kant teria permanecido primeiramente com o pregador reformado Andersch, em Judschen, como tutor privado, e a partir daqui teria se mudado para a fazenda do senhor von Hülsen, em Groß-Arnsdorf, perto de Saalfeld. Mas a informação seguinte, de que ele fora empregado como tutor também na casa do conde Johann Gebhardt von Keyserling em Rautenburg, perto de Tilsit, não é completamente segura e unívoca. Ao menos Christian Jacob Kraus informa expressamente nunca ter ouvido falar de uma tal relação. E aqui seu testemunho tem relevância especial, pois ele mesmo aceitou o posto de educador e professor privado na casa de Keyserling em Königsberg, depois do casamento da condessa Keyserling com seu segundo marido, Heinrich Christian Keyserling. Em todo caso, a julgar pela idade dos filhos da casa de Keyserling, não se pode assegurar que a informação seja de uma ocupação de Kant como tutor privado antes do ano de 1753. E já nos anos seguintes ele teria voltado a residir em Königsberg, pois uma carta dessa época é datada de lá. Qualquer que tenha sido o caso[43], é evidente que, com base em dados tão vagos e incertos, não se pode determinar nada que pudesse de alguma maneira iluminar o desenvolvimento interior de Kant nessa época. Apenas Borowski preservou algumas notícias escassas sobre o assunto. "A estada sossegada no interior", afirma ele, "serviu a Kant como estímulo a sua diligência. Em sua cabeça já estavam as linhas fundamentais de algumas de suas investigações, algumas quase completamente elaboradas, com as quais ele, [...] no ano de 1754 e nos seguintes, para a surpresa de muitos, [...] se destacou de uma vez e rapidamente. Lá ele reuniu numa miscelânea composta de todos os campos acadêmicos [*allen Fächern der Gelehrsamkeit*] o que lhe parecia ser de algum modo significativo para o saber humano // – e, hoje, com ainda mais satisfação, rememora esses anos de sua estada e diligência no campo"[44].

---

43. Todo o material para a solução dessa questão se encontra compilado por Emil Arnoldt (*Kants Jugend und die fünf ersten Jahre seiner Privatdozentur*, p. 168ss.); comparar também com Emil Fromm, *Das Kantbildnis der Gräfin Karoline Charlotte Amalia von Keyserling. Nebst Mitteilungen über Kants Beziehungen zum gräflich Keyserlingschen Hause*, in: Kant-Studien 2 (1899), p. 145-160.
44. Borowski, *Darstellung des Lebens Kant's*, p. 30s.

Se esse relato, com a certeza com que pode ser tomado, baseia-se em informações do próprio Kant (ele próprio o confirmou pelo menos indiretamente na medida em que o deixou inalterado na revisão que fez dos esboços biográficos de Borowski) então segue-se que também o novo círculo de convivência, ao qual Kant esteve ligado, não pôde perturbar a tranquilidade e a constância de seu desenvolvimento intelectual. Embora se apresente como completamente livre de conflitos nas memórias tardias de Kant, a consonância entre o interno e o externo nele não foi estabelecida, pois os anos como *Hofmeister*, que pertencem ao destino típico de eruditos daquele tempo, significam, em todo caso, uma escola severa de privação intelectual para todas as naturezas profundas. A posição social do *Hofmeister* era em todos os sentidos sufocante e penosa. "Mais do que 40 táleres", diz-se nas cartas da senhora Gottsched, "não se deseja gastar com um *Hofmeister* mais do que 40 táleres; por esse valor ele também deveria prover os custos de administração"[45]. Especialmente na Prússia Oriental, obtém-se uma impressão vívida do que é dito com isso quando se tem presente a imagem que, ainda um quarto de século mais tarde, Lenz apresenta dessas condições em sua comédia "*Der Hofmeister*", que ele encenou numa fazenda em Insterburg. "Pelos céus, senhor pastor", diz aqui o conselheiro privado ao pastor que desejava que seu filho se tornasse *Hofmeister*, "o senhor não o criou para ser um servo, e o que ele seria senão um servo, se ele vendesse sua liberdade para uma pessoa privada por um punhado de ducados? Seria um escravo sobre o qual seu senhor teria domínio ilimitado, e teria de aprender muito na academia apenas para antecipar de longe suas exigências insensatas, e assim passar um verniz sobre sua servidão [...] vós que reclamais tanto sobre sua nobreza e sobre seu orgulho, eles enxergam os tutores como domésticos. [...] Mas quem vos diz que tendes de alimentar seu orgulho? Quem vos diz que tendes de tornar-vos domésticos quando aprendestes algo, e tornar-vos vassalos de um fidalgo cabeça-dura que a nada acostumou-se em sua vida toda senão à submissão servil de seus coabitantes?"[46] As personalidades mais nobres // e fortes – como Fichte, por exemplo – sempre perceberam essa escravidão existencial do tutor com um amargor mais profundo. Kant, entretanto, até onde sabemos, manteve-se alheio a experiências desse tipo. O quão pouco ele e seu trabalho se assemelhavam mutuamente, entretanto, ele percebeu, e posteriormente ele assegurou, rindo, que talvez não houvesse no mundo tutor pior do que ele[47]. Não obstante, tudo que

---

45. Citado conforme Biedermann, *Deutschland im Achtzehnten Jahrhundert*, Bd. II/1, p. 522.
46. Jacob Michael Reinhold Lenz, *Der Hofmeister oder Vortheile der Privaterziehung. Eine Komödie*, Leipzig 1774, p. 33s.
47. Comparar com Jachmann, *Immanuel Kant in Briefen an einen Freund* (Brief 2), p. 11s.

sabemos de suas relações com as famílias para as quais ele trabalhou confirmam a alta estima pessoal que Kant gozou junto a elas. Em pouco tempo ele parecia ter assumido a condução intelectual e um tipo de ascendência moral mesmo aqui no círculo de sua convivência. De sua pessoa emanava com toda sua simplicidade, desde a tenra juventude, uma força que prosperou e conquistou respeito em todas as situações da vida em que foi colocada à prova. Como que de si mesma, sua natureza moldava o seu entorno e os seus relacionamentos. Com a família do conde von Hülsen, Kant manteve um contato amistoso por muito tempo depois de ter dela se separado. As cartas a eles endereçadas desde então continham, segundo o testemunho de Rink, "a mais profunda expressão de gratidão, de estima e amor, a qual se acumulava na medida que tomava parte de todos os acontecimentos interessantes da família". "Talvez não seja totalmente irrelevante observar", acrescenta Rink, "que a família von Hülsen concedeu aos seus servos a liberdade, sob o governo do atual rei da Prússia [Frederico Guilherme III], e, como constou nos documentos oficiais sobre isso, foram agraciados pelo monarca filantropo com a elevação ao condado"[48]. Com a casa Keyserling, Kant também se manteve em duradouro contato pessoal íntimo e intelectual, sobretudo quando a condessa von Keyserling se mudara para Königsberg após seu segundo casamento. Kraus relata como, costumeiramente, Kant sentava-se à mesa logo ao lado da condessa, salvo "apenas se houvesse alguém completamente estranho a quem fosse conveniente ceder aquele lugar honroso"[49]. Em resumo, esses relatos mostram que também essa época de trabalho // como tutor, embora parecesse tão estranho e desagradável à sua natureza, causou tanto nele mesmo quanto nos outros um efeito profundo e duradouro. A necessidade sob a qual originalmente tomou o lugar de tutor não anulou nele o sentimento de liberdade interior, pois permaneceu inalterada para ele a meta à qual ele ousou empenhar os melhores anos de sua juventude. Na amplitude universal de sua visão, em profundidade e audácia da concepção, no arrojo e na força de sua linguagem, a *História natural universal e a teoria do céu*, que deve ter sido escrita ou ao menos preparada ainda em seus anos de tutoria[50], foi supe-

31

---

48. Rink, *Ansichten aus Kant's Leben*, p. 28s.
49. Comparar com o relato de Kraus em Reicke, Kantiana, p. 60 [Zitat]; ver também o relato da filha do conde von Keyserling (Charlotte Elisabeth Konstantia von der Recke, Bruchstücke aus Neanders Leben, ed. v. Christoph August Tiedge, Berlim 1804, p. 108s.). Mais detalhes sobre a condessa von Keyserling e seu círculo em Fromm, *Das Kantbildnis der Gräfin von Keyserling*, 150ss.
50. Arthur Warda (*Ergänzungen zu E. Fromms zweitem und drittem Beitrage zur Lebensgeschichte Kants* [2. Teil]. In: *Altpreussische Monatsschrift* 38 (1901), p. 398-432: p. 404) tornou plausível que Kant permanecera até o ano de 1750 como tutor em Judschen e entre 1750 e a páscoa de 1754 estivera empregado na propriedade da família von Hülsen e Gross-Arnsdorf. Pois a dedicatória de *Allgemeinen Naturgeschichte und Theorie des Himmels* é datada de 14 de março de 1755 e a obra

rada por apenas algumas das obras posteriores de Kant. Foi portanto mais do que mera "miscelânea de erudição" que Kant adquiriu nesses anos. O que ele conquistou foi a visada intelectual livre e o juízo maduro sobre a *totalidade* dos problemas científicos, ambos ainda ausentes no *Pensamentos sobre a verdadeira estimação das forças vivas*. Com o sentimento de segurança interior e exterior, ele podia agora retornar à universidade. Ele havia conseguido "reunir [...] os meios de ir ao encontro de sua vocação futura com menos preocupações materiais"[51] e ao mesmo tempo possuía um volume de conhecimento que o permitiu, em seus primeiros anos de docência, ensinar sobre lógica e metafísica, sobre geografia física e história natural geral, sobre os problemas da matemática teórica e prática, e sobre mecânica. Em 12 de junho de 1755 Kant ganhou o título de doutor em Filosofia com a tese *De Igne* [*Sobre o fogo*], e em 27 de setembro do mesmo ano foi dada a ele a permissão para dar aulas, após a defesa pública de seu escrito *Principiorum primorum cognitionis metaphysicae nova dilucidatio*. Assim, com um tema físico e um tema metafísico, Kant deu início à sua nova carreira. Mas, com essa mera junção de duas ciências diferentes, // seu intelecto, que em tudo insistia em organização e estruturação crítica, não pôde ficar parado. Por uma nova face, colocava-se para ele a tarefa de fixar a física e a metafísica em seus princípios e delimitá-las mutuamente em seus modos próprios de problematização e em seus meios de conhecimento. Apenas depois de realizar essa divisão poderia ser construída aquela relação entre filosofia e ciências naturais, entre "experiência" e "pensamento", sobre a qual repousa o novo conceito de conhecimento que a doutrina crítica introduz e fundamenta.

Antes de adentrarmos nesse desenvolvimento, entretanto, olhemos mais uma vez para esse ponto, para o conjunto da juventude de Kant, pois aqui se impõe a nós uma observação geral. A vida dos grandes indivíduos se encontra, também onde parece transcorrer totalmente apartada dos grandes movimentos do tempo histórico, em íntima conexão com a vida geral da nação e da época. O que a Prússia do século XVIII possuía em forças intelectuais originais pode ser resumido em três nomes: Winckelmann, Kant e Herder. A história da juventude de todos os três, contudo, apesar de todas as diferenças que se revelam das particularidades na direção fundamental e nas condições específicas de desenvolvimento de cada um, apresenta um traço comum, um traço no qual se reflete a situação intelectual geral e material da Prússia de então. O que a Prússia se tornou sob Frederico Guilherme I, ela o foi por meio de uma disciplina ferrenha, através

---

certamente exigiu mais de um ano de preparação, de modo que sua concepção e elaboração em grande parte caem nos anos de Kant como tutor.

51. Rink, *Ansichten aus Kant's Leben*, p. 27.

da força da restrição e da privação. Num regime da mais dura coação e da mais extrema pobreza, juntaram-se as forças das quais a nova estrutura política do país deveria se desenvolver. Como essa pressão interfere em todos os relacionamentos da vida privada, ela também determinava, portanto, através da mediação da educação e das aulas, a concepção geral da vida, e imprimia nela sua marca. A vida dos grandes indivíduos precisou primeiramente se desprender da simplicidade, da penúria e da ausência de liberdade desse *milieu* político-intelectual. Winckelmann e Herder empreenderam essa luta com crescente amargura. Depois de encontrar-se a si mesmo em Roma, Winckelmann revê com profunda fúria a escravidão de sua juventude e a "Terra de Bárbaros" da Prússia. Também Herder não percebe o pleno desenvolvimento de sua força intelectual senão ao desvincular-se de sua velha pátria para sempre. Pela primeira vez, no contato com um mundo mais vasto e uma vida mais ampla, abriu-se para ele a totalidade da sua própria essência. É apenas em seu "diário de viagem" que se traça um quadro geral de sua originalidade pessoal e // literária. E agora mais nenhum sentimento o liga à sua velha pátria. "Os Estados do Rei da Prússia", decreta ele friamente, "não serão felizes até que sejam repartidos em confraternização"[52]. Se confrontarmos, nesse sentido, a opinião de Kant com as de Winckelmann e Herder, segue-se que o fato de que Kant dedicara a Frederico II a primeira obra que o revelou como um pensador maduro e universal, a *História natural universal e a teoria do céu* ganha o significado de um símbolo universal. É – quando se pondera esse dado na totalidade da vida futura de Kant – como se ele quisesse se atar para sempre à terra natal em toda a sua estreiteza e limitação. O que seu desenvolvimento intelectual pode ter perdido com isso, em comparação com Winckelmann e Herder, não pode ser medido – mas infinitamente significativo foi o ganho que, do outro lado, foi conferido à construção de seu caráter e de sua vontade. Kant permaneceu no solo em que nascera e em cujas circunstâncias externas de vida ele fora colocado. Mas, com a força de autolimitação, que constitui uma peculiaridade específica de seu gênio intelectual e moral, ele extraiu desse solo tudo o que ele continha de nutrientes intelectuais. Tal como ele aprendera ainda quando criança e jovem a cumprir seu dever de homem, assim ele se manteve fiel até o fim. E da energia dessa vontade moral cresceu a nova concepção teórica de mundo e de vida da filosofia crítica.

33

---

52. Johann Gottfried Herder, *Journal meiner Reise im Jahr 1769*, in: *Sämmtliche Werke* (ed.) v. Bernhard Suphan, Bd. IV, Berlim 1878, p. 343-461: p. 405.

2. Os anos como *Magister* e o início da doutrina kantiana

1. A imagem de mundo das ciências naturais – Cosmologia e cosmofísica

// De posse do título de *Magister*, Kant ofereceu no outono de 1755 sua primeira preleção na casa do Professor Kypke, onde já havia morado. O amplo auditório que essa casa possuía, incluídos o vestíbulo e as escadas, encontrava-se "repleto de uma multidão de alunos apinhados". Por não ter previsto esta profusão de ouvintes, Kant se sentiu extremamente intimidado. Ele quase perdeu a calma, falava ainda mais baixo do que de costume e precisava se corrigir com frequência. Mas estas falhas de apresentação não causaram qualquer má impressão junto aos numerosos ouvintes, ao contrário, imprimiu neles com "ainda mais vivacidade" a admiração pelo pensador despretensioso. A "assunção da vasta erudição" de Kant já tinha se estabelecido e a audiência acompanhava suas explicações com paciente expectativa. De fato, essa imagem já havia mudado na aula seguinte: a explanação de Kant não era apenas meticulosa, mas também franca e agradável, tal como ele a manteria dali por diante.

Nós extraímos esse relato da biografia feita por Borowski[1], não só por ter estado presente como ouvinte na primeira preleção de Kant, mas também porque testemunha de modo característico a forte impressão *pessoal* que se tinha do jovem Kant em toda a parte. A "assunção de uma vasta erudição" que Kant encontrava entre seus ouvintes dificilmente se fundamentaria no seu prestígio como escritor: precisamente a obra que nessa época teria podido justificar sua fama literária, a *História Natural Universal e Teoria do Céu*, manteve-se inteira-

---

1. Cf. Borowski, *Darstellung des Lebens und Charakters Immanuel Kant's* , p. 185s. [BOROWSKI, L.E.; JACHMANN, R.B.; WASIANSKI, E.A. *Kant Intime*. Jean Mistler. Paris: Bernard Grasset, 1985, pp. 29-31. N.T.].

mente desconhecida do público devido a um peculiar infortúnio. O editor foi à falência durante a impressão da obra; o seu depósito inteiro foi selado e, por isso, o escrito nunca chegou a ser comercializado[2]. O que era conhecido do trabalho científico de Kant na época dos seus primeiros cursos universitários, desconsiderado este seu primeiro escrito sobre filosofia natural, limitava-se por essa razão a alguns // pequenos artigos que haviam sido publicados por ele em 1754 no *Wöchentlichen Königsbergischen Frag- und Anzeiguns-Nachrichten*[3]. Estas poucas páginas que versavam sobre questões específicas de geografia física não poderiam ter aguçado a expectativa da audiência pelo jovem professor de Lógica e Metafísica. E, no entanto, havia na defesa do título de *Magister* de Kant, em 12 de junho 1755, um grupo numeroso de homens eruditos e renomados da cidade que manifestavam, "pela ocasião, com silêncio e atenção notáveis, um respeito" do qual ele, Kant, já era objeto[4]. O que deve ter ocasionado este respeito era a conversação e a frequentação de Kant – como de fato mais tarde, quando todas as suas obras principais já teriam há muito sido publicadas, seus amigos mais próximos e alunos mantiveram o asserto de que Kant era, no seu trato pessoal e "nos seus cursos, muito mais espirituoso do que nos seus livros", que ele vertia "pensamentos geniais aos borbotões" e prodigalizava uma "riqueza imensa de ideias". Eles, aliás, consideravam essa a verdadeira marca da sua originalidade, pois nos eruditos de profissão o livro é comumente mais douto do que seu autor, enquanto que a profundidade e singularidade do verdadeiro "livre-pensador" se revelam justamente no fato de seus escritos não se colocarem acima, mas abaixo de seu autor[5].

É bastante certo, segundo a opinião comum, porém, que a vida que se iniciava nestes primeiros anos de docência poderia dar cabo deste frescor e desta

---

2. Cf. Idem, p. 194s.

3. "*Exame da questão, se a rotação da Terra em seu eixo pela qual ocasiona a alternância do dia e da noite sofreu alguma mudança desde a sua origem e como é possível se certificar disto, que foi apresentada neste ano corrente para competição pela Real Academia de Ciências de Berlim*", UFE, AA 1: 183-191 (inicialmente: *Wöchentlichen Königsbergischen Frag- und Anzeiguns-Nachrichten* de 8 e 15 de junho de 1754); "Die Frage, ob die Erde veralte, physikalisch erwogen" (*A questão, se a Terra envelheceu, considerada de um ponto de vista físico*), em FEV, AA 1: 193-213 (inicialmente: *Wöchentlichen Königsbergischen Frag- und Anzeiguns-Nachrichten* de 10 de agosto e 14 de setembro de 1754).

4. Cf. Borowski, *Darstellung des Lebens Kant's*, p. 32.

5. Cf. descrição e o juízo de Poerschke em sua preleção por ocasião das comemorações do aniversário de Kant, em 22 de abril de 1812. Karl Ludwig Poerschke, "Vorlesung bey Kants Geburtstagsfeyer, den 22sten April 1812", in: *Königsberger Archiv für Philosophie, Theologie, Sprachkunde und Geschichte*, Bd. I (ed.) v. Friedrich Delbrück, Carl Gottlieb August Erfurdt u. a., Königsberg 1812, p. 536-544: p. 542.

franqueza do espírito kantiano. Ele precisaria lutar repetidas vezes com as inseguranças de seu sustento // e com a preocupação frequente com o seu futuro mais imediato. Ele poupara inclusive vinte *Friedrichsdor* como precaução contra a penúria completa em caso de uma eventual doença: mas, para que este "tesouro" não fosse atacado, segundo o relato de Jachmann, certa vez ele se viu obrigado a "vender aos poucos sua considerável biblioteca especializada, visto não ter conseguido suprir com seus rendimentos durante alguns anos suas necessidades mais urgentes"[6]. Kraus chegou a comentar com Poerschke algumas décadas mais tarde que "aquele que assume a decisão de se dedicar à Universidade de Königsberg faz com isso um voto de pobreza"[7]. Mas essas privações externas que Kant se acostumara a suportar não eram o que verdadeiramente o pressionava nesse caso, mas, sim, a exorbitante carga de trabalho acadêmico que ele agora se obrigava a assumir devido às circunstâncias e que haveria de destruir qualquer outra natureza diferente da sua. Logo no seu primeiro semestre, no inverno de 1755/1756, ele ensinou Lógica, Matemática e Metafísica; e já na metade do ano seguinte, enquanto repetia os primeiros cursos, ele aparece com um curso sobre Geografia física e sobre os elementos da Ciência Natural universal. A partir daí o volume de sua atividade docente aumentará sem cessar: incorporando a Ética no grupo dos cursos lecionados, o inverno de 1756/1757 já exibe 20 horas semanais contra 12 e 16 dos semestres anteriores. Após alguns anos, encontramos anunciadas no semestre de verão de 1761 a Mecânica e a Física teórica ao lado da Lógica e da Metafísica, bem como a Aritmética, a Geometria e a Trigonometria ao lado da Geografia física, além ainda de um *Disputatorium* em toda quarta-feira ou sábado pela manhã e das horas restantes de aula em ambos os dias destinadas "em parte para repetições, em parte para solução de dúvidas". Este anúncio no total não abrangeria menos de 34 a 36 horas semanais, acerca do que seria possível em todo caso duvidar se este programa chegou a ser executado em toda sua extensão[8]. Não

---

6. Cf. Reinhold Bernhard Jachmann, *Immanuel Kant geschildert in Briefen an einen Freund*, Segunda Carta, p. 13.

7. Cf. Johannes Voigt, *Das Leben des Professor Christian Jacob Kraus, öffentlichen Lehrers der praktischen Philosophie und der Cameralwissenschaften auf der Universität zu Königsberg, aus den Mittheilungen seiner Freunde und seinen Briefen*, Königsberg, 1819, p. 437.

8. Uma lista de todos os cursos anunciados por Kant entre os anos de 1755 e 1796 é composta por Emil Arnoldt e Otto Schöndörffer, editor dos *Gesammelten Schriften* de Arnoldt, e ampliada mediante importantes especificações. Cf. para comparação Emil Arnoldt, "Verzeichnis von Kants Vorlesungen nach der Reihenfolge, für die sie angekündigt, und in denen sie, zum Teil nachweisbar, gehalten worden, nebst darauf bezüglichen Notizen und Bemerkungen", em *Gesammelte Schriften*, Bd V: *Kritische Exkurse im Gebiete der Kantforschung*, Teil 2, Berlim 1909, p. 177-331: p. 177ss. e 193ss. (Citação p. 193).

chama // a atenção que Kant, executando esta atividade de modo ininterrupto e com tamanha assiduidade e pontualidade, com frequência a tenha criticado por senti-la como uma onerosa servidão espiritual? "Já eu", assim ele escreve em outubro de 1759 a Lindner, "sento-me diariamente no banco de ferro de meu atril, manejando o pesado martelo das preleções repetitivas num ritmo monótono. Às vezes uma inclinação mais nobre me estimula a expandir algo deste estreito círculo, só que a voz impetuosa da privação imediatamente me assalta e me impinge com suas ameaças reais a retornar sem demora ao trabalho penoso – *intentat angues atque intonat ore*"[9]. Essa confissão é de fato comovente – e, no entanto, somos inclinados a praticamente esquecê-la quando consideramos os escritos de Kant dessa época. Isto porque, sendo tão pouco extensos – sua produção literária entre os anos de 1756-1763 abrange umas poucas folhas –, cada um deles indica, contudo, um domínio de espírito superior face aos seus temas respectivos e um ponto de vista original e inovador a partir do qual são tratados. Ele sustenta na *Monadologia física* uma teoria dos átomos "elementares" e das forças que agem a distância, explorando com isso as questões fundamentais da filosofia da natureza de então – sobretudo como elas foram compreendidas e apresentadas de modo sistemático por Boscovich; nos *Novos comentários para elucidação da Teoria dos Ventos* ele antecipa o esclarecimento acerca da lei de Mariotte sobre a rotação dos ventos, que Dove apresentaria mais tarde, em 1835; na *Nova doutrina do movimento e do repouso* de 1758 ele desenvolve uma visão sobre a relatividade do movimento em oposição à concepção prevalecente que se colocava sob a proteção do nome e da autoridade de Newton. Isso tudo fala em favor de um poder espiritual inquebrantável em meio ao trabalho acadêmico diário – em favor de uma vivacidade universal que se deixa atar apenas momentaneamente no // âmbito estreito que se lhe assina a formação convencional do serviço universitário.

Certamente não devemos procurar nessa época conclusões filosóficas fundamentadas e finais, pois todo o seu conteúdo pertence à *orientação* intelectual que nesse momento Kant ainda precisava completar por si mesmo. No ensaio posterior *Que significa orientar-se no pensamento?* (1786), no qual investigava o sentido exato da expressão, Kant sublinhou três diferentes significados básicos

---

9. Carta a Johann Gotthelf Lindner de 28 de outubro de 1759 [*Br*, AA 10: 18-19: p. 18s.]. Na época a que se refere esta carta Kant anunciara na conclusão do seu "Versuchs einiger Betrachtungen über den Optimismus" um curso sobre Lógica (segundo o manual de Meier), sobre Metafísica e Ética (segundo Baumgarten), sobre Geografia Física (segundo seu próprio manuscrito), assim como sobre Matemática Pura e Mecânica (segundo Wolff). Cf. "Versuch einiger Betrachtungen über den Optimismus", *VBO*, AA 2: 27-35. Nessa sentença latina, Kant joga com os versos 572 e 607 do Livro VI da *Eneida* [N.T.].

para o conceito de orientação. O primeiro significado, em que a raiz sensível da palavra é ainda claramente reconhecível, diz respeito à orientação no *espaço*. Ele indica a determinação dos pontos cardeais que estabelecemos a partir do lugar onde o Sol nasce. Ao lado deste conceito *geográfico* emerge, em seguida, o sentido *matemático* pelo qual se busca encontrar a distinção das direções num dado espaço em geral, sem que seja necessário criar um referencial a partir de um objeto *em específico* e do seu lugar (algo como o lugar onde o Sol nasce). Neste sentido, nós nos "orientamos" num quarto escuro que nos seja familiar quando nos é dada a posição de um objeto qualquer (seja ele qual for), porque com a constatação desta posição também são descobertas as outras a partir da relação conhecida de "direita" e "esquerda". Em ambos os casos permanece, porém, o fundamento meramente sensível do procedimento ao qual recorremos, pois as direções opostas de "direita" e de "esquerda" se baseiam meramente no sentimento de uma distinção para o próprio sujeito, a saber, a mão direita e a esquerda. O último e mais alto nível só é atingido quando passamos da orientação "geográfica" e "matemática" para a *orientação lógica* em sua acepção mais geral, segundo a qual não se trata mais de determinar o local de uma coisa no *espaço*, mas o lugar de um juízo ou de um conhecimento no sistema universal da razão[10]. A distinção e progressão que Kant indica aqui são empregadas no seu próprio desenvolvimento intelectual. Ele também começa com a orientação físico-geográfica. O que constitui o primeiro objeto do seu interesse em ciências naturais é a Terra segundo a multiplicidade e origem de suas formações, assim como o seu posicionamento no cosmos. A *Investigação da questão, se a rotação da Terra em seu eixo [...] sofreu alguma mudança desde a sua origem,* // assim como a solução do problema, se é possível em termos físicos falar de um envelhecimento da Terra, formam em 1754 o início da sua atividade de escritor no campo das ciências naturais, ao que ainda se acrescentam investigações específicas sobre a teoria dos ventos, bem como sobre as causas dos terremotos e dos eventos vulcânicos. No entanto, todas estas questões específicas já se encontram concebidas em vista de um grande tema fundamental daquela época, o problema universal da *Cosmogonia*, cuja apresentação geral é encontrada na *História Natural Universal e Teoria do Céu*. Mas mesmo essa tentativa de um esclarecimento cabal dos *fenômenos naturais* se mostra insuficiente, assim como não são compreendidos com clareza os *princípios* e os últimos "fundamentos" teórico-empíricos dos acontecimentos

---

10. "Was heißt: sich im Denken orientieren?" [*WDO*, AA 8: 131-147] ["Que significa orientar-se no pensamento?", Floriano de Sousa Fernandes, em: KANT, I. *Textos Seletos*. 2ª ed. bil. Petrópolis: Vozes, 1985].

naturais. A partir daqui, o interesse pela orientação se projeta primordialmente nesta direção. Do âmbito da descrição natural e da história natural universal, Kant agora se vê impelido com crescente determinação para o âmbito da *filosofia natural*. A *Monadologia física* justifica e defende uma nova forma de *atomística*, enquanto que a *Nova doutrina do movimento e do repouso* busca remover uma obscuridade que permaneceu na própria fundamentação da física, na definição dos primeiros conceitos fundamentais da mecânica. E novamente a análise se expande e se aprofunda ao se voltar dos primeiros elementos da física para aqueles da matemática. Uma elucidação completa sobre as relações e leis das magnitudes de que trata a ciência natural só pode ser esperada quando forem inteiramente compreendidas as próprias condições da magnitude, quais sejam os pressupostos para a determinação e medição matemática. A esse respeito, o *Ensaio para introduzir a noção de grandezas negativas em filosofia* de 1763 obtém um primeiro resultado importante: os conceitos de "direção" e "direção oposta" são aqui definidos e aplicados num sentido mais fecundo. Com isto, porém, é também indicada simultaneamente e em contornos claríssimos a oposição que existe entre pensamento silogístico e matemático, entre a lógica da escola e a lógica da aritmética, da geometria e da ciência natural. Assim, a antiga pergunta sobre os "limites" entre a matemática e a metafísica ganhou um novo conteúdo. Todos os trabalhos dos anos seguintes se referirão direta ou indiretamente a esse problema central, que encontra sua formulação sistemática completa no escrito *Forma e princípio do mundo sensível e do mundo inteligível* (1770). Mais uma vez, // mostra-se que aquilo que é inicialmente apresentado ali como solução final imediatamente se desintegra num complexo de perguntas dificílimas. Mas a nova direção geral está traçada de uma vez por todas e será fielmente mantida daqui por diante. No lugar da determinação do cosmos espacial emerge a determinação do cosmos "intelectual": o geógrafo empírico se transformou no geógrafo da razão, o qual assume a tarefa de mensurar o escopo completo das faculdades da razão segundo princípios determinados[11].

Ao retornarmos, entretanto, a partir deste esboço sobre o desenvolvimento geral do pensamento de Kant às tarefas específicas que marcam e preenchem a primeira década de sua atividade docente, vemos imperar ali a busca de compreensão sobre a *extensão* do mundo. Nenhuma outra época da vida de Kant é tão intensamente definida e caracterizada por este "impulso para a matéria". Agora começa um trabalho massivo que é direcionado em particular para a

---

11. Comparar a este respeito com a *Crítica da razão pura* [B 787]. [Tradução de Fernando Costa Mattos. Petrópolis: Vozes, 2012, p. 557].

obtenção e classificação do *material da intuição* que deve servir como base da nova concepção completa do mundo. Para a realização desse trabalho Kant precisou suprir o que faltava às suas próprias impressões e experiências com meios auxiliares os mais diversos: obras de ciências naturais e geográficas, descrições de viagens e relatos de pesquisa. Nem o mais insignificante desses materiais auxiliares pôde escapar à sua atenção detida e vivaz. Sem dúvida que este tipo de assimilação do material parece encerrar todos os perigos que estão ligados a um mero acolhimento das observações de segunda mão, mas a ausência de percepção sensível direta será compensada aqui com o dom da "*imaginação sensível exata*" que é própria de Kant. Este seu poder reunia numa imagem unificada e nítida cada uma das informações singulares que inicialmente ele obtinha a partir da profusão de relatos dispersos. É particularmente conhecido a esse respeito o que Jachmann relatou sobre seu "admirável poder interno de intuição e de representação". "Um dia, por exemplo, ele descreveu na presença de um londrino nato a ponte de Westminister segundo sua forma e disposição, comprimento, largura e altura, assim como as medidas de cada uma das suas partes com tamanha precisão que o inglês lhe perguntou quantos anos ele havia vivido em Londres e se havia se dedicado especificamente à arquitetura, ao que lhe foi assegurado que Kant jamais transpusera as fronteiras da Prússia // nem era arquiteto de profissão. Numa conversa com Brydone, ele também detalhou a Itália com tamanha riqueza de informações que aquele lhe interrogou sobre a duração de sua estada na Itália"[12]. Parte por parte, elemento após elemento, ele ergue com a ajuda deste arranjo espiritual a integralidade do cosmos visível. O poder interno da representação e do pensamento expandem o material precário dos dados imediatos fornecidos para uma imagem de mundo que combina profusão e unidade sistemática. Contrariamente à representação que se costuma fazer de Kant, o seu poder de *síntese* nesta época da sua vida supera e muito o poder analítico e crítico. Este ímpeto para o todo é tão poderoso no espírito de Kant que sua imaginação construtiva quase sempre se adianta ao escrutínio paciente dos dados particulares. O dito "dê-me [...] material que [...] construirei um mundo", explicado e variado no prefácio da *História natural universal e teoria do céu*[13], designa nesse sentido não só o tema especial da cosmogonia kantiana, mas também a tarefa mais geral a ser considerada nesse período. De certo modo, a estrutura astronômico-cósmica é apenas o resultado e a expressão sensível de um poder funda-

---

12. Jachmann, carta de Immanuel Kant a um amigo (carta 3), pp. 16-25: p. 18.
13. *História natural universal e teoria do céu ou Ensaio sobre a constituição e a origem mecânica de todo o universo segundo princípios newtonianos*, Prefácio, NTH, AA 1: 229.

mental específico do próprio pensamento kantiano. Em duas direções distintas, segundo a perspectiva do espaço e a do tempo, este pensamento indaga sobre o limite do que é conhecido e dado empiricamente. O sétimo capítulo da *História natural universal e teoria do céu* – que trata "da Criação na extensão completa de sua infinitude segundo o espaço assim como segundo o tempo" – começa assim: "o universo provoca uma admiração sem palavras por sua grandeza incomensurável e sua multiplicidade e beleza infinitas que dele resplandecem em todas as direções. Quando a representação de toda essa perfeição toca a imaginação, um outro tipo de deleite, por sua vez, mobiliza o entendimento que considera tamanho esplendor e tamanha grandeza que fluem da organização exata e perene de uma única regra geral. O sistema planetário, no qual o Sol ocupa a posição axial de todas as órbitas exercendo uma atração poderosa sobre a trajetória circular perene do sistema de esferas habitadas, é inteiramente [...] // formado pelo material básico originalmente disperso de toda a matéria universal. Todas as estrelas fixas que os olhos descobrem nas profundezas vazias do céu e que parecem indicar algo de extravagante são sóis e eixos de sistemas semelhantes. [...] Se, então, todos os mundos e organizações celestes admitem este tipo de origem, se a atração ilimitada e universal e a repulsão dos elementos não menos constantemente eficazes, se ante a infinitude o grande e o pequeno são igualmente pequenos, não deveriam todos os universos igualmente ter de adotar uma constituição inter-relacionada e uma ligação sistemática, nos mesmos termos em que, em menor escala, os corpos celestes do nosso sistema solar, Júpiter, Saturno e Terra, sendo eles próprios sistemas individuais, conectam-se, porém, uns com os outros como membros de um sistema ainda maior? [...] Mas qual deve ser então o fim das organizações sistemáticas? Onde irá acabar a própria criação? É fácil notar que, para pensá-la em relação com o poder do ser infinito, ela não pode possuir nenhum limite. Não é possível aproximar-se da infinitude do poder criador de Deus quando a extensão da Via Láctea é incluída no espaço da revelação mais do que quando se busca restringi-la a uma esfera de uma polegada de diâmetro"[14]. E esta incomensurabilidade na duração do mundo corresponde à infinitude do seu ser. A criação não é o trabalho de um piscar de olhos, ao contrário, tendo começado com uma produção de substâncias e matérias infinitas, ela se torna ativa no decorrer de toda a eternidade em grau crescente de fecundidade. O princípio formador nunca pode deixar de agir e estará continuamente ocupado em produzir mais eventos naturais, novas coisas e novos mundos. Quando o

---

14. *NTH*, AA 1: 306.16-30, 307.1-10, 309.10-17.

pensamento que é direcionado para o passado e para a origem das coisas deve por fim ser interrompido na matéria informe, no "caos", cuja forma será dada pela força formadora mediante progressiva atração e repulsão na produção do "mundo", de uma constituição espacial uniforme e uma organização mecânica do todo, a visão do futuro que está ainda por vir nos é então ilimitada, pois, "visto que a parte da série temporal da eternidade que ainda permanece é sempre infinita e finita a parte já transcorrida, a esfera da natureza formada é sempre uma pequena parte da suma que contém a semente dos mundos futuros e que se empenha no desenvolvimento gradual partindo do estado bruto de caos // em períodos mais longos ou mais breves"[15].

Não é necessário pôr em discussão aqui esta teoria, assim representada no âmbito da ciência natural como "Hipótese Kant-Laplace". Para o desenvolvimento intelectual de Kant este escrito, mais do que qualquer outro, adentra nos pormenores da ciência empírica da natureza, menos significativamente por seu conteúdo do que devido ao seu método. Para indicar a natureza deste método é preciso abdicar completamente de uma caracterização sua mediante certos jargões filosóficos como os rótulos partidários de "racionalismo" ou "empirismo". O emprego tão frequente desta oposição esquemática como prumo para a apresentação do desenvolvimento espiritual de Kant mais turva do que clarifica sua imagem. A direção básica original do pensamento e da pesquisa de Kant é precisamente marcada desde o início por um enfrentamento muito mais profundo da essência do "empírico" e do "racional" do que aquela a que chegaram as escolas filosóficas no seu conflito por validação e reconhecimento. Neste sentido, a *História natural universal e teoria do céu* afirma o que já é sugerido em seu próprio título, uma correlação contínua entre empiria e teoria, entre "experiência" e "especulação". O escrito assume a questão sobre a formação do universo no ponto exato em que Newton a havia deixado. Sete planetas com seus dez acompanhantes se movem conjuntamente no mesmo sentido ao redor do eixo solar e na mesma direção segundo a qual gira o próprio sol, sua revolução sendo tão regrada que as trajetórias em conjunto praticamente se encontram sob um e mesmo plano, qual seja o plano equatorial prolongado do sol. Admitindo este fenômeno como premissa, somos levados à pergunta sobre uma causa para esta concordância constante e sobre a atribuição da "unidade na direção e posição das órbitas planetárias"[16]. Newton, que havia enxergado este proble-

---

15. *NTH*, AA 1: 314.22-27.
16. *NTH*, AA 1: 261.25.

ma, não conseguiu resolvê-lo, pois, ao considerar como totalmente vazio (algo acertado quando julgado a partir do ponto de vista do estado atual do universo) o espaço em que os planetas se movem, não seria então possível encontrar ali qualquer "causa material" que pudesse manter o movimento orquestrado na sua expansão espacial do sistema planetário. Assim, ele precisou // defender que a mão de Deus orientava diretamente este ordenamento sem o emprego das forças da natureza. Mas não era necessário que ele mantivesse esta "decisão penosa para um filósofo"[17], caso tivesse simultaneamente direcionado seu olhar para o *passado* deste sistema e não apenas buscado exclusivamente na sua constituição *presente* os "fundamentos" físicos do sistema dos fenômenos astronômicos, se tivesse avançado da *existência* sistemática do universo para o seu *devir* [*Werden*] sistemático. De fato, apenas a lei do devir consegue explicar a existência do ser, tornando-o inteiramente compreensível segundo leis empíricas. Assim, enquanto que em Newton permanece de pé um concurso peculiar da empiria e da metafísica, a causalidade empírica que lhe era suficiente a certa altura se convertendo inesperadamente em causalidade metafísica, Kant, por sua vez, dá um passo para trás na direção daquela exigência de unidade de método com a qual Descartes fundou a nova filosofia. Mesmo esta fundamentação não é estranha ao seu emprego no problema cosmológico-astronômico: o plano de uma explicação universal que se encontra no escrito póstumo de Descartes *Le Monde* estabelece especificamente a proposição de que só conseguimos *entender* a estrutura realmente existente do mundo se nós próprios a permitimos inicialmente *surgir*. A *História natural e teoria do céu* atribui a essa ideia o valor de um princípio universal para o esclarecimento "filosófico" da natureza. O que para o físico, de acordo com Newton, era o "dado" último na natureza, deve ser desenvolvido e derivado geneticamente ante os olhos do nosso espírito pela visão filosófica do cosmos. Nesse caso, a hipótese, a rigor especulativa, não só tem a licença como deve ultrapassar o conteúdo do que é dado, não obstante a exigência de sua submissão ao controle deste conteúdo, de modo que os resultados obtidos conceitualmente coincidam com os dados da experiência e observação.

Já se vê claramente neste nexo que, a despeito de todo o valor procedimental da pesquisa empírica, Kant não a admite e aplica única e exclusivamente algo ainda mais notável na emersão da *tendência* geral que domina integralmente nesta época sua própria direção de pesquisa. Não só a *História natural universal e teoria do céu*, mas toda a orientação científica natural // da próxima década é

---

17. *NTH*, AA 1: 338.35.

conduzida por um abrangente interesse ético-espiritual: ela busca a "natureza" para encontrar ali o "ser humano". Assim relata Kant na notícia sobre a organização de suas preleções para o ano de 1765-1766: "Quando percebi bem no começo de meu ensino acadêmico que uma grande negligência da juventude estudantil consiste sobretudo em aprender cedo a *arrazoar*, sem possuir conhecimentos históricos suficientes que possam tomar o lugar da *experiência*, concebi o plano de fazer da História do estado atual da Terra, o da Geografia no sentido mais lato, uma suma agradável e fácil daquilo que ela poderia preparar para uma *razão prática* e que pudesse servir para despertar o prazer de ampliar cada vez mais os conhecimentos aí iniciados"[18]. A "razão prática" é tomada aqui em sentido amplo. Ela abrange a destinação moral geral do ser humano como a soma de "mundo e humanidade", a qual desempenha um papel bastante considerável em todo programa pedagógico do Esclarecimento. Para preencher corretamente seu lugar na Criação, o ser humano deve conhecê-la previamente, ele precisa ter compreendido a si mesmo como um membro da natureza e também segundo seu fim último pelo qual se elevou acima dela. Assim, considerações causal e teleológica intervêm mútua e diretamente aqui. A maneira com que Kant busca a reconciliação entre ambas no Prefácio da *História natural universal e teoria do céu*, empenhando-se para descobrir na conformidade à lei mecânica universal do cosmos a própria prova de sua origem divina, não traz consigo ainda nenhum passo original em relação à direção espiritual geral do século XVIII. Trata-se simplesmente de uma repetição do pensamento fundamental da filosofia leibniziana, segundo o qual a ordem causal permanente do universo é ela própria a prova máxima e plenamente válida da sua "harmonia" interna e "conformidade a fins" intelectual e moral. O mundo é pleno em milagres, mas de "milagres da razão", pois o verdadeiro milagre, a prova e o selo da divindade do Ser, reside não na exceção das regras da natureza, mas na universalidade e validade sólida justamente dessas leis. Para onde quer que a ciência natural desta época se direcione e se firme filosoficamente, lá ela apreende essa concepção. Ela não retorna apenas à doutrina escolástica dos Wolffianos, como também à filosofia francesa // de D'Alembert e Maupertuis. Ao aceitar sem contestação este tipo de prova teleológica, todos os esforços espirituais de Kant se associam numa unidade inquebrantável. Ainda não se encontra colocado o discurso sobre um dualismo entre o mundo do ser e o mundo do dever, entre a física e a ética, em seu lugar apenas

---

18. *Notícia do Prof. Immanuel Kant sobre a organização de suas preleções no semestre de inverno de 1765-1766*, [*NEV*, AA 2: 312] [Guido de Almeida, em KANT, I. *Lógica*. Rio de Janeiro: Tempo Brasileiro, 2003, p. 179].

o vai e vem da consideração entre ambos os domínios sem que Kant tivesse, ele próprio, se apercebido de qualquer alteração ou de uma fissura na metodologia.

Esta posição intelectual também encontra sua expressão característica no estado de ânimo e na concepção de vida desta época. Mais tarde, ao lançar seu olhar para seus "anos de *Magister*", Kant os marcaria como a época mais feliz da sua vida[19]. Ele ainda sofria sob a pressão da penúria e sob o excesso de trabalho acadêmico que até ali lhe era imposto, mas em pouco tempo a admirável elasticidade espiritual destes anos de juventude haveria de superar fácil e por inteiro qualquer obstrução desta ordem. Quando a concentração de toda força intelectual e vital *num único* ponto tiver se tornado característico da fase posterior da vida de Kant, notadamente aquela de formação e apresentação da filosofia crítica, ainda prevalecerá uma entrega franca à vida e à experiência em toda sua amplitude. Assim como se deixava influenciar em seus estudos e suas leituras pela matéria empírica de diferentes tipos e procedências, Kant também buscava nesta época estímulos os mais diversos do trato social. "Deste modo", conta Rink, "nos primeiros tempos Kant passava quase todo meio-dia e toda noite fora de casa em frequentação sociável, não raro participando de jogatina, por vezes retornando próximo da meia-noite. Se não estivesse ocupado na hora das refeições, ele comia em hospedarias em alguma das mesas frequentadas por pessoas bem educadas"[20]. Assim, desenvolto e sem reservas, Kant se entrega a este estilo de vida, o que ocasionalmente desnorteou a seu respeito mesmo o mais fino observador da psicologia dentre os seus mais próximos: Hamann conta em 1764 que Kant trazia na cabeça uma quantidade de pequenos e grandes trabalhos que ele provavelmente jamais concluiria em meio ao "torvelinho de distrações sociais" em que ele então se via lançado[21]. O ensino acadêmico de Kant também // se ajustava nessa época aos critérios que ele próprio havia se colocado de "urbanidade" cosmopolita. Não surpreende que a disciplina de "Geografia física" que ele ofereceu assuma o caráter popular-enciclopédico, tratando-a "não com aquela completude e precisão filosófica nas partes e que é uma tarefa da física e da história natural, mas sim com a curiosidade racional de um viajante que procura em toda a parte pelo maravilhoso, pelo estranho e pelo belo, comparando as observações que coletou e as reconsiderando segundo seu

47

---

19. Br, AA 11: 145-147, esp. 146.
20. Rink, *Ansichten aus Kant's Leben*, p. 80s.
21. Johann Georg Hamann, carta a Johann Gotthelf Lindner de 1º de fevereiro de 1764, em: Schriften (ed.) von Friedrich Roth, Bd. III, Berlim 1822, p. 211-215: p. 213.

plano"²². Ele próprio esclarece sobre o ensino nas disciplinas escolásticas abstratas que a formação da audiência deve visar "primeiro o homem *sensato*, depois o homem *racional*" e só então o douto. Esta inversão do modo costumeiro de ensino se lhe apresenta como indispensável especialmente para a filosofia, pois não se pode aprender "filosofia", mas apenas "aprender a filosofar"²³. A própria lógica, antes de se apresentar como "crítica e norma da *sapiência propriamente dita*", deve ser tratada numa parte preparatória como crítica e norma para o "*entendimento saudável* na medida em que este é contíguo por um lado aos conceitos grosseiros e com a ignorância, mas por outro à ciência e à erudição". Também a ética não deve começar com normas abstratas e formais, mas sim "considerar de uma maneira histórica e filosófica aquilo que sempre *acontece*, antes de indicar o que *deve acontecer*"²⁴. No geral, então, trata-se de um ideal abrangente de "conhecimento prático do ser humano" ao qual Kant visa em sua própria formação e no seu ensino acadêmico. Tal como as preleções sobre geografia física desde o início, assim também seguiram esse objetivo as preleções sobre antropologia ulteriores. A razão verdadeira e profunda para a leveza sociável que a filosofia de Kant obtém nesta época reside, porém, na relação geral que é admitida aqui entre "experiência" e "pensamento", entre "conhecimento" e "vida". Ainda não há entre ambos esses polos nenhuma tensão interna ou antagonismo. O próprio pensamento e sua estrutura sistemática aqui considerados // não são nada mais que a clarificação da experiência, liberada da superstição e dos preconceitos, ampliada e completada pelo poder de ilação da analogia. Semelhante determinação não visa a nada mais. Por esse motivo, em nenhum outro lugar Kant se encontra mais próximo do ideal prevalecente de "filosofia" do século XVIII, o ideal da "filosofia popular", do que aqui. Ao enunciar e apresentar esta linha de raciocínio de modo mais espirituoso, vivaz e dinâmico do que outros partidários, ele não parece, a princípio, ter imprimido nela nenhuma nova inflexão. Ele também parece ainda aguardar por uma solução das questões filosóficas fundamentais a partir do esquadrinhamento e da clarificação dos conceitos do "entendimento comum". É nestes termos aproximados que sua *Tentativa de algumas considerações sobre o otimismo*, de 1759, pretende obter uma solução para o problema do "melhor dos mundos", seguramente se assemelhan-

---

22. *Projeto e anúncio de uma série de lições de geografia física com um apêndice sobre uma pequena consideração acerca da questão: se os ventos do oeste em nossa região são úmidos devido a sua passagem pelo oceano*, AA 2: 3.
23. *NEV*, AA 2: 305 e 306 [*Notícia sobre a organização de suas preleções*, p. 173s.].
24. *NEV*, AA 2: 310 e 311 [p. 177s.] [Aspas adicionadas no texto pelos tradutores na última citação].

do mais a uma completa *petitio principii*. "Eu não gasto muito da minha atenção", assim é dito aqui, "quando alguém se atreve a sustentar que a sabedoria mais alta tem por bem achar melhor o que é pior do que o que é melhor, ou que o mais alto bem prefere um bem menor a um maior, estando ambos igualmente em seu poder. Serve-se muito mal da filosofia quando usada para inverter os princípios da razão saudável, sendo inclusive desonrada ao se achar necessária a convocação de suas armas para refutar semelhantes tentativas"[25].

O verdadeiro radicalismo se mantém a distância tanto do pensamento como da vida. Assim se esclarece que Kant – num tempo em que seu próprio pensamento e sua forma de viver já teriam há muito assumido uma transformação completa – era ainda tido por pessoas mais distantes como o "filósofo mundano", requisitado antes de tudo para decidir sobre questões de gosto e de comportamento. Borowski conta que seus estudantes estavam acostumados a solicitar dele virtualmente tudo de que poderiam precisar para a vida e o conhecimento. Eles não apenas lhe pediram em 1759 um curso acadêmico sobre "eloquência e estilo alemão", que Kant, em vez de assumir ele próprio, o confiou a Borowski, como também o consultaram em 1764 para ajudá-los "na organização"[26] do funeral de um professor de Königsberg. A sociedade bem formada // de Königsberg buscava atraí-lo mais e mais para o seu círculo. "Aqueles sem o entendimento para apreciar seus méritos", assim nota Rink ingenuamente, "certamente buscavam ao menos a honra de verem um homem tão estimado em seus respectivos círculos sociais"[27]. Kant mantinha excelentes relações com os oficiais da guarnição de Königsberg e passava quase que diariamente um bom tempo com eles: em especial o general von Meyer, "um homem lúcido", apreciava quando os oficiais do seu regimento tinham ocasião para serem ensinados por Kant em matemática, geografia física e fortificação[28]. Sua ligação com famílias renomadas de negociantes é conhecida, especialmente com o excêntrico Green, retratado por Hippel como *O homem do relógio*, e seu parceiro Motherby. Os traços de personalidade mais amáveis do caráter de Kant sobressaem nestas relações que os seus contemporâ-

---

25. *Tentativa de algumas considerações sobre o otimismo*, AA 2: 33.
26. Borowski, "Darstellung des Lebens Kant's", p. 189s.; Johann Georg Hamann, carta a Johann Gotthelf Lindner vom Ostermontag 1764, em: Schriften, Bd. III, S. 221s.
27. Rink, "Ansichten aus Kant's Leben", p. 80.
28. Rink, "Ansichten aus Kant's Leben", p. 32; Hamann, carta a Lindner de 1º fevereiro de 1764; Reicke, Kantiana, p. 11.

neos se divertiam em retratar com uma profusão de anedotas engraçadas[29]. Uma notável prova sobre os rumos da estima que se tinha por Kant nos seus tempos de *Magister* foi dada pelo governo prussiano quando finalmente lhe ofereceu após a morte do professor Bock em 1764 o cargo de professor – de poética; cargo ao qual se vinculava a atividade de censor dos poemas no contexto da universidade e a tarefa de sua composição em alemão e latim para as cerimônias acadêmicas[30]. Se Kant não possuísse a firmeza para resistir à possibilidade de se manter deste modo, o que se prova pelas dificuldades que enfrentava (ele próprio falara pouco depois sobre sua "subsistência precária nesta Academia"[31] ao se inscrever para uma vaga de sub-bibliotecário com rendimento anual de sessenta táleres), não teria sido reservado a ele o destino em atuar em Königsberg como o sucessor de Johann Valentin Pietsch, o conhecido professor Gottsched.

50   // Apesar de tudo, foi justamente nesta época que o desenvolvimento intelectual de Kant tomou a direção que no fim transformaria de modo radical seu pensamento e sua vida. A Academia Berlinense de Ciências apresentou para o ano de 1763 um tema que logo atraiu a atenção de todo o mundo filosófico alemão. "As ciências filosóficas", assim era perguntado, "são capazes da mesma evidência que as matemáticas?" Quase todos os principais pensadores da Alemanha – além de Kant, especialmente Lambert, Tetens e Mendelssohn – ensaiaram uma solução para esta questão. Na grande maioria dos casos era oferecida a oportunidade de expor e justificar a partir da tradição ou de pesquisas a visão que a Academia já havia estabelecido sobre o tema. Para Kant, porém, a preparação deste trabalho se tornou o ponto de partida para um movimento contínuo de avanço e reforço do pensamento. O problema não se esgotou na resposta que ele deu à questão da Academia, tendo verdadeiramente só começado após a conclusão desta sua resposta. Sem dúvida, a esfera dos seus interesses e esforços vista de fora não parece ter mudado em praticamente nada de notável. São ainda questões de ciências naturais, psicologia e antropologia que despertavam sua consideração[32], e quan-

---

29. Sobre a relação com Green e Motherby cf. Jachmann, *Immanuel Kant geschildert in Briefen an einen Freund*, Carta Oito, pp. 75-96.

30. As atas oficiais se encontram na biografia de Kant feita por Schubert (Friedrich Wilhelm Schubert (ed.), *Immanuel Kant's Biographie. Zum grossen Theil nach handschriftlichen Nachrichten dargestellt. Sämmtliche Werke*, ed. Karl Rosenkranz und Friedrich Wilhelm Schubert, Bd. XI/2, Leipzig, 1842, p. 49ss.).

31. Carta a Frederico II de 24. Oktober 1765, *Br*, X: 48-49, p. 49.

32. Cf. *Ensaio sobre as doenças mentais* (1764), *VKK*, 2: 257-271 a recensão sobre o escrito de Moscati: *Das diferenças corporais essenciais entre a estrutura dos animais e dos homens* (1771), *RezMoscati*, 2: 421-425.

do o centro de gravidade desta consideração se desloca gradualmente da "experiência exterior" para o âmbito da "experiência interna", só seu objeto é alterado e não o seu princípio. O que é caracteristicamente novo é que Kant não se contenta em apenas examinar o objeto que chama a sua atenção, passando a também exigir uma justificativa sobre o que é próprio do *tipo de conhecimento* pelo intermédio do qual o objeto pode ser conhecido. A *História natural universal e teoria do céu* estava ainda bastante distante de uma tal distinção entre os tipos de conhecimento. Ela empregou despreocupadamente o procedimento da indução em ciências naturais junto do procedimento matemático de medição e cálculo e, por fim, do procedimento do pensamento metafísico. A estrutura do mundo material e as leis universais do movimento que nele imperam serviram de base para a prova de Deus, // assim como partindo de um cálculo sobre as diferentes densidades dos planetas saltavam inesperadamente pensamentos que especulam sobre a diferença corporal e espiritual dos seus habitantes e que sondam a imortalidade[33]. Dado que a visão causal e a teleológica ainda se mesclavam completamente nessa obra, a intuição da natureza conduzia sem rodeios a uma doutrina da destinação do ser humano que, por sua vez, encontrava sua expressão final em determinadas proposições e exigências metafísicas. "Quando alguém satisfez seu ânimo com semelhantes considerações", assim Kant encerra a *História natural universal e teoria do céu*, "a visão de um céu estrelado numa noite clara oferece um tipo de contentamento que apenas almas nobres experimentam. No silêncio universal da natureza e no repouso dos sentidos a oculta faculdade de conhecimento do espírito imortal fala uma língua inominada, oferecendo conceitos *in nuce* que se deixam sentir, mas não descrever. Se existe entre as criaturas pensantes deste planeta seres vis que, a despeito de todos os atrativos que um tão grande objeto pode os seduzir, são apesar de tudo capazes de se atar fortemente à servidão da vaidade, quão triste é esta esfera que tem criado tão míseras criaturas! Por outro lado, quão feliz é aquela que entre as condições as mais admissíveis abriu um caminho para alcançar uma felicidade e altura infinitamente mais louvável do que os benefícios que a organização mais vantajosa da natureza pode obter em qualquer corpo celeste!"[34] Mas um espírito tal como o de Kant não poderia ficar muito tempo preso a conceitos que se deixam sentir, mas não descrever. Ele também pedia pela prova e justificativa desta "incompreensibilidade" quando colocava e reconhecia nessa obra os limites dos conceitos. Era, por isso, cada vez mais intenso o anseio em traduzir a língua inominada do sentimento na

---

33. Cf. o anexo à *História natural universal e teoria do céu*, NTH, 1: 351-368.
34. *História natural universal e teoria do céu*, NTH, 1: 367.

língua precisa e clara do entendimento e em fazer com que a "oculta faculdade de conhecimento" se torne distinta e transparente para si mesma. O método da metafísica – eis o que devia ser perguntado agora – é idêntico ao da matemática e da ciência empírica ou, pelo contrário, existe entre eles uma oposição de princípio? E, sendo este último o caso, temos qualquer garantia de que o pensamento, enquanto puro "conceito" lógico e "ilação" lógica, possa exprimir perfeitamente a estrutura da "realidade"? A solução definitiva dessa pergunta ainda está bem distante de Kant, mas que ela já tenha sido levantada, isto assinala uma nova orientação geral para o desenvolvimento ulterior do seu sistema.

// 2. O problema do método metafísico

O primeiro passo para o afrouxamento progressivo das bases sobre as quais se eleva a construção da *História natural universal e teoria do céu* é dado na direção do problema da *teleologia*. A concepção fundamental que é dominante na produção intelectual de Kant em cosmologia possui um caráter inteiramente otimista. É o sistema leibniziano da "harmonia" que Kant acredita também reconhecer na forma da física e da mecânica newtoniana. Há um plano secreto na base do surgimento e desmantelamento mecânico do cosmos; um plano que certamente não conseguimos acompanhar em detalhes, mas que, apesar disso, estamos seguros de que irá continuamente aproximar o todo do universo do seu objetivo supremo, uma constante e crescente perfeição. Mesmo ali onde essa convicção se reveste com a forma convencional da prova teleológica de Deus, Kant inicialmente não opõe nenhuma resistência. "Eu reconheço o inteiro valor destas provas", assim ele anota enfaticamente no Prefácio da *História natural universal e teoria do céu*, "que são extraídas da beleza e do ordenamento perfeito do sistema planetário como confirmação do seu autor sumamente sábio. Se não é arbitrária a relutância a toda convicção, é necessário aceitar a vitória de razões tão incontroversas. No entanto, eu sustento que os defensores da religião que se servem deste tipo de razões de modo tão ruim eternizam o conflito com os naturalistas ao dar-lhes flanco sem necessidade"[35]. Este flanco mais fraco reside na mistura de teleologia "material" e "formal", de "conformidade a fins" interna e "intencionalidade" externa. Não é em todo o lugar onde notamos a harmonia das partes com um todo e sua concordância com um fim em comum que temos o direito de admitir que semelhante consonância só foi produzida artificialmente por uma inteligência exterior e superior às partes.

---

35. *NTH*, 1: 222.28-35.

// Afinal, poderia muito bem ser que a "natureza" do próprio objeto tenha conduzido a uma tal consonância necessária – que a unidade originária de um *princípio* formador tenha condicionado por si mesma uma tal conexão interna do particular ao desdobrar-se progressivamente numa multiplicidade de consequências. Não só encontramos uma conexão desse último tipo em todas as formações orgânicas, como também nas próprias formas puras com as quais nos é conhecida a conformidade à lei lógico-geométrica do *espaço*: aqui também flui uma profusão de consequências novas e surpreendentes a partir de algum tipo singular de determinação ou relação básica, cujo "plano" supremo parece mantê-las em conjunto e torná-las aptas para a solução de múltiplas tarefas. Graças a esta distinção entre conformidade a fins "formal" e "material", entre "externa" e "interna", Kant consegue antes de tudo manter o pensamento finalista protegido de toda confusão com o conceito trivial de utilidade. Mesmo a *História natural universal e teoria do céu* censurou esta confusão, combatendo-a com toda a força da sátira. O *Cândido* de Voltaire, que mais tarde Kant vai ter o prazer em citar[36], não pôde ensiná-lo nada de novo a esse respeito. No plano da natureza e da "Providência" até a mais insignificante das criaturas se encontra de igual para igual com o ser humano, pois a infinitude da criação abarca em si com a mesma necessidade todas as naturezas que são geradas por sua riqueza exuberante. "Da classe mais sublime dentre os seres pensantes até o inseto mais desprezível, nenhum dos seus membros lhe é indiferente, nada podendo faltar sem que seja rompida com isso a beleza do todo que consiste no nexo"[37].

Entretanto, o que leva Kant à defesa contra um modo de consideração teleológico aos moldes da filosofia popular é antes uma reação pessoal que um exame lógico-sistemático rigoroso. Aos poucos, porém, a análise crítica apurada dos conceitos e das provas também começa a se introduzir neste ponto, talvez recebendo do exterior seu primeiro impulso decisivo. Semelhante a Goethe, quando foi pego ainda menino de sete anos pelo "evento extraordinário"[38] // do terremoto de Lisboa, sentindo agitar pela primeira vez a mais profunda consideração espiritual, e não menos semelhante ao conflito atiçado por este evento entre Rousseau e Voltaire sobre "o melhor dos mundos", Kant também se viu chamado a uma prestação de contas intelectual. Para todos os efeitos, ele bus-

---

36. Cf. *O único argumento possível para uma demonstração da existência de Deus*, BDG 2: 131; "Träume eines Geistersehers, erläutert durch Träume der Metaphysik" [*Sonhos de um visionário explicados por sonhos da metafísica*, AA 2: 373].
37. *História natural universal e teoria do céu* (Parte 3), AA: 354.
38. Johann Wolfgang von Goethe, "Dichtung und Wahrheit", Bd. I, p. 41.

cou cumprir o dever de instruir e esclarecer em três artigos de 1756, uma parte inserida no *Wöchentlichen Königsbergischen Frag- und Anzeiguns-Nachrichten*, a outra publicada com seus próprios meios[39], sem que, todavia, tenha conseguido calar em seu íntimo o problema de fundo. Tampouco conseguiu satisfazê-lo por muito mais tempo a *Tentativa de algumas considerações sobre o otimismo* de 1759, que não passa de um escrito acadêmico de circunstância e composto às pressas[40]. Quatro anos mais tarde ele retoma novamente a pergunta em *O único argumento possível para uma demonstração da existência de Deus* visando agora expor e justificar sua posição a respeito da teleologia, tanto em sentido positivo quanto negativo, de modo completamente sistemático. Aqui ele encontra largamente proporcionadas "tanto a dignidade quanto a fraqueza do entendimento humano" na prova que pôde ser cuidadosamente extraída do ordenamento conforme a fins do universo a respeito da existência do ser divino primordial[41]. Mas esse último ponto ganha um relevo muito mais nítido do que até então acontecera, assinalando a falha básica que é inseparável de toda a *metodologia* da físico-teologia. A convicção que ela faz brotar pode ser "extremamente sensível e por isso bastante vívida e cativante e [...] acessível e compreensível aos entendimentos mais comuns"[42]. Ela de modo algum resiste, porém, às exigências mais rigorosas do conhecimento conceitual, pois, que seja demonstrado que a ordem surgiu da desordem ou um "cosmos" do "caos" por intermédio de ações divinas específicas, // é precisamente o que macula a representação infinita e inteiramente suficiente do ser primordial, posicionando uma limitação originária que lhe é externa. Se é a matéria "bruta" a oposição que esse ser tem de superar e cujo triunfo é a única marca manifesta de sua bondade e sabedoria, então, para que a prova não perca todo o seu significado e efeito, é preciso reconhecer essa matéria como algo independente, como algo dado materialmente com o que tem de se haver o poder de agir visando a fins. Por isso, este procedimento pode servir única e exclusivamente "para provar as conexões e junções artificiais de um criador,

---

39. Ver *Acerca das causas dos tremores de terra, a propósito da calamidade que perto do final do ano passado atingiu a zona ocidental da Europa*, VUE, AA 1: 417-427; *História e descrição natural dos estranhos fenômenos relacionados com o terremoto que, no final do ano de 1755, abalou uma grande parte da Terra*, GNVE, AA 1: 429-461; *Considerações adicionais acerca dos tremores de terra que de há algum tempo a esta parte se têm feito sentir*, FBZE, AA 1: 463-472.

40. Cf. a carta de Kant a Lindner de 28 de outubro de 1759 a respeito da origem do escrito, Br, AA 10: 19.12. Ver acima, p. 51, nota 9.

41. *Único argumento possível*, BDG 2: 123.

42. Idem, BDG 2: 117.

mas não a própria matéria e a origem dos componentes do universo"[43]. Sob esta perspectiva, Deus se mostra apenas como mestre artesão, não como criador do mundo, a ordem e a enformação da matéria aparecendo como trabalho que se lhe pode atribuir, mas não a criação dela. Mas com isso, no fundo, a própria ideia a respeito de um propósito contínuo do mundo que deveria ser aqui demonstrada se encontra extremamente ameaçada, visto que se insinua no mundo um dualismo originário e, contas feitas, inextirpável a despeito de todas as tentativas para ocultá-lo. A enformação da simples matéria do ser mediante a vontade intencional nunca é absoluta, sendo sempre e tão somente relativa e condicionada. Existe nessa concepção ao menos um determinado *substrato* do ser que não comporta como tal a forma da "razão", que é, antes, oposta a ela. A essa altura a falha na alegação da físico-teologia é claramente visível: ela só poderia lograr êxito caso mostrasse que aquilo que temos de admitir como a "essência" real e independente da matéria e do qual podemos derivar suas leis universais do movimento não é estranho às regras da razão, mas sim uma expressão e uma manifestação particular da própria regra[44].

Com esta versão da tarefa mudam para Kant o objetivo e a forma geral da prova de Deus, já que agora não partiremos mais da configuração do *real* para nela descobrir o atestado de uma vontade superior que se formou como lhe aprouve, mas, ao contrário, nos apoiaremos na mera validade das *verdades* supremas, buscando obter a partir delas o acesso à certeza atinente a uma existência absoluta.

// Daqui por diante, teremos de eleger nosso ponto de partida não no reino das *coisas* empíricas e contingentes, mas no reino das *leis* necessárias, não no âmbito do que existe, mas no âmbito das meras "possibilidades". Ao enunciar o problema nesses termos, Kant está certamente consciente de ter ultrapassado os limites do modo popular de exposição dos pensamentos filosóficos fundamentais que até então seguira nos seus escritos. "Eu também poderia temer", assim ele nota, "ofender a cortesia dos que reclamam em especial da aridez. Devo, porém, ainda que sem apequená-la, pedir autorização para me desviar de semelhante repreensão. Pois, mesmo que eu não encontre ninguém com um gosto menor do que o meu para a sabedoria hipersensível daqueles que abusam dos conceitos seguros e utilizáveis em seus laboratórios de lógica, destilando e refinando até sua dissipação sob a forma de vapores e sais voláteis, o objeto de consideração

---

43. Idem, *BDG* 2: 122.
44. Comparar no geral com *Único argumento possível*, *BDG*, 2: 116-137.

que tenho diante de mim é de uma natureza tal que exige ou a renúncia completa em obter uma certeza demonstrativa dele ou a resignação a decompor em átomos os seus conceitos"[45]. A abstração não deve ser interrompida aqui antes de ter avançado, por um lado, até o conceito puro e simples da "existência" e, por outro, até o conceito puro e simples da "possibilidade" lógica. Com esta formulação da oposição Kant recupera ao mesmo tempo e de maneira clara a origem histórica do problema que o fundamenta. É a linguagem da filosofia leibniziana que ele fala constantemente no *Único argumento possível*. Mas nesse texto a diferença entre "realidade" e "possibilidade" remonta à distinção metódica mais profunda entre conhecimentos "contingentes" e "necessários", entre "verdades factuais" e "verdades racionais". As verdades racionais, às quais pertencem todas as proposições de lógica e matemática, são independentes do repositório das coisas particulares existentes, pois não exprimem o particular que existe no presente atual, num determinado lugar no espaço e num dado ponto no tempo, mas sim as relações de caráter universalmente válido que são obrigatórias para todo conteúdo particular. Que 7 + 5 = 12, que o ângulo num quarto de círculo seja reto são "verdades eternas" que não dependem da natureza espaçotemporal das *coisas* individuais e que, por conseguinte, ainda permaneceriam verdadeiras caso não existisse nenhuma destas coisas, caso não houvesse matéria ou mundo físico. Trata-se, portanto, na lógica, na // geometria pura e na ciência dos números, como também na doutrina do puro movimento de conhecimentos que testemunham uma dependência puramente ideal entre conteúdos em geral, mas não uma conexão entre determinados objetos ou ocorrências empírico-reais. Se traduzirmos este discernimento lógico na terminologia da *metafísica* leibniziana podemos, então, também afirmar a validade da primeira classe de proposições, as verdades racionais puras, a todos os mundos possíveis que têm relação com o entendimento divino, enquanto que as meras verdades factuais apenas se referem a determinações de um mundo "real" que foi tirado desta esfera de possibilidades gerais por uma decisão da vontade divina e ao qual se admitiu uma existência real. Só a partir daqui a forma particular que Kant dá ao problema da prova de Deus é plenamente compreendida. Em lugar da referência habitual às provas sobre a dependência "moral" que as coisas têm de Deus, ele quer posicionar a independência "não moral" (melhor dizendo, "extramoral"), isto é, ele não quer extrair seus argumentos da esfera dos fenômenos particulares que parecem conter a pista de um específico *ato da vontade* divina, mas se apoiar nos nexos

---

45. *BDG*, 2: 75.

universais e necessários que são normas tão sólidas para todo *entendimento* finito como para o infinito[46]. Ele não quer partir das "coisas" enquanto uma ordem já dada, mas sim recuar às "possibilidades" universais que são pressupostas para a existência de todas as verdades ideais e, também por isso, indiretamente para a existência de todo "real". Deste modo, o argumento testado por Kant possui um caráter inteiramente "*apriorista*", pois ele não o infere a partir da existência meramente factual e "fortuita" de uma coisa particular ou mesmo da série completa das coisas particulares empíricas que costumamos indicar com o nome de "mundo", mas a partir de um nexo entre conceitos que, semelhante aos conceitos da geometria e da aritmética, formam uma estrutura sistemática inalterável e independente de todo arbítrio[47]. É possível que a pergunta de Kant tenha agora avançado até a certeza sobre uma existência absoluta – isto é, sobre a existência de Deus, como será mostrado –, caso não seja pressuposto de nossa parte nada além da certeza de verdades ideais ou de "possibilidades universais"? É certa a existência de Deus, não nos termos em que uma outra coisa certa ou uma // dada consequência fortuita de ocorrências são reais, mas nos termos em que o verdadeiro se distingue em geral do falso, em que existem algumas *regras* segundo as quais uma concordância é assumida apoditicamente entre determinados conteúdos conceituais, enquanto que ela é negada entre outros não menos evidentes e necessários?

Kant realmente acredita ter agora os meios para responder de modo afirmativo a essa última pergunta, pois – assim ele infere – se não houvesse nenhuma existência absoluta, também não poderia ser dada nenhuma *relação* ideal, nenhuma concordância ou antagonismo entre conceitos puros. Foi de fato observado que tais relações de maneira alguma são suficientemente fundamentadas e asseguradas mediante uma unidade puramente formal que é expressa numa proposição lógica de identidade e de contradição, mas que elas pressupõem necessariamente certas determinações materiais do pensamento. Que um quadrado não seja um círculo, disso estou de fato certo graças ao princípio de contradição, mas que "existam" em geral tais figuras como quadrado e círculo, que uma tal distinção qualitativa de conteúdos seja exequível, nada disso me ensina o princípio lógico inteiramente formal e universal, mas sim cada ordem específica formada por leis que indicamos com o nome de "espaço". Se não houvesse determinações como o espaço e as figuras dentro dele, como os números e suas

---

46. Compare a este respeito com *BDG*, 2:100.
47. *BDG*, 2:90.

diferenças, como o movimento e sua diversidade de magnitude e direção – isto é, se essas determinações não permitissem a diferenciação e a oposição entre si enquanto conteúdo meramente intelectual –, então não teria lugar a própria matéria para toda a "possibilidade", então não só uma existência empírica como nem sequer uma *proposição* verdadeira poderia ser afirmada. O pensamento seria assim suprimido, não porque ele ruiria sob uma contradição formal, mas porque nenhum "dado" lhe seria mais entregue e, por conseguinte, nada mais em geral seria apresentado que pudesse ser contradito. A possibilidade enquanto tal desaparece "não só quando uma contradição interna como a lógica da impossibilidade é encontrada, como também quando não existe ali nenhum material, nenhum dado para pensar. Por conseguinte, nada pensável é oferecido; mas todo possível é algo que pode ser pensado e ao qual corresponde logicamente o princípio de contradição", não, porém, devido única e exclusivamente a esse princípio. E reside precisamente nisso o cerne da prova kantiana, porque se trata de mostrar que, de fato, com a supressão não seria eliminada esta ou aquela existência, mas absolutamente *todas*, inclusive todo o "material" do pensamento, no sentido há pouco indicado. "Se [...] *toda* existência é absolutamente suprimida nada é //posicionado, nada em geral é sequer dado, nenhum material para que algo seja pensado, e todas as possibilidades desapareceriam por completo. É certo que não há nenhuma contradição interna na negação de toda existência, pois isto exigiria que algo fosse estabelecido e ao mesmo tempo suspenso, mas no caso em questão nada é absolutamente estabelecido, sendo, então, certo que nada pode ser dito que contenha essa suspensão de uma contradição interna. Mas que exista uma possibilidade qualquer e, por seu turno, absolutamente nada de real, eis o que se contradiz, porque se nada existe nada mais é dado que seja pensado e aquele não menos desejoso de que algo seja possível contradiz a si mesmo"[48].

É certo que a prova kantiana não parece terminar aqui, pois, mesmo se reconhecido o caráter conclusivo dessa argumentação anterior, ela em todo caso apenas mostrou que "algo", um conteúdo geral qualquer, deve existir absoluta e necessariamente ali, mas não que esse conteúdo seja "Deus". Mas esta parte da conclusão de Kant será em pouco tempo retomada. Se estivermos certos de uma existência absolutamente necessária em geral, comprova-se então que essa existência deve ser única e simples, imutável e eterna, abarcando toda a realidade e sendo de uma natureza puramente espiritual – em suma, que devemos lhe atri-

---

48. *BDG*, 2:78.

buir todas as determinações que costumamos resumir sob o nome e o conceito de Deus[49]. Assim, o predicado da existência não será *pressuposto* aqui a partir do conceito de Deus para ser posteriormente apresentado ao lado de outros predicados, visto que a existência não é um predicado conceitual que possa em geral ser acrescido a outros, mas que contém a "posição absoluta", inteiramente simples e irredutível, de uma coisa[50]. O caminho da prova é invertido: tendo obtido e assegurado o ser absoluto, busca-se derivar mais precisamente sua determinabilidade, o seu "quê" característico, sendo com isso descoberto e demonstrado que esta sua constituição revela todas as notas características que representam o conteúdo específico do nosso conceito de Deus. Assim, o *argumento ontológico* é aqui mantido com firmeza, sendo a ele remetidas as provas cosmológica e físico-teológica. É, porém, introduzida na metodologia do pensamento ontológico uma modificação que projeta a perspectiva de sua superação futura completa. Enquanto que a prova ontológica, sob a forma dada por Anselmo de Canterbury // e renovada por Descartes, começa com o conceito do ser sumamente perfeito para que sua existência seja deduzida dele, a "existência" nessa prova sendo inferida sinteticamente a partir da "essência", Kant por seu turno parte das possibilidades puramente ideais, do *sistema das verdades eternas* em geral, para então indicar mediante análise progressiva que um ser absoluto deve ser exigido como *condição da possibilidade desse sistema*. O que temos aqui diante de nós é um prelúdio peculiar do "método transcendental" ainda por vir, pois a justificação final para o estabelecimento da existência como posição absoluta reside no fato de que sem isso a possibilidade do *conhecimento* seria inconcebível. É bem verdade que, julgadas a partir do ponto de vista do sistema crítico posterior, todas as "posições" obtidas com esse procedimento são apenas relativas, jamais absolutas, seu valor e uso permanecendo limitados à própria *experiência* que elas tornam possível.

Tudo o que nos cabe por ora é abrir mão da avaliação imparcial mais exata sobre o problema fundamental do *Único argumento possível*, tanto mais que o próprio desenvolvimento progressivo de Kant trará uma clareza e precisão sempre crescente sobre esse problema. Se pararmos inicialmente no ponto ao qual esse desenvolvimento nos conduziu, a diferença do *Argumento* frente a todos os escritos anteriores de Kant é antes de tudo indicada pelo patamar mais elevado de reflexão e de autoconsciência crítica. Kant agora já não se contenta com a

---

49. *BDG*, 2:81-87.
50. *BDG*, 2:72.

apresentação de considerações e argumentos atinentes ao objeto específico de seu estudo, questionando em simultâneo e a cada momento a origem lógica e o tipo específico de verdade que os caracterizam. Como nenhum outro pensador desta época, Kant se encontrava agora preparado e armado para responder à questão que a Academia Berlinense havia apresentado no ano anterior. De fato, o anúncio do prêmio não parece tê-lo determinado imediatamente à elaboração desta tarefa à qual ele só se sentiu impelido após a finalização do *Argumento*, quando descobre o nexo objetivo entre o problema desse escrito e a questão da Academia[51].

// "Trata-se de saber", assim foi enunciada a questão, "se as verdades metafísicas em geral, e em particular os primeiros princípios da *Theologiae naturalis* [teologia natural] e da moral, são aptos a uma prova tão clara quanto as verdades geométricas e, não sendo aptas para tanto, qual é a natureza particular da sua certeza, a que grau de certeza elas podem ser levadas e se isso é suficiente para uma convicção completa"[52]. A decisão sobre os trabalhos admitidos ocorreu na sessão da Academia de maio de 1763. O primeiro prêmio coube ao estudo de Moses Mendelssohn, embora tenha sido expressamente declarado que o texto de Kant "se aproximou o bastante" do trabalho coroado "para merecer os maiores elogios". Ambos os estudos, de Kant e de Mendelssohn, apareceram juntos nos escritos da Academia[53]. Aqui se deu uma curiosa ironia histórica, já que foi Formey, o secretário permanente da Academia Berlinense, quem primeiro parabenizou Kant por seu sucesso num ofício de julho de 1763. Ocorre que este eclético cientista devia seu prestígio filosófico à popularização do sistema

---

51. O anúncio do prêmio da Academia já havia sido publicado em junho de 1761, ao passo que Kant só começou a preparação do tema no final do ano de 1762 pouco antes do encerramento do prazo para submissão: é ele próprio quem chama seu ensaio de um "texto breve e apressadamente redigido" (*Notícia sobre a organização de suas preleções*, p. 322 [*NEV*, 2: 308] [cit. p. 176]). Comparar também com a *Investigação sobre a evidência dos princípios da teologia natural e da moral. Em respostas à questão da Academia Real de Ciências de Berlim para o ano de 1763*, *UD* 2: 301 [Tradução de Luciano Codato, em KANT, I. *Textos pré-críticos*, Ed. Unesp, p. 140]. O "Fundamento" já havia aparecido no final de dezembro de 1762; em 21 de dezembro de 1762 ele se encontrava nas mãos de Hamman, segundo a carta de Hamman desse mesmo dia a Nicolai. Assim, tudo indica que o manuscrito desse texto deve ter sido concluído o mais tardar no outono de 1762 (comparar as notas de Paul Menzer e Kurd Lasswitz na edição da Academia das obras de Kant, AA 2: 470 e 493, resp. Cf. também Adolf Harnack, *Geschichte der Königlich Preussischen Akademie der Wissenschaften zu Berlin*, Bd. I/1: "Von der Gründung bis zum Tode Friedrich's des Großen", Berlim 1900, p. 410s.).

52. Lasswitz, Notas explicativas sobre a *"Investigação sobre a evidência dos princípios"*, *UD*, AA 2: 493.

53. Compare as variantes sobre a *Investigação sobre a evidência dos princípios da teologia natural e da moral*, *UD*, 2: 495.

wolffiano, executado numa obra volumosa, monótona e verborrágica[54]. Tivesse competência para apreciar o conteúdo do estudo kantiano e certamente lhe teria ocorrido a suspeita de que o escrito, que ele próprio enviou para impressão em nome da Academia, trazia consigo o germe // de uma transformação na filosofia que haveria de destruir no futuro "a arrogância presunçosa dos tomos sem-fim eivados de ideias" da metafísica dogmática[55].

Já Kant era desde o início consciente do que estava em jogo a esse respeito: "A questão proposta", assim ele começa sua discussão, "possui um caráter tal que, se for resolvida de maneira pertinente, a filosofia primeira deve adquirir uma forma determinada. Se for estabelecido o método pelo qual se pode alcançar a máxima certeza possível nessa espécie do conhecimento e a natureza dessa convicção for bem compreendida, então em vez da eterna inconstância das opiniões e de seitas escolásticas, uma prescrição imutável do modo de proceder deve unir as cabeças pensantes em esforços idênticos; assim como o método de Newton, na ciência da natureza, transformou a falta de nexo das hipóteses físicas em um procedimento seguro, segundo a experiência e a geometria"[56]. Mas qual foi o pensamento decisivo que fez Newton alcançar esta transformação? O que diferencia as *hipóteses* físicas até então empregadas das regras e *leis* que ele estabeleceu? Podemos perceber com essas perguntas o modo como a física matemática moderna se diferenciou do que era a física especulativa aristotélica e medieval ao relacionar e articular o "universal" com o "particular".[57] Galileu e Newton não começam pelo "conceito" geral da gravitação para "explicar" a partir dos fenômenos da gravidade que aquilo que deve ocorrer com a queda livre dos corpos resulta da essência e da natureza da matéria e do movimento. Ao contrário, eles se contentam antes de tudo em averiguar os "dados" do problema nos termos em que a experiência os apresenta. A queda em direção ao centro da Terra, o movimento projétil, o movimento da Lua ao redor da Terra e, por fim, a revolução dos planetas ao redor do Sol em órbitas elípticas são todos fenômenos inicialmente investigados em si mesmos e *constatados* em suas determinações puramente quantitativas. Só então é inserida a questão sobre a possibilidade de que este complexo factual doravante assegurado seja colocado inteiramente sob um "conceito" comum, isto é, se existe uma relação matemática, uma função analítica, que contenha e expresse todas essas relações especiais.

---

54. Jean Henri Samuel Formey, *La belle Wolffienne*, 6 tomos, Den Haag 1741-1753.
55. Cf. a carta para Moses Mendelssohn de 8. April 1766, *Br*, AA 10:70.14-15.
56. *Investigação sobre a evidência dos princípios*, *UD*, AA 2: 275 – citação, p. 103.
57. *UD*, AA 2: 284, p. 117.

// Com outras palavras, não se parte aqui de uma "força" excogitada ou inventada para derivar seus movimentos determinados (como, por ex., se "esclarece" a queda dos corpos no sistema aristotélico da física a partir da tendência natural de cada parte da matéria em ser atraída para o seu "lugar natural"), já que aquilo que chamamos de "gravidade" aqui nada mais é que um modo diferente de exprimir e sintetizar relações de grandeza conhecidas e mensuráveis. Se doravante aplicarmos à *metafísica* o que essa relação nos ensina, veremos certamente que o círculo dos fatos que se referem à metafísica é distinto do da física matemática, pois o objeto da metafísica não constitui tanto a experiência externa como a "experiência interna", seu tema sendo formado não por corpos e seus movimentos, mas por conhecimentos, atos de vontade, sentimentos e inclinações[58]. O tipo de *discernimento*, porém, não é determinado ou alterado por esta mudança de *objeto*. Trata-se, também nesse caso, de decompor os complexos que são identificados na experiência em relações fundamentais simples e de nelas se deter como os últimos dados que não admitem outras derivações. Aqui, não podermos desmembrar em seus componentes mais simples as determinações encerradas nesses dados equivale a também não sermos mais capazes de nenhuma definição escolástica (por *genus proximum* e a *differentia specifica*). De fato, existe um tipo de "determinabilidade" e "evidência" – exatamente a que existe nos conceitos e nas relações fundamentais – que não pode ser nesse sentido intensificado por meio de uma definição lógica, mas apenas obscurecido. "*Agostinho* dizia: sei bem o que é o tempo, mas, se alguém me pergunta, não sei"[59]. É possível em geral na filosofia frequentemente conhecer muito sobre um objeto, distintamente e com certeza, podendo-se também derivar consequências seguras a partir daí, antes que se esteja em posse de sua definição e mesmo quando não se tem de fornecê-la. "Diversos predicados, a saber, podem ser imediatamente certos, para mim, a respeito de qualquer coisa, embora ainda não os conheça o bastante para dar o conceito da coisa minuciosamente determinado, isto é, a definição. Mesmo que jamais definisse o que é um *desejo*, poderia dizer no entanto, com certeza, que todo desejo // pressupõe uma representação do desejado, que essa representação é uma previsão do futuro, que a ela se vincula o sentimento de prazer etc. Tudo isso cada um percebe constantemente na consciência imediata do desejo. A partir de tais noções comparadas, talvez no final

---

58. *UD*, AA 2: 286, p. 119. Sobre a proximidade do nexo histórico destas proposições com o método de Newton e sua escola, cf. *Erkenntnisproblem*, Bd. II [ECW 3], p. 337 e 493.
59. "Über die Deutlichkeit der Grundsätze" [*Investigação sobre a evidência dos princípios*], *UD*, AA 2: 283 [p. 116].

se possa chegar à definição do desejo. Todavia, na medida em que, mesmo sem a definição, a partir de algumas notas características imediatamente certas de uma mesma coisa pode-se inferir aquilo que se procura, então é desnecessário empreender algo tão arriscado"[60]. Assim, não começamos mais na ciência natural com esclarecimentos atinentes à "essência" da força, se preciso chamando de força a expressão analítica última sobre as relações proporcionais conhecidas dos movimentos, de modo que também na metafísica o seu questionamento sobre a *essência lógica* não possa constituir o início da investigação, somente a sua conclusão. No entanto, qualquer compêndio de metafísica pode mostrar o quanto seu procedimento de investigação consagrado pelo uso rotineiro e pela tradição contesta semelhante prescrição. A explicação do que é mais universal – algo característico da "Metafísica" de Alexander Baumgarten e que embasou os cursos de Kant –, a definição do ser, da essência, da substância, da causa ou do afeto e do desejo em geral assumem a dianteira, o particular sendo, então, derivado a partir da conexão dessas determinações. Se esta alegada dedução é vista mais atentamente, reconhece-se sem dificuldade que o conhecimento do particular que ela afirma deduzir na verdade já se encontra tacitamente pressuposto e em uso por ela, de modo que a suposta "justificação" filosófica incorre meramente num círculo. Se nosso propósito aqui é a obtenção de uma clareza real sobre o que se enquadra ou não na metafísica, só o retorno ao procedimento de fato modesto, mas não menos honesto da física pode nos prestar socorro. Em ambos os casos não se trata de buscarmos ampliar a todo custo o conteúdo do nosso conhecimento, mas de nos determos com rigor nos limites do conhecido e do desconhecido, do que é dado e do que é buscado, sem iludirmos os outros ou a nós mesmos quanto a eles. Tanto num como noutro caso, só obtemos a "essência" mediante paciente e contínua análise progressiva dos fenômenos, ao que temos de nos contentar que a finalização desta análise, devido à situação atual da metafísica, não pode de modo algum ser sustentada com certeza, // a determinação essencial de que somos capazes nesse domínio não sendo absoluta, mas permanecendo meramente relativa e provisória. "O autêntico método da metafísica", assim o escrito premiado resume de modo sucinto e expressivo essas considerações, "é, no fundo, idêntico àquele introduzido por Newton na ciência da natureza e que foi de consequências profícuas para ela. Deve-se procurar, assim se diz, por experiências seguras, de preferência com o auxílio da geometria, as regras segundo as quais ocorrem certos fenômenos da natureza. Mesmo que não se discirna nos corpos

---

60. *UD*, AA 2: 284 [p. 116].

o primeiro fundamento dessas regras, é certo, contudo, que eles se comportam segundo tais leis, e os complexos eventos da natureza se definem quando se indica distintamente o modo pelo qual estão submetidos a essas bem demonstradas regras. Do mesmo modo na metafísica: procurai, por uma experiência interior segura, isto é, por uma consciência imediata evidente [*ein unmittelbares augenscheinliches Bewusstsein*], aquelas notas características que certamente residem no conceito de uma qualidade universal qualquer, e mesmo que não conheçais toda a essência da coisa, podeis vos servir seguramente daquelas notas características, para deduzir muito na coisa a partir delas"[61].

Um movimento de Kant se diferencia agora de toda a metafísica convencional como também do procedimento que ele próprio havia praticado inicialmente. A metafísica nada pode "inventar", sendo apenas capaz de *enunciar* as relações fundamentais puras da experiência. Ela traz para a clareza e distinção o que de início é dado como um todo complexo e ainda obscuro, tornando esta estrutura transparente para nós. Mas ela nada acrescenta a partir de sua própria autoridade. O pensamento kantiano em seus primeiros movimentos, tal como expresso na *História natural universal e teoria do céu*, também acreditava piamente em se elevar sobre o solo da "experiência", o que não o privara, todavia, de completar e exceder o que é empiricamente dado com a força sintética da imaginação e das ilações intelectuais em contextos em que faltam dados da experiência. Ele partia do universo, do cosmos do naturalista, mas sendo, a partir daqui, levado de modo ininterrupto por um progresso imperceptível a hipóteses sobre o ser divino primordial, sobre a ordem finalista do todo, sobre a continuidade e imortalidade do espírito humano. Só agora Kant atinou com toda a *problemática* interna a este modo de pensar como um todo. Pode no geral a metafísica, assim ele pergunta, // proceder *sinteticamente*, pode ela proceder construtivamente? E no instante mesmo em que a questão é colocada em termos precisos, ela é também negada com precisão. De fato, a "síntese" só tem espaço onde os conteúdos que lhe dizem respeito são produtos criados pelo próprio entendimento, por conseguinte encontrando-se subordinados pura e exclusivamente às leis do entendimento. Neste sentido, a matemática pode e deve, sobretudo a geometria pura, proceder "sinteticamente", pois as formas de que elas tratam apenas surgem no e com o ato de construção. Elas não são decalques de algo dado fisicamente e que, então, conservariam seu significado e verdade mesmo se nada de físico, nada de materialmente real, existisse. O que "é" um círculo ou um triângulo não

---

61. *UD*, AA 2: 286 [p. 119].

existe senão por um ato intuitivo e intelectual, ao os criarmos por meio de uma síntese de elementos espaciais singulares, não havendo nenhuma única nota característica desses produtos, nenhuma determinação acessória vinda de fora que não esteja de acordo com esse ato fundamental e seja integralmente derivável dele. "Um cone pode significar o que se quiser; na matemática, ele provém da representação arbitrária de um triângulo retângulo que gira em torno de um lado. A definição surge, aqui e em todos os outros casos, manifestamente da *síntese*"[62]. É, porém, manifestamente diferente o que se passa com os conceitos e explicações da "filosofia". Como mostrado, o objeto específico que deve ser explicado na matemática, como a elipse ou a parábola, não precede a construção genética deste produto que, a rigor, apenas surge com ela, ao passo que a metafísica, pelo contrário, encontra-se desde o início ligada a um *material* específico que lhe foi atribuido. Pois não são determinações puramente ideais que a metafísica pretende exibir para nosso espírito, mas sim as propriedades e relações do "real". Tampouco como a física, a metafísica não é capaz de *criar* seu objeto, apenas de apreender a constituição real dele. Ela não o "descreve" no sentido em que o geômetra descreve uma figura determinada, isto é, engendrando-o por construção, mas apenas o "transcreve", isto é, destacando e examinando em separado alguma nota característica significativa do objeto. O conceito metafísico não obtém sua validade relativa senão com esta correlação constante entre o que é "dado" na experiência interna e externa. O pensamento metafísico não pode almejar sob nenhuma hipótese ser uma "excogitação"; não é progressivo-dedutivo como na geometria, em que // novas sentenças conclusivas são gradativamente formadas a partir de uma definição primeira, mas sim regressivo-inferencial, em que as possíveis "razões explicativas" para um conjunto de fenômenos são buscadas a partir das condições que resultam de um conjunto de fatos existentes[63]. É certo que essas razões explicativas são inicialmente apenas hipotéticas, mas elas ganham certeza na medida em que apreendem a totalidade dos fenômenos conhecidos e os expõem como uma unidade determinada por leis. Não paira sobre Kant a menor dúvida de que semelhante tarefa não foi cumprida pela concepção e tratamento ainda válidos de metafísica: "A metafísica é, sem dúvida, o mais difícil entre os saberes humanos; *e nenhuma, jamais, foi escrita até então*"[64].

---

62. *UD*, AA 2: 276 [p. 104].
63. Para discussão completa, cf. *Investigação sobre a evidência dos princípios*, Primeira Consideração, §§ 1 e 3, *UD*, AA 2: 276 e 280 [p. 104 e 109].
64. *UD*, AA 2: 283 [p. 114].

Com efeito, ela não poderia ser escrita enquanto o arsenal à disposição do pensamento não fosse outro que o método habitual de derivar e inferir empregado pela filosofia escolástica, já que o meio de que esse procedimento se serve essencial e quase exclusivamente é o *silogismo*: o mundo é tomado como conhecido e compreendido quando decomposto numa cadeia de ilações da razão. Foi nesse sentido que Wolff desenvolveu seus "pensamentos racionais" sobre Deus, o mundo e a alma, sobre direito, estado e sociedade, sobre os efeitos da natureza e os nexos entre as vidas espirituais, em resumo, "sobre todas as coisas em geral" nos manuais tidos como clássicos na sua época. Kant estimava o rigor e a objetividade metódicos impressos nessas obras e, no alto de seu sistema crítico, ainda os defendia contra as objeções da filosofia popular eclética em voga. Wolff é ainda louvado no Prefácio da *Crítica da razão pura* como "o fundador do espírito de rigor até hoje não extinto na Alemanha", pois ele buscou primeiramente colocar a metafísica na via segura de uma ciência mediante estabelecimento conforme a lei dos princípios, determinação clara dos conceitos e prevenção de arroubos audaciosos nas inferências[65]. Apesar disso, não há nenhum indício em todo o desenvolvimento filosófico de Kant de que ele tenha mantido qualquer relação de dependência intelectual com o sistema escolástico wolffiano, como, por exemplo, é característico em Mendelssohn e Sulzer. A técnica inventiva // da alegação silogística nunca o deslumbrou, e num escrito de 1762 experimentou pôr às claras a "falsa sutileza" ali contida[66]. Mais profunda do que esta discussão formal é a objeção sobre a qual Kant agora insiste e que é extraída da sua nova concepção fundamental a respeito das tarefas da metafísica em geral. O procedimento da silogística é "sintético", no sentido específico dado a esse termo pelo seu próprio escrito premiado sobre a *Evidência dos princípios da teologia natural e moral*. Ela parte das pressuposições para as inferências, dos conceitos gerais e definições que são estabelecidos no início para as determinações particulares. Porém, semelhante procedimento corresponde ao percurso do conhecimento que, tal como vimos, nos é prescrito por toda pesquisa sobre o *real*? Além disso, o *princípio* sobre o qual se apoia todo procedimento lógico silogístico é a proposição de identidade e a de contradição – a primeira, tal como mostrado por Kant no seu próprio escrito de 1755 sobre lógica, *Nova dilucidatio*, enquanto princípio fundamental supremo para todo juízo de afirmação; a segunda enquanto princípio fundamental supremo para todo juízo de negação[67]. Toda conclusão

---

65. *Crítica da razão pura*, B XXXVI [p. 40].
66. *A falsa sutileza das quatro figuras silogísticas*, *DfS*, AA 2: 45-61.
67. Principiorum primorum cognitionis metaphysicae nova dilucidatio [*Nova elucidação dos primeiros princípios do conhecimento metafísico*], *PND*, AA 1: 385-416, p. 389.

não visa a nada além de provar *indiretamente* a identidade entre dois conteúdos, a e b, mediante interpolação de uma série de elos conceituais em situações nas quais a identidade não é diretamente evidente. Nessa toada, o sistema das coisas e ocorrências deve ser apresentado segundo o pensamento fundamental do Racionalismo como um sistema mais exato e determinado de premissas e inferências. Nessa versão da tarefa, Wolff retorna inequivocamente a Leibniz, muito embora a elaboração extensa do seu sistema tenha borrado a tênue fronteira metodológica que ainda existe por último entre o "princípio de contradição" e o "princípio de razão suficiente". De acordo com Leibniz, o primeiro é o princípio das verdades "necessárias", o segundo, o das verdades "contingentes"; aquele parte dos princípios da lógica e da matemática, ao passo que esse responde especificamente pelos princípios da física. No sistema escolástico wolffiano, contudo, a uniformidade do esquema da prova forçava continuamente uma uniformidade nos próprios princípios fundamentais. Aqui prevalece, portanto, o esforço para superar a separação entre o conteúdo "material" do conhecimento e os princípios do conhecimento, // procurando reduzi-los ao princípio lógico de identidade e prová-los a partir disso. Nesse sentido, por ex., Wolff havia realizado uma prova do "princípio do fundamento" que incorria francamente num mero círculo. Se existisse algo sem um fundamento, assim ele concluía, então o nada devia ser o fundamento de algo – o que é autocontraditório. Wolff tentou deduzir, desse modo, a própria necessidade da ordem espacial dos fenômenos a partir da mera validade do princípio lógico supremo, pois o que pensamos como diferente de nós, assim ele inferia, devemos pensar como existindo *fora de nós* e, então, separado *espacialmente* de nós. O *praeter nos* foi aqui traduzido imediatamente no *extra nos*, o conceito abstrato da diversidade na concreta "externalidade" intuitiva dos lugares espaciais.

69

A falha desse modo de exame certamente não passou despercebida à filosofia escolástica alemã. Crusius, o mais relevante dentre os adversários de Wolff, enfatiza vigorosamente em sua crítica que a natureza meramente formal do princípio de contradição não o capacita para oferecer por si mesmo nenhum conhecimento determinado e concreto, sendo absolutamente necessária a exigência de uma cadeia de "princípios materiais" originais e não deriváveis e, não obstante, certos[68]. Kant, porém, só executou o último passo decisivo nessa direção no estudo que parece ligar diretamente a elaboração do escrito premia-

---

68. *Erkenntnisproblem*, Bd. II [ECW 3], p. 442-449, 490ss.; comparar com os comentários de Kant sobre Crusius no *escrito premiado* [*Investigação sobre a evidência dos princípios*] (3ª Consideração, § 3), *UD*, AA 2: 293-296 [p. 130-134].

do[69] com o *Ensaio para introduzir a noção de grandezas negativas na filosofia*. O início da nítida diferença entre *oposição lógica* e *real* ganha sua formulação imediata aqui. O primeiro se dá em todos os casos em que dois predicados agem entre si como A e não A, em que, por conseguinte, a afirmação lógica de um implica a negação lógica do outro. O resultado dessa oposição é, assim, o nada puro: se eu tento pensar um ser humano como culto e inculto ao mesmo tempo e no mesmo sentido ou um corpo simultaneamente em movimento e em repouso, essa ideia se revela inteiramente vazia e inexequível. Outra coisa, porém, é o que ocorre em todos os casos de oposição real, em que se trata, popularmente falando, não de uma oposição // entre notas características e determinações conceituas, mas de uma oposição entre "forças". A velocidade de um corpo em movimento não submetido a qualquer resistência externa pode ser anulada por uma de outro corpo de igual massa, mas de sentido *contrário*: o que resulta disso não é, como no primeiro caso, uma *contradição lógica*, mas sim aquele estado físico característico e inteiramente determinado que designamos com as expressões de "repouso" e de "equilíbrio". Se na primeira forma, em que se tenta ligar A e não A, o efeito era uma *contradição*, na segunda o efeito é a *determinação de grandezas* completa e efetivamente manifesta, pois a grandeza "zero" não é menos determinada do que qualquer outra que seja designada por um número positivo ou negativo. Assim, o modo como diferentes causas reais se determinam mutuamente e se conectam num efeito unificado, uma relação mais bem ilustrada no paralelogramo dos movimentos ou das forças, não é absolutamente equivalente à relação que se estabelece entre predicados e juízos meramente lógicos. O "fundamento real" constitui uma relação qualitativamente independente e peculiar, a qual não se esgota nem sequer pode ser expressa, na relação entre o fundamento lógico e a consequência, entre o *antecedens* e o *consequens*. Com isso, o método da metafísica se separa finalmente da silogística, pois, segundo a determinação dada por Kant, a metafísica tenciona ser a doutrina dos "fundamentos reais". A análise dos eventos complexos conduz, na metafísica como nas ciências naturais, às relações fundamentais mais básicas e determinadas, apreendidas apenas em sua pura facticidade e nunca compreensíveis meramente por conceitos.

Isto se refere, acima de tudo, à relação de causalidade, certamente indubitável para nós, mas não obstante indemonstrável logicamente; de fato, o sistema formal conceitual da lógica não fornece nenhuma alavanca ou recurso

---

69. A apresentação do estudo se encontra registrada nas Atas da Faculdade de Filosofia de Königsberg de 3 de junho de 1763, enquanto que o escrito premiado foi concluído no final de 1762.

intelectual para semelhante determinação. É fácil entender como uma consequência é estabelecida por intermédio do seu fundamento conceitual ou uma proposição conclusiva mediante uma premissa segundo a regra da identidade, pois nesses casos é suficiente analisarmos ambos os conceitos que são aqui relacionados entre si para reencontrarmos neles a mesma nota característica. Já uma questão inteiramente diferente é saber como algo provém de *algo diferente*, não segundo a regra da identidade, questão essa que, de acordo com Kant, nenhum dos "filósofos profundos" foi até então capaz de apresentar claramente. As palavras "causa" e "efeito", "força" e // "ação" não contêm aqui nenhuma solução, elas repetem, isso sim, o problema. Tudo o que elas testemunham é que a existência de uma coisa implica que outra coisa deve ser *diferente*, e não, segundo apenas o raciocínio lógico, que uma coisa pensada deva ser pensada como fundamentalmente *idêntica* a outra[70]. É assim que o *dualismo* aparece pela primeira vez bem definido no desenvolvimento do sistema kantiano. A visão de que a forma convencional da lógica como silogística é suficiente para "retratar" o sistema da realidade ruiu de uma vez por todas, visto que tanto ela quanto seu princípio supremo, o de contradição, nem ao menos bastam para a designação do que há de peculiar na mais simples das relações reais, a da relação de causa e efeito. Mas o pensamento deve por isso renunciar ao entendimento da constituição e estrutura do ser? Devemos nos entregar a um "empirismo" satisfeito em perfilar sequências de impressões e de fatos? Seguramente essa não pode ser a opinião de Kant, e isso em nenhuma época do seu desenvolvimento intelectual. Para ele, a renúncia da silogística e de seu método copiado do raciocínio sintético da geometria de modo algum implica a renúncia de uma fundamentação "racional" da filosofia, pois a análise da própria experiência, vista agora por ele como a tarefa essencial de toda a metafísica, ainda é absolutamente uma obra da *razão*. Se a visão de conjunto desta época no que se refere à capacidade da razão diante da realidade for sintetizada, o que se obtém é uma dupla relação. Por um lado, a razão tem de analisar os dados da experiência até que ela descubra as relações fundamentais mais simples e últimas sobre as quais eles são construídos – relações que ela é capaz de expor segundo sua existência pura, mas que não pode partir delas para seguir derivando. Por outro lado, porém – e essa é uma tarefa e uma prerrogativa essenciais que precisam ser admitidas –, a razão pode justificar e demonstrar a necessidade de uma existência absoluta, pois a existência e a determinação

71

---

70. Cf. especificamente *Ensaio para introduzir a noção de grandezas negativas em filosofia*, NG, AA 2: 165-204: p. 201.

da realidade suprema universal que nós podemos designar com o conceito de Deus, como apresentado no *Único argumento possível*, se segue das possibilidades puramente ideais que constituem o domínio peculiar da razão. Uma vez justapostas ambas essas funções, descobre-se que elas pertencem a direções inteiramente diferentes do pensamento. É peculiarmente discrepante quando Kant, por um // lado, se refere em geral aos dados da experiência na determinação racional da realidade e, por outro, confia no poder da razão em nos oferecer a certeza incondicional sobre um ser infinito que ultrapassa enquanto tal toda a possibilidade da experiência. Ainda não se encontram clara e nitidamente separados o analista da "experiência interna", que procura se forjar segundo o modelo do método newtoniano, e o filósofo especulativo, apegado ao núcleo de toda a metafísica racional, à prova ontológica de Deus, ainda que segundo uma forma alterada. Residem nessa oposição o germe e a condição do desenvolvimento filosófico ulterior de Kant. Tão logo apreendida com clareza, essa contradição exigiu uma decisão determinada que empurraria mais e mais Kant para longe dos sistemas da filosofia escolástica.

3. A crítica da metafísica dogmática – Os "Sonhos de um visionário"

Kant estabeleceu sua reputação no mundo literário e filosófico da Alemanha com os seus escritos de 1763. O *Único argumento possível para uma demonstração da existência de Deus* foi resenhado por Mendelssohn nas *Literaturbriefen*, certamente sem ter feito inteira justiça à particularidade da argumentação e demonstração do escrito, o que não o impediu de reconhecer isenta e irrestritamente o "pensador independente" que era Kant, mesmo quando não era capaz de acompanhá-lo. Kant disse mais tarde que essa recensão foi o que primeiro o apresentou ao público. Essa avaliação, somada ao agrado que a *Investigação sobre a evidência dos princípios da teologia natural e da moral* provocou na Academia berlinense e à publicação desse estudo nos escritos da Academia ao lado do texto premiado de Mendelssohn, fez com que o nome de Kant se tornasse conhecido para além dos limites da Alemanha. Mesmo antes de seu lugar na filosofia da época estar claramente determinado e delimitado no juízo geral, dentro da valoração literária Kant passa, daí em diante, a contar entre os espíritos que lideram a Alemanha. Homens como Lambert, indubitavelmente uma das mentes mais originais da época e considerado pelo próprio Kant como o "primeiro gênio da Alemanha" no campo da metafísica, passaram a se corresponder cientificamente com ele, propondo-lhe o exame dos seus projetos filosóficos. Kant agora começa a ser visto de um modo geral como o futuro criador // de um novo "sistema", a cuja elaboração Mendelssohn já o estimulava em 1763 na referida recensão das *Literaturbriefe* – 18 anos antes do surgimento da *Crítica da razão pura*.

Entretanto, a fase seguinte em que ingressa o desenvolvimento de Kant como pensador e escritor após os escritos de 1763 frustrou da maneira mais surpreendente essa expectativa do mundo e dos amigos. Dele se esperava e exigia o projeto de uma metafísica nova e rigorosamente sólida, uma decomposição analítica abstrata de suas pressuposições e um exame teórico cuidadoso dos seus resultados gerais – e o que dele se recebeu inicialmente foi um escrito cuja própria forma literária e roupagem estilística solapa toda a tradição da literatura científico-filosófica. *Sonhos de um visionário explicados por sonhos da metafísica* – assim enunciava o título desse escrito que apareceu anonimamente em Königsberg em 1766. Era o elegante *Magister* Kant realmente o autor desse escrito? O autor do escrito premiado pela Academia? Era de se duvidar a esse respeito, tão singular e estranho devia ter soado o próprio tom que o escrito assumiu. Pois não é mais o caso de escrutinar teoricamente a metafísica e suas proposições principais, mas de estimular aqui um humor ponderado em seu jogo destemido com todos os conceitos e divisões metafísicos, com suas definições e distinções, suas categorias e sorites. E, por outro lado, a despeito de toda a liberdade da sátira, um traço de seriedade percorre todo o escrito, distintamente reconhecível em meio à zombaria e autoironia geral. Trata-se certamente de dúvidas e escrúpulos que têm efeito sobre os problemas espirituais e religiosos maiores da humanidade, questões como a imortalidade e a perduração da personalidade, sobre as quais Kant sempre reconheceu, em todas as fases do seu pensamento e qualquer que tenha sido sua resposta teorética a elas, um decisivo interesse *moral*. "Dir-se-á", assim é dito a certa altura do escrito, "que isto é uma linguagem muito séria para uma tarefa tão indiferente como esta que executamos, a qual merece mais ser chamada de brincadeira do que uma ocupação séria, e não faltam razões para julgar assim. Mas, embora não se deva fazer grandes preparativos por causa de uma miudeza, ainda assim se pode fazê-los muito bem por ocasião dela [...]. Não acho que alguma afeição ou uma outra inclinação qualquer, insinuada antes da prova, tenha tirado de meu ânimo a agilidade em seguir todo tipo de razões a favor ou contra, excetuando-se apenas uma.

// A balança do entendimento não é inteiramente imparcial, e um braço dela, que leva a inscrição: *esperança no futuro*, tem uma vantagem mecânica

[...]. Esta é a única incorreção que não posso eliminar e que tampouco quero eliminar jamais"[71].

Mas qual era o fator propriamente decisivo nesta mistura paradoxal de gracejo e seriedade? Qual era a verdadeira face do autor e o que era a máscara que assumiu? Era esse escrito um mero rebento do capricho ou, sob esse jogo satírico do pensamento, algo de fato se disfarçava – como uma tragédia da metafísica? Nenhum dos amigos e críticos de Kant pôde responder com segurança a essa pergunta. Os juízes mais bem-intencionados, como Mendelssohn por ex., não puderam refrear sua estranheza diante desta ambiguidade. Mas o que Kant lhes retrucou surtiu praticamente o efeito de um enigma. "O estranhamento que você manifesta sobre o tom do pequeno escrito", assim ele escreve a Mendelssohn, "é para mim a prova da opinião favorável que você formou sobre a retidão do meu caráter, e mesmo a relutância em vê-la ambiguamente expressa ali me é estimável e me agrada. Certamente você jamais terá ocasião para mudar essa opinião a meu respeito, pois, embora possam existir falhas que a mais firme das resoluções não é capaz de evitar, é seguro que nunca incorrerei no tipo de disposição volúvel e artificial contra a qual dediquei grande parte da minha vida ao estudo de como dispensar e desprezar o que corrompe o caráter e, assim, a perda da autoestima que decorre da consciência de um modo de pensar franco seria o maior dos males que poderia me acometer, muito embora seja certo que jamais me acometerá. Ainda que eu pense com absoluta convicção e grande contentamento muitas coisas que nunca terei a coragem de dizer, nunca hei de dizer o que não penso"[72].

Se tencionarmos abordar os problemas concernentes ao intelecto e à vida que inegavelmente subjazem ao texto kantiano, será de pouca ajuda o que pode nos oferecer a história sobre a gênese exterior do *Sonhos de um visionário*. O próprio Kant detalhou numa conhecida missiva a Charlote von Knobloch // como descobrira as narrativas maravilhosas que envolvem o "visionário" Swedenborg e que o levaram a mergulhar fundo em sua obra principal, *Arcana coelestia*. Não é necessário repetirmos aqui esse relato, sendo suficiente nos remetermos a ele[73]. Mas quem há de acreditar seriamente que Kant teria se decidido a um debate literário com o escrito apenas em razão de uma aquisição custosa, pessoal e financeira, da obra swedenborguiana em oito volumes in-quarto? Ou, à luz desta

---

71. *Sonhos de um visionário TG 2*: 349s. [Tradução de Joãosinho Beckenkamp em *Escritos pré-críticos* (ed. Jair de Barboza et al.). São Paulo: Unesp, 2005, p. 186].
72. Carta a Mendelssohn de 8 de abril de 1766, *Br*, 10: 69.
73. Carta a Charlotte von Knobloch de 10 de agosto de 1763, *Br*, 10: 43-48.

perspectiva, deveríamos admitir ao pé da letra o relatório preliminar humorístico dos *Sonhos de um visionário*? "O autor", assim é dito, "confessa, com uma certa humilhação, ter sido tão ingênuo a ponto de ter ido atrás da verdade de algumas histórias do tipo mencionado. Ele – como em geral, onde não há que procurar – nada encontrou. Mas isto já é por si só uma razão suficiente para escrever um livro; só que se juntou ainda aquilo que muitas vezes já arrancou livros de autores modestos, a exortação insistente de amigos conhecidos e desconhecidos"[74]. Tudo isso dificilmente teria levado alguém tão pouco inclinado à "sanha de autor"[75] como Kant a ocupar-se de modo tão detalhado do "arquifantasista" Swedenborg, o "pior dos entusiastas", caso não tivesse encontrado nele um nexo estranhamente indireto com o problema filosófico fundamental e decisivo que orientava nesse ínterim seu próprio desenvolvimento interno. Aos olhos de Kant, Swedenborg é a caricatura de toda a metafísica do suprassensível: mas é graças justamente a este exagero e deformação de todos os seus traços fundamentais que ele se torna um espelho para a metafísica. Já que não se reconheceu na análise tranquila e imparcial do *Escrito premiado*, que a metafísica se reconheça agora em semelhante caricatura. Pois o que realmente diferencia os excessos fantasistas do entusiasta daqueles "construtores de castelos no ar dos tantos mundos de pensamento" que costumam chamar suas criações de sistema filosófico? Onde se encontra a fronteira entre as imaginações do visionário e a ordem das coisas "tal qual construída por Wolff a partir de pouco material da experiência, // mas mais de conceitos sub-reptícios, ou a produzida por Crusius a partir do nada pela força mágica de algumas fórmulas do *pensável* e *impensável*"[76]? Se, nesse caso, o filósofo pretende apelar para "experiências", tão pouco faltará ao entusiasta toda sorte de instâncias empíricas que certifiquem positivamente os dados e os "fatos" suprassensíveis – desconsiderado o fato de que o escrutínio desta pretensão conduzirá não poucas vezes a preocupantes falhas de justificação. Ou, nesse caso, deveria ser decisiva a *forma* do sistema, o "nexo racional" entre conceitos e proposições? Ora, este estudo pormenorizado sobre a *Arcana coelestia* renovou a compreensão de Kant sobre quão longe essa sistemática pode levar, mesmo em flagrante absurdo. Assim como o resultado dos escritos de 1763 é de que a silogística se mostra inteiramente incapaz de discernir um único fundamento real,

---

74. *Sonhos de um visionário*, TG, 2: 318.
75. Compare com sua carta a Marcus Herz de 1773, *Br*, 10: 144.20.
76. *Sonhos de um visionário*, TG, 2: 342 [p. 176]; há uma passagem do *Escrito premiado* (*Sobre a evidência dos princípios*, UD, AA 2: 294 – [p. 130]) que esclarece o que se entende pelas "fórmulas do pensável e impensável" de Crusius.

essa ausência de verdadeiros fundamentos reais, por outro lado, não impede seu revestimento num esquema de sorites aparentemente convincente e sem falhas. A este respeito, os "sonhos da razão" não são melhores do que os "sonhos da sensação": a arquitetônica estilística da estrutura não consegue substituir a ausência de "andaimes". O mesmo ocorre com a sistemática filosófica, para a qual não existe nenhum outro critério atinente à "realidade" das suas conclusões exceto o exame mais minucioso e paciente dos "dados" à disposição para toda questão particular. Mas que figura a metafísica convencional não assume quando a cingimos com esse critério! Topamos em toda a parte com perguntas que se revelam não meramente incompreendidas, mas incompreensíveis quando examinadas mais de perto, já que a própria forma em que se coloca o problema é falseada por um conceito ambíguo ou uma admissão sub-reptícia[77]. Fala-se da "presença" da alma no corpo, investiga-se o modo como o "espiritual" influi no "material" ou vice-versa // – mas não se vê que a representação geral que é feita aqui do espiritual não se deve tanto à exatidão da análise científica quanto ao hábito e ao preconceito. Este autoengano é de fato grosseiro, mas ainda assim suficientemente compreensível: "Porque daquilo que no início, quando criança, sabe-se muito, mais tarde e na velhice se tem certeza nada saber, e o homem da solidez se torna, por fim, quando muito, o sofista de sua ilusão juvenil"[78]. Kant, porém, já havia admitido ironicamente na conclusão do seu estudo sobre as *Grandezas negativas* "as fraquezas do seu discernimento conforme ao qual *concebe* em geral com dificuldade aquilo que todos os outros homens creem ser fácil compreender"[79]. Graças a essa fraqueza, quanto mais fundo adentrava em toda a metafísica contemporânea com sua "fertilidade malsã"[80], mais ela lhe aparecia como um livro selado. Ela se desfaz numa malha de opiniões que certamente oferece aprendizado histórico, tal como os relatos de Swedenborg sobre o mundo espiritual, mas que não pode oferecer entendimento sobre os primeiros fundamentos, nem levar a uma verdadeira convicção. O que resta de tudo isso para ele é uma única

---

77. Comparar com a carta a Mendelssohn de 8 de abril de 1766, *Br*, 10: 72.17-24 e 72.32-35: "minha analogia entre um influxo realmente moral da natureza espiritual e a gravitação universal não é de fato a minha opinião verdadeira, mas sim um exemplo de quão longe se pode ir com invencionices filosóficas, e seguramente sem entraves, quando não há dados, assim como de quão importante é estabelecer em semelhante tarefa o que é necessário para a solução do problema e se não faltam os dados necessários para tanto [...]. Reside nisso o estabelecimento sobre a existência de uma fronteira real que não seja limitada pela nossa razão ou se é a experiência que contém os dados para a razão".
78. *Sonhos de um visionário*, *TG*, 2: 320 [p. 146].
79. *Grandezas negativas*, *NG*, 2: 201 [p. 96].
80. Carta a Mendelssohn de 8 de abril de 1766, *Br*, 10: 70.21.

perspectiva: apenas a confissão de ignorância, honesta e sem rodeios. Todo o problema do mundo espiritual, assim como dos outros assuntos que se referem aos objetos que ultrapassam por inteiro a experiência, não são mais questionados por Kant como conteúdos de especulação teórica. Pesadas as coisas de modo imparcial, o que a filosofia pode fazer a esse respeito parece francamente insignificante, muito embora se decida metodologicamente com isso uma postura completa face ao saber e à vida. Ela converte o ceticismo forçado num ceticismo deliberadamente voluntário. "Quando a ciência completou seu círculo, ela chega naturalmente ao ponto de uma modesta desconfiança e diz involuntariamente sobre si mesma: *Quantas coisas há, pois, que não compreendo!* Mas a razão, amadurecida pela experiência e que se torna sabedoria, fala serenamente pela boca de *Sócrates* em meio às mercadorias de uma feira: *Quantas coisas há, pois, de que não preciso!* Desse modo, confluem finalmente em um único dois esforços de natureza tão desigual, mesmo que de início tenham ido em direções bem distintas, na medida em que o primeiro é fútil e insatisfeito, mas o segundo, sério e modesto, pois para escolher racionalmente é preciso antes conhecer mesmo o prescindível // e até o impossível; mas finalmente a ciência chega à determinação dos limites que lhe são postos pela natureza da razão humana; e todos os projetos infundados, que em si mesmos talvez não fossem indignos, apenas se encontrando fora da esfera do homem, fogem para o limbo da vaidade. Assim, a própria metafísica se torna aquilo de que até o momento se encontrava a boa distância e que pouquíssimo se supunha sobre ela, a *acompanhante da sabedoria*"[81].

Estas sentenças possuem um duplo interesse para o desenvolvimento geral de Kant. Por um lado, elas ainda o mostram intimamente conectado às tendências fundamentais do Iluminismo – mas eles, por outro lado, não deixam de indicar que o espírito desse conteúdo recebeu uma nova forma graças a uma nova *justificação*. Se a filosofia do Iluminismo procede ingenuamente em sua rejeição do suprassensível, restringindo a razão ao que é empiricamente apreensível e ao que se encontra "do lado de cá", em Kant o mesmo resultado é produto de um processo intelectual que percorreu todos os estágios da reflexão crítica. Kant não se coloca no solo da "experiência" meramente por cautela e conforto, mas sim de modo consciente. Assim, a metafísica continua a ser para ele uma ciência, só que não mais uma ciência sobre as coisas de um mundo suprassensível e sim sobre os limites da razão humana[82]. Ela devolve o ser humano à sua órbita peculiar e ade-

---

81. *Sonhos de um visionário*, TG, 2: 369 [p. 212].
82. TG, 2: 368 [p. 210].

quada, porque essa é a única de que ele necessita para sua destinação moral, para a determinação da sua ação. O estado generalizado de ânimo moral do Iluminismo, tal como se encontra vivo nos maiores e mais puros espíritos, encontrou em Kant sua justificação teórica. "Não. O tempo da perfeição chegará, ele há de chegar", assim Lessing exclamava na conclusão da *Educação do gênero humano*, "pois, visto que quanto mais seu entendimento se sinta convencido de um futuro sempre melhor menos necessidade terá de emprestar desse futuro os motivos para suas ações, o ser humano fará o bem pelo bem e não devido a recompensas arbitrárias, as quais deviam de início meramente fixar e fortalecer seu olhar irrequieto para o próprio reconhecimento de recompensas internas melhores"[83].

// Quinze anos antes da *Educação do gênero humano*, Kant se pronunciara com e contra a metafísica a partir de uma visão ética fundamental e de um *pathos* intelectual semelhante. "Como? Seria, pois, bom ser virtuoso apenas porque existe um outro mundo, ou antes não serão as ações recompensadas algum dia porque eram boas e virtuosas em si mesmas?"[84] Aquele que ainda necessita das perspectivas da metafísica para a fundamentação da moral não chegou a conhecê-la naquela pura autarquia e autossuficiência e que constitui seu verdadeiro teor. É neste sentido que os *Sonhos de um visionário* concluem sobre a imanência ética recorrendo à palavra do "honesto Cândido": "*ocupemo-nos de nossa sorte, vamos ao jardim e trabalhemos!*"[85]

Assim, o novo ideal de doutrina se transforma imediatamente num novo ideal de vida. Temos um testemunho clássico e decisivo de como ambos esses ideais forjaram a própria atitude espiritual de Kant e do efeito que ele exerceu sobre os outros numa descrição conhecida de Herder, que não pode ser omitida de qualquer biografia de Kant: "Eu desfrutei da sorte de conhecer um filósofo que foi meu professor. Ele possuía a vivacidade alegre de um rapazola nos seus anos mais florescentes e que, assim acredito, o acompanha em sua vetustez. Sua fronte aberta, feita para pensar, era a sede de uma serenidade e alegria indestrutíveis. O discurso fértil fluía dos seus lábios. Gracejo e engenho e humor nunca o abandonavam e sua instrução acadêmica era a mais divertida das frequentações. Com o mesmo espírito com que examinava Leibniz, Wolff, Baumgarten, Crusius, Hume, com que acompanhava as leis naturais de Kepler, Newton e dos físicos, também acolhia, semelhante a qualquer descoberta natural de que tinha

---

83. Gotthold Ephraim Lessing, *Die Erziehung des Menschengeschlechts* (§ 85), p. 413-436: p. 433.
84. *Sonhos de um visionário*, TG 2: 372 [p. 216].
85. *TG* 2: 373 [p. 218].

notícia, os escritos de Rousseau que eram publicados naquela época, seu *Emilio* e sua *Nova Heloísa*, avaliando-os e sempre retornando ao *conhecimento imparcial da natureza* e ao *valor moral do ser humano*. História natural do ser humano e dos povos, doutrina da natureza, matemática e experiência eram as fontes com as quais ele animava sua instrução e frequentação. Nada que fosse digno de conhecer lhe era indiferente. Nenhuma cabala, nenhuma seita, nenhum preconceito, nenhuma ambição por fama tinha para ele a menor atração diante da ampliação e elucidação da verdade. Ele encorajava e, com agrado, coagia a *pensar por si mesmo*. Despotismo era estranho ao seu ânimo. Este homem, que nomeio com a maior gratidão e // estima, é *Immanuel Kant*. Sua imagem se eleva agradavelmente diante de mim"[86]. Ao lançar os olhos sobre o tipo de ensino que recebera na infância e juventude, Herder também opõe no *Diário de viagem* a secura, abstração e fragmentação ao "ensino animado" e à "filosofia humana" pura de Kant[87]. Entretanto, sempre que destaca a liberdade e a serenidade de alma como traço essencial de Kant, ele não parece estar inteiramente consciente de que este equilíbrio harmônico não resultava de um dom imediato da natureza ou do destino, mas de batalhas intelectuais que Kant duramente travou. Essas batalhas parecem ter encontrado uma conclusão na época do *Sonhos de um visionário*. Kant alcançou a direção deste puro "lado de cá" em sentido teórico e em sentido ético, tanto nos conhecimentos como nas ações. Ele agora acreditava se manter de modo mais seguro e firme na "condição humana" e protegido contra toda sedução ilusória que pudesse desalojá-lo deste lugar[88]. Essa tendência emerge em Kant de modo tão decisivo que ela é dividida imediatamente com todos aqueles que na época estavam em contato próximo com ele. "Ele deu luz a muitos olhos, *simplicidade no pensamento e naturalidade na vida*", assim diz uma poesia que o jovem Reinhold Michael Lenz compôs em 1770 "em nome de todos aqueles estudantes da Curlândia e da Livônia em Königsberg" e que entregou ao Professor Kant no início do seu novo cargo[89]. No Kant dessa época se realiza o ideal de vida igualmente contemplativo e ativo, circunscrito à esfera dos deveres mais cotidianos e ao mesmo tempo capaz das mais vastas perspectivas, direcionado aos nexos espirituais mais gerais e, todavia, consciente a todo o tempo dos limi-

---

86. Johann Gottfried Herder, *Briefe zur Beförderung der Humanität* (Carta 79), p. 402-408: p. 404.
87. Herder, Journal meiner Reise, p. 384.
88. Cf. Immanuel Kant, Fragmente aus seinem Nachlasse, *BGSE*, 20: 45-47.
89. A poesia aparece, por ex., na coleção *Stürmer und Dranger* editada por August Sauer, Bd. II: Lenz e Wagner (Deutsche National-Literatur. Historischkritische Ausgabe, edição de Joseph Kürschner, Bd. 80), p. 215s.

tes do discernimento humano. É ele próprio quem esboça a imagem de uma vida semelhante a essa numa carta dirigida a Herder em Riga no ano de 1768.

// "É com grande contentamento que vejo no desenvolvimento inicial do seu talento aquele período em que a fertilidade do espírito não é mais tão mobilizada pelos movimentos ardorosos do sentimento juvenil, adquirindo aquela tranquilidade suave não menos sensível que equivale à vida contemplativa do filósofo, certamente oposta à que sonham os místicos. Tenho confiança em esperar por esta época do seu gênio segundo o que conheço de você: um estado de ânimo que é o mais útil para quem o possui e também para o mundo, cujo lugar mais baixo *Montaigne* ocupa e o mais alto, tanto quanto sei, é ocupado por *Hume*"[90].

Em todas as influências espirituais que Kant recebe nessa época se destaca decisivamente a colaboração deste "estado de ânimo" – ou, em termos mais corretos, é esta disposição de alma que ele passa a considerar na literatura filosófica e que toma como fundamento em relação a sua posição. Entre Kant e Montaigne, entre o "crítico" e o "cético", entre o mais rigorosamente sistemático dos pensadores e o mais assistemático deles que já tenha existido salta à primeira vista uma oposição aparentemente intransponível. E, no entanto, nesta fase espiritual em que nos encontramos havia um traço vinculante que se enraíza na posição comum diante da erudição. Assim como Montaigne não se cansava de advertir sobre o enfraquecimento de nossa capacidade de apreensão quando exigimos que ela apreenda em excesso – que certamente nos tornamos cultos com o saber de outros, mas sábios apenas com o nosso –, assim também atravessa completamente os *Sonhos de um visionário* de Kant o discernimento de que a verdadeira sabedoria é a acompanhante da simplicidade e de que os grandes aparatos da erudição e todas as ruidosas constituições doutrinais comumente caem em desuso nela na medida em que o coração dá ali a prescrição ao entendimento[91]. Assim como Montaigne elevou o "*Que sais je?*" à posição de lema de sua filosofia de vida, Kant vê no "palavrório metódico das universidades [...] muitas vezes tão só um acordo em desviar de uma questão de difícil solução através de palavras ambíguas, porque dificilmente se ouve nas academias o cômodo e o mais das vezes razoável *eu não sei*"[92]. Assim como Montaigne, um dos primeiros pensadores modernos a exigir a dissociação da moral de todos os vínculos religiosos, reivindicava uma moral que não // obrigasse mediante pres-

---

90. Carta a Johann Gottfried Herder de 9 de maio de 1768, *Br*, 10: 73.
91. *TG*, 2: 372.19 [p. 216].
92. *TG* 2: 319 [p. 145].

crições legais ou religiosas, mas que tivesse crescido, "a partir de suas próprias raízes, da semente da razão universal", Kant também questiona com indignação se o coração do ser humano não contém as prescrições morais imediatas e se para mobilizar o ser humano conforme a sua destinação é necessário convocar o maquinário de um outro mundo[93]. Mas, ao acrescentar que os verdadeiros e essenciais fins do ser humano não devem ser pensados como dependentes de tais meios que nunca estão ao alcance de todos os seres humanos, uma outra esfera de pensamento e de vida nos é mencionada. Somos, assim, imediatamente transportados para o estado de ânimo fundamental da profissão de fé do Vigário de Saboia. Não é necessária a anedota que nos é contada sobre como em 1762 Kant, para espanto dos seus concidadãos, deixou de honrar pela primeira vez sua rotina diária ao abandonar sua caminhada vespertina em resultado da leitura do recém-publicado *Emilio* para que nos seja dito o que lhe significou desde o início a obra de Rousseau. O que talvez destaque com maior distinção histórica a novidade do fenômeno Rousseau é o fato de que todos os critérios estabelecidos de julgamento à disposição da época se mostraram inteiramente insuficientes diante dele. Devido à constituição peculiar dos espíritos ele exerce sobre cada um deles um efeito completamente oposto. No que concerne propriamente à filosofia do Iluminismo, Rousseau permanece fundamentalmente de uma grandeza incomensurável, a despeito da trama que o liga a ela. Embora o Iluminismo alemão concordasse, não sem reservas, com o tom de Voltaire – embora o sensato e contido Mendelssohn aspirasse por um juízo tranquilo e corretamente ponderado, seu olhar sobre a verdadeira originalidade histórica de Rousseau falhou por completo. É significativa do gosto literário mediano de então a recensão de Mendelssohn sobre a *Nova Heloísa* nas *Literaturbriefen*, em que Rousseau é posicionado bem abaixo de Richardson no que se refere ao "conhecimento do coração humano"[94]. Hamann foi o único naquele momento a se opor a ela com todo o seu temperamento e a força do seu humor negro, satirizando-a ferozmente nas suas *Chimärischen Einfälle* [*Incursões quiméricas*].

// Apenas a geração seguinte, dos jovens "gênios", entendeu o artista em Rousseau. Ela se deixou levar docilmente pela força da sensibilidade e da linguagem rousseauísta e acreditava escutar em cada palavra a própria voz da vida e da "natureza". Mas neste culto do sentimento inflamado por Rousseau desapareceram todas as distinções nítidas, todos os problemas dialéticos con-

---

93. Cf. Michel de Montaigne, *Essais* (Livro 3, cap. XII). *TG*, 2 : 372.
94. Moses Mendelssohn, Ueber Rousseau's Neue Héloïse, em: Schriften zur Philosophie, Aesthetik und Apologetik, Ed. Moritz Brasch, Bd. II, Leipzig 1880, p. 302-318: p. 303.

ceituais que não são menos essenciais do que a sua personalidade como um todo e a sua missão histórica. Em seu próprio juízo Kant adota uma perspectiva inteiramente singular e contrária a essas concepções e apreciações típicas sobre Rousseau. Enquanto que o Iluminismo, defendendo contra Rousseau o direito a uma cultura do entendimento envelhecida e enrijecida, via-o de certa maneira com os olhos de um ancião e seus "gênios" com os olhos de um jovem, Kant o enfrenta desde o início com a mente aberta e o juízo amadurecido de um homem adulto, atitude comparável somente à de Lessing[95]. Encontrando-se no apogeu de sua própria capacidade literária quando conhece Rousseau – as *Observações sobre o sentimento do belo e do sublime*[96] que aparecem em 1764 são com os *Sonhos de um visionário* a indicação mais distinta do que era capaz enquanto *estilista* –, Kant também possuía o mais vivo dos sentimentos e interesse no novo estilo pessoal que Rousseau instituiu na literatura filosófica. Mas ele não se entrega a esse encanto. "Devo", assim ordena a si mesmo, "seguir com a leitura de Rousseau até que a beleza da expressão não me perturbe mais, só então posso inspecioná-lo com a razão"[97]. É certo, porém, que o encanto estético dos escritos de Rousseau não é o único elemento a dificultar a inspeção calma e sóbria. "A primeira impressão que um leitor recebe quando não lê os escritos de J.-J. Rousseau meramente por vaidade e para distração é a de que se encontra diante de uma incomum perspicácia de espírito, de um nobre arrojo de gênio e de uma // alma sensível em um grau tão elevado que talvez nenhum escritor, em qualquer época ou povo, tenha podido os reunir como ele. A impressão que se segue é de perplexidade quanto às opiniões estranhas e absurdas, tão opostas ao que é aceito em geral que facilmente ocorre a suspeita de que o escritor recorreu aos seus talentos extraordinários e à magia de sua eloquência como prova voluntária de sua excentricidade, cuja novidade cativante e inesperada não encontra páreo em engenho"[98]. Mas Kant não se detém nessas impressões, buscando detrás do Rousseau "mágico" o filósofo Rousseau. O paradoxo no modo de exprimir e de ser deste homem não o cega e confunde, convencido que está de que esse estranho fenômeno, incompatível com todas as convenções e padrões, deve possuir, não obstante, uma lei interna

---

95. Cf. Notícia de Lessing sobre o escrito premiado de Rousseau em Dijon (*Das Neueste aus dem Reiche des Witzes, als eine Beylage zu den Berlinischen Staats- und Gelehrten Zeitungen*), em: *Sämtliche* Schriften, p. 388.
96. *Observações sobre o sentimento do belo e do sublime, GSM*, 2: 205-256.
97. *BGSE*, 20: 30.
98. *BGSE*, 20: 43. [O texto da AA é ligeiramente diferente da edição de Schubert. A presente tradução em português seguiu a fonte usada por Cassirer. N.T.].

própria que ele aspira a descobrir. Ele obtém assim uma concepção inteiramente nova e própria de Rousseau. Se nada havia que pudesse fazer os contemporâneos concordarem acerca do seu julgamento sobre Rousseau, é porque divisavam nele o adversário contra a tirania da "regra". Nestes termos, ele era atacado por alguns com fundamentos extraídos da "razão" popular e da moral burguesa, já por outros era saudado com entusiasmo como um libertador. O retorno à "natureza" aparecia como o retorno à liberdade da vida pessoal e interior, à libertação do sentimento pessoal e do afeto. Já para Kant, que segue Newton desde o início, o conceito de natureza ressoa diferentemente. Ele vê nisso a expressão da mais alta objetividade – a própria expressão da ordem e da legalidade. É nesse sentido que ele também interpreta agora a tendência intelectual fundamental de Rousseau. Assim como Newton procedeu com as regras objetivas das trajetórias dos corpos celestes, Rousseau buscou e estabeleceu a norma moral objetiva das inclinações e ações humanas. "Onde antes se encontravam apenas desordem e multiplicidade mal arranjada, Newton foi o primeiro a ver ordem e regularidade ligadas com grande simplicidade e, desde então, os cometas seguem sua trajetória geométrica. Rousseau foi o primeiro a descobrir sob a multiplicidade das formas humanas adquiridas a natureza profundamente oculta do ser humano e a lei secreta segundo a qual a Providência é justificada a partir das suas observações"[99]. Esta natureza sólida e em si mesma invariável e constante // é independente da alterabilidade da inclinação subjetiva tanto quanto da mudança das "opiniões" teóricas: ela é a lei moral autossubsistente em sua pura e inalterável validez e obrigatoriedade. Devem desaparecer diante da unidade e da sublime simplicidade e uniformidade dessa lei todas as diferenças pelas quais o indivíduo acredita se distinguir dentre todos os outros por privilégio de nascimento e posição social ou por dons do espírito e erudição. É o próprio Kant quem confessa ser "um pesquisador por inclinação", sentindo dentro de si toda essa sede de conhecimento e o inquieto desejo de nele avançar. Mas o valor propriamente moral e a "honra da humanidade" não serão mais buscados por ele no que há de puramente intelectual nas faculdades e no progresso: Rousseau o "endireitou". "Esta primazia ofuscante desaparece; eu aprendo a honrar os seres humanos e me julgaria mais inútil que o trabalhador comum se eu não acreditasse que essa consideração pudesse conferir um valor a todas as restantes, estabelecer os direitos da humanida-

---

99. *BGSM*, 20: 58.

de"[100]. Compreende-se agora por que Kant esclarece, na mesma carta a Mendelssohn em que confessa o desgosto e mesmo certo ódio pela arrogância presunçosa de tomos inteiros de ideias metafísicas até então aceitáveis, estar longe de admitir objetivamente a própria metafísica como supérflua ou dispensável, convencido que se encontra de que o verdadeiro e duradouro bem-estar do gênero humano depende dela[101]. É que agora o objetivo e a orientação da própria metafísica mudaram completamente. No lugar dos problemas variados que são tratados nas escolas sob o título de Ontologia, Psicologia racional e Teologia, emergiu uma exigência categórica para uma nova fundamentação da Ética. É aqui e não nos conceitos lógicos da escolástica que a verdadeira chave para a interpretação do mundo espiritual será buscada. Teria Kant extraído esse discernimento fundamental da obra de Rousseau – ou, antes, ele o inseriu nela? Esta é uma pergunta ociosa, pois nestas relações sutilíssimas de ordem // espiritual e ideal vale o princípio que Kant manifestou a respeito do caráter a priori do conhecimento teórico: que nós só conhecemos verdadeiramente das coisas aquilo que "nós mesmos nelas colocamos"[102]. Assim como Schiller, após um primeiro e breve contato, penetrou imediatamente na trama intrincada da filosofia kantiana, concebendo-a a partir do seu centro peculiar, a ideia de liberdade, ela própria a ideia fundamental de sua vida, Kant também leu e entendeu os pensamentos de Rousseau sob a direção desta sua ideia essencial. Assim como Newton o havia auxiliado a interpretar os fenômenos do universo, assim também Rousseau o prepara para a interpretação profunda do "númeno" da liberdade. Mas é certo que nesta contraposição já reside distintamente o germe de um novo problema fundamental. O que importa agora é mostrar como se pode manter a perspectiva da pura "imanência" e, ainda assim, preservar a incondicionalidade das normas morais – como podemos conservar em sua pureza o "inteligível" da ética e, contudo, ou, talvez por isso, abdicar do suprassensível da exaltação mística e da metafísica especulativa.

Partindo dessa questão básica, que se torna cada vez mais central e que determina a progressão intelectual como um todo desde os *Sonhos de um visionário* até o escrito *Forma e princípios do mundo sensível e do mundo inteligível*, também se esclarece a posição assumida por Kant nessa época sobre a *doutrina*

---

100. *BGSE*, 20: 43-44. Os comentários de Kant sobre Rousseau se encontram nas notas que tomou no seu exemplar de trabalho das *Observações sobre o sentimento do belo e do sublime* (1764) (publicadas pela primeira vez por Schubert). Na maior parte das edições das obras de Kant estas notas são registradas com o título *Fragmente aus Kants Nachlaß*.
101. Carta a Mendelssohn de 8 de abril de 1766, *Br*, 10: 70.23.
102. *Crítica da razão pura*, B XVIII [p. 30].

humeana, segundo um ponto de vista negativo e positivo[103]. Que Kant sinta seu estado de ânimo intelectual como um todo em proximidade com o de Hume, é o que se manifesta na carta a Herder de 1768: Hume assume aqui o lugar mais elevado entre os professores e os mestres da verdadeira "disposição de ânimo" filosófica[104]. Mesmo numa relação puramente teórica, Kant admite sem rodeios e limitações ao menos um resultado decisivamente fundamental da doutrina humeana. Que o mais simples dos discernimentos referentes ao "*fundamento real*" não pode ser obtido a partir de uma análise meramente conceitual baseada nos princípios de identidade e de contradição. Este conhecimento acerca do qual já se pronunciara o escrito sobre as *Grandezas negativas* se fixou e aprofundou ainda mais em Kant. Ele está agora convencido da impossibilidade de que pela razão, // isto é, pela comparação dos conceitos segundo a nota característica da identidade e da contradição, seja possível conhecer "[...] como algo pode ser uma causa ou ter uma força", já que o conhecimento destas relações fundamentais só pode ser "simplesmente tomado da experiência[105]. Esta concordância com a doutrina humeana, porém, é limitada em dois aspectos. São inteiramente distintos os interesses teóricos e éticos em Kant e em Hume. O ceticismo de Hume é, na realidade, a expressão integral e adequada da sua mentalidade. É o prazer da dúvida pela dúvida, o prazer da atividade ilimitada do seu entendimento analítico superior o que o domina e satisfaz plenamente. De fato, também agem sobre ele – particularmente nos *Diálogos sobre a religião natural* – tendências morais populares da filosofia iluminista, mas no geral ele enfrenta as questões éticas fundamentais com uma superioridade fria e semi-irônica. Kant, por sua vez, tornou-se ainda mais cético diante de toda dogmática religiosa e teológica que se apresentava como *justificação* da moralidade, muito embora mantendo inalterável durante toda a vida sua posição e seu reconhecimento no que tange respectivamente ao conteúdo e à validade incondicional de pretensão da própria ética. Sob este ponto de vista, os *Sonhos de um visionário* admitem que a "balança do entendimento" de que Kant se serve nunca é completamente imparcial, pois ela não pode prescindir de todo "interesse" moral. A luta contra a metafísica e contra sua versão do conceito de Deus e do conceito de um mundo suprassensível significa simultaneamente para ele a luta por uma nova fundamentação

---

103. Não entrarei aqui nos detalhes da questão batida sobre a direção, extensão e o período da influência de Hume em Kant. Para evitar repetição, cf. o arrazoado anterior em *Erkenntnisproblem*, Bd. II [ECW 3], p. 507ss.

104. Cf. supra, p. 81.

105. *Sonhos de um visionário*, TG, 2: 370.11 [p. 213, modificada].

positiva da moralidade autônoma. Também é indicada no domínio puramente lógico uma relação análoga a essa. O conceito kantiano de experiência também abrange um conteúdo positivo que nenhum ceticismo alcança, pois todo saber genuinamente empírico inclui a aplicação da matemática. A experiência a que Hume se refere resume-se ao mero jogo de representações mantidas em coesão por regras "subjetivas" da imaginação e pelo mecanismo psicológico da associação. Para Kant, pelo contrário, a experiência em que deve se enraizar todo saber referente aos "fundamentos reais" é o método da indução física, nos termos em que foi construído por Newton com a ajuda de uma metodologia experimental, precisa e específica, e sob a aplicação contínua da análise e do cálculo matemáticos. Assim, ali onde Kant se sente estimulado por Hume a lutar contra // a metafísica e a contestar toda "transcendência", seu pensamento logo toma um rumo novo e independente em relação ao de Hume, pois quanto mais puro ele se esforça para manter-se exclusivamente dentro do "fértil *Bathos* da experiência", simultaneamente se lhe torna mais distinto que esta profundidade da experiência se baseia ela própria num fator que se enraíza não no que há de propriamente sensível na sensação, mas no conceito matemático[106]. Assim, a própria captação nítida do conceito de experiência leva à distinção precisa entre as diferentes condições às quais o conceito se refere e à delimitação da validade específica de cada uma das condições.

4. A separação do mundo sensível e inteligível

Um intérprete da história sobre a juventude de Kant notou certa vez que a visão habitual de que o desenrolar da vida de Kant poderia ser expresso em termos de simplicidade e regularidade é tanto menos confirmada quanto mais profundamente nos familiarizamos com os seus pormenores. De fato, é surpreendente que nem mesmo o decurso exterior da vida de Kant possa ser medido com os critérios e as regras do cotidiano. "Kant não trilhou nenhum caminho ordinário. [...] Desde o início do desenvolvimento de sua independência até a sua velhice, ele nunca agiu como pessoas comuns teriam agido em seu lugar. É por isto que vista mais de perto sua vida não seguiu adiante com perfeita regularidade, seu movimento se mostrando no todo bastante irregular na direção do seu objetivo. Ela sempre seguiu na contracorrente da visão habitual do ser humano, iludindo as expectativas daqueles que o cercavam e observavam. Pois

---

106. *Prolegômenos a toda a metafísica futura que queira apresenta-se como ciência*, Prol, 4: 373n [Artur Morão, Lisboa: Ed. 70, 1987, p. 175].

o que poderia ser esperado dos seus empreendimentos ou não realizou ou o fez após findarem todas as expectativas, conduzindo-os com tamanha grandeza e completude que seu desempenho provocava espanto e, assim, contradizia novamente toda expectativa"[107].

// Se esta visão pode precipitar um aparente paradoxo ao referir-se ao progresso no curso exterior da vida de Kant é porque ela corresponde ao trabalho intelectual na formação de todos os pontos do sistema de Kant. Por mais metódico que seja este trabalho em seus temas mais profundos, pouco se vê de simples, regular e "linear" em seus resultados. Por toda a parte encontramos pontos em que seu pensamento, estando prestes a chegar a uma determinada conclusão, toma repentinamente um movimento de recuo. Um problema é admitido, esquadrinhado e sua solução encaminhada – mas, de repente, mostra-se que as condições sob as quais se trabalhava de início não se provaram apropriadas e suficientemente completas e que, por isso, não se trata de corrigir um passo específico da solução, mas de reformular completamente o modo de questionamento. A despeito das reticências habituais quanto a questões referentes ao seu desenvolvimento interior, as cartas de Kant sempre relatam semelhantes "reviravoltas". Aqui não se constrói um conjunto completo de conceitos gradualmente segundo um progresso contínuo e ininterrupto, mas, sim, novos fios parecem sempre se ajuntar para logo em seguida serem cortados. Se, como resultado da conclusão dos traços fundamentais da doutrina crítica, Kant sustenta e defende com inquestionável convicção cada um dos seus princípios essenciais, a época da sua preparação é, antes, marcada por uma certa indiferença quanto a tudo que fosse mero "resultado": longe de buscar a conclusão prematura de um processo intelectual, ela a temia. "Como para mim", assim escreve em 1768 a Herder, "visto que não dependendo de nada, inverto com frequência todo o edifício e o inspeciono sob todos os ângulos com total indiferença quanto às minhas opiniões e às dos outros com o objetivo de talvez encontrar aquele ângulo que, assim espero, possa me indicar a verdade, desde que nos separamos eu dei lugar a diferentes ideias em várias partes"[108]. Uma nota tardia confirma ainda mais claramente essa "máxima" do pensamento kantiano. "Eu não sou da opinião como a de um homem excelente que, uma vez convencido, recomenda em seguida nunca se demover dela. *Isso não procede na filosofia pura.* O próprio entendimento possui uma aversão natural a isso. É preciso considerar as proposições segundo a variedade

---

107. Arnoldt, *Kants Jugend und die fünf ersten Jahre seiner Privatdozentur*, p. 204s.
108. Carta a Herder de 9 de maio de 1768, *Br*, 10: 74.

de suas aplicações, e mesmo testar a admissão do contrário // quando uma prova específica inexiste, postergando, assim, tanto quanto possível até que a verdade se ilumine de todos os lados"[109]. Só quando nos damos conta deste procedimento geral de Kant é que compreendemos a razão primordial, em alguma medida subjetiva, para a surpreendente virada completa que sua doutrina novamente realiza nos anos de 1766-1770, entre os *Sonhos de um visionário* e a *Forma e princípios do mundo sensível e do mundo inteligível*. Novamente a expectativa que o mundo ligava ao desenvolvimento contínuo de Kant se viu frustrada do modo mais surpreendente. Lembremos que após a composição do *Único argumento possível* e do escrito premiado em 1763, os conhecedores de filosofia viram em Kant o futuro criador de uma metafísica nova e ainda mais radical – uma metafísica testada e examinada criticamente em sua base, mas que haveria de ser no geral construída segundo o velho modelo "racional". Quem dentre esses contasse agora com Kant como a um dos seus experimentaria, porém, o estranhamento em vê-lo escolher um caminho que parecia afastá-lo para sempre da metafísica. De fato, ele ainda confessava uma antiga afeição e uma queda por ela, mas o fazia com um ar de superioridade tão irônico que nisso consistia o forte sentimento de libertação subjetiva que ele acreditava ter finalmente conquistado. "A metafísica, pela qual é meu destino estar apaixonado, apesar de raramente poder me vangloriar de alguma demonstração // de favor, oferece duas vantagens. A primeira é cumprir as tarefas que o ânimo inquiridor propõe quando espia com a razão propriedades ocultas das coisas. Mas aqui o resultado frustra demasiadas vezes a expectativa e escapou também desta vez de nossas mãos ávidas. [...] A outra vantagem é mais adequada à natureza do entendimento humano e consiste em ver se a tarefa oriunda daquilo que se quer saber é de fato determinada e que relação a questão tem com os conceitos de experiência, nos quais sempre têm de se basear todos os nossos juízos. Nesta medida, a metafísica é uma ciência dos

---

109. Reflexionen Kants zur kritischen Philosophie. Aus Kants handschriftlichen Aufzeichnungen, ed. Benno Erdmann, Tomo II: Reflexionen zur Kritik der reinen Vernunft , p. 4s. (n. 5). [*Refl*. 5036, AA 18: 69.1] – Eu examinei detalhadamente estas *Reflexões* (as quais dizem respeito a anotações manuscritas que Kant adicionava no texto dos manuais que lia, em especial no texto da *Metafísica de Baumgarten*) e as usei numa apresentação anterior sobre o desenvolvimento da filosofia crítica, aqui sendo invocadas intencionalmente quando o período de sua composição pode ser constatado com segurança, seja porque contém uma evidência temporal determinada, seja porque resultam direta e inequivocamente do seu conteúdo. Onde esta datação é questionável ou apenas obtida por meio de complexas ilações factuais, preferi pôr de lado esses documentos a sobrecarregar a apresentação biográfica, que depende sobretudo de evidência temporal exata e unívoca, com um material até certo ponto dispensável e sob muitos pontos de vista problemático. Presume-se que a edição completa dos *Handschriftlichen Nachlasses* de Kant fornecerá instrumentos exatos para a datação das *Reflexões*, já iniciada por Erich Adickes na edição da Academia dos escritos de Kant.

limites da razão humana [...]. Embora não tenha determinado aqui precisamente este limite, ainda assim o anunciei o suficiente para que o leitor constate, com mais alguma reflexão, que ele pode se dispensar de toda investigação inútil em vista de uma questão para a qual se encontram dados em um mundo diferente daquele em que ele tem sensações. Perdi, pois, meu tempo, a fim de ganhá-lo. Enganei meu leitor, a fim de lhe ser útil, e, mesmo que não lhe tenha oferecido uma nova compreensão, acabei com a ilusão e com o saber presunçoso que infla o entendimento e ocupa em seu espaço exíguo o lugar que poderia ser tomado pelas doutrinas da sabedoria e da instrução útil". A metafísica, entendida como questão e tarefa teoréticas, parece assim liquidada. Kant deixa manifestamente claro que toda a matéria sobre espíritos será daqui por diante posta de lado como questão decidida e resolvida. Como mostram as considerações prévias, devido à interrupção de semelhante modo filosófico de discernimento esta metafísica não mais o concernirá no futuro, sobre cujas matérias é certo que se poderá ter opiniões, mas jamais qualquer conhecimento. Esta assertiva – assim ele acrescenta – parece certamente arrogante, embora não seja esse o caso, pois o acabamento que está em questão aqui é meramente *entendido de modo negativo*, pelo qual não é dada a determinação do objeto, mas apenas constatados com segurança os limites do nosso discernimento. Pautada nesses termos, toda a pneumatologia do ser humano pode ser tida por uma doutrina acerca de sua necessária ignorância referente a um suposto tipo de ser e, como tal, facilmente adequada à tarefa[110].

A partir dessa confissão, deve ter sido inteiramente inesperado que Kant, assumindo seu novo cargo como professor titular de lógica e metafísica em vinte de agosto de 1770, tenha defendido um estudo em que prometia, já em seu título, determinar a forma do // mundo inteligível e distingui-la do mundo sensível em seus traços essenciais. Pois o que é aqui sumarizado sob o conceito integral de mundo inteligível não é, na verdade, nada além daquele reino das substâncias imateriais, cujo acesso ainda a pouco parecia nos ser negado. E, neste caso, não se tratava mais de um escrito literário de ocasião, nascido de um humor de momento, mas, ao contrário, de um pensador sistemático rigoroso que desenvolve passo a passo e de modo responsável o programa completo da sua atividade futura de ensino e pesquisa. Somos agora apresentados a uma *teoria* detalhada do inteligível, fundada numa investigação dos seus princípios e pressupostos e executada em todas as partes principais da metafísica conhecida. Kant nem por um

---

110. *Sonhos de um visionário*, TG, 2: 367.21-27, 367.31-368.2, 368.7-17 [cf. p. 209-211].

instante duvidou de que toda essa investigação conduz a questões cujos dados se situam num mundo distinto daquele em que nós *sentimos*. Mas ele está agora longe de renunciar a esta investigação como uma "pesquisa vã". Ele segue adiante segura e resolutamente, e se não oferece em seus detalhes nenhuma imagem de conjunto do mundo inteligível, algo natural num trabalho preparatório, não está menos convencido de ter determinado e distintamente traçado seus elementos gerais. Não há nada mais neste esboço que recorra aos primeiros projetos e ensaios: é como se a nova imagem do mundo sensível e inteligível tivesse surgido do nada diante de nós.

No entanto, também precisamos procurar uma ligação intelectual para este escrito que nos permita vinculá-lo se não às primeiras soluções, ao menos aos primeiros *problemas* do pensamento kantiano. Qual é a relação entre a negação dos *Sonhos de um visionário* e as posições de *Forma e princípios do mundo sensível e do mundo inteligível*? Ambos dizem respeito ao mesmo objeto ou, talvez, o tema da metafísica tenha se tornado outro? E se assim for, quais são as novas tarefas que se avivaram em Kant neste ínterim e que se posicionam agora no centro de seu interesse teórico? Dos testemunhos que possuímos do desenvolvimento de Kant entre os anos de 1766 até 1770, nenhuma dessas questões nos confere qualquer resposta direta ou minimamente completa. Mas o conteúdo da Dissertação inaugural completa essa lacuna: pois ela indica distinta e inequivocamente o novo âmbito intelectual em que Kant agora ingressou. Pela primeira vez a *filosofia leibniziana* se lhe revela como uma // força interna determinada. Essa assertiva parece certamente paradoxal. O primeiro escrito de Kant sobre a estimação das forças vivas já não tratara de um tema da filosofia natural leibniziana, inclusive acompanhando em cada um dos seus escritos o conjunto da doutrina de Leibniz – ao menos segundo a sua configuração conservada por Wolff e pela filosofia escolástica? Mas, na verdade, a menção frequente de Kant a essas doutrinas mostra justamente que o peculiar espírito filosófico delas se lhe manteve oculto de início. Mesmo a *Monadologia física*, que parece aludir inicialmente a Leibniz, não constitui nenhuma exceção a esse respeito, pois, enquanto *física*, a monadologia procura obter os últimos elementos no domínio do que é *corporal*. As mônadas são aqui tomadas como centros de força, a partir de cuja interação mútua, atração e repulsão a matéria é construída como massa extensa. Assim, esta construção dinâmica emprega de modo contínuo conceitos (como o de elementos corporais, o de ação a distância e de influência física) que seriam completamente assinalados como ficções em sentido leibniziano. Mas em seu conteúdo propriamente filosófico o conceito de mônada – na *Investigação sobre a evidência dos princípios da teologia natural e da moral* – funciona como um exemplo modelar do procedimento "sintético" da Metafísica, tão combatido por Kant, em que os conceitos fundamentais são antes deliberadamente "inventados" do que derivados mediante decomposição dos elementos dos fenômenos[111]. Esse juízo também indica que Kant não se encontrava então de modo algum em condições de apreender e avaliar o gigantesco trabalho intelectual de análise pelo qual Leibniz obteve, a partir do exame dos *fenômenos*, seu conceito de substância como "princípio" e "fundamento" deles[112]. É preciso ter em mente a posição prévia de Kant sobre a doutrina leibniziana para medir qual mudança decisiva os *Nouveaux Essais sur l'entendement humain* de Leibniz devem ter produzido na visão de conjunto do seu sistema quando Kant toma conhecimento dessa obra. Por sessenta anos essa obra permaneceu escondida nos manuscritos da biblioteca de Hannover, até que Raspe promoveu em 1765 a impressão em sua edição das *Obras filosóficas*. Era forçoso, porém, que isso impactasse a época com a grande energia de uma impressão inteiramente nova.

// Como que despertado dos mortos, Leibniz assume novamente uma posição entre os contemporâneos. Só que agora toda a amplitude e originalidade do seu pensamento, até então obscurecida pela tradição escolástica, sobressaía de modo claro e determinado. Era uma impressão geral de que esta obra não dizia respeito a um singular produto de erudição, mas a um acontecimento que interviria decisivamente na história universal do espírito com todos os seus problemas e interesses. Foi esse o modo com que Herder e Lessing entenderam e receberam a obra que, em suas mãos, teve a tradução dos *Novos ensaios* planejada e iniciada[113]. Ademais, estes anos de 1765 a 1770 foram os que também mais fizeram pelo conhecimento geral e entendimento aprofundado da doutrina leibniziana na Alemanha: apenas com a publicação da grande edição de Dutens de 1768 foi possível inspecionar com alguma exatidão e completude o conjunto dos trabalhos filosóficos e científicos de Leibniz. É essa a edição que permitiu o acesso de Kant a uma fonte inteiramente nova. Que ele tenha especificamente se ocupado dos pormenores dos *Novos ensaios* é o que apresentam os registros des-

94

---

111. *Investigação sobre a evidência dos princípios*, UD 2: 277.15-19.
112. Para mais informações a este respeito, cf. meu escrito *Leibniz' System in seinen wissenschaftlichen Grundlagen*, especificamente cap. 6, p. 254ss.
113. Cf. Gotthold Ephraim Lessing, Neue Versuche vom menschlichen Verstande, em: *Sämtliche Werke*. Ed. Lachmann and Muncker, tomo XV, Leipzig 1900, p. 521s.

ta época a partir de vários documentos inquestionáveis[114]. É a primeira vez que Leibniz é aqui enfrentado não apenas como filósofo natural ou metafísico especulativo, mas como crítico do conhecimento. Kant agora compreende em que sentido a doutrina das ideias e das verdades inatas se conectava com o sistema da monadologia; como esta doutrina, por um lado, fundava esse sistema e, por outro, apenas nela encontrava sua confirmação inteira e concreta. Com isso, Kant se viu novamente diante da grande questão sobre a relação entre a metodologia do conhecimento científico e a da metafísica. Leibniz o reconduz ao seu próprio problema fundamental, só que agora perdendo sua vinculação com questões especificamente concretas para receber sua formulação inteiramente universal.

Se quisermos formar uma imagem desse processo, certamente não devemos começar pelo significado da existência factual histórica do sistema de Leibniz, mas pelo modo como se apresentou ao espírito de Kant. A interpretação de Kant dos conceitos e das proposições singulares de Leibniz não está livre de incompreensões, e // dificilmente o poderia, visto que, a despeito da edição de Dutens das obras completas, as fontes mais importantes da filosofia leibniziana de que dispomos hoje – notadamente a grande parte referente à *correspondência* filosófica e matemática – ainda não se encontrava acessível no século XVIII. Mas isso é de pouca importância para a história do desenvolvimento espiritual de Kant, pois ela não depende do que Leibniz foi, mas de como Kant o interpretou e viu. Quando mais tarde tiver retomado a inspeção geral do sistema de Leibniz nos *Princípios metafísicos da ciência da natureza*, Kant enfatizará que a monadologia não deve ser avaliada como um ensaio para explicação da natureza, mas como "um conceito platônico de mundo correto em si na medida em que não o considera de modo algum como um objeto dos sentidos, mas como uma coisa em si, consistindo meramente num objeto do entendimento, ainda que subjazendo como fundamento dos fenômenos dos sentidos"[115]. É de fato esse o ponto de vista sob o qual a doutrina de Leibniz foi avaliada inicialmente por Kant. As mônadas são o "simples" das coisas, mas esta sua simplicidade de modo algum designa aquela de uma parte física introduzida como elemento na composição do corpo, mas sim aquela unidade última não mais decomponível, de que somos conscientes enquanto sujeito espiritual no pensamento do *eu*[116]. Nos atos da *autoconsciência* nos é dada uma unidade que não é mais derivável, mas que é ela própria o princípio de toda derivação – não mais resultante de uma pluralidade

---

114. Comparar com as *Reflexionen* (respectivamente n. 3930 *Refl* 17: 352, n. 3965 *Refl* 17: 368, e n. 3957 *Refl* 17: 364); para a datação destas Reflexionen, cf. Erich Adickes, Kant-Studien, Kiel/Leipzig 1895, p. 165ss. e *Erkenntnisproblem*, tomo II [ECW 3], p. 521n.
115. *Princípios metafísicos da ciência da natureza, MAN* 4: 507.34-37.
116. Cf. *Crítica da razão pura, KrV* A 442/B 470 [p. 375].

originária inicial, mas sim constituindo a pressuposição necessária para a representação de toda pluralidade. Pois para pensar ou representar algo em si plural, seus diferentes momentos precisam ser relacionados entre si e pensados como um todo concatenado – esta própria síntese, porém, é apenas exequível quando já a baseamos naquela possibilidade universal em que se vê o "um em muitos" e que usualmente damos o nome de "percepção" ou "consciência". Duas visões de mundo se encontram, portanto, em oposição em seus princípio e origem, ainda que ligadas entre si no todo concreto de nossa experiência. De acordo com uma, nós nos concebemos como entes espirituais: como uma suma dos fenômenos anímicos que em toda sua multiplicidade são referidos ao mesmo e idêntico eu, produzindo, portanto, uma série única de vivências, uma "substância" uniforme.

// De acordo com a outra, nós nos consideramos, assim como o mundo a nossa volta, como um todo corporal concatenado, regido por leis mecânicas, pela lei de pressão e de colisão. Na primeira forma de conceber, chamamos de "mundo" um conjunto dos estados puramente internos, uma suma de representações e aspirações – na segunda, consideramos esses mesmos estados, só que nos termos em que podem se apresentar a um observador externo. Para esse, o múltiplo intensivo deve se converter num extensivo, a interdependência dos fenômenos internos e seu parentesco ou semelhança qualitativa deve aparecer como uma ordenação externa de lugar na medida em que os pensamos nos conceitos de espaço e tempo. Mas se perguntarmos a qual destas duas visões de realidade corresponde a "verdade" mais elevada, a resposta não pode deixar qualquer dúvida, pois naquela compreendemos o que somos puramente para nós mesmos e nessa se apresenta apenas o ponto de vista sob o qual nosso ser é posto quando visto como que a partir de fora. Num caso, um ser puramente espiritual também é expresso e apresentado mediante conceitos puramente espirituais – como o conceito de condicionalidade dinâmica de um estado por um outro –; no outro caso, devemos traduzir na verdade o que é uma relação interna na exterioridade das formas espacial e temporal para torná-lo cognoscível em geral. Assim, de um lado, obtemos a imagem de um mundo puramente intelectivo: uma comunidade entre diferentes *substâncias* espirituais; de outro, a imagem de um mundo sensível, isto é, uma conexão de *fenômenos* cuja coexistência e sucessão são observadas e descritas empiricamente. Kant encontrou assinalada e interpretada nesta concepção fundamental a antiga oposição entre "fenômeno" e "númeno" a partir de um novo aspecto – como mostra a sua comparação entre Leibniz e Platão. Ele agora divisa o sistema da monadologia em conexão com a história universal das ideias – sobre o que, aliás, o próprio Leibniz havia insistido[117]. A diferença "clássica" entre o mundo do inteligível e do sensível[118] parecia aqui derivada das próprias leis fundamentais do conhecimento e, assim, apenas compreendida em sua necessidade. A própria perspectiva de Kant // referente à questão também se deslocou com isso. Em sua crítica da metafísica, do escrito premiado até os *Sonhos de um visionário*, ele requeria continuamente os "dados" sobre os quais o conhecimento do mundo suprassensível pode se apoiar, os quais Kant não foi capaz de descobrir nas definições convencionais da metafísica escolástica, muito menos nas teorias e relatos de um Swedenborg. Mas agora ele encontrou um novo ponto de partida: o dado crucial – sobre o que Kant só se tornou plenamente consciente em seu estudo de Leibniz – reside na diferença de procedência e de tipo de validação dos *princípios do nosso conhecimento*. Se exequível, é a isto que a consideração da metafísica deve ser aplicada. O verdadeiramente espiritual não está no ultrapassamento exuberante do nosso saber em todas as suas formas, mas encontra-se encerrado nas próprias formas do saber. É "dada", e indubitavelmente certa, a diferença entre verdades universais e particulares, entre necessárias e contingentes: que se experimente determinar, caso possível, os limites do mundo sensível e inteligível sem qualquer pressuposição outra que essa diferença.

Pois no conflito entre Leibniz e Locke, Kant seguiu na direção do primeiro, aparentemente sem qualquer hesitação. A derivação lockeana dos conceitos puros do entendimento a partir da "experiência" nunca deixou de lhe parecer como um tipo de *generatio aequivoca*: em nenhum período do seu pensamento ele se tranquilizou com este tipo de "certidão de nascimento"[119]. Se Kant chegou a ser um "empirista", é só porque exigia que a validez dos conceitos se demonstrasse fundada na análise dos conteúdos *objetivos* da experiência, mas nunca considerou a comprovação da procedência psicológica subjetiva de um conceito e de sua derivação a partir de "sensações" simples como a condição necessária de sua verdade. Que em especial nunca possam ser obtidos e derivados dessa maneira conceitos tais de possibilidade, existência, necessidade, substância, causa etc., juntamente com todos que se conectam com eles e deles se seguem, é algo que agora se lhe tornou inteiramente claro. Visto que as condições que eles testemunham não são de natureza sensível, nunca podem ser extraídos da matéria das

---

117. Cf. Gottfried Wilhelm Leibniz, Epistola ad Hanschium, de philosophia Platonica, sive de enthusiasmo Platonico, em: Opera omnia, ed. Louis Dutens, tomo II, Genf 1768, parte 1, pp. 222-230.

118. Comparar com *Forma e princípios do mundo sensível e do mundo inteligível*, MSI 2: 395 [p. 241], assim como com *Crítica da razão pura* KrV A 235/B 294 [p. 242].

119. Quanto a isto, comparar com a *Crítica da razão pura*, KrV A 86/B 119 e B167 [p. 122 e 149].

sensações mediante mera soma de conteúdos sensíveis singulares[120]. Se for para agora dizer que estes conceitos puramente relacionais são obtidos "mediante abstração" // a partir das sensações particulares de visão, audição etc., é preciso que se elimine a ambiguidade inerente ao conceito de "abstração". O conceito lógico ou matemático genuíno não é *abstraído* dos fenômenos empíricos (pois, se assim fosse, o que ele conteria também existiria de certo modo neles como um componente efetivo), mas, antes, comporta-se para com eles de modo *abstrativo*, isto é, coloca uma condição universal independentemente de qualquer comprovação e apresentação sua em exemplos sensíveis singulares. Seria, portanto, mais correto designá-lo não como "*conceptus abstractus*", mas como "*conceptus abstrahens*"[121]. É neste sentido que Kant também designou por um tempo os conceitos geométricos fundamentais de "ideias do entendimento puro", até que obteve na Dissertação a sua designação metodológica característica de "intuição pura" para o espaço e o tempo: estes conceitos também são expressões de relações que não carecemos de experimentação em casos singulares para só então os conhecermos em geral. Fato é que também os obtemos em certo sentido "mediante abstração"; mas o material que fundamenta essa abstração não são as sensações, mas as próprias atividades do espírito que concebemos em sua legalidade imanente e, então, em sua necessidade. "Alguns conceitos", assim é dito num registro desta época, "são abstraídos das sensações; outros meramente das leis do entendimento que comparam, ligam e separam os conceitos obtidos por abstração. A origem desse último se encontra no entendimento; a do primeiro nos sentidos. Todos os conceitos deste segundo tipo se chamam conceitos puros do entendimento: *conceptus intellectus puri*. É certo que apenas por ocasião das sensações dos sentidos podemos colocar em movimento esta atividade do entendimento e nos tornarmos conscientes de certos conceitos a partir das relações gerais das ideias que são abstraídas segundo as leis do entendimento; assim, também vale aqui a regra de Locke de que nenhuma ideia se torna clara para nós sem a sensação dos sentidos; mas as noções racionais surgem de fato por intermédio das sensações e também podem ser apenas pensadas na aplicação às ideias que são abstraídas das sensações, muito embora não residam e não sejam abstraídas a partir delas; assim como não emprestamos na geometria a ideia de espaço da sensação do ser extenso, embora só possamos [similarmente] tornar claro este conceito na ocasião da sensação de coisas corporais. Por isto, a ideia de espaço é uma *notio // intellectus puri*, aplicável a ideias de montanha e barril, que

---

120. De mundi sensibilis [*Forma e princípios*], p. 411 [*MSI* § 8 2: 395] [p. 242].
121. 410 [*MSI* § 6 2: 394] [p. 240].

são obtidas por abstração. A filosofia acerca dos conceitos de *intellectus puri* é a metafísica, que se relaciona com a filosofia restante, como a *mathesis pura* com a *mathesis applicata*. Os conceitos de existência (realidade), de possibilidade, de necessidade, de fundamento, de unidade e pluralidade, de parte, todo, nada, de composto e simples, de espaço, de tempo, de mudança, de movimento, de substância e de acidente, de força e de ação, e de tudo que pertença propriamente à ontologia está para a metafísica restante assim como a aritmética geral para a *mathesi pura*"[122]. O escrito *Forma e princípios do mundo sensível e do mundo inteligível* acrescenta a estes pensamentos a determinação terminológica final, pela qual o conceito ambíguo de "ideias inatas" é evitado. Não se trata de "conceitos inatos" (*conceptus connati*) nas categorias fundamentais do entendimento, mas sim de *leis originárias do espírito* (*leges menti insitae*), às quais apenas chegamos à consciência mediante a atenção sobre seus atos e, portanto, por ocasião da experiência[123]. Quanto a isso Kant também não vai efetivamente além de Leibniz; embora ele cunhe // uma nova expressão característica para os pensamentos fundamentais sustentados por Leibniz, cuja fecundidade e precisão conduz por si mesma a uma intensificação e aprofundamento do problema da "apriondade".

Mas, antes disso, era ainda preciso tomar uma outra decisão crítica, que necessariamente conduziria Kant a questões mais complexas do que a oposição entre Leibniz e Locke. Não havia dúvidas de que o juízo de Kant se voltara contra Locke, pois ele próprio distinguia desde o início e com bastante certeza entre "empirismo" e "empiria". Mas, na estrutura do conhecimento puramente intelectual que ele agora admitia, era preciso, além de Locke, também abandonar

---

122. *Reflexionen*, n. 3930, *Refl* 17: 352 (para a datação, comparar com a nota supracitada, p. 94, nota 113). Estes princípios devem ser contrapostos aos do prefácio dos *Novos ensaios* para formar a imagem de um nexo histórico com Leibniz: "Pode ser que nosso hábil autor [Locke] não se distancie completamente do meu sentimento. Pois após ter empregado todo o seu primeiro livro para rejeitar as luzes inatas, tomadas em certo sentido, ele não obstante reconhece no começo do segundo e no que se segue que as ideias que não têm origem na sensação decorrem da reflexão. Ora, a reflexão não é nada além de uma atenção ao que está em nós e os sentidos de modo algum nos dão o que nós já não trazemos conosco. Assim sendo, é possível negar que exista muito de inato em nosso espírito, uma vez que somos por assim dizer inatos a nós mesmos? E que exista em nós: ser, unidade, substância, duração, mudança, ação, percepção, prazer e mil outros objetos de nossas ideias intelectuais? Estes mesmos objetos sendo imediatos e sempre presentes ao nosso entendimento (ainda que não possam ser sempre percebidos devido às nossas distrações e necessidades), por que se surpreender com o que dissemos, que estas ideias, bem como tudo o que delas depende, nos são inatas?" Gottfried Wilhelm Leibniz, *Nouveaux Essais sur l'entendement humain*, p. 196. Para o espaço e o tempo, cf. esp. *Nouveaux Essais*, Livro 2, Cap. 5: "As ideias tais como aquelas de espaço, figura, movimento decorrem de nosso próprio espírito, pois são ideias do entendimento puro, mas que possuem relação com o exterior e que os sentidos fazem perceber".

123. *Forma e princípios, MSI* § 8 2: 395 [p. 242].

Newton? E não havia igualmente entre este e Leibniz as oposições irresolutas ainda mais severas e, tanto quanto parece, insolúveis? Desde que estas oposições tomaram sua forma mais apurada na correspondência polêmica entre Leibniz e Clarke, elas nunca mais encontraram descanso. Toda a literatura filosófica e científica do século XVIII é atravessada por isso. A esse respeito, o conceito de universo que os metafísicos e ontologistas possuem se opõe dura e irreconciliavelmente ao dos físicos matemáticos. Essa separação se torna a divisa universal sobre a qual as lutas espirituais da época foram travadas. O maior gênio científico da Alemanha, Leonhard Euler, havia há pouco novamente esmiuçado esta disputa numa obra popular do ano de 1768: nas *Cartas para uma princesa alemã*. Segundo o que é apresentado nessa obra, se o metafísico desmembra o mundo para entendê-lo em suas últimas partes simples, o matemático, pelo contrário, deve insistir que a divisibilidade da matéria, como a do espaço, vai até o infinito, razão pela qual jamais se atinge o que é irredutivelmente simples. Se o primeiro reduz o real a uma soma de substâncias pontuais existentes que em sua composição geram o fenômeno (ou, antes, a aparência) da extensão, o segundo sabe que, por meio da continuidade do espaço e do tempo, uma relação espacial ou temporal complexa é sempre redutível a uma outra relação mais simples, sem que possa jamais alcançar a própria extensão a partir dos pontos, sem que o extensivo proceda do intensivo. Além disso, se o espaço e o tempo puro segundo a doutrina tradicional da metafísica não são nada em si mesmos, sendo ambos apenas pensados como determinações, como "acidentes" exclusivos dos corpos reais e seus movimentos, o matemático // e o físico, por seu turno, não se preocupam em determinar o tipo de realidade que corresponda ao espaço e ao tempo; mas, que alguma realidade seja atribuída a eles e que, a despeito do que é extenso e permanente, a extensão e a duração possuam uma existência independente, isso é assumido incondicionalmente, já que sem essa admissão seria impossível dar um sentido claro e determinado para as leis supremas do movimento. Por exemplo, a lei da inércia não pode ser formulada de modo evidente e preciso, caso não se diferencie o espaço puro ou absoluto, como Newton o nomeou, de tudo o que está nele contido e o reconheça como um todo independente em relação ao qual se pode falar de repouso e movimento de um sistema material[124].

---

124. Leonhard Euler, *Briefe an eine deutsche Prinzessinn über verschiedene Gegenstände aus der Physik und Philosophie*; *Theoria motus corporum solidorum seu rigidorum ex primis nostrae cognitionis principiis stabilita et ad omnes motus, qui in huiusmodi corpora cadere possunt, accomodata*, Rostock/Greifswald, 1765; *Réflexions sur l'espace et le temps*, em: Histoire de l'Academie Royale des Sciences et Belles Lettres, pp. 324-333; *Mechanica sive motus scientia analytice exposita*, 2 Bde., Pe-

A contestação mais nítida e determinada contra toda arrogância da metafísica em suas intervenções referentes à teoria da natureza foi levantada por um pensador por quem Kant sentia a mais profunda estima e a respeito de quem se acostumara a ver, depois de Newton, como um árbitro apropriado em todas as questões de ciências empíricas e exatas. Kant já havia se referido no prefácio do *Ensaio para introduzir a noção de grandezas negativas em filosofia* ao procedimento de Euler em admitir os resultados seguros da matemática como pedra de toque para a decisão necessária sobre a verdade ou falsidade das proposições filosóficas universais; o ensaio *Acerca do primeiro fundamento da diferença das regiões do espaço* de 1768 se apoia em Euler, apresentado explicitamente como uma ampliação das suas *Reflexões sobre espaço e tempo*, e novamente no escrito *Forma e princípios do mundo sensível e do mundo inteligível* ele é celebrado como "*phaenomenorum magnus indagator et arbiter*"[125]. Uma coisa era indubitavelmente certa para Kant, agora que // começara a transformação da sua doutrina no que parecia uma reaproximação com a metafísica, a saber, que, a despeito da validade que se possa conceder aos princípios metafísicos, a ciência pura e aplicada da matemática deve ter assegurada sua validade incondicional e ser protegida contra todas as "chicanas" da metafísica. Mas, segundo o que Kant fez a partir daqui, como esse objetivo seria alcançado se, agora, é mantida em toda sua nitidez a oposição entre o mundo sensível e inteligível? Seria possível admitir a *aplicabilidade* integral do matemático ao físico sem que, com isso, ambas fossem declaradas semelhantes em natureza e essência? Aqui o pensamento se vê enredado num dilema peculiar. Se ele decide sustentar a *equivalência* completa entre o matemático e o empírico, de modo que nenhuma proposição da matemática pura possa existir sem que também se exiba sua validez completa na matemática aplicada, parece então que a *origem* dos conceitos matemáticos e o seu valor cognitivo não são diferentes dos conceitos empíricos. Por outro lado, se as verdades matemáticas forem consideradas como verdades do entendimento puro, não derivadas das coisas, mas das leis e das atividades do "próprio intelecto", o que nos garante que as coisas sejam inteiramente conformes aos conceitos puros, que o sensível seja inteiramente conforme ao inteligível? Se quiséssemos recorrer a uma "harmonia preestabelecida" entre ambos os domínios, teríamos obtido na

---

tropol, 1736. Para mais informações sobre Euler e sua luta contra a doutrina "metafísica" do espaço e tempo, cf. *Erkenntnisproblem*, Tomo II [ECW 3], p. 397ss., 422ss.

125. "Grande investigador e juiz dos fenômenos". *Grandezas negativas*, NG 2: 167 [p. 53]; *Acerca do primeiro fundamento da diferença das regiões do espaço*, GUGR 2: 378; *Forma e princípios*, MSI 2: 414 [p. 274].

verdade apenas uma palavra sem, contudo, termos alcançado uma solução para o problema[126].

De fato, o sistema leibniziano da metafísica fracassa precisamente neste ponto. Segundo o juízo de Kant, a falha básica deste sistema consiste justamente em que a forma do "racional", que nele se estabelece e que é a única por ele reconhecida, apenas pode ter sua aplicabilidade afirmada ao ser empírico, atribuindo a este um conceito falso. Pois a forma sob a qual se apoia o empiricamente real é o espaço e o tempo: ambos, porém, não são reconhecidos no sistema de Leibniz como meios cognitivos puros e peculiarmente específicos, mas apenas tratados como "representações confusas". A "verdade" apropriada e rigorosa se aplica nesse sistema apenas às relações dinâmicas entre as substâncias, aos relacionamentos das mônadas simples, ao passo que nada que expressamos na linguagem do espaço e do tempo nos dá esta verdade mesma, mas apenas uma // imagem sua indireta e turvada. Se esta visão é válida, porém, a doutrina leibniziano-wolffiana vai a pique por si mesma neste ponto. Pois se as substâncias são primárias e o espaço e tempo senão secundários e derivados (e certamente algo derivado que jamais corresponde inteiramente ao seu protótipo), então todo o conteúdo da matemática é dependente da realidade das coisas. Mas, se quisermos seguir a consequência do pensamento sem nos inclinarmos arbitrariamente a ela, seríamos na verdade reconduzidos à perspectiva de uma justificação empírica da matemática, não fazendo no caso qualquer diferença que ele seja obtido a partir de premissas inteiramente diferentes das de Locke. No geral, então, onde "coisas" determinam "conceitos", e não o contrário, obtém-se apenas um saber contingente, e não um necessário e válido universalmente. Se, portanto, os pressupostos do sistema leibniziano-wolffiano são válidos e o espaço e o tempo expressam a "estrutura da realidade" – ainda que inadequadamente em termos obscuros e confusos –, a exatidão e a certeza incondicional de toda matemática está arruinada. Assim, as proposições da matemática invariavelmente apenas poderiam exigir para si uma universalidade e verdade relativa e "comparativa", mas não absoluta, e não seria mais absurdo pensar que o progresso da experiência poderia alterar ou refutar o conteúdo dos axiomas e teoremas geométricos[127]. Só há um caminho para escaparmos de todas estas dificuldades – oferecendo à matemática toda

---

126. Cf. o juízo de Kant na carta posterior a Marcus Herz de 21 de fevereiro de 1772, *Br* 2: 129-135 e *Forma e princípios, MSI* § 22 2: 409 [p. 265].

127. Cf. especificamente *Forma e princípios, MSI* § 15 2: 403 [p. 255]. Deve-se enfatizar novamente que não se trata aqui da visão realmente histórica que Leibniz tinha de espaço e tempo e do valor cognitivo da matemática, mas de conclusões hipotéticas que Kant sustenta encontrarem-se fundadas nas premissas do sistema leibniziano.

sua liberdade, toda sua *independência* diante do empiricamente real e, por outro lado, ainda assegurando sua *concordância* completa em relação a ele. Ela teria de permanecer vinculada ao domínio das formas puramente espirituais e, todavia, corresponder ao domínio do sensível de um modo peculiar e específico, diferente do que se atribui a todos os meros "conceitos do entendimento"; ela teria de se basear num princípio do conhecimento que seria simultaneamente "racional" e "sensível", simultaneamente "geral" e "individual", simultaneamente "universal" e "concreto".

Que temos, porém, de nos haver aqui não com uma exigência meramente arbitrária e paradoxal, mas na verdade correspondente ao genuíno "dado" do conhecimento aqui // requerido, é o que mostra que nos aproximamos agora da análise crítica exata das formas espacial e temporal. Pois tudo o que há pouco foi estabelecido como mero postulado encontra efetivamente nessa forma sua realização integral e exata. Espaço e tempo são "gerais", pois sobre eles se baseia em geral a possibilidade da configuração e da ordenação de lugar e devem, portanto, ser pressupostos em todo enunciado referente a uma figura determinada e particular do ser, a uma estrutura empírica singular. Mas eles são simultaneamente "concretos", pois não temos de lidar neles com *conceitos genéricos* que podem ser exemplificados numa maioria de exemplares, devendo sim que ambos sejam pensados na medida em que desejamos concebê-los em sua determinabilidade característica, inteiramente como singulares e "simples". O conceito de gênero contém suas diferentes classes "sob si": como no caso do conceito de árvore, que abrange as "subespécies" abeto, tília, carvalho etc. Não existe aqui, porém, nenhum descenso em espécies subordinadas nos espaços e no tempo. Por mais que queiramos desmembrar o todo do espaço e do tempo, isso não nos conduzirá a nada mais "simples" no pensamento, a nenhum conceito de conteúdo menos complexo, o que nos cabe é, antes, pensar a totalidade da coexistência espacial e da sucessão temporal para concebermos em geral o espaço e o tempo em cada pé e cada côvado, em cada minuto e segundo. Se esta exigência não fosse cumprida, o côvado não seria pensado "no" espaço, nem o segundo "no" tempo, visto que, para demarcá-los das restantes partes do espaço e do tempo, devemos representá-los em simultâneo com elas. Entra agora em cena um novo termo psicológico e epistemológico-crítico para este modo peculiar de referir o singular ao geral e este ao singular, e de conceber o todo em cada parte e com cada parte. Qualquer que seja o contexto em que este tipo de concepção seja exigido e possível, não nos havemos com a forma de um mero conceito, mas com a forma da *intuição*[128]. Kant encontrou agora a ideia decisiva que contém em si a solução para todas as suas dúvidas anteriores. Pois a intuição do espaço e do tempo, reconhecidas como um "dado" independente e peculiar do conhecimento, geram a genuína mediação para as exigências que até agora tinham de parecer incompatíveis entre si. Nela o fator da pureza se conecta com o fator da sensibilidade. Espaço e tempo são sensíveis, pois a coexistência // e a sucessão não podem de modo algum ser reduzidas a meras determinações conceituais, por mais longe que a análise seja levada – ambos são "puros", porque, mesmo sem os desmembrarmos em elementos conceituais, podemos compreender a função que eles possuem como um todo de levar-nos à completa "evidência" e à sua validade incondicional, sobrejacente a toda validade meramente factual e empírica. Só agora que avançamos até esse ponto nos é dada uma *ciência do sensível*, uma aplicação rigorosa e exata da matemática e das suas determinações necessárias aos fenômenos e à alteração e decurso destes. Diferenciamos dois tipos fundamentais de conhecimento puro: aquele pelo qual determinamos as relações do "inteligível", aquele outro pelo qual determinamos a ordenação no sensível. Apenas o primeiro tipo, apenas os conceitos intelectuais puros nos ensinam a conhecer as coisas como elas são, enquanto que o segundo, o conhecimento intuitivo no espaço e no tempo, torna o mundo dos "fenômenos" acessível e interpretável para nós, mas sem que esse seu domínio perca nada de sua plena universalidade e necessidade, de sua exatidão e certeza ilimitadas[129].

Com isto se deu em simultâneo o veredito final de Kant referente à oposição entre Leibniz e Newton, ainda que ele não seja expresso de uma forma tão simples como no conflito entre Leibniz e Locke. Nesse último caso, Kant concordava em todos os seus pontos essenciais com o juízo de Leibniz: ao rejeitar a designação de "inato", substituindo-a pelas leis originárias do espírito que, porém, só podem ser conhecidas em seu exercício, ele não fez senão aprimorar a terminologia sem que se imprimisse de modo inteiramente novo uma inflexão efetiva no pensamento leibniziano. Mas na luta entre Leibniz e Locke ele não podia mais declarar sua adesão a um dos dois partidos, pois este tipo de posicionamento do problema ultrapassava tanto um quanto o outro. Na sua intercessão em favor de Newton, Euler simplesmente defendia o interesse da pesquisa empírica contra toda e qualquer pretensão estranha, o que resultava, assim, num

---

128. *MSI* §§ 13-15 2: 398-406 [pp. 246-261].
129. *MSI* §§ 11-12 2: 397 e § 3 2 : 392 [pp. 244-246 e p. 235, resp.].

problema mais difícil e complexo para a filosofia crítica de Kant. Era preciso substituir o veredito negativo por um positivo. Ela não precisava apenas assegurar e afirmar a ciência dentro dos seus próprios limites, mas // ao mesmo tempo determinar com exatidão, para além destes limites, o domínio peculiar da metafísica. Apenas desse modo teria êxito a proteção não só contra as intromissões da metafísica na teoria da natureza, como também as intromissões desta naquela. O desenvolvimento da física matemática no século XVIII apresentou alguns exemplos cautelosos deste último tipo de intromissão. Kant havia admitido sem reservas o recurso do geômetra e do físico ao conceito de *"espaço absoluto"* para a derivação das suas proposições, pois, a rigor, esse recurso se esgotava na assertiva de que aquela suma pela qual designamos na geometria ou na mecânica o "espaço" não coincide com a suma pela qual nomeamos o mundo material como um todo, opondo-se a esse último como algo de inequivocamente próprio. A posição de Kant concordava integralmente com esta tese, inclusive com o que ele próprio buscara sustentar no estudo *Acerca do primeiro fundamento da diferença das regiões do espaço* de 1768 com o exame das relações geométricas puras[130]. O que, ao contrário, ele não podia admitir era que se extraíssem indistintamente da natureza deste espaço matemático puro conclusões que tangenciassem os problemas fundamentais da cosmologia especulativa e teologia, da relação entre Deus e o mundo, da criação e eternidade. Newton também havia seguido adiante nessa rota, acrescentando aos cálculos e experimentos dos *Princípios matemáticos da doutrina da natureza* e da *Ótica* seções em que expôs sua doutrina do espaço como o *"sensorium"* da divindade e o órgão da omnipresença divina, não sem cautela e reservas quanto à forma, mesmo se bastante assentada e dogmática quanto ao conteúdo[131]. E na correspondência polêmica entre Leibniz e Clarke este tipo de questão havia no fim se alastrado e praticamente suprimido qualquer outra. A contradição dialética a que se chegava, porém, Leibniz já a havia mostrado clara e nitidamente. Que se admita – assim ele argumentava – o espaço e o tempo como predicados que se estendem indiferentemente a todos os seres, ou seja, aplicáveis de igual modo ao que é espiritual e ao que é corporal, a Deus e ao mundo, isso faz // com que a criação seja necessariamente apresentada como um ato que se realiza no espaço absoluto e no tempo absoluto. O seu "onde" e "quando" são, com isso, determinados: isto é, existe um momento fixo em que

---

130. *Sobre o primeiro fundamento*, GUGR 2: 374.
131. Isaac Newton, *Philosophiae naturalis principia mathematica* (Livro 3), Tomo II, p. 673ss.; e *Optice: sive de reflexionibus, refractionibus, inflexionibus et coloribus lucis, libri tres*, ed. Samuel Clarke, Lausanne/Genf 1740, p. 297s.

ela começa e um lugar fixo, uma seção delimitada do espaço cósmico infinito, que serve como base, como recipiente para a matéria. Se daí partirmos para determinar esse lugar e esse tempo de algum modo no pensamento, rapidamente nos enredaremos em antinomias. Pois visto que no espaço "vazio" e no tempo "vazio" nenhum lugar tem em geral prioridade sobre qualquer outro ou indica uma diferença interna em relação aos outros, qualquer ponto que admitamos hipoteticamente como "início" ou "limite" espacial da criação pode ser substituído arbitrariamente por outro. Assim, segundo este modo amplo de consideração, não é possível estabelecer qualquer "aqui" sem que se transforme imediatamente num "ali" e "acolá", qualquer "agora" sem que se transforme, por assim dizer, por nossas próprias mãos em seu contrário, em um "antes" ou "depois"[132]. Kant tomou parte, e do modo mais ativo, em todos estes problemas, apreendendo a questão que se apresentava na correspondência entre Leibniz e Clarke, tornada novamente acessível com a publicação da edição de Dutens da obra de Leibniz de 1768, como indicam as anotações kantianas registradas na sua cópia pessoal da *Metaphysik* de Baumgarten, só que oferecendo de imediato uma significação de longe mais universal. A contradição que Leibniz põe a descoberto aqui não é de modo algum um caso isolado, ao contrário, ela ocorre sempre que predicados sensíveis são aplicados aos objetos inteligíveis ou predicados inteligíveis aos objetos sensíveis. Sempre que isso ocorre, cada "proposição" que podemos apresentar se defronta necessariamente com a sua "antítese", ambas sendo demonstradas com aparentemente a mesma concisão e necessidade. É o próprio Kant quem relata que trabalhara em tais provas antitéticas na época que antecede a Dissertação inaugural e que só assim se tornou inteiramente consciente da característica da nova teoria: a separação metódica, e a partir de princípios, dos conteúdos do mundo sensível e daqueles do mundo inteligível. "Vi esta doutrina de início sob uma luz crepuscular. Tentei com muita seriedade provar as proposições e // suas antíteses, não para erigir uma dúbia teoria, mas para descobrir o que eu supunha ser uma ilusão do entendimento que a envolvia. O ano de 1769 me ofereceu uma grande luz"[133]. A ilusão se dissipou tão logo se reconheceu que a determinação completa do objeto de todo juízo ainda necessita de uma marca específica que nos indique sob quais condições do conhecimento o objeto se nos apresenta. Se isso for negligenciado, se as leis, radicadas nas nossas "disposições" (*índo-*

108

---

132. Cf. correspondência entre Leibniz e Clarke (na minha edição: Gottfried Wilhelm Leibniz, Hauptschriften zur Grundlegung der Philosophie, de Artur Buchenau, revisão, introdução e acréscimos de Ernst Cassirer, Tomo I, Leipzig 1904, p. 134s., 147s., 188 e 190).

133. Reflexionen, n. 5037, *Refl* 18: 69.

les) subjetivas e necessariamente fundadas nelas, forem falsamente tomadas em geral como determinações das coisas a que devem, portanto, corresponder em todo tipo de exame a respeito delas, isso resultará numa "sub-repção" peculiar da consciência. Uma vez que os limites do tipo de conhecimento são turvados, desaparece para nós toda clareza e univocidade dos objetos, não possuímos mais qualquer sujeito fixo do juízo e oscilamos entre diferentes interpretações e significados dos juízos sem nenhuma direção segura. O espírito humano se torna uma lanterna mágica que estranhamente modifica e distorce os contornos das coisas segundo a aparência que projeta sobre elas. A única proteção contra semelhante "engano do espírito" é a delimitação segura de ambas as esferas em que se movem todos os nossos juízos. Se essa divisão é executada, não poderemos mais cair na tentação de aplicar os predicados "onde" e "quando" aos objetos do mundo puramente inteligível, como por exemplo a Deus e às substâncias imateriais, assim como, por outro lado, não poderemos mais compreender os objetos sensíveis senão sob as condições específicas da sensibilidade, sob as formas puras da intuição do espaço e do tempo[134].

Com isso, um duplo resultado é obtido. É eliminado o "contágio", o "*contagium*" do inteligível pelo sensível, que sobressaíra tão distintamente na doutrina newtoniana sobre Deus[135]. Por outro lado, a certeza incondicional e a aplicabilidade irrestrita são asseguradas às formas da sensibilidade no interior do seu domínio e, portanto, para o âmbito como um todo dos objetos da experiência. A metafísica assim como a física matemática são atendidas do mesmo modo, cada uma delas encontrando em si mesma seu centro de gravidade e seu princípio singular de certeza. É nisso que reside para o próprio Kant o tema principal e o núcleo apropriado da sua Dissertação inaugural. "A primeira e a quarta seções", assim escreve a Lambert numa carta que acompanhava o envio do seu escrito em 2 de setembro de 1770, "podem // ser percorridas como sendo de pouca importância, mas na segunda, terceira e quinta, se as não elaborei, é certo, a meu contento, por causa da minha indisposição, parece-me haver uma matéria que mereceria um desenvolvimento mais cuidado e mais amplo. As leis mais gerais da sensibilidade têm desempenhado erradamente um grande papel na *metafísica*, onde, todavia, tudo depende meramente de conceitos e de princípios da razão pura. Parece que uma ciência, totalmente particular, embora meramente negativa (*phaenomenologia generalis*) deve preceder a metafísica; os princípios

---

134. *Forma e princípios*, MSI 2: 410 [p. 267].
135. Cf. *MSI* § 22 2: 409 e § 23 2: 411 [pp. 265 e 269].

da sensibilidade são aí determinados na sua validade e nos seus limites, para não perturbarem os juízos sobre os objetos da razão pura, como quase sempre aconteceu até aqui. Pois o espaço, o tempo e os axiomas para considerar todas as coisas sob as suas relações são, do ponto de vista dos conhecimentos empíricos e de todos os objetos dos sentidos, muito reais, e encerram efetivamente as *condições* de todos os fenômenos e juízos empíricos. Porém, se algo é pensado, de modo algum como um objeto dos sentidos, mas por intermédio de um conceito universal e puro da razão, como uma coisa ou uma substância em geral etc., emergem nesse caso posições muito falsas, se se pretende submetê-lo aos conceitos fundamentais pensados da sensibilidade. Também me parece, e talvez eu seja tão afortunado que obtenha o seu assentimento a este ensaio, embora ainda muito deficiente, que uma tal *disciplina propedêutica* que *preserva* a metafísica propriamente dita de qualquer mistura do sensível se deixe facilmente conduzir sem justamente grande esforço a um detalhamento e *evidência* utilizáveis"[136]. O que Kant considera nessa carta como um objeto de pequeno esforço certamente haveria de exigir uma década do mais profundo e intenso trabalho intelectual. Apenas a *Crítica da razão pura*, publicada quase onze anos após essa carta a Lambert, trouxe aquela propedêutica ao pensamento metafísico que Kant tinha em mente com o verdadeiro "detalhamento e evidência".

Entretanto, antes de trilharmos este novo caminho que nos conduz para além da Dissertação inaugural, vamos novamente rememorar o desenvolvimento intelectual que deu origem aos resultados desse escrito. São relativamente poucos os fatos externos que podem ser atribuídos com segurança a este período entre os *Sonhos de um Visionário* e a Dissertação; apesar disso, porém, // obtemos com a sua organização uma imagem clara do progresso intelectual desses anos. Sabemos que Kant tomou conhecimento dos *Novos Ensaios sobre o Entendimento Humano* de Leibniz nessa época; que ele formula na esteira deles uma teoria dos conceitos intelectuais puros na qual inicialmente espaço e tempo se colocam de imediato ao lado dos puros "conceitos da razão", dentre os quais o de substância, causa, possibilidade, necessidade, e que apenas aos poucos teve início a separação nítida dos "conceitos elementares da sensibilidade", os "conceitos puros das intuições". Podemos acompanhar como ele, apoiando-se em particular nos escritos de Euler e em vista da discussão entre Leibniz e Clarke, procurou resolver por si mesmo o conflito entre o "matemático" e o "metafísico" acerca do problema do espaço e tempo; mas também como

---

136. Carta a Johann Heinrich Lambert de 2 de setembro de 1770, *Br* 10: 98.10-36 [cf. FERREIRA, Manuel J.C. *Correspondência Lambert/Kant*. Lisboa: Editorial Presença, 1988, p. 71 – N.T.].

ele incorre nessa ocasião em contradições dialéticas cada vez mais profundas até que finalmente no ano de 1769 o problema geral das antinomias se torna visível em seu significado mais decisivo[137]. Com esta formulação nítida da questão ele ofereceu ao mesmo tempo a nova solução. A "tese" e a "antítese" das antinomias só podem ser reunidas caso se compreenda que ambas se referem a mundos diferentes. Estabelecer a divisão entre estes dois mundos e com isso fundá-los e assegurá-los verdadeiramente em si mesmos é o que constituirá daqui por diante a tarefa apropriada à metafísica. Não vale para ela, portanto, que "o uso dê o método", como é o caso com outras ciências, que possamos começar com tentativas e registros mentais esparsos para apenas posteriormente, quando da obtenção de certa suma de ideias, questionarmos os princípios que orientaram nosso conhecimento. Pelo contrário, a questão de método é o único começo legítimo e apropriado para todo conhecimento: "*Methodus antevertit omnem scientiam*"[138]. Toda decisão dogmática que ocorra sem o enfrentamento dessa questão preliminar básica deve ser rejeitada como uma brincadeira intelectual ociosa. Destaca-se com especial distinção nesse ponto como Kant, alcançando uma nova posição intelectual, rompe ao mesmo tempo com a continuidade do seu desenvolvimento intelectual anterior. Para ele a metafísica continua a ser uma "ciência dos limites // da razão humana", mas a base para a determinação destes limites é agora obtida com um novo "dado" que até aqui não fora captado em toda sua extensão e alcance. O sistema dos conhecimentos *a priori* é o fundamento sobre o qual toda separação entre o mundo sensível e o inteligível tem de se apoiar. Leibniz ofereceu um primeiro projeto desse sistema, embora não tenha visto nem tornado reconhecível suas finas ramificações e seus emaranhados, uma vez que, para além do princípio comum, a racionalidade, que é igualmente inerente a todos os elementos desta suma seja aos conceitos lógico-ontológicos, seja aos matemáticos, ele perdeu de vista a diferença específica de validade que, não obstante, subsiste aqui. A Dissertação inaugural deu o primeiro passo decisivo na elucidação dessas diferenças: tratava-se agora de não fincar os pés, mas de traçar as linhas divisórias específicas de modo ainda mais nítido e determinado até que a razão emergisse como unidade perfeita e ao mesmo tempo, porém, separada e organizada em seus momentos específicos.

---

137. Para mais informações sobre o significado do problema da antinomia na história do desenvolvimento de Kant, cf. o prefácio de Benno Erdmann à edição das *Reflexões* (o período de desenvolvimento da filosofia teorética de Kant).

138. "*O método precede toda a ciência*". Forma e princípios, MSI 2: 411.9 [p. 268].

5. A descoberta do problema crítico fundamental

A posse de Kant aos quarenta anos de idade de seu novo cargo acadêmico com o escrito *Forma e princípios do mundo sensível e do mundo inteligível* poderia fazer parecer que seu desenvolvimento filosófico atingira o ápice, posicionando-se como a sua conclusão imediata. Ele havia enfrentado nesta altura todas as grandes potências intelectuais da época, ante as quais conquistou sua própria posição independente. Nada parecia ser exigido além da estabilização e consolidação de todos os aspectos do seu patrimônio intelectual alcançado. Ele próprio acreditava que todo o seu trabalho ulterior seria dedicado a este objetivo, tão somente à execução e justificação das ideias que obtivera. Mas ocorre justamente nesse ponto a inflexão decisiva que imprime na sua vida e no seu pensamento sua verdadeira profundidade. O que para outros, mesmo para os grandes talentos filosóficos, teria constituído o fim, não constituiu para o gênio filosófico de Kant senão o primeiro passo de uma trajetória inteiramente nova. Mais tarde, ele próprio marcou 1770 como o ano em que tiveram *início* as suas realizações originais como pensador e escritor – e, de fato, tudo anterior a esse marco, por mais rico que seja em seu conteúdo peculiar, parece ter sua significação reduzida quando // avaliado segundo os novos critérios que foram estabelecidos no desenvolvimento desde a Dissertação inaugural até a *crítica da razão*.

Entretanto, antes de começarmos o exame desta época mais importante na autoformação interior de Kant, alguns dados externos referentes ao curso da sua vida e à progressão no serviço acadêmico precisam ser rememorados, ainda que brevemente. A nomeação como professor titular de Lógica e Metafísica constituiu um capítulo importante a este respeito, pois só com ela Kant obteve o tempo livre sem interrupções para a elaboração de sua obra filosófica. A despeito de sua completa modéstia, as cartas que enviou ao ministro e ao rei para a sua candidatura ao cargo de professor são instrutivas do quanto pesava sobre Kant com o passar do tempo sua preocupação com a sua segurança futura. "Nesta primavera", assim ele escreve, "entro nos meus quarenta e sete anos, cujo transcurso torna as minhas preocupações para com minha carência futura ainda mais inquietantes"[139]. "Meus anos e a escassez de ocasiões que viabilizam o sustento a partir da universidade, quando se tem escrúpulo em apenas inscrever-se para as posições que poderiam ser assumidas honradamente, hão de exterminar qualquer esperança remota em permanecer na minha terra natal no

---

139. Carta ao Ministro von Fürst de 16 de março de 1770, *Br* 10: 92.

futuro, caso meu humilde pedido falhe em seu intento"[140]. A rigor, todos os passos anteriores que Kant havia dado nessa direção permaneciam infrutíferos. Em seus primeiros anos como *Magister* lhe foi negada até a vaga de professor para a qual se inscrevera na escola *Kneiphöf* ligada à catedral de Königsberg. Segundo o relato de Wald no seu discurso memorial, a vaga foi atribuída a um "notório ignorante" de nome Kahnert[141]. A tentativa de obter a vaga de professor extraordinário de Lógica e Metafísica alguns anos após a morte de Martin Knutzen também fracassou; quando Kant submeteu sua inscrição em abril de 1756 era iminente a nova irrupção da // guerra e, por razões econômicas, o governo prussiano mantinha os postos vazios[142]. A próxima solicitação que Kant apresentou após dois anos e referente ao cargo de professor titular de Lógica e Metafísica se colocava sob auspícios ainda menos favoráveis. A vaga foi liberada devido à morte do professor Kypke em 1758, num período em que toda a Prússia Oriental se encontrava ocupada pelos russos e administrada por suas autoridades militares. Assim, o requerimento de inscrição não devia ser direcionado apenas à Faculdade de Filosofia de Königsberg, mas ao mesmo tempo à "Sereníssima e potentíssima Czarina e Soberana de toda a Rússia", a Czarina Elisabeth. No entanto, seu representante, o governador russo de Königsberg, decidiu desfavoravelmente a Kant; em vez dele foi seu colega Buck quem recebeu a vaga, por ter sido a primeira recomendação do senado da universidade com a justificação de ancianidade em mais de doze anos em relação a Kant[143]. Mesmo quando as questões sobre o ensino superior puderam ser reconsideradas com mais dedicação após o retorno de Königsberg à administração prussiana e com o término da Guerra dos Sete Anos, nenhuma oportunidade referente à promoção de Kant se apresentou de início ao Ministério da Justiça, que se responsabilizava na época pelas questões de Educação. Numa portaria de 5 de agosto de 1764 direcionada ao governo da Prússia Oriental é observado expli-

---

140. Carta a Frederico II de 19 de março de 1770, *Br* 10: 93.

141. Cf. Reicke, *Kantiana*, p. 7 [citação]; Borowski, Darstellung des Lebens Kant's, p. 31n. Não há mais nenhum motivo para que se coloque em dúvida o conteúdo destes relatos desde que Arthur Warda comprovou com as atas da escola de Kneiphöf que Kahnert era professor ali desde 1757. No entanto, não foi encontrado nas atas um testemunho que comprove a inscrição de Kant para a vaga.

142. Cf. carta de motivação de Kant ao rei Frederico II de 8 de abril de 1756, *Br* 10: 3.

143. Cf. os ofícios de Kant ao reitor e ao senado [de 11 de dezembro de 1758], à Faculdade de Filosofia de Königsberg [de 12 de dezembro de 1758] e à Czarina Elisabeth da Rússia, *Br* 10: 4-6. O envio do ofício à Czarina da Rússia era uma formalidade que as autoridades russas exigiam expressamente e que se impunha por um decreto particular. Para mais informações, cf. Arthur Warda, Kants Bewerbung um die Stelle des Sub-Bibliothekars an der Schloßbibliothek, em: *Altpreussische Monatsschrift*, 36 (1899), pp. 473-524: p. 498.

citamente que se destacou "com alguns dos seus escritos [...] em que resplandece uma profunda erudição um certo *Magister* de nome Immanuel Kant"[144], muito embora a única posição que podia ser-lhe oferecida então era a cátedra de arte poética em Königsberg. Ao recusar essa posição, Kant obteve ao menos a garantia de que "seria colocado" tão logo se apresentasse uma outra ocasião; e um memorando expedido especialmente ao senado da universidade de Königsberg // exigia que "o doutor Magister Immanuel Kant, bastante competente e aclamado por todos, seja promovido na primeira oportunidade"[145]. Decorreriam, porém, outros seis anos até que essa oportunidade se apresentasse. Pelo momento, Kant tinha de contentar-se com os sessenta e dois táleres de provento anual a ele concedido em resultado da sua solicitação para o cargo de sub-bibliotecário na biblioteca do castelo de Königsberg – uma quantia sobre a qual dissera no seu requerimento de inscrição que, por mais modesta que fosse, "serviria como um subsídio ante sua insegura subsistência acadêmica"[146]. Devido à inaptidão do seu superior, o bibliotecário Bock, Kant tinha de praticamente levar nas costas todo o trabalho da biblioteca, cargo que desempenhou durante anos com o zelo e a pontualidade que observava em todas as coisas, tanto nas pequenas quanto nas grandes. E só solicitou sua dispensa do posto de sub-bibliotecário em abril de 1772, dois anos após sua posse no cargo de professor titular, quando suas novas obrigações acadêmicas não eram mais compatíveis com a distribuição do seu tempo[147]. Aliás, que Kant ainda precisasse se preocupar com sua segurança material nos últimos anos do seu tempo como *Magister* o prova mais claramente do que outras circunstâncias a perspectiva que se lhe apresentou de nomeação em *Erlangen* no ano de 1769, "oportunidade de uma pequena, mas segura fortuna" à qual não queria renunciar tão rapidamente[148]. Mas ele se assustou quando a universidade decretou sua nomeação imediata com uma declaração semelhante a essa, convidando-o por intermédio do professor de Matemática e Física Simon Gabriel Suckow para tomar posse o quanto

114

---

144. Cf. Schubert, *Biografia de Immanuel Kant*, p. 65s.

145. Sobre o plano de transferir para Kant a cátedra de arte poética, assim como os rescritos e as decisões que a isso se referem, cf. 49ss. [Citação: Suplemento A do requerimento de inscrição ao rei Frederico II de 24 de outubro de 1764, *Br* 10: 49.

146. Para o requerimento de inscrição ao rei Frederico II de 24 de outubro de 1765 e ao ministro Barão von Fürst de 29 de outubro de 1765, cf. respectivamente *Br* 10: 49s. (comparar também com Arthur Warda, op. cit., p. 477ss.).

147. Carta ao rei Frederico II de 14 de abril de 1772, *Br* 10: 134-135. Para mais informações sobre a posição e a atividade de Kant como sub-bibliotecário, cf. Karl Vorländer, *Immanuel Kants Leben*, p. 79ss.

148. Citação de Vorländer, *Immanuel Kants Leben*, p. 83s.

antes de seu cargo. Só então Kant sentiu o quanto lhe representaria a mudança de ambiente e do seu modo de vida habitual. "As garantias reafirmadas e concretas", assim escreve a Suckow, "a crescente probabilidade de uma vaga na região, a afeição a minha terra natal e ao meu círculo bastante amplo // de conhecidos e amigos, mas sobretudo a minha constituição física debilitada obstam a este projeto tão pronta e fortemente no meu ânimo que, a despeito das circunstâncias onerosas, eu não espero encontrar a paz de ânimo senão ali onde até agora a encontrei [...]. Preocupa-me bastante, nobre senhor, que eu lhe enseje o descontentamento com a expectativa vã que eu mesmo atraí sobre mim. Mas o senhor conhece tão bem as fraquezas nos caracteres humanos para não ser indulgente com um ânimo irresoluto diante de mudanças sobre as quais se tem tão pouco controle como sobre a fortuna, mesmo daquelas que a outros não passam de estorvos"[149]. Este modo de pensar se firmou ainda mais em Kant nos anos seguintes quando, após se tornar professor titular de Lógica e Metafísica, não se via mais oprimido por qualquer pressão de ordem material. Com a recusa de Kant à tentativa de von Zedlitz em convencê-lo a aceitar em 1778 uma cátedra em Halle, esse ministro da Cultura, que o estimava como professor universitário tanto quanto o reverenciava como filósofo, não se limitou a detalhar "a exata melhoria econômica" que estaria ligada a esta mudança de posição, mas também o fez lembrar do dever que recai sobre um homem como ele de não recusar uma esfera maior de influência que se lhe apresenta – ao que Kant, não obstante, permaneceu firme na sua decisão. "Se não fossem tão raras as pessoas com os seus conhecimentos e dons na sua área", assim escreveu Zedlitz na ocasião, "eu não o importunaria. Mas gostaria que o senhor não desconsiderasse a responsabilidade com a promoção de tanto préstimo quanto possa se lhe apresentar nas oportunidades oferecidas e que o senhor leve em consideração que os mil a mil e duzentos estudantes em Halle têm o direito de reivindicar o seu ensinamento, de cuja recusa eu não gostaria de ser o representante"[150]. De fato, após quatorze anos de atuação de Wolff como resultado de sua renomeação por Frederico o Grande, Halle desfrutava da fama de primeira universidade filosófica da Alemanha, e mesmo nas áreas restantes Zedlitz, que tanto se empenhava na melhoria da universidade, poderia citar a Kant alguns grandes nomes. Mesmo Voltaire havia dito que para observar a coroa da ilustração // alemã era preciso ir até Halle. Entretanto, Kant se opôs não apenas a toda sedução da vaidade – Zedlitz também lhe ofereceu o título de conselheiro áulico no caso de

---

149. Carta a Simon Gabriel Suckow de 15 de dezembro de 1769, *Br* 10: 83.
150. Karl Abraham Freiherr [Barão] von Zedlitz, carta a Kant de 28 de março de 1778, *Br* 10: 229.

serem atraentes "circunstâncias acessórias, às quais mesmo os filósofos não podem ser indiferentes" –, como também se opôs a toda exposição de Zedlitz pautada nos seus deveres para com a coletividade e com a juventude estudantil, o que seguramente era ainda mais significativo para Kant. "Lucro e exposição de um grande palco", assim escreveu a Herz na época, "como você sabe têm pouco estímulo para mim. Tudo o que desejo e já obtive é uma condição pacífica e adequada às minhas necessidades, alternando entre trabalho, especulação e frequentação, em que meu ânimo muito facilmente afetável, mas de ordinário livre de preocupações, e meu corpo ainda mais suscetível, mas nunca doente, possam ser mantidos sem esforço em atividade. Toda mudança me torna receoso se ela oferece de fato esta tão grande aparente melhora de minha situação e acredito ser preciso dar atenção a este instinto da minha natureza se eu quiser prolongar os fios que o destino tramou tão delicada e sutilmente. Minha imensa gratidão, portanto, aos meus benfeitores e amigos que me têm em tão bons olhos e se ocupam do meu bem-estar, mas, ao mesmo tempo, peço sinceramente que apliquem esta disposição a me proteger de toda perturbação em minha situação presente"[151]. Esta resolução foi com frequência lamentada; pilhérias também foram feitas a respeito da excessiva sensibilidade e da postura temerosa do filósofo em todas as questões atinentes a sua vida exterior. Em ambos os casos, porém, julgou-se a partir de fundamentos abstratos e gerais mais do que de um exame ponderado das circunstâncias concretas a partir das quais Kant se decidiu. Na época, ele se encontrava diante da elaboração da obra que se lhe impunha tanto na perspectiva intelectual quanto literária, um trabalho tamanho que talvez jamais tenha sido realizado por nenhum outro pensador. Tão logo Kant concebeu esse trabalho, sua vida como que deixou de possuir um significado próprio e independente; o que ainda valia ser conquistado não era senão o substrato para a atividade espiritual. Todas as forças pessoais tinham de ser reportadas apenas ao processo abstrato do intelecto e postas ao seu serviço. Nesta época, ele se queixava sem cessar da sua saúde débil, "constantemente irregular"; muito embora seu corpo resistisse // aos esforços inauditos até mesmo para Kant graças a uma dieta cuidadosa e meticulosamente ponderada. É compreensível que nessa época Kant não sentisse cada mudança senão como ameaça e perturbação, ainda que, vista de fora, aparecesse como uma melhora da sua situação. São muitos os elementos contidos na carta de Kant a Marcus Herz, sobretudo o conteúdo emocional como um todo, que fazem lembrar a

---

151. Carta a Marcus Herz de abril de 1778, *Br* 10: 231.

correspondência que se seguiu entre Descartes e Chanut, quando este embaixador francês em Estocolmo convidou o filósofo para a corte de Cristina da Suécia. Também existia em Descartes uma forte resistência ao convite devido à exigência de que ele abandonasse seu plano de vida tão metodicamente escolhido e executado até ali em todo o seu rigor metódico – uma resistência a que por fim ele renunciou menos por convicção interna do que por razões externas. Contrariamente, neste ponto Kant permaneceu fiel à lei interna sem qualquer vacilação – e, de fato, é preciso se convencer de que o "instinto de sua natureza" por ele invocado era na verdade o *daimon* do grande ser humano que determina o curso externo da sua vida clara e seguramente em conformidade com as exigências puramente objetivas da sua obra.

A correspondência que ele travou com Marcus Herz a partir da década de 1770 até 1780 nos oferece um testemunho de valor incomparável sobre o modo como esse trabalho tomou corpo no progresso regular do seu pensamento, a despeito de todas as dificuldades e obstruções internas – um testemunho que certamente deve falar por si mesmo, uma vez que nos faltam quase que inteiramente outras informações desse período. Pois a tentativa de se obter dessa época uma imagem da sua visão filosófica como um todo mediante ilações sobre as transcrições conservadas dos cursos de Kant sobre metafísica é um procedimento incerto em mais de um aspecto. A despeito do fato de que a datação dessas transcrições não pode ser estabelecida com suficiente certeza, muitos são os componentes heteróclitos que ali se imiscuíram em parte por culpa de quem tomava as notas, em parte devido ao manual em que Kant baseava seus cursos, como era de praxe, o que torna altamente problemático seu valor como fontes da filosofia kantiana. Por seu turno, as cartas a Herz não só reproduzem a progressão objetiva do próprio pensamento kantiano, como também são um espelho fidedigno das alterações do estado de ânimo pessoal e intelectual que o acompanharam. Marcus Herz participou como "respondente" na defesa pública de Kant do escrito *Forma e princípios do mundo sensível e do mundo inteligível*, tendo sido instruído pessoalmente por Kant sobre todos os seus pormenores. Assim, Kant não podia esperar de mais ninguém // além dele a compreensão referente aos desenvolvimentos intelectuais ulteriores que se conectavam com esse escrito. As trocas de carta a esse respeito eram bastante intervaladas e, por um período, pareceram ter sido inteiramente interrompidas, mas Kant, como que oferecendo nelas uma satisfação para si mesmo acerca do progresso do seu pensamento, sempre sentia a necessidade de retomá-las. O relacionamento pessoal entre professor e aluno também se demonstrou nessas cartas cada vez mais íntimo e cordial. Era nos seguintes termos que Kant, sempre econômico quanto ao uso deste título, saudava Herz em suas cartas: "Preferido e inestimável amigo", "digníssimo e estimadíssimo amigo". Com esta disposição, ele permitiu que Herz sondasse mais profundamente do que até então qualquer outro a oficina do seu pensamento. Mesmo a primeira carta de junho de 1771 não se limita à indicação dos novos resultados até ali alcançados, lançando ao mesmo tempo uma luz bastante clara sobre o método subjetivo de pensar de que Kant se serve a partir dali. "Você sabe", assim Kant escreve a Herz desculpando-se pelo atraso de sua resposta às objeções de Lambert e Mendelssohn atinentes à Dissertação, "que as críticas inteligentes não são vistas por mim apenas sob o aspecto de sua refutação possível, mas que também sempre as entreteço com os meus juízos no raciocínio, dando-lhes o direito de lançar por terra todas as opiniões que eu estimava anteriormente. Com isso, espero sempre considerar meus juízos com imparcialidade a partir da perspectiva de outrem para descobrir uma terceira que seja melhor que a minha precedente. Além disso, a mera falta de convencimento em homens com tal discernimento é para mim sempre uma prova de que minhas teorias ainda carecem, no mínimo, de distinção, evidência ou mesmo de algo essencial. Agora, uma longa experiência me ensinou que o discernimento nas matérias que temos em vista não pode ser de modo algum forçado ou acelerado apenas com esforço, exigindo, ao contrário, um tempo razoavelmente longo para a consideração intervalada de um mesmo conceito em suas relações as mais diversas e em seus nexos os mais amplos tanto quanto possível, e para com isso, em especial, despertar o espírito cético e testar se o que foi pensado resiste até à dúvida mais aguçada. Utilizei com esse objetivo todo o tempo de que dispunha, mesmo que ao risco de merecer uma acusação de impolidez, mas, na realidade, por respeito aos juízos de ambos os intelectuais. Você sabe que grande influência tem em geral para a filosofia como um todo, e inclusive para os fins mais importantes dos seres humanos, o discernimento correto e distinto acerca da diferença que reside nos princípios subjetivos das forças da alma humana, não apenas da sensibilidade, mas do entendimento também // e que diz respeito diretamente aos objetos. Não deixando-se arrastar pela mania de sistemas, as investigações que são feitas sobre uma mesma regra fundamental em suas mais diversas aplicações verificam-se mutuamente. Assim, até agora me ocupei da elaboração até certo ponto extensa de uma obra que, sob o título de *Os limites da sensibilidade e da razão*, deve conter as relações dos conceitos fundamentais e das leis que determinam o mundo sensível, junto de um esboço do que constitui a natureza da doutrina do gosto, da metafísica e da moral. Percorri todos os materiais a esse respeito durante o inverno, os esquadrinhei, pesei, combinei, mas só há pouco aprontei o seu plano"[152].

Qual seria o novo fator que distingue esse plano do esboço oferecido na Dissertação inaugural? Que a Dissertação deva formar um texto propriamente basilar com este escrito futuro que Kant tinha agora em vista, a despeito dos defeitos já reconhecidos nas suas execuções de detalhes, é isto que indubitavelmente emerge das outras notas de Kant nessa mesma carta a Herz. Aqui, portanto, deve ser adotada uma relação positiva tanto quanto negativa – um discernimento que valide o procedimento fundamentado do escrito *Forma e princípios do mundo sensível e do mundo inteligível* e, não obstante, revogue o resultado a que ele havia chegado. Uma indicação distinta do que consiste esse discernimento é obtida caso se tenha em mente as críticas de Lambert e Mendelssohn, que constituíram o ponto de partida para as demais considerações de Kant e que serviram inicialmente para despertar nele o "espírito cético". As réplicas de ambos pensadores se voltam coincidentemente contra o modo em que a doutrina da "idealidade do espaço e do tempo" se encontrava expressa na Dissertação. É certo que essa doutrina não continha para ambos nada de propriamente inesperado ou paradoxal, pois que espaço e tempo sejam apenas as ordenações dos *"fenômenos"* tratava-se de uma proposição estabelecida pela metafísica leibniziana com a qual a literatura filosófica do século XVIII se deparava novamente em suas inflexões as mais variadas. A única exceção para Lambert e Mendelssohn a esse respeito é que essa idealidade tanto do espaço como do tempo parecia ser ressignificada na Dissertação como uma mera "subjetividade". "O tempo", // assim escreveu Mendelssohn, "é (segundo Leibniz) um *fenômeno* [*Phaenomenon*] e possui, como todos os fenômenos [*Erscheinungen*], algo objetivo e algo subjetivo". Lambert também enfatiza que até o momento não pôde se convencer com a alegação de que o tempo não seja "nada real", pois se as mudanças são reais (como mesmo um idealista precisa aceitar, visto ser imediatamente consciente dela na troca interna de suas representações), então o tempo também deve sê-lo, visto que todas as alterações estão vinculadas ao tempo e sem o que não são "pensáveis"[153]. Que ambas as críticas não encontraram um sentido propriamente profundo na doutrina de Kant, que elas, para exprimir na linguagem do futuro sistema, confundiram o idealismo "transcendental" com o idealismo "psicológico", podemos

---

152. Carta a Marcus Herz de 7 de junho de 1771, *Br*, AA 10: 122-123.

153. Cf. Moses Mendelssohn, carta a Kant de 25 de dezembro de 1770, *Br* 10: 115; Johann Heinrich Lambert, carta a Kant de 13 de outubro de 1770, *Br* 10: 107, 110 resp. ["Correspondência Lambert/Kant, p. 77 e 80, resp.].

hoje percebê-lo facilmente, confusão essa que o próprio Kant indicou numa conhecida passagem da *Crítica da razão pura*[154]. Essa incompreensão não seria, porém, desculpável? Não seria ela quase que inevitável, dada a forma em que a doutrina do espaço e do tempo foi exposta na Dissertação? Ainda que seja a base para a certeza da matemática e da ciência da natureza, a "subjetividade" das formas da intuição não aparece, contudo, como uma mácula que a distinguia para sua desvantagem dos "conceitos puros do entendimento"? Afinal, admitia-se expressamente que esses conceitos nos dão a conhecer as coisas não como elas aparecem, mas como são em si e para si mesmas. Em todo caso, poderíamos insistir em que, não sendo espaço e tempo nenhum objeto absoluto, seu conceito é, não obstante, "sumamente verdadeiro"[155]: ainda assim essa verdade permanecia uma verdade de segunda ordem na medida em que havia outros conceitos capazes de reivindicar sua referência não meramente aos "fenômenos" e às suas conexões, mas imediatamente às "coisas".

A carta de Kant a Herz nos mostra como sua progressiva consideração se concentrou especificamente neste ponto dificílimo. Ele sustenta como um resultado certo e irreversível a distinção entre conceitos "sensíveis" e conceitos "intelectuais", mas agora ele simultaneamente amplia // a diferença entre o que se baseia nos "princípios subjetivos" e a segunda esfera que diz respeito "diretamente aos objetos" e que a crítica até então não atingira. A "subjetividade", "não só da sensibilidade, mas também do entendimento"[156], começa agora a se lhe apresentar de um modo ainda mais determinado e distinto – mas, em vez de Kant se envolver numa doutrina geral duvidosa, os conceitos assumem para ele, ao contrário, a mesma marca da "verdade" que as formas da intuição pura. Agora também vale para elas que não sejam verdadeiras devido à ação de copiar para nós o mundo dos objetos absolutos, mas porque no sistema do conhecimento, na estrutura da realidade empírica, elas são condições indispensáveis e, portanto, de validade universal e necessária. Que seja este o caso a Dissertação já o havia reconhecido e se manifestado, muito embora admitindo apenas um significado relativamente secundário deste uso meramente "lógico" dos conceitos do entendimento face ao uso "real" que é direcionado ao conhecimento dos objetos

---

154. Cf. a Estética transcendental, § 7: *Crítica da razão pura*, KrV A 36-41/B 53-58 [pp. 83-86].

155. Comparar com *Forma e princípios*: "Ainda que o tempo posto em si e absolutamente seja ente imaginário, no entanto, na medida em que é pertinente à lei imutável do sensível [*sensibilum*] como tal, é *conceito muito verdadeiro* e condição, que se estende ao infinito a todos os objetos possíveis dos sentidos, da representação intuitiva" [*MSI* § 14 2: 401] [p. 252]; cf. também a proposição análoga para o espaço em *MSI* § 15 2: 404 [p. 257].

156. Carta a Marcus Herz de 7 de junho de 1771, *Br* 10: 122.32.

suprassensíveis[157]. Agora, porém, o centro de gravidade do problema começou a se deslocar. No lugar da separação entre os objetos, no lugar do dualismo entre o mundo sensível e suprassensível entra em cena a separação entre as funções cognitivas que de algum modo fundamentam ou exigem para si a "objetividade". O limite não é mais traçado entre o *"mundus intelligibilis"* e o *"mundus sensibilis"*, mas entre sensibilidade e razão. E essa última é tomada aqui em seu sentido mais extenso e abrangente. Assim como podemos perguntar qual é a forma peculiar da objetividade que corresponde ao espaço e ao tempo e descobrir essa forma ao elucidarmos a estrutura e o modo de conhecimento da matemática pura e da mecânica pura, podemos e devemos, por outro lado, indagar sobre o princípio em que se baseia a necessidade do conhecimento puramente intelectual ou o direito e a validade dos nossos primeiros juízos fundamentais morais e estéticos. Kant agora tem claramente diante de si em seu primeiro contorno uma obra que deve responder a todas estas perguntas, que deve estabelecer e demarcar entre si as diferentes pretensões de validade internamente ao conhecimento teórico, bem como internamente aos domínios ético e estético. Tudo o que // parece ser exigido para que esse plano nitidamente abrangente seja levado a cabo é apenas a execução detalhada dos seus traços fundamentais.

Mas apenas quando avançamos até esse ponto é que a questão propriamente decisiva se avulta. Admitindo que tenhamos determinado os limites entre sensibilidade e entendimento e, ainda, entre os juízos teórico, ético e estético, teríamos com isso alcançado realmente um "sistema" da razão ou, talvez, nada além de um mero "agregado"? É suficiente que este múltiplo e heterogêneo sejam justapostos e tratados lado a lado ou não teríamos de buscar um *ponto de vista* em comum que fundamente todos estes diferentes questionamentos? Toda demarcação pressupõe simultaneamente na separação que executa uma conexão originária do que é separado; toda análise pressupõe uma síntese. Em que consiste este termo de ligação se, a partir do resultado ao qual chegamos agora, ele não deve ser nunca mais buscado no mundo das coisas, mas sim na estrutura e legalidade da "razão pura"? A carta de Kant a Marcus Herz de 21 de fevereiro de 1772 dá resposta a todas estas perguntas: uma resposta que numa só tacada esclarece e ilumina como que a partir do interior todos os desenvolvimentos pregressos e futuros. Não faltou quem dissesse que essa carta marca a verdadeira data de nascimento da *Crítica da razão pura*. "Você não me faz nenhuma injustiça", assim Kant começa – e é preciso que sua carta fale por si mesma em sua

---

157. Para a oposição entre "usus logicus" e "usus realis" dos conceitos do entendimento, cf. *Forma e princípios, MSI* § 5 2: 394 [p. 238].

inteira extensão, se quisermos apreender seu curso de pensamento em todas as suas mais finas nuanças –, "caso se indigne com a ausência completa de minhas respostas. Se for possível deixar de lado estas consequências desagradáveis, porém, eu gostaria de recorrer ao seu conhecimento do meu modo de pensar. Em vez de toda desculpa a que lhe devo gostaria de oferecer um pequeno relato sobre o tipo de ocupação dos meus pensamentos nas horas vagas, responsável pelo atraso na redação de cartas. Após sua partida de Königsberg, voltei a refletir nos intervalos que me são tão necessários entre negócios e descansos sobre o plano de considerações que discutimos a fim de *ajustá-lo à filosofia como um todo e aos conhecimentos restantes e de compreendê-lo em sua extensão e limites*. Eu já havia avançado bastante na distinção entre o sensível e o intelectual na moral e dos princípios que daqui se originam. Também já esboçara há algum tempo, e a meu ver em termos razoavelmente satisfatórios, os princípios do sentimento, do gosto e do poder de julgar, bem como seus efeitos, o agradável, belo e bom, // e agora fiz o plano de uma obra cujo título poderia ser algo como: *Os limites da sensibilidade e da razão*. Pensei em duas partes para ela, uma teórica e uma prática. A primeira conteria duas seções. 1) A fenomenologia em geral. 2) A metafísica, certamente segundo sua natureza e método apenas. Do mesmo modo, a segunda em duas seções. 1) Princípios universais do sentimento de gosto e dos desejos sensíveis. 2) Os primeiros fundamentos da moralidade. Ao meditar sobre a parte teórica em toda sua extensão e nas relações mútuas com todas as partes notei que as minhas longas investigações metafísicas, tanto quanto as de outros, ainda carecem de algo essencial, sobre o que não se teve atenção e que, de fato, constitui a chave para todos os segredos até agora ainda ocultos da própria metafísica. Perguntei-me então: Sobre qual fundamento repousa a relação com o objeto daquilo que, em nós, é chamado de representação?"[158] Esta relação – assim a discussão prossegue – é facilmente reconhecida em dois casos: a saber, quando o objeto produz a representação ou vice-versa, quando esta produz aquele. Compreendemos então de onde provém a "conformidade" entre ambos, uma vez que acreditamos ver que todo efeito é conforme a sua causa e deve "copiá-la" no sentido preciso do termo. O problema parece se resolver, portanto, quando o examinamos somente a partir da perspectiva da sensação dos sentidos, como também quando adotamos o ponto de vista do entendimento, que gera por si mesmo o objeto que discerne. Pois no primeiro caso, o da pura passividade, nenhuma diferença ou tensão surge, por assim dizer, entre o que é dado "de

---

158. Carta a Marcus Herz de 21 de fevereiro de 1772, *Br*, AA 10: 129.

fora" e o que é efeito em nós: o objeto como que imprime em nós sua inteira existência, deixando um traço sensível que nos conta sobre ele. Por sua vez, no segundo caso, o do "entendimento divino", a concordância entre conhecimento e objeto é facilmente reconhecida: aqui é uma e mesma identidade originária do ser divino a que se apresenta e explicita uniformemente no ato de conhecer e de formar, no de intuir e no de criar. Portanto, é ao menos em geral compreensível a possibilidade de um entendimento puramente criador, um *intellectus archetypus*, tanto quanto a possibilidade de um entendimento puramente receptivo, um *intellectus ectypus*. Só que nosso entendimento não entra // em nenhuma dessas categorias, seja porque ele próprio não produz os objetos aos quais se refere no seu conhecimento, seja porque não aceita simplesmente os efeitos deles quando são imediatamente apresentados nas impressões sensíveis. Que a segunda alternativa seja excluída, a Dissertação já havia demonstrado à exaustão. "Os conceitos puros do entendimento", Kant segue arrazoando, "não devem, portanto, ser abstraídos das sensações dos sentidos, nem exprimir a receptividade das representações por meio dos sentidos e, embora tenham certamente sua fonte na natureza da alma, eles não são causados pelos objetos nem geram eles próprios o objeto. Fiquei satisfeito na Dissertação em expressar a natureza meramente negativa das representações intelectuais: a saber, que elas não eram modificações da alma por intermédio dos objetos. Passei em silêncio, porém, sobre a questão de como é possível uma representação se referir a um objeto sem ser de modo algum afetada por ele. Eu havia dito: as representações sensíveis representam as coisas como elas aparecem, as intelectuais como elas são. Mas de que modo, então, essas coisas nos são dadas se não são do tipo que nos afetam? E, se as representações intelectuais se referem a nossa atividade interna, de onde vem a concordância que devem ter com os objetos [...]?"[159]

É certo que isso pode se dar na *matemática*, pois o objeto de fato apenas "surge" na formulação intuitiva e conceitual. O escrito premiado de 1763 já havia ensinado o que "é" um círculo ou um cone: não preciso senão interrogar o ato de construção pelo qual surge a figura. Mas em que incorremos se também admitirmos semelhante "ato de construção" para os conceitos "metafísicos" e se quisermos configurá-los, *neste* sentido, "independentemente da experiência"! Os conceitos de magnitude podem ser "independentes", pois a totalidade das magnitudes só nos é estabelecida na síntese do múltiplo "ao tomarmos uma mesma unidade diversas vezes", e é por isso que os princípios da doutrina das puras

---

159. *Br* 10: 130.

magnitudes podem ter validade *a priori* e com necessidade incondicionada. "Só que, nas relações que envolvem qualidades, como meu entendimento deve por si mesmo formar *a priori* os conceitos de coisas com os quais os objetos devem necessariamente concordar? Como ele deve conceber no que se refere à possibilidade de tais conceitos os princípios reais com os quais a experiência tem de fielmente concordar e que são, não obstante, independentes dela? Esta questão // sobre de onde vem semelhante concordância de nossa faculdade de entendimento com as coisas em si mesmas ainda permanece na obscuridade"[160]. Toda a metafísica anterior nos abandona diante dessa pergunta, pois de que serve acreditar que a solução para o enigma seja empurrá-lo de volta para a origem última das coisas: para aquele vértice misterioso em que "ser" e "pensamento" ainda não se separaram? De que nos ajuda quando Platão faz de uma primeira intuição espiritual da divindade a fonte primeira dos conceitos puros do entendimento? Quando Malebranche admite entre o espírito humano e o divino uma conexão duradoura e atual que se afirma e se manifesta em todo o conhecimento de um princípio puramente racional? Quando Leibniz ou Crusius fundamentam a concordância entre a ordem das coisas e a ordem das regras do entendimento numa "harmonia preestabelecida"? Acaso em todos esses aparentes "esclarecimentos" não é empregado algo absolutamente desconhecido na elucidação de algo relativamente desconhecido, ou ainda algo inapreensível e incompreensível em nossos conceitos para a interpretação de algo meramente problemático? "Mas nenhuma escolha que se possa fazer é mais absurda", assim objeta Kant contra todo este tipo de tentativa, "na determinação da origem e validade do nosso conhecimento do que o *deus ex machina*, que além do círculo vicioso na ilação em cadeia dos nossos conhecimentos ainda possui a desvantagem de dar azo a toda sorte de quimeras ou invencionices sacras ou especulativas"[161]. A questão fundamental levantada pelo conhecimento, a questão sobre o que assegura sua validade objetiva, sua relação com o objeto, deve ser resolvida a partir da base do próprio conhecimento, deve ser respondida à luz clara da razão e sob o reconhecimento de suas condições e de seus limites peculiares.

A entrada para a *Crítica da razão pura* foi de fato dada a partir de quando esta forma de questionamento se estabeleceu para Kant. Ele próprio relata nas demais explicações da carta a Herz como concebeu a partir daqui um sistema completo da "filosofia transcendental", reduzindo "todos os conceitos da razão

---

160. *Br* 10: 131.
161. *Br* 10: 131.

inteiramente pura" a um certo número de categorias – não como Aristóteles, que justapôs suas categorias de modo meramente aproximativo, mas, antes, como elas mesmas se dividem em classes mediante algumas poucas leis fundamentais do entendimento. "Sem me estender aqui", // assim ele prossegue, "nos esclarecimentos sobre a série completa das investigações conduzidas até este fim último, posso dizer que tive êxito no que concerne ao meu propósito essencial e que atualmente estou em condições de apresentar uma crítica da razão pura que contenha a natureza do conhecimento teórico tanto quanto do prático na medida em que sejam meramente intelectuais, em cuja primeira parte elaborarei inicialmente as fontes da metafísica, seu método e seus limites e, na sequência, os princípios puros da moralidade, e no que concerne à primeira parte devo publicá-la dentro de aproximadamente três meses"[162]. Por mais estranha que possa parecer à primeira vista, a ilusão de Kant em acreditar que pudesse concluir em três meses uma obra que ainda o manteria ocupado com exclusividade nos próximos oito ou nove anos é compreensível: quem quer que tivesse concebido a *nova tarefa* com semelhante precisão e clareza haveria de nutrir a esperança de estar em posse de todas as condições essenciais para a sua resolução, pois todas as ideias fundamentais com as quais a *Crítica da razão pura* foi forjada já foram realmente obtidas aqui. O que mais tarde Kant chamará de "revolução do modo de pensar", a virada "copernicana" do problema do conhecimento[163] está consumado aqui. O exame não mais começa pelos objetos enquanto conhecidos e dados para em seguida indicar como este objeto "transmigra" para nossa faculdade de conhecimento e é nela retratado[164], mas indaga sobre o sentido e conteúdo do próprio conceito de objeto segundo o qual tem significado a pretensão de "objetividade" seja na matemática, seja na ciência da natureza, seja na metafísica ou na moral e estética. É encontrado nessa questão o termo médio que doravante unificará num sistema todos os conceitos e problemas da "razão pura". Se toda a metafísica anterior começou com o "que" dos objetos, Kant começa com o "como" do juízo sobre os objetos. Se aquela sabia informar primária e originalmente sobre uma qualidade qualquer das coisas, ele se limita a investigar e analisar a *afirmação* do conhecimento do objeto para estabelecer o que é então colocado e significado com a "relação" que é declarada.

---

162. *Br* 10: 132.
163. Cf. *Crítica da razão pura*, *KrV* B Xss. [p. 26ss.].
164. Comparar com *Prolegômenos*, *Prol* § 9 4: 282 [p. 49].

Com esta transformação da pergunta a "metafísica" se tornou a "filosofia transcendental" – no sentido estrito em que mais tarde a *Crítica da razão pura* // definiu o novo termo: "Eu denomino *transcendental* todo conhecimento que se ocupa não tanto dos objetos, mas do nosso modo de conhecê-los na medida em que estes objetos devam ser possíveis *a priori*"[165]. Temos diante de nós um todo não de coisas, mas de "modos de conhecimento" – aos quais também pertence o que é próprio da "faculdade de ajuizamento" moral, teleológico e estético – e que exige conexão e divisão, nexo numa tarefa em comum e reconhecimento das atividades específicas. Ao mesmo tempo, é agora alcançado se não a expressão ao menos o conteúdo de outra grande pergunta fundamental da *crítica da razão*, a pergunta: "*como são possíveis juízos sintéticos a priori?*"[166] Pois este é justamente o problema que Kant apresenta na carta a Herz, com que direito podemos falar de um conhecimento "*a priori*" que ultrapassa tudo o que é dado nos elementos passivos da sensação e da sensibilidade, assim como toda mera análise conceitual: um conhecimento que se refere necessariamente à experiência enquanto enunciado sobre a conexão "real" e a oposição real, mas que, por outro lado, pretendendo valer em geral para "toda a experiência", não é mais fundado em nenhuma experiência *particular*. O que é universalmente válido e necessário – que não se encontra apenas no conhecimento das quantidades, mas também naquele das qualidades, que não aflora apenas no desenvolvimento das relações de coexistência no espaço e de sucessão no tempo, mas também na "conexão dinâmica", nos enunciados sobre coisas e propriedades, sobre causa e efeito – converte-se agora em problema: um problema que só pode ser descerrado com a própria nova formulação do "conceito de objeto" em que deve ser buscada em geral "a chave para todos os segredos até agora ainda ocultos da própria metafísica"[167].

Entretanto, quanto mais Kant se aproxima da mestria dos detalhes, tanto mais distintamente é confrontado com toda a complicação da tarefa que assumiu. Por detrás de cada solução emergem novas perguntas. Por detrás de cada divisão dos conceitos racionais em classes fixas e "faculdades" novas subdivisões se desenvolvem, cada uma das quais levando a uma investigação nova e sutil. O plano do seu trabalho já se tornara conhecido e especialmente Herz o pressionava, com compreensível impaciência, à conclusão da obra prometida. Mas Kant não se deixava // demover das puras exigências da matéria e do seu progresso

---

165. *Crítica da razão pura*, KrV B 25 [p. 60].
166. KrV B 19 [p. 56].
167. Comparar com a nota de rodapé p. 123 n. 158.

contínuo por nenhuma expectativa que ele próprio nutrisse ou que fosse suscitada por outrem. "[...] visto que cheguei tão longe no meu propósito de reconfigurar uma ciência que vem sendo tão longamente trabalhada em vão por metade do mundo filosófico", assim escreve Kant na sua próxima carta a Herz, cerca de dois anos após a última, "a ponto de me ver na posse de uma teoria que descerra inteiramente o que até agora tem sido um enigma e que coloca o procedimento da razão isolada em si mesma sobre regras seguras e de fácil aplicação, aferro-me ao propósito de não me deixar instigar por qualquer sanha de autor em busca de fama num campo mais fácil e popular até que eu tenha granjeado para cultivo geral o solo espinhoso e duro em que trabalho"[168]. Kant ainda esperava que a obra pudesse estar pronta para entrega "na Páscoa" de 1774 ou que pudesse prometê-la "quase com certeza" para pouco depois da Páscoa. Ao mesmo tempo, porém, ele enfatiza o esforço e tempo "para conceber e simultaneamente executar em sua completude a ideia de uma ciência inteiramente nova"[169] no que diz respeito ao método, às divisões e à terminologia adequada e exata. Ele tenciona primeiro concluir a "filosofia transcendental" e então passar para a metafísica, a qual pretende realizar em duas partes: como "metafísica da natureza" e como "metafísica dos costumes". A isso ainda acrescenta seu plano de primeiramente publicar essa última, com o que já se alegra antecipadamente. É de especial interesse sobre o sistema que as questões de ética sejam agora tratadas a partir dos mesmos pressupostos e segundo o mesmo plano fundamental que as questões do conhecimento puramente teórico. Há tempos já ficara para trás a época em que Kant parecia se aproximar do método psicológico da ética tal como praticada pelos ingleses e cujo procedimento de um Shaftesbury, Hutcheson e Hume era por ele louvado como uma "bela descoberta do nosso século"[170]. Na Dissertação inaugural o problema da moralidade já havia sido completamente deslocado para o lado do "inteligível" e inteiramente isolado de todo fundamento de determinação sensível do prazer e desprazer, em manifesta oposição a Shaftesbury[171]. Kant viu nesta transformação das bases da ética, tal como escreveu na remessa da dissertação // a Lambert, um dos propósitos mais importantes da metafísica em sua forma agora alterada[172]. A ética se tornou uma disciplina "*a priori*", à semelhança da doutrina do espaço e tempo e da doutrina dos con-

---

168. Carta a Marcus Herz do final de 1773, *Br* 10: 144.
169. Idem.
170. Cf. *Notícia sobre a organização de suas preleções*, NEV 2: 312 [p. 179].
171. *Forma e princípios*, MSI § 9 2: 396 [p. 238].
172. Carta a Lambert de 2 de setembro de 1770, *Br* 10: 97-98.

ceitos intelectuais puros: a objetividade própria do "dever" se diferencia, por um lado, da objetividade do ser, tanto quanto, por outro, ilumina-a e é por essa mutuamente iluminada.

Entretanto, não temos de entrar nos demais pormenores da correspondência entre Kant e Herz, pois ali se repete constantemente a mesma imagem de conjunto. A um observador externo poderia ocasionalmente parecer como se o plano que Kant tem diante de si não passasse de fogo-fátuo a seduzi-lo erraticamente para as sendas desconhecidas do pensamento. Ele continua a acreditar que se encontra no termo final, mas tanto mais ele progride, mais se lhe estende o caminho que ainda deve percorrer. Após a conclusão definitiva da obra que, por volta do fim de 1773, acreditava poder ser prometida "quase com certeza" para pouco depois da Páscoa de 1774[173] transcorrerão outros três anos em que o afluxo constante de novas questões retarda manifestamente a sua primeira elaboração sistemática e redação. Quanto mais impacientes se tornam as expectativas, mais prementes se tornam as questões que lhe são direcionadas pelos círculos literários e eruditos da Alemanha. "Diga-me então em poucas linhas", Lavater lhe escreve em fevereiro de 1774, "você morreu para o mundo? Por que tantos tanto escrevem sem o saber e nada de você que o faz de maneira tão exímia? Por que se cala neste novo tempo, que de você nada ressoa? Acaso dorme? Kant – não, não desejo elogiá-lo, mas diga-me, no entanto, por que se cala? Ou, antes: diga-me que quer falar"[174]. Enquanto escrevia estas palavras Lavater nem sequer suspeitava de que se enunciava precisamente com esse silêncio o advento desse "novo tempo". "Recebo recriminações de todo canto", assim Kant escreve a Herz em 26 de novembro de 1776, "e isto devido a minha inatividade em que desde longo tempo pareço me encontrar e, no entanto, nunca estive ocupado de modo tão sistemático e permanente quanto nos últimos anos em que não mais nos vimos. Acumula-se em minhas mãos matérias que, despachadas, // poderiam certamente me granjear aplausos passageiros, como ocorre quando alguns princípios fecundos são apreendidos. Mas um objeto principal os contém a todos como numa barragem, algo que realmente acredito já possuir e que não exige doravante tanta reflexão quanto execução, o que há de me granjear um benefício duradouro. [...] Trata-se de obstinação, se posso dizê-lo, não arredar-me de um plano como esse e com frequência as dificuldades me incitaram à dedicação a outras matérias mais agradáveis, de cuja infidelidade de tempos

---

173. Carta a Herz do final de 1773, *Br* 10: 145.
174. Johann Caspar Lavater, carta a Kant de 8 de fevereiro de 1774, *Br* 10: 149.

em tempos me afastam ora a superação de alguns obstáculos, ora a importância da própria empreitada. Você sabe que deve ser possível divisar o campo do que se ajuíza independentemente de todos os princípios empíricos, isto é, da razão pura, porque ele reside em nós mesmos *a priori* e não se deve esperar disso que algo seja revelado a partir da experiência. Agora, para traçar seu escopo completo, as seções, os limites, o seu conteúdo completo segundo princípios seguros e erigir as balizas de modo a que se possa com segurança saber no futuro se nos encontramos no terreno da razão ou da sofística é preciso: uma crítica, uma disciplina, um cânon e uma arquitetônica da razão pura, portanto, uma ciência formal, para a qual nada do que já existe pode ser usado e que inclusive exige algumas expressões inteiramente técnicas para sua fundamentação"[175]. Não só o plano fundamental sistemático, como também o técnico da Crítica da razão agora se tornam claramente visíveis a Kant, oferecendo-lhe com precisão, acima de tudo, a separação entre a "analítica" e a "dialética", entre os domínios da "razão" e da "sofística". Mas ele ainda continuava incapaz de divisar a tarefa *literária* como um todo, pois Kant dava novas garantias, algo até certo ponto agora duvidoso, de que todo o trabalho de fato não estaria pronto antes da Páscoa, mas certamente no verão seguinte. Em todo caso, ele roga a que Herz não nutra qualquer expectativa a esse respeito, "o que costuma ser por vezes fatigante e sempre prejudicial"[176]. Após nove meses, Kant anuncia em agosto de 1777 que a *Crítica da razão pura* é ainda uma "pedra no caminho" a todos os outros planos e trabalhos que tem em mente // e que, não obstante, ele segue ocupado na sua remoção; agora acredita que irá entregá-la ainda "neste inverno". O que continua a detê-lo não é nada mais que o esforço para tornar o mais distintamente possível todos os seus pensamentos para os outros, porque, segundo a experiência, aquilo que se tornou corrente e que foi posto sob a maior clareza é costumeiramente malcompreendido até mesmo pelos especialistas quando o caminho habitual é inteiramente abandonado[177]. Em abril de 1778, porém, ele tem de novamente retorquir ao rumor de que algumas páginas do seu "trabalho em mãos" já teriam sido impressas. Mas quem quisesse concluir a partir dessa última informação que nesta altura ao menos os primeiros contornos da obra e de sua forma literária futura já teriam de estar assegurados para Kant seria informado sobre algo de especificamente diferente a respeito de um escrito "que não contará com uma grande

---

175. Carta a Marcus Herz de 24 de novembro de 1776, *Br* 10: 198-199.
176. *Br* 10: 199.
177. Carta a Marcus Herz de 20 de agosto de 1777, *Br* 10: 213-214.

quantidade de páginas"[178]. Em agosto deste mesmo ano escutamos falar da obra como um "manual [...] de filosofia"[179] em que ele ainda trabalha incansavelmente: e, novamente, um ano depois, que sua finalização é estipulada para o natal de 1779[180]. Em todo caso, a composição já deveria ter começado naquela altura, pois Hamman informa a Herder em maio de 1779 que Kant trabalhava ininterruptamente em sua "moral da razão pura"; em junho de 1780 é ainda dito que ele até se orgulha do atraso na medida em que isso contribuirá para a perfeição do seu intento[181]. A redação propriamente dita, a despeito dos esboços e projetos, não exigiu senão um tempo bastante curto de Kant; o que se confirma com o relato feito a Garve e a Mendelssohn de que ele obtivera "em cerca de quatro ou cinco meses, como que de um só fôlego", a exposição das matérias sobre as quais havia minuciosa e consecutivamente refletido durante mais de doze anos. Após uma década da mais profunda meditação, após repetidos adiamentos a finalização da obra só é de fato alcançada graças a uma súbita // resolução que energicamente interrompe a elucubração do seu pensamento. Foi o medo de que a morte ou a debilidade da velhice pudessem pegá-lo de surpresa durante a composição o que o levou a dar uma conclusão formal ao pensamento que ele próprio ainda sentia como algo provisório e insuficiente[182]. Mas também a esse respeito a *Crítica da razão pura* é um livro clássico: as obras dos grandes pensadores, à diferença das grandes obras de arte, aparecem em sua forma mais verdadeira quando o selo do seu acabamento ainda não foi cunhado, quando elas ainda refletem o devir incessante e a inquietude interior do próprio pensamento.

Nos estudos preparatórios de detalhes que nos restaram feitos para a *Crítica da razão* este processo aflora com a máxima distinção e vivacidade. Os papéis que Rudolph Reicke publicou sob o título de *Lose Blätter aus Kants Nachlaß* [*Folhas soltas do espólio manuscrito de Kant*], assim como os registros contidos nas *Reflexionen* [*Reflexões*] editadas por Benno Erdmann pertencem inequivocamente às preparações dessa fase. Uma das folhas publicadas por Reicke pode ser datada com bastante exatidão, visto que Kant aproveitou para sua anotação os espaços vazios de um papel de carta em que figura a data de 20 de maio de

---

178. Carta a Marcus Herz de abril 1778, *Br* 10: 232.
179. Carta a Marcus Herz de 28 de agosto de 1778, *Br* 10: 241.
180. Carta a Johann Jacob Engel de 4 de julho de 1779, *Br* 10: 256.
181. Johann Georg Hamann, carta a Johann Gottfried Herder de 17 de maio de 1779 e de 11 de junho de 1780, em: *Schriften* (Ed. Roth), Tomo VI, Berlim, 1824, p. 82s.: p. 83 e pp. 136-146: p. 145.
182. Carta a Christian Garve de 7 de agosto de 1783, *Br* 10: 336-346; Carta a Moses Mendelssohn de 16 de agosto de 1783, *Br* 10: 344-347. Citação: *Br* 10: 345.

1775. Partindo desta folha e do composto que se obtém com sua reunião ao conteúdo factualmente correspondente das demais, as diversas direções alcançadas pelo pensamento de Kant nesta época se esclarecem[183]. Não podemos tratar em seus pormenores do conteúdo destes registros que apenas se torna compreensível quando se pressupõe o posicionamento do problema e os conceitos fundamentais da *Crítica da razão pura*. Porém, quase tão significativo quanto o conteúdo puramente objetivo destas folhas é o vislumbre sobre o modo de trabalho de Kant que elas nos proporcionam. Segundo o que Borowski informa a esse respeito, Kant "primeiro fazia todos os planos gerais mentalmente; em seguida, ele os trabalhava em detalhes; escrevia o que ainda tinha de ser incluído ou mais detalhado aqui e ali em papeletes que ele incluía em todas as primeiras anotações manuscritas compostas de uma só vez. Depois de algum tempo ele revisava o conjunto novamente e, então, passava a limpo // e distintamente, como sempre fazia, para o editor"[184]. Os registros que possuímos de 1775 ainda pertencem integralmente ao primeiro estágio de preparação em que Kant, desconsiderando a perspectiva do leitor e a forma literária futura da obra, busca apenas registrar para si mesmo os pensamentos e variá-los em suas múltiplas expressões. Nenhum esquema de apresentação domina aqui de modo definitivo e estritamente observado; nenhum vínculo com uma "disposição" ou terminologia fixas. As diferentes abordagens e ensaios se entrecruzam e se deslocam mutuamente sem que obtenham uma prioridade definitiva nem uma forma fixa última. Quem se aventurar na representação do pensamento de Kant como apenas um feixe cingido de definições, distinções escolásticas e divisões conceituais certamente se espantará com a liberdade de movimento ali encontrada. Em especial, ele assume uma indiferença verdadeiramente soberana diante de toda questão terminológica. Ele cunha designações e diferenciações em conformidade com o que exigem os respectivos problemas apenas para descartá-los tão logo o exija o novo rumo tomado pelo pensamento. Em parte alguma o progresso do assunto em pauta é inibido por qualquer padrão adotado de antemão, o conteúdo criando por si mesmo a forma que lhe é adequada. Disso resulta, como algo incidental e contingente, uma profusão de ideias que também adquirem um valor peculiar e independente face à formulação ulterior definitiva dos pensamentos na *Crítica da razão pura*. É certo que para aquele que se ponha no encalço das afirmações de Kant desse período com o objetivo de indicar as discrepâncias

---

183. Para mais informações a este respeito, cf. Theodor Haering, que reeditou e comentou estas páginas: *Der Duisburgsche Nachlass und Kants Kritizismus um 1775*.
184. Borowski, *Darstellung des Lebens Kant's*, p. 191s.

e "contradições" no emprego particular de conceitos e expressões, a exemplo do pedantismo dos que dão ares de conhecedores da verdadeira e "exata" filologia kantiana, estas folhas nada podem significar senão um caos de ideias heterogêneas. Entretanto, se elas forem lidas como devem ser, como ensaios diversificados em que se registram as alterações de pensamento e que se lhes imprimem seu primeiro contorno provisório, elas oferecem uma imagem da natureza e do estilo do pensamento de Kant talvez mais viva do que muitas obras preparadas e concluídas. Por outro lado, compreende-se facilmente quais dificuldades internas e externas descomunais precisaram ser superadas antes que uma juntura sólida pudesse ser admitida a semelhante material intelectual nos termos com os quais nos deparamos na *Crítica da razão*. Assim, talvez Kant não estivesse // de fato tão errado em responsabilizar principalmente as dificuldades de exposição pela lenta progressão da obra. Tal como podemos julgar a partir dos registros desta época, os esboços gerais do sistema crítico já se encontravam estabelecidos em 1775, mas a impressão da *Crítica da razão pura* parece ter começado apenas em dezembro de 1780, segundo as alusões contidas na correspondência entre Hamman e Hartknoch. Kant anuncia em 1º de maio de 1781 numa carta a Herz o lançamento imediato da obra. "Nesta Páscoa será publicado meu livro intitulado *Crítica da razão pura*. [...] Esse livro contém o resultado de todas as múltiplas investigações que têm sua origem nos conceitos que debatemos juntos sob a denominação de *mundi sensibilis* e *intelligibilis*, e é para mim uma questão importante entregar a suma completa dos meus esforços ao mesmo homem arguto que dignou aprimorar minhas ideias, e o fez de modo tão perspicaz que as perscrutou mais profundamente que qualquer outro"[185]. Com isso, Kant liga retrospectivamente sua obra ao seu passado filosófico. Agora, ao contemplar, já em seus 57 anos de idade, a conclusão do trabalho de toda uma vida nesta obra nascida de doze anos de reflexão, Kant cometeu a si mesmo uma injustiça com semelhante julgamento: ela se tornou não só para ele próprio como para a história da filosofia o início de um desenvolvimento inteiramente novo.

---

185. Carta a Marcus Herz de 1º de maio de 1781, *Br* 10: 266.

3. A construção e os problemas fundamentais da *Crítica da razão pura*

1.

// Se aplicamos também a grandes pensadores o dito de que o estilo é o homem, então, desse ponto de vista, a *Crítica da razão pura* coloca um problema muito difícil aos *biógrafos* de Kant. Pois uma mudança de estilo mais profunda e mais radical do que aquela levada a cabo por Kant na década entre 1770 e 1780 não se mostra em lugar algum da história da literatura e da filosofia – mesmo em Platão, cujo estilo maduro no *Filebo*, no *Sofista* ou em *Parmênides* se diferencia tão caracteristicamente do modo de exposição dos diálogos anteriores. Somente com esforço ainda se pode reconhecer no autor da *Crítica da razão pura* o escritor que redigiu as *Observações sobre o sentimento do belo e do sublime* ou os *Sonhos de um visionário*. No lugar do movimento livre do engenho e da imaginação é colocado o rigor da análise conceitual abstrata, no lugar da elegância reflexiva e da alegria desses escritos, a grave seriedade acadêmica. De fato, quem lê corretamente a *Crítica da razão pura* encontra nela, ao lado da perspicácia e da profundidade do pensamento, uma extraordinária força da intuição e uma linguagem de poder imagético incomum. Goethe disse que, quando ele lia algo de Kant, sentia-se como se entrasse num cômodo iluminado. Ao lado da arte da organização contínua de complexos de pensamentos dos mais difíceis e complicados, encontra-se aqui o dom de indicar como que de uma só vez, em imagens características, em mudanças epigramáticas que se gravam indelevelmente, o resultado total de uma dedução e de uma análise detida de conceitos e de concentrá-lo num ponto. Mas, de fato, na maioria dos leitores predomina, em geral, a impressão de que a forma da exposição que Kant escolheu agrilhoa suas ideias, ao invés de ajudá-los em sua expressão adequada e pura. No cuidado com a consistência e a precisão da terminologia, com a exatidão nas determinações e divisões conceituais, com a concordância e o paralelismo dos *schemata*, a forma de expressão natural, intelectual e pessoalmente viva de Kant parece como que estar solidificada. Ele mesmo percebeu e declarou isso. "O método da minha preleção", aponta ele numa nota de diário, // "tem uma estrutura desfavorável; ele parece escolástico, por conseguinte meditativamente árido, de fato limitado, e bem distinto do tom do gênio". Mas é uma intenção consciente que o detém aqui de toda a aproximação, de toda concessão ao tom do "gênio". "Eu escolhi o método escolar", diz em outro lugar, "e o preferi ao livre-movimento do espírito e do engenho, embora eu tenha deveras descoberto, uma vez que eu queria que cada cabeça pensante participasse desta investigação, que a aridez desse método iria intimidar os leitores do tipo que procuram uma ligação direta com o prático. Mesmo se eu possuísse um enorme engenho e encantos de escritor, eu os teria excluído do método, porque é muito importante para mim não deixar remanescente qualquer suspeita, como se eu quisesse capturar e persuadir os leitores, mas não esperasse que eles se juntariam a mim meramente pela força do discernimento. Também o método só surgiu para mim através da experimentação"[1]. A exigência da dedução conceitual rigorosa e da sistemática conceitual constitui agora o único ideal frente ao qual todos os outros requisitos devem recuar.

Contudo, Kant não renunciou a esses requisitos sem pesar. Nos anos que antecedem imediatamente a redação da *Crítica da razão pura*, inquieta-lhe incessantemente a ponderação sobre se, e em que medida, seria possível dar às ideias filosóficas, sem prejuízos em sua profundidade, a forma da "popularidade". "Já há algum tempo", escreveu ele a Herz em janeiro de 1779, "que eu penso, em certos tempos ociosos, nos princípios de popularidade nas ciências em geral (entenda-se, naquelas que são capazes disso, porque a matemática não o é), especialmente na filosofia, e creio poder determinar desse ponto de vista não só uma seleção diferente, mas também uma ordenação completamente diferente, uma vez que ela requer o método escolar, que permanece sendo o fundamento"[2]. Na verdade, os primeiros esboços da *crítica da razão* também foram dominados por esse ponto de vista. Eles aspiraram, ao lado da "clareza discursiva (lógica) através dos conceitos", também a "clareza intuitiva [*intuitive*] (estética) através das intuições [*Anschauungen*] e exemplos concretos. O prefácio à obra finalizada informa sobre o que movera Kant finalmente a se distanciar desse plano. "[...] os // meios auxiliares da clareza, que de fato ajudam no *detalhe*, com frequência

---

1. *Refl.* 4989, AA 18: 53 e *Refl.* 5031, AA 18: 67.
2. *Carta a Marcus Herz*, janeiro de 1779 *Br* AA 10: 247.18.

atrapalham no *geral* na medida em que não permitem ao leitor chegar rápido o suficiente a uma visão de conjunto do todo e, mesmo com todas as suas cores brilhantes, acabam por embaralhar e tornar irreconhecível a articulação ou estrutura do sistema, da qual em geral depende, todavia, a possibilidade de julgar sobre a unidade e a solidez do mesmo"[3]. Assim, em vez das primeiras tentativas de uma exposição intuitiva e de entendimento geral, aqui tem lugar a renúncia consciente: um "caminho real" – assim compreendeu Kant – para a filosofia transcendental não pode existir mais do que para a matemática.

O motivo mais profundo dessa mudança de estilo se encontra, entretanto, em que se trata de um *tipo de pensamento* completamente novo que Kant defende contra seu próprio passado e contra a filosofia da época do *Esclarecimento* – contra Hume e Mendelssohn, os quais ele inveja em seu modo de escrita tão elegante quanto profundo. Nas décadas de meditação mais afastada e solitária, nas quais Kant estabeleceu para si seu método e suas questões peculiares, ele se afastara gradualmente cada vez mais das pressuposições fundamentais comuns sobre as quais o pensamento filosófico e científico da época se apoiava como num acordo tácito. Mas ele ainda falava livremente a língua dessa época; ele ainda usava os conceitos que ela cunhou, e as classificações escolares que ela aplicava em seus manuais de ontologia, de psicologia racional, cosmologia e teologia. Mas todo esse material de expressões e pensamentos será utilizado para uma finalidade completamente distinta. O autor, para o qual esta finalidade se coloca, não desdenha de tais meios de denominação e exposição que, contudo, não são mais completamente adequados ao rigor de seu próprio pensamento. Com efeito, ele frequentemente prefere recorrer a esses meios porque espera encontrar neles, o mais rapidamente possível, uma conexão com o universo conceitual familiar do leitor. Mas exatamente essa transigência se tornará a fonte de múltiplas dificuldades: precisamente onde desceu ao nível da vista de sua época, Kant não conseguiu fazer a época se elevar ao seu patamar. E outro momento que vem aqui ao exame dificultou ainda mais, para seus contemporâneos, a penetração na intuição fundamental de Kant, e que continuou desde então a ser uma fonte de muitos erros e incompreensões. Se levarmos em conta apenas a forma externa que Kant deu aos seus escritos, então nada nos parece mais nítido que diante de nós // se desdobra um sistema doutrinal *acabado*, fixo e fechado no todo e em todos os seus pormenores. Os materiais para sua construção parecem estar completamente prontos. O plano está esboçado clara e precisamente em todas as particularidades. Agora

---

[3]. *Crítica da razão pura,* A XIX [Tradução de Fernando Costa Mattos. Petrópolis: Vozes, 2012, p. 22s.].

resta somente juntar as peças, segundo o plano estabelecido. Mas somente agora, ao empreender essa tentativa, emerge por completo todo o tamanho da tarefa. Por todos os lados aparecem novas dúvidas e questões; por toda parte se mostra que os conceitos individuais que acreditávamos poder usar como *pressupostos,* antes carecem eles mesmos de determinação. Assim, os conceitos se tornam outros e outros, de acordo com o lugar em que eles estão na construção progressiva sistemática do todo. Eles não são como substratos inertes do movimento do pensamento desde o início, mas eles se desenvolvem e se fixam somente nesse próprio movimento. Quem não leva em conta esse traço, quem acredita que o significado de um determinado conceito fundamental seja esgotado em sua primeira definição, e quem busca mantê-lo nesse sentido como imutável, como intocável no decorrer do progresso do pensamento, deverá necessariamente equivocar-se em sua interpretação. A característica da escrita de Kant concorda aqui com o que relatamos sobre sua característica como professor acadêmico. "Sua preleção", conta Jachmann, "era sempre perfeitamente adequada ao objeto, mas não era memorizada, e sim sempre uma efusão do intelecto sempre novamente pensada. [...] Também sua aula de metafísica, descontada a dificuldade do objeto para o pensador iniciante, era brilhante e atraente. Kant demonstrava uma arte especial na constituição e definição dos conceitos metafísicos na medida em que ele se colocava diante de seus ouvintes, na tentativa de, por assim dizer, começar ele mesmo a refletir sobre o objeto, introduzindo paulatinamente novos conceitos determinantes, aprimorando mais e mais explicações já experimentadas, passando para a conclusão completa do conceito já completamente esgotado e iluminado de todos os lados, e assim não apenas fazia o ouvinte rigorosamente atento conhecer o objeto, mas o conduzia ao pensamento metódico. Quem não compreendia esse andamento de sua preleção, e tomava sua primeira explicação como a certa e completamente exaustiva, sem se empenhar em continuar seguindo, só acumulava meramente a metade das verdades, como me convenceram disso muitos relatos de seus ouvintes"[4]. Esse destino do ouvinte de Kant se tornou também // o destino de muitos de seus comentadores. Se nos aproximamos da definição dos juízos analíticos e sintéticos, do conceito de experiência e de *a priori,* dos conceitos de transcendental e da filosofia transcendental, tal como eles se apresentam no começo da *Crítica da razão pura,* com a ideia de que lidamos aqui com moedas cunhadas, cujo valor está afixado de uma vez por todas, então necessariamente deveremos nos confundir com o andamento

---

[4]. Jachmann, *Immanuel Kant in Briefen an einen Freund* (Carta 4), p. 26-38: p. 28ss.

posterior da obra. Pois reiteradamente se mostra que uma investigação, aparentemente encerrada por completo, é recomeçada novamente; que uma explicação anterior é complementada, ampliada, e até completamente reestruturada; que problemas que inicialmente foram tratados de modo isolado assumem de uma vez uma relação completamente nova entre si na medida em que seu significado inicial se altera. No fundo, entretanto, é exatamente essa capacidade de mudança a única relação natural e necessária. Pois ela é a testemunha de que nós mesmos estamos aqui ainda em meio a um processo vivo e em contínuo progresso do pensamento. Muito daquilo que pode aparecer no resultado separado como contraditório só se ilumina quando é inserido novamente nesse movimento e interpretado a partir da totalidade. Onde Kant, por força do método "sintético" que ele emprega na *crítica da razão*, avança gradualmente e passo a passo do particular para o todo, a reprodução livre do sistema pode começar analogamente o caminho com o pensamento do todo, que ele mesmo apontou nos *Prolegômenos*, e buscar constatar, em direção a ele, o sentido do particular. Se lá se entrelaçam sempre novos e novos fios, até finalmente se encontrar diante de nós a trama conceitual mais engenhosa – então trata-se, para a análise retrospectiva inversa, de retirar dos múltiplos complexos conceituais apenas os traços principais determinantes e de registrar a diretriz mais geral, através da qual o pensamento se mantém orientado em todas as suas ramificações e implicações. A totalidade das questões singulares que o sistema da filosofia crítica abrange em si não se esgota com isso; deve bastar se tornamos visível e nítida aquela "estrutura" [*Gliederbau*] que o próprio Kant vira como o momento essencial e como o critério decisivo para julgar acerca da unidade e proficiência de sua doutrina.

2.

// É do conceito da metafísica, e dos destinos que esse conceito experimentou através dos tempos, que parte a consideração da *crítica da razão*. Esta é a contradição interna que atravessa toda a história da metafísica, que ela, que reivindica constituir a mais alta instância para o problema do *ser* e da *verdade*, não proveu ainda para si qualquer norma de certeza. A mudança de sistemas parece caçoar de toda tentativa de trazê-la para o "caminho seguro de uma ciência"[5]. Mas ainda que a metafísica pareça impossível como ciência, a julgar pelas experiências de sua história, mesmo assim ela permanece, não obstante, como

---

[5]. *Crítica da razão pura*, B XIV [p. 28]. Ver também abaixo, p. 159, nota 29.

"predisposição natural" necessária. Pois toda tentativa de resignação em relação a suas questões fundamentais logo se revela enganosa. Nenhuma decisão da vontade e nenhuma demonstração lógica, por mais perspicaz que seja, pode nos distanciar das tarefas que nos são colocadas. O dogmatismo, que nada nos ensina, e o ceticismo, que nada nos promete, mostram-se como soluções insuficientes para o problema da metafísica do mesmo modo. Após todos os esforços intelectuais dos séculos, atingimos um ponto em que, como parece, não há mais para nós nem avanço nem retrocesso – no qual é impossível tanto satisfazer quanto renunciar às exigências que se associam ao conceito e ao nome da metafísica. "O matemático, o belo espírito, o filósofo natural: o que logram quando zombam arrogantemente da metafísica? Em seu interior reside o chamado que sempre os convida a fazer uma tentativa no campo da metafísica. Se, como seres humanos, procuram os seus fins últimos não na satisfação dos propósitos desta vida, eles não podem deixar de perguntar: De onde eu venho? De onde vem tudo isto? O astrônomo é ainda mais instado a fazer estas perguntas. Ele não pode se abster de procurar algo que o satisfaça aqui. No primeiro juízo que ele faz sobre isso, ele está no campo da metafísica. Quererá ele agora se deixar sem qualquer guia meramente pelas persuasões que podem maturar, se de fato ele não tem um mapa do campo, o que ele quer percorrer? Nesta escuridão, a *Crítica da razão pura* levanta a tocha, mas não ilumina as regiões desconhecidas além do mundo dos sentidos, mas o espaço escuro de nosso próprio entendimento"[6]. Não é o *objeto* da // metafísica que deve experimentar um novo exame e elucidação através da *Crítica da razão pura*; é a sua *questão* que devemos compreender mais profundamente do que antes, e discernir a partir das primeiras origens que ela tem no nosso "entendimento".

Com isso se expressa o primeiro contraste característico que separa a doutrina de Kant dos sistemas do passado. A metafísica antiga era *ontologia*: ela começava com determinadas convicções gerais sobre o "ser" por excelência, e ela buscava a partir disso avançar para o conhecimento de determinações especiais das coisas. Isso vale, no fundo, tanto para aqueles sistemas que denominam a si mesmos como "empíricos" como para aqueles que se admitem "racionalistas". Pois "empirismo" e "racionalismo" se diferenciam precisamente em suas concepções sobre os *meios de conhecimento* específicos com os quais nós nos apropriamos do ser. A visão fundamental, entretanto, de que "existe" um tal ser, de que há uma realidade das coisas que o intelecto tem de receber e reproduzir em si, é

---

6. *Refl.* 5112, AA 18: 93.

comum a ambos. Indiferentemente, portanto, de como aqui a relação pode ser interpretada no detalhe, mantém-se o seguinte: que ambos começam com uma afirmação determinada sobre a realidade, sobre a natureza das coisas ou da alma, e daí deduzem todas as outras proposições como consequências. Nesse ponto se insere a primeira ponderação de Kant e a sua primeira exigência. O pomposo nome de uma ontologia, a qual pretende dar para "as coisas em geral" os conhecimentos universalmente válidos e necessários numa doutrina sistemática, deve dar lugar ao modesto título de uma mera analítica do entendimento puro[7]. Se naquela primeiramente era perguntado o que é o ser, para então mostrar como ele "vem ao conhecimento", ou seja, como ele se apresenta e se expressa nos conceitos e conhecimentos, aqui se deverá começar, ao contrário, com a verificação sobre *o que, em geral, significa a questão sobre o ser* – se lá o ser valia como ponto de partida, aqui ele se coloca como problema ou como postulado. Se, anteriormente a isso, qualquer estrutura determinada do mundo dos objetos era tomada como o início seguro, e a tarefa consistia apenas em mostrar como essa forma de "objetividade" passa para a "subjetividade", como ela passa para o conhecimento e a representação, agora aqui é exigido que, antes de ser proposta alguma teoria sobre essa passagem, que primeiramente uma explicação seja dada sobre o que, pois, quer dizer em geral o conceito de efetividade, o que quer dizer a pretensão de // objetividade. Pois "objetividade" – agora se sabe – não é um estado de coisas primordialmente estabelecido e não mais decomponível, mas uma questão original da "razão", uma questão que possivelmente não se responde completamente, mas a cujo *sentido* em todo caso devem ser dadas satisfações completas e exaustivas.

Isso ainda pode parecer obscuro, mas imediatamente se elucida quando remontamos até aquele primeiro germe da *crítica da razão* que é exposto na carta de Kant a Herz no ano de 1772. Aqui Kant indicara como a "chave para todo o segredo [...] da metafísica até aqui, ainda oculto para ela mesma"[8], o problema sobre o motivo pelo qual a relação daquilo que se denomina representação em nós se basearia no objeto. Dentre as teorias de então sobre essa relação, ele não encontrava resposta. Pois elas conduziam ou a uma mera "receptividade" do intelecto, que não explicava sua capacidade para se elevar a conhecimentos universais e necessários, ou elas terminavam na medida em que a ele adjudicavam essas capacidades, finalmente, por atribuí-las a algum *Deus ex machina* que as teria implantado no intelecto originalmente, em conformidade com a "nature-

---

7. *Crítica da razão pura*, B 303 [p. 248].
8. Cf. acima, p. 123, nota 158.

za das coisas".[9] Essa solução mística, entretanto, é no fundo tanto desnecessária como insatisfatória, desde que seja entendido que se trata, na questão geral sobre o objeto do conhecimento, não tanto de uma questão da metafísica como, muito antes, de uma questão da lógica. Pois na oposição que fazemos entre "representação" e "objeto" trata-se não de dois caracteres fundamentalmente diversos do ser absoluto, mas de uma qualidade e uma direção determinada do *juízo*. Nós imputamos "objetividade" a uma determinada conexão de conteúdos, nós as vemos como expressão do "ser", quando nós temos motivo para admitir que a forma dessa conexão não é meramente acidental ou arbitrária, mas necessária e universalmente válida. Por enquanto, o que nos dá *direito* a essa assunção ainda está em aberto. Em todo caso, é sobre ela que se baseia não apenas toda a nossa consciência da verdade e da validade objetiva de uma afirmação, mas também aquilo em que consiste propriamente essa consciência. Em outras palavras, não nos são dadas "coisas", das quais se pode adquirir portanto conhecimentos certos e necessários, mas é a certeza desses conhecimentos que apenas tem uma outra expressão na afirmação // de um "ser", de um "mundo" e de uma "natureza". A carta a Herz não avançava até essa nitidez da questão e de sua resolução. Foi somente a *Crítica da razão pura* que a logrou nos capítulos decisivos da "dedução transcendental das categorias". "E aqui é necessário, então", diz ele novamente nesse lugar, com pregnância especialmente enfática, "tornar compreensível o que se entende sob a expressão 'um objeto das representações'. [...] O que se entende, então, quando se fala em um objeto correspondente ao conhecimento e, portanto, dele diferente? É fácil discernir que esse objeto só poderia ser pensado como algo em geral = X, pois fora do conhecimento nós não temos nada que pudesse ser contraposto a esse conhecimento como correspondente a ele. Nós achamos, porém, que o nosso pensamento da relação de todos os conhecimentos a seu objeto traz consigo algo de necessário, a saber, que este seja considerado como aquilo que impede que os nossos conhecimentos sejam ao acaso ou fortuitos, fazendo antes com que sejam determinados *a priori* de um certo modo: pois na medida em que eles devem referir-se a um objeto, eles têm de concordar entre si, de modo igualmente necessário, com relação a esse objeto, i.e., possuir aquela unidade que constitui o conceito de um objeto. [...] Nós dizemos então: conheceremos o objeto quando tivermos efetuado uma unidade sintética no diverso da intuição. [...] Assim, nós pensamos um triângulo como objeto na medida em que somos conscientes da composição de três linhas retas segundo uma regra

143

---

9. Ver acima, p. 125ss.

pela qual tal intuição pode ser representada a qualquer momento. Essa *unidade da regra* determina assim todo o diverso e o limita às condições que tornam possível a unidade da apercepção; e o conceito dessa unidade é a representação do objeto = X que eu penso através dos referidos predicados de um triângulo"[10]. A necessidade do juízo *surge* portanto não da unidade do objeto sob e além do conhecimento, mas essa necessidade *é* aquela que constitui para nós o único sentido concebível do pensamento do objeto. Quem compreende sobre o que se baseia essa necessidade e em quais condições constitutivas ela se *fundamenta*, terá assim penetrado e resolvido o problema do ser, se ele for de todo solucionável do ponto de vista do conhecimento. Pois não é porque há um mundo de coisas que existe para nós, como se fosse sua reprodução e // cópia, um mundo de conhecimentos e verdades, mas porque existem juízos incondicionalmente certos – juízos cuja validade não é dependente nem de um sujeito empírico individual do qual eles são proferidos, nem das condições especiais empíricas e temporais sob as quais eles são proferidos – é que existe uma ordem para nós, que é designada não apenas como uma ordem de impressões e representações, mas como uma ordem de objetos.

O ponto de partida da doutrina kantiana e a oposição na qual ela sente colocar-se em relação a todas as versões até então existentes dos problemas metafísicos é com isso definida de uma vez por todas. Kant mesmo, no prefácio da segunda edição da *Crítica da razão pura*, cunhou aquela famosa imagem para a expressão dessa oposição, na qual ele compara sua "revolução do modo de pensar" à de Copérnico. "Até hoje se assumiu que todo o nosso conhecimento teria de regular-se pelos objetos; mas todas as tentativas de descobrir algo sobre eles *a priori*, por meio de conceitos, para assim alargar nosso conhecimento, fracassaram sob essa pressuposição. É preciso verificar pelo menos uma vez, portanto, se não nos sairemos melhor, nas tarefas da metafísica, assumindo que os objetos têm de regular-se por nosso conhecimento, o que já se coaduna melhor com a possibilidade, aí visada, de um conhecimento *a priori* dos mesmos capaz de estabelecer algo sobre os objetos antes que nos sejam dados. Isso guarda uma semelhança com os primeiros pensamentos de Copérnico, que, não conseguindo avançar muito na explicação dos movimentos celestes sob a suposição de que toda a multidão de estrelas giraria em torno do espectador, verificou se não daria mais certo fazer girar o espectador e, do outro lado, deixar as estrelas em repouso"[11]. Esse "giro do espectador", como é aqui entendido, consiste em que

---

10. *Crítica da razão pura*, A 104s. [p. 156s.].
11. Idem, B XVI [p. 29s.].

deixemos passar diante de nós todas as funções cognitivas das quais a "razão", de maneira geral, dispõe, e que apresentemos para nós cada uma delas em seu modo de validade necessário, mas também caracteristicamente determinado e delimitado. Também no cosmos do conhecimento racional nós não podemos nos manter fixos e imóveis em um único ponto, mas sim devemos medir sucessivamente a sequência das posições que nós podemos nos dar da verdade e do objeto em relação a nós. Há para nós uma determinada forma de objetividade que chamamos de *ordem espacial* das coisas: nós precisamos buscar compreendê-la e determiná-la // partindo não da existência de um mundo espacial "absoluto", mas interrogando e analisando as leis da construção geométrica, aquelas leis somente segundo as quais surgem para nós pontos e linhas, superfícies e corpos em construção constante. Há para nós um nexo e uma conexão sistemática entre *formações numéricas*, de tal modo que cada número singular possui no interior de um conjunto completo de números em geral sua posição fixa e sua relação com todos os outros membros desse conjunto. Nós precisamos compreender esse nexo como necessário na medida em que não tenhamos por base qualquer outro dado senão o procedimento geral em conformidade com o qual, partindo do "um", nós construímos todo o domínio dos números segundo um princípio constante a partir de seus primeiros elementos. E há finalmente aquele conjunto dos corpos físicos e das forças físicas que nós, em sentido estrito, costumamos denominar de mundo da "natureza". Mas aqui, também, para entender isso, devemos tomar como nosso ponto de partida não a existência empírica dos objetos, mas a peculiaridade da função cognitiva empírica, aquela "razão" que se encontra na própria experiência e em todos os seus juízos. E mesmo com isso, o caminho ao qual o "giro" crítico nos conduz não está ainda decidido. A metafísica como doutrina do ser, como ontologia geral, conhece, no fundo, apenas um modo de objetividade [*Gegenständlichkeit*], conhece apenas substâncias materiais ou imateriais, que de alguma forma "existem" ["*da sind*"] e subsistem. Mas para o sistema da razão existem necessidades puras imanentes, existem com isso pretensões de validade objetivas que, como tais, não se exprimem de modo algum na forma do "existente" ["*Dasein*"], mas pertencem a um tipo completamente diferente e novo. É desse tipo aquela necessidade que se exprime nos juízos éticos ou estéticos. Também o "reino dos fins" cuja imagem a ética projeta, o reino das estruturas e formas puras que se nos abre na arte "é" em algum sentido, pois ele tem uma consistência independente de todas as arbitrariedades individuais. Mas essa consistência não é nem igual nem, no fundo, sequer comparável à existência [*Existenz*] empírica, espaçotemporal das coisas, pois ela se baseia em princípios peculiares de estruturação. Dessa característica diferença de princípios se segue que o mundo do dever e o mundo da forma artística devem ser um outro que o do existir [*Dasein*]. Vê-se: é a diversidade que se encontra na própria razão, em suas direções e questões fundamentais, o que primeiro nos transmite e interpreta a diversidade dos objetos. Dela, contudo, deve-se adquirir um conhecimento sistemático universal e exaustivo, // porque, de fato, o conceito de razão consiste em que nós "possamos prestar contas de todos os nossos conceitos, opiniões e afirmações, seja com base em fundamentos objetivos, seja – quando se trata de meras ilusões – em fundamentos subjetivos"[12]. A revolução no modo de pensar consiste em que nós comecemos com a reflexão da razão sobre si mesma, sobre seus pressupostos e princípios, seus problemas e tarefas. A reflexão sobre os "objetos" seguirá somente quando esse ponto de partida estiver estabelecido com segurança.

Ao mesmo tempo, é indicada nesse começo a peculiaridade de dois conceitos fundamentais que são de significação decisiva para a questão da *crítica da razão*. Se mantivermos a atenção no que é característico do "giro copernicano", alcançamos com isso a interpretação completa e exaustiva tanto do conceito kantiano de "subjetividade" como do conceito kantiano do "transcendental". E somente a partir daqui compreendemos totalmente que ambos só são determinados um com o outro e um pelo outro, porque é precisamente pela nova relação recíproca em que eles entram que se constitui o essencial e particular do novo conteúdo que eles obtêm através da *crítica da razão*. Comecemos com o conceito de "transcendental". Kant explica que ele nomeia transcendental todo conhecimento que se ocupa não tanto dos objetos, como sobretudo do nosso modo de conhecer objetos, na medida em que este deve ser *a priori*. "Por isso, nem o espaço nem qualquer determinação geométrica *a priori* do mesmo são representações transcendentais; só podem ser denominados transcendentais, isto sim, o conhecimento de que essas representações certamente não têm origem empírica e a possibilidade de elas ainda assim se referirem *a priori* a objetos da experiência"[13]. Tampouco – se prosseguimos com esses pensamentos – poderiam ser denominados conceitos como de grandeza e número, de permanência ou de causalidade, em sentido rigoroso, como conceitos "transcendentais". Mas essa denominação pertence, por seu turno, apenas àquela teoria que nos mostra como sobre eles, como condições necessárias, repousa a possibilidade de todo

---

12. Idem, B 642 [p. 474].
13. Idem, B 25 [p. 59]. Citação B 80s. [p. 99s.].

o conhecimento da natureza. Até mesmo o pensamento da *liberdade*, tomada por si, não pode ser chamada de "transcendental", mas, sim, essa denominação precisa ser reservada ao conhecimento de que (e como) a particularidade da consciência do dever e, com isso, toda a estrutura do reino do "dever", é fundada sobre o *datum* da liberdade. E somente com isso entendemos em que sentido, do ponto de vista do rigoroso // exame "transcendental", o momento da "*subjetividade*" pode e deve ser concedido a todos esses conceitos fundamentais: ao conceito de espaço e tempo, de grandeza e número, de substancialidade e causalidade, e assim por diante. Essa "subjetividade" não significa outra coisa além do que a virada copernicana quer dizer. Ela indica o ponto de partida não do objeto, mas de uma legalidade específica do conhecimento à qual deve ser atribuída uma determinada forma de objetividade (seja ela do tipo teórico, ético ou estético). Se compreendemos isso uma vez, então desaparece imediatamente aquele sentido secundário do "subjetivo" que o marca com a aparência do individual e arbitrário. No contexto em que aqui estamos, o conceito de subjetivo é sempre a expressão para o que é fundamentado num procedimento necessário e numa lei universal da razão. Assim, por exemplo, a virada subjetiva que Kant dá à doutrina do espaço não quer dizer que a "essência" do espaço deve ser determinada através de uma análise da "representação do espaço" e através de uma evidência dos momentos psicológicos singulares que se somam, mas que o discernimento nessa essência se segue do discernimento na natureza do conhecimento geométrico e permanece dependente dele. O que o espaço deve ser – assim indaga a exposição transcendental –, de modo que seja possível um tal conhecimento dele, um *saber*, como o conteúdo dos axiomas geométricos, que é ao mesmo tempo universal e concreto, ao mesmo tempo incondicionalmente certo e puramente intuitivo?[14] Começar com a peculiaridade da *função* do conhecimento para determinar nela a peculiaridade do *objeto* do conhecimento: essa é a "subjetividade" que aqui se põe em questão. Como o conjunto dos números é deduzido do "princípio" da contagem, a ordem dos objetos no espaço e os acontecimentos no tempo são deduzidos dos princípios das condições de possibilidade do conhecimento da experiência, das "categorias" da causalidade e da reciprocidade – do mesmo modo, em outro campo de questões, a forma dos imperativos éticos, sobre os quais repousa todo o dever para nós, deve ser tornada compreensível a partir da certeza fundamental que se encerra em nós no pensamento da liberdade. Uma confusão dessa subjetividade da "razão" com a subjetividade da arbitra-

---

14. Idem, B 40 [p. 75s.].

riedade ou da "organização" psicofísica não é mais possível pois é precisamente para que esta seja suprimida que aquela é assumida e evidenciada.

Mais nitidamente ainda do que na *Crítica da razão* mesma, essa relação fundamental se evidencia em algumas reflexões e anotações de Kant // nas quais se pode acompanhar em detalhe como se estabelece a nova significação e relação dos conceitos fundamentais. Algumas dessas reflexões parecem pertencer a um tempo ainda anterior à conclusão definitiva da *Crítica da razão pura*, parecem indicar mais o estado de devir do que do pensamento já estabelecido. Mas mesmo onde uma relação temporal desse tipo não é demonstrável, o desenvolvimento dos conceitos singulares apresenta-se, nessas ponderações e considerações que vêm e vão, como mais vivos e perspicazes do que na exposição dos resultados finais. "Por acaso", diz-se numa dessas reflexões, "pode algo ser inventado pela metafísica? Sim; em relação ao sujeito, mas não ao objeto"[15]. Mas patentemente essa declaração indica a nova virada apenas de modo imperfeito. Dela sozinha poderíamos concluir que teríamos de esperar por uma metafísica que não nos prometeria, com efeito, nenhum novo discernimento sobre as coisas, mas sobre a "alma" – uma metafísica em que, portanto, não discerníssemos onde ela deveria se diferenciar por princípio dos sistemas dogmáticos do "espiritualismo" anteriores. É, por isso, uma formulação essencialmente mais perspicaz da oposição fundamental quando é expresso, em um outro lugar, concisa e sucintamente, que a metafísica *não trata de objetos, mas de conhecimentos*[16]. Somente assim a "subjetividade" à qual a metafísica se aplica obtém sua complementação e sua determinação mais precisa: não aquela da "natureza humana", como Locke e Hume a entenderam, mas aquela que se manifesta nas ciências, nos métodos da construção geométrica ou no procedimento de contagem aritmético, na observação e mensuração empíricas ou no estabelecimento do experimento físico. "Em todas as filosofias", assim explica uma outra consideração, "o verdadeiramente filosófico é a metafísica da ciência. Todas as ciências onde a razão é utilizada têm sua metafísica"[17]. E com isso, somente, é definitivamente // indicado em que sentido

---

15. *Refl.* 4457, AA 17: 558.

16. *Refl.* 4853, AA 18: 10. É extremamente improvável que esta reflexão pertença à época que Erdmann denominou de empirismo crítico, isto é, ao período dos anos de 1960. A passagem no escrito premiado de 1763, sobre a qual Erdmann se refere para esta visão, não é de modo algum prova disso, pois nesse ponto a metafísica (no sentido da visão de prōth fõilosofȭa usada desde Aristóteles) é designada como uma filosofia sobre os primeiros fundamentos do nosso conhecimento; mas Kant poderia ter dito que se tratava "*não de objetos*" aqui tão pouco quanto antes da virada decisiva na carta a Marcus Herz de 1772.

17. *Refl.* 5681, AA 18: 326.

o caminho anterior, dogmático-objetivo, da antiga ontologia é abandonado e, não obstante, o conceito da metafísica é mantido e aprofundado na direção do "subjetivo"[18]. O "objetivo" das ciências – assim se pode dizer daqui em diante no sentido de Kant – são seus teoremas. O "subjetivo", seus princípios. Consideramos a geometria, por exemplo, "objetivamente" quando a consideramos a partir de seus conteúdos puramente teóricos como um todo de proposições sobre estruturas espaciais e relações espaciais; consideramo-la "subjetivamente" quando nos perguntamos, ao invés de pelos seus resultados, antes pelos princípios de sua construção, pelos axiomas fundamentais que valem não apenas para esta ou aquela figura, mas para toda construção espacial como tal. E precisamente essa é a direção da questão que será mantida firmemente a partir de agora. "A metafísica é ciência de princípios de todo conhecimento *a priori* e de todo conhecimento que se segue desses princípios. A matemática contém esses princípios, mas não é a ciência da possibilidade desses princípios"[19].

Aí, contudo, encontramos ao mesmo tempo um novo momento que é peculiar à determinação de conceitos kantiana. A filosofia transcendental também tenciona e precisa lidar com as diferentes formas de objetividade. Mas cada forma objetiva é compreensível e acessível a ela somente através da mediação de uma forma de conhecimento determinada. O material a que ela se aplica e com o qual se relaciona é, a partir daí, sempre um material já de algum modo formado. Como a "efetividade" se apresenta, vista através do *medium* da geometria ou da física matemática, ou o que ela significa à luz da intuição artística, ou do ponto de vista do dever ético: é isso o que a análise transcendental quer descobrir e apresentar. Ao passo que à questão sobre o que essa efetividade seja "em si" e apartada de toda relação a modos de concepção, ela não tem mais nenhuma resposta. Pois já com essa questão a filosofia se sentiria colocada novamente no espaço vazio da abstração, ela perderia todo fundamento e solo firme sob seus pés. "Metafísica" precisa ser metafísica das ciências, precisa ser doutrina dos princípios da matemática e do conhecimento da natureza, ou ela precisa ser metafísica dos costumes, do direito, da religião, da história, sobretudo se ela // toma para si um determinado conteúdo. Ela sumariza essas múltiplas direções e ações objetivo-intelectuais na unidade de um problema – não para fazê-las desaparecer nessa unidade, mas para trazer à luz cada uma delas em sua particula-

---

18. Cf. ainda *Refl.* 4880, AA 18: 18: "Os passos da metafísica têm sido até agora em vão; nada foi inventado neles. Da mesma forma, eles não podem ser abandonados. Subjetivo em vez de objetivo".
19. *Refl.* 5674, AA 18: 325.

ridade característica e em sua condicionalidade. Com isso a filosofia permanece na totalidade dada da cultura espiritual como *ponto de partida* necessário; entretanto, ela não quer mais tomá-la como dado, mas tornar compreensível para si a sua construção e as normas universais que a controlam e dirigem. Somente agora compreendemos inteiramente o dito kantiano de que a tocha da crítica da razão deveria iluminar não a região desconhecida além do mundo dos sentidos, mas o espaço escuro do nosso próprio entendimento. O "entendimento" aqui não é de modo algum para ser compreendido em sentido empírico, como a capacidade psicológica de pensar do homem, mas em sentido puramente transcendental, como o todo da cultura intelectual. Ele representa só aquele conjunto que nós designamos com o nome de "ciência", e suas pressuposições axiomáticas, em seguida, entretanto em sentido ampliado, representa todas aquelas "ordens" intelectuais, de tipo ético ou estético que são apresentáveis à razão e realizáveis através dela. O que surge na vida histórica da humanidade singularizado, isolado e carregado de casualidades deve ser visto através da crítica transcendental como necessário a partir de seus primeiros "fundamentos" e compreendido e exposto como um *sistema*. Tal como cada estrutura singular no espaço está ligada à lei universal que se fundamenta na pura forma da "coexistência", na forma da intuição, todo "quê" dos produtos da razão no fim remonta a um "como" peculiar da razão, a uma peculiaridade básica que ela realiza e preserva em todos os seus produtos. A filosofia não tem agora mais nenhum campo próprio, nenhum círculo especial de conteúdos e *objetos* que pertenceria única e exclusivamente a ela em distinção às outras ciências. Mas ela compreende a relação das *funções* intelectuais fundamentais somente em sua verdadeira universalidade e profundidade, numa profundidade que não é acessível a nenhuma delas. O *mundo* está dado para as disciplinas particulares da teoria e para as forças especiais, produtivas do intelecto. Mas o próprio cosmos dessas forças, sua multiplicidade e sua organização constitui o novo "objeto" que a filosofia conquistou para isso.

Para tornar isso claro no detalhe, comecemos com a construção da *matemática*. Trata-se aqui // não tanto de desenvolver o conteúdo dos princípios matemáticos em particular como, muito antes, de mostrar o procedimento geral por força única e exclusivamente do qual pode haver "princípios" para nós, ou seja, por força do qual somos capazes de discernir como cada construção especial do espaço ou cada operação especial de contar e medir se mantém ligada a condições originais universais, das quais ela não pode escapar. Toda proposição ou prova geométrica está baseada numa intuição concreta e, nessa medida, "singular". Mas nenhuma prova desse tipo trata apenas *do* singular, mas, sim, passa imediatamente por sobre ele para um juízo sobre a totalidade infinita de figuras. Não é, absolutamente, desse ou daquele triângulo, de um determinado círculo, mas "do" triângulo ou "do" círculo que uma certa propriedade será afirmada. O que nos autoriza, nesse caso, a ir além da singularidade, que pode ser dada a nós apenas na representação sensível, para a totalidade dos casos possíveis, que não é concebível como ilimitada em nenhuma representação empírica? Como conseguimos fazer dos conteúdos parciais limitados portadores de uma afirmação que, como tal, pretende valer não apenas para si, mas para um conjunto infinito que nos é "representado" [*repräsentiert*] através dele? Para responder essas questões basta, segundo Kant, somente que tenhamos em mente o procedimento da geometria científica em sua peculiaridade tal como ele é empregado factualmente e como ele se desenvolveu historicamente. Que a geometria se ergueu do seu estado primitivo rudimentar, em que ela não era nada além de uma arte prática da medida para o nível de um conhecimento teórico básico, a isso ela tem de agradecer apenas a uma "revolução do modo de pensar" que é completamente análoga àquela de que nós tratamos na filosofia transcendental. "A história dessa revolução no modo de pensar, que foi muito mais importante do que a descoberta do caminho para o famoso cabo, e do feliz indivíduo que a engendrou, não chegou aos nossos tempos. No entanto, a lenda que nos foi transmitida por Diógenes Laércio, apontando o suposto descobridor dos menores elementos das demonstrações geométricas que, segundo o juízo comum, não necessitam de prova alguma, evidencia que a lembrança dessa modificação, ocasionada pelo primeiro sinal da descoberta do novo caminho, deve ter parecido aos matemáticos da mais extrema importância e, assim, ter-se tornado inesquecível. Ao primeiro que demonstrou o *triângulo isósceles* (quer se chamasse Tales ou o que fosse) ocorreu uma luz; com efeito, ele descobriu que não tinha de investigar aquilo que via numa figura, // nem tampouco o conceito da mesma, para como que aprender assim as suas propriedades, mas sim produzi-las (por construção) a partir daquilo que ele mesmo, segundo conceitos, pensava e apresentava *a priori* na figura; e descobriu também que, para saber algo *a priori* com segurança, não deveria acrescentar nada à coisa a não ser aquilo que se seguisse necessariamente ao que ele próprio havia posto nessa coisa, em conformidade com seu conceito"[20]. Se precisássemos investigar a figura para a comprovação geométrica, se tivéssemos de colocá-la como um objeto acabado diante de nós, do qual nós precisaríamos aprender as qualidades especiais simplesmente através de obser-

---

20. *Crítica da razão pura*, B XIs. [p. 27].

vação, então jamais o juízo geométrico sobre os conteúdos singulares objetivos de estruturas particulares poderia ser extrapolado. Pois com que direito se concluiria, em seguida, do dado o não dado, do caso especial presente a soma total do não presente? Na verdade, entretanto, uma conclusão desse tipo não é nem possível nem requerida aqui, pois a totalidade dos casos singulares geométricos não existe antes e fora da construção, mas, sim, ela somente surge para nós no ato mesmo de construção. Na medida em que eu penso a parábola ou a elipse não apenas universalmente *in abstracto*, mas faço ambas surgirem construtivamente através de uma norma determinada (como, por exemplo, através de sua definição como uma seção de cone), somente com isso eu alcanço a única condição sob a qual as parábolas ou elipses *particulares* podem ser pensadas. Agora compreendemos em que medida o conceito construtivo-geométrico não sucede os casos singulares, mas os *precede* – em que medida ele, portanto, tem de valer para eles como um verdadeiro "*a priori*". Essa denominação, vista nesse contexto, obviamente não se refere de modo algum a um sujeito empírico-psicológico e à sequência temporal, ao antes ou depois de suas representações e conhecimentos, mas ela expressa pura e exclusivamente uma relação no conhecido, uma relação da "própria coisa". A construção da geometria é "anterior" à figura geométrica particular, porque o *sentido* da figura particular é verificado somente através da construção, não inversamente o sentido da construção através da figura particular. Toda necessidade que serve para os juízos geométricos repousa sobre esse fato. Em geometria os casos não existem como algo isolado e independente, *exterior* à lei, mas, sim, somente nela os casos resultam da consciência da lei. Nela o "particular" não constitui o pressuposto do "universal", mas tem de ser pensado apenas através da determinação [*Determination*] e definição [*Bestimmung*] mais exata do universal em geral. O que se encontra no procedimento // de estabelecimento do espaço ou na síntese do número em geral não pode ser contestado por qualquer figura especial e por qualquer número especial, porque apenas nesse procedimento surge e vem a ser tudo aquilo que participa do conceito do espacial e do conceito de número. Nesse sentido a geometria e a aritmética oferecem a confirmação imediata para um princípio que Kant estabelece agora como a norma e a "pedra de toque" do "método transformado do modo de pensar": "que nós só podemos conhecer *a priori* das coisas aquilo que nós mesmos nelas colocamos"[21].

---

21. Idem, B XVIII [p. 30s.].

Com isso, lado a lado dos conceitos fundamentais do "subjetivo" e do "transcendental", é introduzido ao mesmo tempo o terceiro conceito nuclear e crucial da *crítica da razão*: a "síntese *a priori*". O que essa síntese quer dizer evidencia-se imediatamente com nitidez tão logo contrastamos o procedimento da geometria e da aritmética, como até aqui foi verificado, ao procedimento habitual da construção empírica de conceitos e ao procedimento da lógica formal. Na construção empírica de conceitos (em especial naquela que é empregada nas ciências puramente descritivas e de classificação), contentamo-nos em adicionar caso a caso, detalhe por detalhe e considerar se na soma resultante, por conseguinte, evidenciamos um traço "comum" que sirva para todos os particulares. Que um nexo desse tipo exista só se pode decidir, evidentemente, depois que as particularidades, às quais nossa questão se refere, forem perpassadas efetivamente e provadas por nós, pois se não conhecemos a determinação que aqui afirmamos senão como "propriedade" observada de uma coisa dada, então é claro que antes que a "coisa" como tal seja efetivamente dada, isto é, verificada na experiência, também nenhuma nota característica dela é especificável. O conhecimento parece, com isso, desembocar num resumo, num mero agregado de elementos que possuem *também fora dessa ligação* e antes dela um ser independente e uma significação independente[22]. Em primeiro lugar, algo completamente diferente parece estar // reservado àquelas proposições universais que o exame da lógica formal nos dá. Pois no genuíno "juízo universal" dessa lógica, a totalidade não é derivada da consideração de particularidades, mas ela as precede e determina. Do fato de que *todos* os homens são mortais e da certeza que está contida na premissa maior, é "provada" a mortalidade de César como consequência necessária. Mas a lógica se contenta, com isso, em desenvolver as formas e fórmulas dessa prova, sem refletir aqui sobre o *conteúdo* do conhecimento e sobre sua origem e seu fundamento legal. Ela admite daí as premissas maiores universais, das quais ela parte numa dedução determinada, como dadas, sem questionar acerca do fundamento de sua validade. Ela mostra que, *se* para todo A, então B, isso precisa valer também para um A particular, enquanto a questão sobre se e por que a pre-

---

22. Deve-se, naturalmente, enfatizar que essa representação do conhecimento empírico (a "síntese *a posteriori*") não é tanto uma descrição de um fato real do conhecimento, mas sim a construção de um *caso-limite* que usamos para descrever mais claramente a peculiaridade do juízo *a priori* através de seu contraste e oposição. O próprio Kant fez uso desta construção na sua distinção entre juízos de percepção e experiência e na sua ênfase no caráter puramente "subjetivo" da primeira (ver *Prolegômenos*, § 18 (*Prol.*, AA 4: 297s.). Mas, de acordo com os *Prolegômenos*, não há nenhum "juízo particular" em si mesmo que não reivindique já alguma forma de "generalidade"; nenhuma proposição "empírica" que não conclui alguma afirmação "*a priori*" em si mesma: pois já a própria forma do juízo inclui esta exigência de "validade universal objetiva".

missa hipotética seria válida encontra-se para além do domínio de seu interesse. No fundo, a lógica geral não faz outra coisa quando ela desconstrói de volta em suas partes determinados complexos conceituais que ela formou anteriormente por composição. Ela "define" [*definiert*] um conceito através da indicação de suas "notas características", e em seguida ela retira, novamente, da totalidade lógica criada, um momento singular que o isola dos outros para "predicá-lo" do todo. Essa afirmação não alcança com isso nenhum novo discernimento, mas sim separa novamente apenas o que nós já possuíamos antes, para explicitá-lo e torná-lo nítido; ela serve à "*decomposição* dos conceitos que já temos dos objetos", pelo que ela não investiga mais além, a partir de qual fonte do conhecimento esses conceitos derivam para nós[23].

Reconhecemos agora, na dupla oposição que resultou disso, a peculiaridade que caracteriza a "síntese *a priori*". Se num mero juízo de experiência, numa conexão *a posteriori*, o "todo" que procuramos alcançar foi lido como conjunto somente a partir de muitos elementos singulares que precisaram existir previamente de modo independente – se no juízo formal-lógico um todo lógico dado foi desconstruído e decomposto unicamente em // suas partes, a síntese apriorística mostra uma estrutura completamente outra. Aqui se parte de uma conexão determinada construtiva, na qual e através da qual nos surgem simultaneamente uma abundância de elementos especiais que são condicionados através da forma universal da conexão. Nós pensamos colocar conjuntamente as diferentes possibilidades de seções de um cone numa regra singular, abrangente e exaustiva. E produzimos com isso, ao mesmo tempo, a totalidade daquela figura geométrica que designamos como curva de segunda ordem, como círculo, elipse, parábola e hipérbole – nós pensamos a construção do "sistema natural de números" segundo um princípio básico, e temos aí, ao mesmo tempo, todas as relações que são possíveis entre os membros desse conjunto incluídos de antemão em condições determinadas. Para essa forma de relação entre a "parte" e o "todo", entretanto, a dissertação inaugural de Kant já introduzira a expressão característica da *intuição pura*. Por conseguinte, resulta disso que *toda* síntese *a priori* está ligada inseparavelmente com a forma da intuição pura – que ela ou é intuição pura ela mesma, ou se relaciona e se baseia indiretamente numa. Quando Eberhard, mais tarde, em sua polêmica contra Kant na *Crítica da razão pura*, sente a falta de um princípio unitário e claramente determinado de juízos sintéticos, Kant o remeteu a essa ligação. "*Todos os juízos sintéticos do conhecimento teórico*", assim Kant

---

23. Cf. *Crítica da razão pura*, B 9 [p. 50]; ver também *Prol.*, § 2, AA 4: 267.

formula esse princípio, "*são possíveis apenas através da relação do conceito dado a uma intuição*"[24]. Espaço e tempo permanecem daí por diante como o verdadeiro modelo e protótipo ao qual se apresenta pura e integralmente a relação em particular que existe em todo conhecimento apriorístico-sintético entre o infinito e o finito, entre o universal e o particular e singular. A infinitude do espaço e do tempo não quer dizer nada além de que todas as magnitudes particulares espaciais e temporais determinadas só são possíveis através de limitações do espaço "único" todo-abrangente ou da representação unitária e ilimitada do tempo[25]. O espaço não surge para nós na medida em que o construímos de pontos, nem o tempo // na medida em que o construímos de instantes, como se eles fossem componentes materiais. Pelo contrário, os pontos e instantes (e com isso, indiretamente, absolutamente todas as figuras no espaço e no tempo) só são passíveis de serem colocados através de uma síntese na qual surge originalmente para nós a forma da coexistência em geral ou da sucessão em geral. Nós não inserimos, portanto, essas figuras no espaço acabado e no tempo acabado, mas, sim, nós somente os produzimos por meio "do" espaço e por meio "do" tempo – se entendemos ambos como atos construtivos fundamentais da intuição. "[...] a matemática deve representar todos os seus conceitos em primeiro lugar na intuição, e a matemática pura na intuição pura, isto é, construí-los, sem o que (porque ela não pode proceder analiticamente, isto é, por desmembramento dos conceitos, mas apenas sinteticamente) lhe é impossível dar um passo. [...] A geometria toma por fundamento a intuição pura do espaço. A aritmética forma ela própria os seus conceitos de número pela adição sucessiva das unidades no tempo, e especialmente a mecânica pura só pode formar os seus conceitos de movimento mediante a representação do tempo"[26]. Porque os conteúdos com os quais a geometria, a aritmética e a mecânica lidam são realizados dessa maneira, porque eles não são coisas físicas cujas propriedades teríamos de aprender posteriormente, mas *limitações* que efetuamos no todo ideal da extensão e da duração, porque valem para elas também necessária e universalmente todas as proposições que já estão implicitamente incluídas nessas formas fundamentais.

Mas se essa consideração parece nos explicar o uso e a validade da síntese *a priori* na matemática, ela parece também, ao mesmo tempo, interromper o

---

24. Ver carta de Kant a Carl Leonhard Reinhold de 12 de maio de 1789, AA 11: 33; ver também o escrito contra Eberhard: *Sobre uma descoberta segundo a qual toda nova crítica da razão pura se torna dispensável por uma mais antiga*, ÜE, AA 8: 239ss.
25. Cf. *Crítica da razão pura*, B 47s. [p. 79s.].
26. *Prol.* AA 4: 283.

caminho à pretensão de uma validade desse tipo para o campo do efetivo, para o campo da ciência empírica. Pois era exatamente essa a "pedra de toque" à qual Kant nos remetia: "que nós só podemos conhecer *a priori* das coisas aquilo que nós mesmos nelas colocamos"[27]. Um tal "colocar nelas" [*"Hineinlegen"*] das leis nos objetos era compreensível nas construções ideais matemáticas. Mas onde iríamos parar se de alguma maneira aplicássemos isso também para os objetos empíricos? Não é precisamente o traço fundamental decisivo que primeiro caracteriza esses objetos como reais, como "efetivos", que eles "estão aí" com todas as suas particularidades, antes de todos os desenvolvimentos e definições do pensamento – que eles, portanto, originalmente // determinam nossa representação e nosso pensamento, mas não são, entretanto, determinados por ele? E não perderíamos todo o chão sob nossos pés, tão logo tentássemos inverter essa relação? Espaço e tempo podem mesmo assim ser compreensíveis para nós em princípios universais, porque eles são construídos por esses princípios. A existência das coisas no espaço e no tempo, a existência dos corpos e seus movimentos, parece constituir uma barreira insuperável para construções desse tipo. Aqui não há, como parece, nenhum outro caminho além de esperar o efeito das coisas e constatá-lo somente na percepção sensível. Chamamos os objetos de "efetivos" na medida em que eles são anunciados para nós e por esse meio são conhecidos por nós com propriedades singulares que lhes condizem. Assim, pelo menos uma afirmação geral sobre as existências físicas pode ser possível: em nenhum caso se deve discernir como elas devem ser possíveis, senão através da soma dos casos particulares, através da justaposição e da comparação das múltiplas impressões que experimentamos através das coisas.

 E, de fato, o "idealismo transcendental" de Kant não tenciona apagar a peculiaridade do conhecimento empírico, mas busca na afirmação dessa peculiaridade seu mérito essencial. É conhecido o dito de Kant, de que seu campo seria o "fértil *bathos* da experiência"[28]. Mas também para a própria nova determinação crítica do conceito de experiência vale a instrução geral de que mesmo aqui temos de começar não com o exame do objeto, mas com a análise do conhecimento. O que o objeto empírico é, o que a coisa singular da natureza é, e se é acessível a nós de outro modo além de através da percepção imediata de suas notas características singulares – é uma questão que por enquanto precisa permanecer aberta. Pois de maneira geral, antes de ela poder ser colocada com sentido, pre-

---

27. Cf. acima, p. 153, nota 21.
28. Cf. acima, p. 88, nota 106.

cisamos ter alcançado com toda clareza o que significa o *tipo de conhecimento* da ciência da natureza, o que é a *física* segundo sua construção e sua sistemática. E aqui imediatamente percebemos uma dificuldade fundamental do modo de exame tradicional. Seguimos esse ponto de vista até o ponto em que admitimos que o objeto da matemática na verdade se funda nos estatutos puros do pensamento e, nessa medida, tem somente validade "ideal", enquanto o objeto da "física" só nos é dado e se faz compreensível através das diferentes classes de percepções sensíveis. Assim poderíamos entender, por um lado, // como é possível uma teoria matemática pura, por outro lado, como é possível um "empirismo puro", isto é, como pode haver, por um lado, um complexo de proposições que, independentemente de toda a experiência, só pode agir sobre os conteúdos que podemos criar na construção livre e, por outro lado, como pode ser construída uma ciência descritiva que consiste apenas em observações individuais reais de determinadas coisas. O que permaneceria completamente inexplicável sob esse pressuposto é o entrelaçamento peculiar de ambos os momentos que encontramos na estrutura real da ciência matemática da natureza. Pois nela a "mensuração" não caminha simplesmente ao lado da "observação", nela "experimento" e "teoria" não ficam simplesmente em oposição um ao outro ou se revezam mutuamente, mas se condicionam mutuamente. A teoria leva ao experimento e determina o caráter do experimento, como o experimento determina o conteúdo da teoria. Novamente, o prefácio à segunda edição da *Crítica da razão pura,* no seu exame transcendental geral de todo o campo do conhecimento, expôs essa relação com uma clareza magistral e insuperável. "Quando Galileu fez rolar suas esferas em um plano inclinado com um peso por ele mesmo escolhido, ou quando Torricelli fez com que o ar suportasse um peso que ele acreditara de antemão ser igual ao de uma coluna de água por ele conhecida, ou quando Stahl, em tempos mais recentes, transformou metal em cal, e esta novamente em metal, simplesmente retirando e devolvendo algo a esses materiais: assim ocorreu uma luz a todos os pesquisadores da natureza. Eles compreenderam que a razão só entende aquilo que ela mesma produz segundo seu projeto, e que ela tem de colocar-se à frente, com os princípios de seus juízos segundo leis constantes, e forçar a natureza a responder às suas perguntas em vez de apenas deixar-se conduzir por ela, como que puxada por uma corda; pois do contrário as observações, contingentes e feitas sem nenhum plano previamente concebido, não seriam articuladas sob uma lei necessária, algo que a razão busca e necessita. A razão tem de dirigir-se à natureza com seus princípios numa mão, os únicos sob os quais fenômenos coincidentes podem valer como leis, e com o experimento que concebeu a partir deles na outra; e isso para de fato aprender com ela, mas não na qualidade de um aluno que recita tudo o que o professor quer, e sim na de um juiz constituído que força as testemunhas a responder às perguntas que lhes faz. E, assim, até mesmo a física, no que diz respeito à tão frutífera revolução no seu modo de pensar, tem de agradecer unicamente à circunstância de procurar (não imputar) na natureza aquilo que a própria razão nela introduziu, // para assim aprender com esta algo que não aprenderia por si mesma. Desse modo, a ciência da natureza, depois, de muitos séculos sem ser nada mais que um tatear às cegas, foi trazida pela primeira vez para o caminho seguro de uma ciência"[29]. Mesmo que a percepção particular sensível ou a mera soma de tais percepções possa ser capaz de prescindir do "projeto" prévio da razão, é somente ele, com efeito, que determina e possibilita o experimento, a "experiência" no sentido do conhecimento físico. Com isso, impressões sensíveis isoladas podem se tornar "observações" e "fatos" físicos. Para isso, antes de tudo a multiplicidade e diversidade qualitativa das percepções, inicialmente pura, precisa ser convertida numa multiplicidade quantitativa. Para isso, o agregado das sensações [*Empfindungen*] deve ser referido a um sistema de grandezas mensuráveis. A ideia de um tal sistema oferece as bases a todo experimento individual. Antes que Galileu pudesse "medir" a grandeza da aceleração em queda livre, a própria concepção de aceleração, simultaneamente ao instrumento de mensuração, precisava antecedê-la. E essa concepção matemática era a que já separava sua mera questão daquela da física escolástica medieval. O resultado do experimento decidia apenas sobre qual grandeza aplicar à queda livre. Mas, que em geral tal grandeza precise ser buscada e exigida era o que, para Galileu, estava de antemão definido segundo o "projeto da razão", a partir do qual o experimento pôde ser pela primeira vez excogitado. Apenas a partir daí a construção da física matemática se torna verdadeiramente transparente. A teoria científica da natureza não é um híbrido lógico, ela não é resultado da interligação eclética de componentes heterogêneos. Ela forma um método fechado e unitário. Compreender essa unidade e, analogamente, explicar a unidade da matemática pura a partir de um princípio fundamental universal é a tarefa que a crítica transcendental coloca para si. Na concepção dessa tarefa, ela superou tanto a parcialidade do racionalismo como a do empirismo. Nem o apelo ao conceito, nem o apelo à percepção e à experiência atingem, como agora se mostra, a essência da teoria da ciência da natureza. Pois ambos destacam sempre apenas

---

29. *Crítica da razão pura*, B XIIss. [p. 28].

um momento singular, em vez de determinar a peculiar *relação dos momentos* da qual depende aqui a decisão toda.

// Entretanto, a questão ainda não está resolvida com isso, mas apenas colocada em seus contornos gerais. Pois o que a síntese *a priori* explicou e tornou compreensível no interior da matemática pura foi que o "todo" da forma da intuição, o todo do espaço puro e do tempo puro, precedem e servem de fundamento para todas as formações particulares no espaço e no tempo. Podemos afirmar uma relação do mesmo tipo ou semelhante também para o campo da natureza? É possível também para a *natureza como um todo* uma afirmação que não seja um resumo meramente posterior de observações singulares, mas, pelo contrário, uma que primeiro torna possível a observação mesma do particular? Existe também aqui algo especial que não pode ser alcançado e verificado senão através da *restrição* de uma totalidade original? Enquanto pensarmos a *natureza* no sentido usual de um conjunto de *coisas* físicas e materiais, precisaremos responder necessariamente de modo negativo a todas essas questões, pois como poderemos afirmar algo da totalidade das coisas sem ter percorrido e provado os particulares? Mas já no próprio conteúdo do conceito de natureza se encontra uma determinação que aponta nosso exame para outra direção. Pois não nomeamos todo o complexo de coisas de *natureza*. Mas o que se entende sob esse conceito é um todo de elementos e acontecimentos ordenados e determinados por regras universais. "*Natureza*", assim define Kant, é "a *existência* das coisas enquanto esta é determinada segundo leis universais"[30]. Se com isso, em sentido material, ela significa o conjunto de todos os objetos da experiência, de outro lado, considerada formalmente, ela significa a conformidade a leis de todos esses objetos. A tarefa geral recebe com isso uma outra forma: em vez de perguntar sobre o quê repousa a legalidade necessária das coisas como objetos da experiência, perguntamos como é possível, em geral, conhecer a legalidade necessária da experiência mesma em vista de seus objetos. "Teremos, pois, aqui", diz ele nos *Prolegômenos*, "a ver apenas com a experiência e com as condições gerais e *a priori* da sua possibilidade e, a partir daí, determinaremos a natureza como objeto total de toda a experiência possível. Penso que me compreenderão: não entendo aqui as regras para a *observação* de uma natureza que já está dada, [...] mas trata-se de saber como as condições *a priori* da possibilidade da experiência são ao mesmo tempo as fontes a partir das quais importa derivar todas as leis

---

30. *Prol.*, AA 4: 294.

gerais da natureza"[31]. Dos // conteúdos da experiência, dos objetos empíricos, a pergunta, assim, é desviada de volta à função da experiência. Essa função possui uma determinabilidade original que deve ser comparada àquela que se abre para nós na forma pura do espaço e do tempo. Ela não pode ser levada a cabo sem que sejam aplicados determinados conceitos, assim como a pressuposição de uma sequência regular de eventos já se encontra incluída na organização de todo experimento científico, na questão que colocamos com este à natureza. Sem o pensamento de uma *equação* que determine a relação da distância de queda e do tempo de queda, sem o pensamento da *conservação* da quantidade de movimento, sem o conceito geral e o procedimento geral de *mensuração* e *contagem*, nenhum experimento de Galileu seria possível: porque sem essas precondições o *problema* todo de Galileu permaneceria incompreensível por excelência. Assim, a experiência mesma é um "tipo de conhecimento [...] que exige entendimento"; ou seja, um processo de inferir e julgar que repousa sobre determinadas pré-condições lógicas[32]. E, na verdade, com isso se apresentou para nós, por seu turno, um "todo" que não é para ser lido a partir das partes individuais, mas em razão do qual, apenas, é possível o estabelecimento de "partes", de conteúdos especiais. Mesmo a natureza precisa ser *pensada como um sistema* antes que ela possa ser *observada* em seus pormenores. Do mesmo modo como antes um formato espacial particular aparecia como limitação do "espaço único", como um intervalo de tempo determinado como limitação da duração infinita, vistas nesse contexto, todas as leis especiais da natureza aparecem doravante somente como "especificações" de princípios universais do entendimento. Pois existem muitas leis das quais somente podemos saber por meio da experiência, "mas a conformidade a leis na conexão dos fenômenos, isto é, a natureza em geral, não a podemos conhecer por nenhuma experiência, porque a própria experiência precisa de tais leis, que são o fundamento *a priori* da sua possibilidade"[33]. Mesmo que soe tão exagerado e tão absurdo dizer que o entendimento é ele mesmo a fonte das leis da natureza e, com isso, da unidade formal da natureza, uma tal afirmação é tão certa e adequada também quanto aos objetos, ou seja, à experiência. "Enquanto tais, as leis empíricas certamente não podem derivar sua origem do // entendimento puro, do mesmo modo como a incomensurável diversidade dos fenômenos não pode ser inteiramente compreendida a partir da forma pura da intuição sensível. Todas as leis empíricas, contudo, são apenas determinações

---

31. *Prol.*, AA 4: 297 [Tradução de Artur Morão. Lisboa: Edições 70, 1988, p. 69s.].
32. Ver *Crítica da razão pura*, B XVII [p. 30].
33. *Prol.*, AA 4: 318s. [p. 97].

particulares das leis puras do entendimento, as únicas sob as quais, e segundo cuja norma, aquelas são simplesmente possíveis e os fenômenos assumem uma forma de lei, do mesmo modo como todos os fenômenos, independentemente da variedade de suas formas empíricas, têm de ser sempre conformes às condições da forma pura da sensibilidade"[34]. As constantes numéricas determinadas, que são características de um campo especial da natureza, podemos verificar apenas através da mensuração empírica, as conexões singulares originais podemos apurar apenas através da observação. Mas que nós buscamos por uma tal constante, que nós exigimos e pressupomos uma legalidade causal na sequência de eventos em geral, isso provém daquele "projeto da razão" que não extraímos da razão, mas que colocamos nela. Apenas daquilo que está encerrado nele existe um saber "*a priori*".

A segunda direção fundamental da "síntese *a priori*", a síntese dos conceitos puros do entendimento, ou das categorias, é assim estabelecida, e ela é justificada pelo mesmo princípio da intuição pura. Pois também o conceito puro exibe seu verdadeiro e característico desempenho não onde ele apenas descreve o dado da experiência, mas onde ele constrói sua "forma" pura; não onde ele justapõe e classifica seus conteúdos, mas onde ele estabelece a unidade sistemática de seu modo de conhecer. Vale dizer, de modo algum, como se imagina amiúde, é suficiente para a experiência comparar percepções e conectá-las numa consciência por meio do juízo. Pois através disso, apenas, a validade específica da consciência perceptiva jamais seria ultrapassada, jamais seria alcançada a validade universal e a necessidade de um princípio científico. "Importa, pois, um juízo antecedente inteiramente diferente para que a percepção possa tornar-se experiência. A intuição dada deve ser subsumida num conceito que determina a forma do juízo em geral relativamente à intuição, o qual liga a consciência empírica desta intuição numa consciência em geral e assim cria para os juízos empíricos uma validade universal; semelhante conceito é um conceito puro *a priori* do entendimento que nada mais faz do que determinar em geral para uma // intuição a maneira como ela pode servir aos juízos"[35]. Mesmo os juízos da matemática pura não estão excetuados dessa condição. A proposição, por exemplo, de que uma linha reta é a distância mais curta entre dois pontos pressupõe que em geral a linha seja considerada sob o ponto de vista e o conceito de *grandeza* – um conceito, "que não é certamente uma simples intuição, mas que tem a sua sede unica-

---

34. *Crítica da razão pura*, A 127s. [p. 169].
35. *Prol.*, AA 4: 301s. [p. 73s.].

mente no entendimento e serve para determinar a intuição (da linha) quanto aos juízos que sobre ela podem proferir-se, em consideração da quantidade, isto é, da pluralidade [...] ao entender-se por estes juízos que, numa dada intuição, estão contidos muitos elementos homogêneos"[36]. Ainda mais nitidamente, essa ligação se evidencia onde se trata não de uma determinação meramente matemática, mas sim de uma determinação "dinâmica" do objeto, isto é, onde não apenas uma formação espaçotemporal singular é produzida como um *quantum* através de sínteses sucessivas de semelhantes[37], mas onde também sua *relação* com um outro [objeto] deve ser estabelecida. Pois mostrar-se-á que toda determinação de relações desse tipo, que toda ordem que nós damos aos corpos singulares no espaço e aos acontecimentos singulares no tempo, é sempre baseada numa forma do efetuar que admitimos entre eles. O pensamento da eficácia, entretanto, pressupõe o da dependência funcional e, com isso, um conceito puro do entendimento.

Se, entretanto, a cooperação e a relação recíproca de ambas as formas fundamentais da síntese *a priori* já se evidencia sobre esses exemplos simples, falta ainda, por enquanto, algum princípio mais preciso para desenvolver completamente a sistemática da segunda forma. Nós podemos, com efeito, mostrar e nomear detalhadamente casos particulares de aplicação dos conceitos puros do entendimento, mas não possuímos nenhum critério que nos assegure, nesse ponto, a coesão e a completude de nosso discernimento. Precisamente à última exigência, entretanto, como nos recordamos, Kant foi levado no desenvolvimento das ideias que se iniciou imediatamente após a dissertação inaugural. A carta a Marcus Herz de 1772 já apresenta como tarefa da ciência recém-descoberta da "filosofia transcendental" // "trazer todos os conceitos da razão completamente pura em um determinado número de categorias, mas não como Aristóteles, que as dispôs como ele as encontrara, de modo meramente impreciso uma ao lado da outra; e sim como elas mesmas se dividem em classes através de algumas poucas leis básicas do entendimento"[38]. Para essa exigência de longa data, entretanto, foi alcançado agora um novo *fundamentum divisionis* no sistema concluído. "É a *possibilidade da experiência*", assim a seção *Do princípio supremo de todos os*

---

36. *Prol.*, AA 4: 300ss. [p. 75].
37. Cf. *Crítica da razão pura*, Doutrina do método, B 751 [p. 537]: Assim, "podemos determinar *a priori* nossos conceitos na intuição na medida em que, através de uma síntese homogênea, nos proporcionemos os próprios objetos no espaço e no tempo, considerando-os tão somente como quanta".
38. Ver acima, p. 125s. (Citação: Carta a Marcus Herz de 21 de fevereiro de 1772, *Br.*, AA, 10: 132.

juízos sintéticos indica o fundamento dessa divisão, "que fornece realidade objetiva a todos os nossos conhecimentos *a priori*. A experiência, porém, baseia-se na unidade sintética dos fenômenos, i.e. em uma síntese, segundo conceitos, dos objetos dos fenômenos em geral, uma síntese sem a qual ela não seria jamais conhecimento, mas uma rapsódia de percepções que não se juntariam jamais em um contexto segundo regras de uma (possível) consciência integralmente conectada, nem portanto em uma unidade transcendental e necessária da apercepção. A experiência tem por fundamento, assim, princípios *a priori* relativos à sua forma, quais sejam, regras universais da unidade na síntese dos fenômenos que, enquanto condições necessárias, podem ter sua realidade objetiva mostrada a todo tempo na experiência, ou mesmo na possibilidade desta. Para além dessa referência, porém, as proposições sintéticas *a priori* são inteiramente impossíveis, pois não têm nenhum terceiro, i.e., nenhum objeto em que a unidade sintética de seus conceitos pudesse explicitar sua realidade objetiva [...] a experiência, pois, enquanto síntese empírica, é a única forma de conhecimento, em sua possibilidade, que dá realidade a todas as demais sínteses, também estas, como conhecimentos *a priori*, só têm verdade (concordância com o objeto) na medida em que não contêm nada além do que é necessário para a unidade sintética da experiência em geral. [...] Os juízos sintéticos *a priori* são possíveis desse modo, se [...] dizemos: as *condições de possibilidade da experiência* em geral são, ao mesmo tempo, as *condições de possibilidade dos objetos da experiência* e, por isso, têm validade objetiva em um juízo sintético *a priori*"[39]. Toda a estrutura interna da *Crítica da razão pura* se revela diante de nós nessas proposições. Parte-se da experiência – mas não como de uma soma de // coisas prontas com atributos determinados igualmente prontos, nem como de uma mera rapsódia de percepções: o que distingue e determina seu conceito é a necessidade na conexão, o domínio das leis objetivas. Até aqui o método transcendental apenas constatou o que já tinha validade há muito tempo na física matemática e era reconhecido nela, seja consciente, seja inconscientemente. A proposição de Kant, de que todo juízo autêntico de experiência deve conter necessidade na síntese das percepções traz na verdade apenas a exigência que já havia sido exprimida por Galileu em sua expressão mais concisa e convincente. Nele o conceito de experiência do sensualismo filosófico é simplesmente substituído pelo da empiria matemática[40]. Agora, entretanto, nesse ponto se inicia simultaneamente a característi-

---

39. *Crítica da razão pura*, B 195ss. [p. 185s.].
40. *Prol.*, §22, 4: 304s. [p. 78ss.]; cf. *Crítica da razão pura*, B 219 [p. 198]: "a experiência só é possível por meio de uma representação da ligação necessária das percepções."

ca "revolução do modo de pensar". Se até aqui a necessidade era considerada como fundada nos objetos e era transferida deles apenas mediatamente para o conhecimento, agora se reconhece que, muito pelo contrário, todo *pensamento* do "objeto" surge de uma necessidade original no próprio conhecimento: "[...] pois este não é mais do que o algo de que o conceito expressa tal necessidade da síntese"[41]. Porque na sequência de nossas sensações e representações a arbitrariedade não predomina, mas, pelo contrário, prevalece uma legalidade rigorosa que exclui toda a vontade subjetiva. Por isso, e apenas por isso, há para nós ligações "objetivas" de fenômenos. Aquilo que distingue e constitui a experiência como "modo de conhecimento" é o que condiciona e, por conseguinte unicamente o que possibilita o estabelecimento dos objetos empíricos. Se pode haver para nós ainda outros objetos fora dessa relação, essa questão nos é, para começar, ociosa – e ela precisa sê-lo segundo a ideia fundamental transcendental, enquanto para esse alegadamente outro modo do objeto não é mostrado um outro modo de conhecimento cuja estrutura se diferencie caracteristicamente daquela da experiência. Aqui, entretanto, onde a nós mesmos a *exigência* de um modo de conhecimento desse tipo não é ainda compreensível, ou onde ao menos sua realização permanece completamente problemática, não é possível outra conclusão além daquela tirada pelo princípio mais elevado. As condições sobre as quais repousa a experiência como função são simultaneamente as condições para tudo o que nós podemos alcançar como resultado, // pois toda *determinação do objeto* repousa sobre a interligação das formas puras da intuição e dos conceitos puros do entendimento, através dos quais, apenas, a multiplicidade da mera sensação é ligada a um sistema de regras e, com isso, configurada como "objeto".

3.

Se nas considerações precedentes nós falamos simplesmente das grandes ideias fundamentais clássicas da *Crítica da razão pura,* com a questão da classificação e da divisão sistemática dos conceitos do entendimento entramos pela primeira vez no detalhe de sua obra. Mas parece como se nós estivéssemos imediatamente em um solo diferente, como se aqui a necessidade objetiva da matéria já não prevalecesse pura e exclusivamente, mas um modo de desenvolvimento e de exposição que só podemos compreender e apreciar plenamente se nos remetermos a certas características pessoais do espírito de Kant. O prazer na clara construção arquitetônica, no paralelismo da forma de arte sistemática, na

---

41. *Crítica da razão pura*, A 106 [p. 157].

esquemática uniforme dos conceitos parece ser mais do que mero coadjuvante especial na execução da doutrina das categorias. De fato, uma das acusações essenciais que já foi levantada contra a estruturação geral da *crítica da razão* é que o quadro que ela desenha dos conceitos puros do entendimento é copiado do quadro lógico dos juízos com grande arte analítica, mas não sem menor artificialidade. Assim como os juízos, de acordo com a visão da lógica tradicional que Kant encontrou, dividem-se em quatro classes de *quantidade, qualidade, relação* e *modalidade*, também os conceitos do entendimento devem mostrar a mesma articulação. Assim como é assumida uma tríade de definições especiais para os juízos em cada classe principal, onde a terceira sempre resulta da união sintética da primeira e da segunda, esse ponto de vista também é mantido e levado a cabo com todo rigor na construção dos conceitos do entendimento. Desse modo, no interior da quantidade surgem as subcategorias da *unidade, pluralidade* e *totalidade*; no campo da qualidade surgem os conceitos de *realidade, negação* e *limitação*; enquanto a relação se subdivide em *substância, causalidade* e *comunidade*, a modalidade o faz em *possibilidade, existência* e *necessidade*.

Quaisquer que sejam as objeções que se possam levantar contra esta forma de dedução, falha em seu objetivo qualquer polêmica que se dirija contra // a relação sistemática entre "categoria" e "juízo". Pois ela deixa passar despercebido o sentido verdadeiro da questão transcendental central e fundamental. Ela não nota que a posição marcante e preeminente que Kant atribui ao juízo já está fundada necessariamente nas primeiras pressuposições de sua formulação do problema. O juízo é o correlato natural, factualmente exigido do "objeto", pois ele expressa apenas no sentido mais geral o cumprimento e a exigência daquela "conexão" à qual foi reduzido o conceito de objeto para nós. "Nós dizemos então: nós conhecemos o objeto quando tivermos efetuado a unidade sintética no diverso da intuição"[42]. – mas são precisamente os tipos e formas da unidade sintética que, vertidos em termos lógicos determinados, resultam nas formas do juízo. Apenas *uma* objeção poderia ainda ser afirmada aqui, a saber, que, mesmo que se admita essa ligação, o sistema da "lógica formal" não poderia ser a instância perante a qual as formas da conexão objetiva têm de se justificar. Pois a essência dessa lógica e do seu procedimento fundamental não é antes a análise do que a síntese? Ela não abstrai exatamente daquela relação, daquele "conteúdo" do conhecimento que deve ser o decisivo e essencial para nós? Aqui, contrariamente, vale relembrar que, segundo Kant, uma tal abstração existe, mas que ela

167

---

42. Idem, A 105 [p. 156].

deve ser entendida sempre somente em sentido relativo, não em sentido absoluto. Uma análise que seja totalmente apenas análise, que não se refira e se apoie ao menos mediatamente sobre uma síntese subjacente é impossível: "pois, onde o entendimento não tiver antes ligado nada, ele também não pode dissolver nada, já que somente *através dele* pode algo ter sido dado como ligado ao poder de representação"[43]. Assim, a "lógica geral" se ocupa da "*decomposição* dos conceitos que já temos dos objetos"[44] e desenvolve os juízos que resultam quando pressupomos objetos desse tipo como substratos acabados de uma afirmação. Mas tão logo nós refletimos sobre a origem mesma desse substrato e questionamos acerca da possibilidade dessa "existência" admitida pela lógica – o que, claramente, se encontra para além de seu domínio –, adentramos o círculo de outro exame, que requer uma explicação mais profunda e uma dedução fundamental do juízo mesmo. Agora se mostra que a função que dá // unidade para diferentes representações num juízo é idêntica àquela que também conecta a multiplicidade dos elementos sensíveis, de tal forma que através disso ela obtém validade objetiva. "O mesmo entendimento, portanto, e por meio das mesmas ações pelas quais colocava em conceitos – por meio da unidade analítica – a forma lógica de um juízo, introduz também, por meio da unidade sintética do diverso na intuição em geral, um conteúdo transcendental em suas representações, em virtude do qual elas são denominadas conceitos puros do entendimento e se referem *a priori* a objetos, algo que a lógica geral não podia realizar"[45]. Se esta última [a lógica geral] pode ser usada como "fio condutor para a descoberta de todos os conceitos puros do entendimento", isso não se passa com a intenção de apoiar os conceitos "transcendentais" sobre os "formais", mas, inversamente, estes sobre aqueles e, através disso, compreender mais profundamente o fundamento último de sua validade. "Aristóteles", assim o próprio Kant resume o conjunto desse desenvolvimento nos *Prolegômenos*, "tinha reunido dez conceitos elementares puros deste tipo sob o nome de categorias. A estas, também chamadas predicamentos, viu-se ele depois obrigado a acrescentar ainda cinco pós-predicamentos, que, no entanto, estão já em parte contidos nos outros (como *prius, simul, motus*); mas, esta rapsódia podia surgir mais como uma indicação útil ao futuro investigador do que como uma ideia normalmente desenvolvida. [...] Numa inquirição dos elementos puros (sem nada de empírico) do conhecimento humano, consegui pela primeira vez, após longa reflexão distinguir e separar com certeza os concei-

---

43. Idem, B 130 [p. 129].
44. Idem, B 9 [p. 50].
45. Idem, B 105 [p. 113].

tos elementares puros da sensibilidade (espaço e tempo) dos do entendimento. Foram assim excluídas dessa lista a sétima, oitava e nona categorias. As outras de nada me podiam servir, porque não existia nenhum princípio segundo o qual se pudesse medir totalmente o entendimento e determinar de modo completo e com precisão todas as funções, de onde provêm os seus conceitos puros. Para descobrir um semelhante princípio, procurei uma operação do entendimento que, contendo todas as outras e distinguindo-se apenas por modificações ou momentos diversos, submeteria o múltiplo da representação à unidade do pensamento em geral; e descobri então que esta operação do entendimento consistia no juízo. Dispunha assim de um trabalho já pronto, embora não inteiramente isento de deficiências, dos lógicos, mediante o qual eu estaria no estado de apresentar um quadro completo das funções puras do entendimento, que, porém, eram indeterminadas em relação a todo o objeto.

// Finalmente, referi estas funções do juízo a objetos em geral, ou antes, à condição que determina juízos como objetivamente válidos; e surgiram conceitos puros do entendimento acerca dos quais não tinha qualquer dúvida de que só eles, nem mais nem menos, podem constituir todo o nosso conhecimento das coisas pelo entendimento puro"[46]. O curso da dedução que Kant descreve aqui corresponde inteiramente à sua tendência geral básica. Se Aristóteles determinou os "elementos" do conhecimento, Kant quer descobrir o "princípio" desses elementos; se Aristóteles partiu dos atributos originais do ser, Kant remete ao juízo como à unidade da *ação* lógica[47], a partir do qual, apenas, o conteúdo da representação adquire para nós constância e necessidade e, com isso, validade objetiva.

Naturalmente, o significado verdadeiro de cada categoria individual não pode ser plenamente medido se ele for simplesmente referido de modo retrospectivo à forma do juízo lógico que lhe corresponde, mas é preciso colocar as expectativas no desempenho que se lhe atribui na construção da experiência concreta. Este desempenho, no entanto, não é adequado para a categoria abstrata como tal, mas surge primeiramente daquela versão concreta que os *conceitos* do entendimento puro obtêm ao transformarem-se em *princípios* do entendimento puro. É um dos méritos fundamentais das obras sobre Kant escritas por Cohen que elas tenham determinado esta relação pela primeira vez com toda a clareza.

---

46. *Prol.*, AA 4: 323s. [p. 103s.].
47. Cf. esp. *Crítica da razão pura*, B 93s. [p.106s.] e B 140ss. [p. 134ss.].

O sistema de princípios sintéticos – isto será sempre reafirmado aqui[48] – constitui a pedra de toque real para a validade e a verdade do sistema de categorias. Porque o princípio sintético surge quando a função designada por uma determinada categoria se refere à forma da intuição pura e penetra com ela na unidade sistemática. Os objetos empíricos – isso foi estabelecido desde as primeiras proposições da "estética transcendental" – não nos podem ser dados senão através da mediação da intuição, através da mediação da forma do espaço e do tempo. Mas essa condição necessária não é de modo algum suficiente. Pois a intuição como tal contém apenas a *multiplicidade* pura da coexistência e da sucessão. Com isso // entretanto, extraem-se desse múltiplo determinadas formações delimitadas reciprocamente. Para isso é exigido que seus elementos sejam examinados, conectados conforme um certo ponto de vista e segundo uma regra rígida, e desse modo sejam resumidos a unidades relativamente independentes. Mas precisamente este é o desempenho do entendimento, que assim não encontra de antemão a conexão do múltiplo no espaço e no tempo, mas que primeiro a produz ele mesmo, ao "afetar" ambos[49]. Se tal síntese já é exigida para produzir as formas geométricas concretas[50], ela se revela completamente imprescindível quando se trata da determinação de objetos físicos, pois para determinar um objeto físico, eu preciso indicar seu "onde" e "quando", preciso designar a ele um "lugar" fixo no todo do espaço e da duração. Isso, no entanto, só é possível na medida em que eu indique uma regra fixa ou antes uma estrutura e um sistema completo de regras através do qual o conteúdo especial que deve ser fixado aqui seja reconhecido em ligação contínua com outros e na sua dependência funcional de outros. Lugares no espaço e momentos no tempo só podem ser determinados no sentido da física com base em "forças" e relações de forças. A ordem da coexistência e da sucessão só pode ser constatada legalmente na medida em que pressupomos certas relações dinâmicas universais entre os elementos individuais da experiência. Determinar a forma destas pressuposições e assim apontar as condições sob as quais uma conexão recíproca de "objetos" no espaço e no tempo seja possível é a tarefa geral que o sistema de princípios sintéticos se coloca. Se esta meta for mantida, surge ao mesmo tempo o princípio segundo o qual esse sistema está ordenado e segundo o qual ele progride do simples ao composto.

---

48. Ver esp. Herman Cohen, *Kants Theorie der Erfahrung*, 2., Berlim 1885, p. 242ss.
49. *Crítica da razão pura*, B 155 [p. 142]; cf. esp. idem, B 160, nota [p. 145].
50. *Prol.*, AA 4: 230ss.

O primeiro passo terá, sem dúvida, de consistir no fato de o objeto, na medida em que ele deve ser intuído no espaço e no tempo, ganhar uma parte do caráter fundamental de ambas as ordens, ou seja, que ele é determinado como *grandeza* extensiva. Mas se, de acordo com a visão habitual, o conteúdo físico concreto "tem" grandeza, então aqui essa proposição precisa antes ser invertida, conforme a peculiaridade da visão crítico-transcendental. O predicado da grandeza não se atribui às coisas // como sua qualidade mais geral e essencial, mas a síntese, na qual surge para nós o conceito de quantidade, é a mesma pela qual a multiplicidade de meras percepções se torna em si mesma regrada e estruturada, pela qual assim se torna primeiramente uma ordem de objetos. A grandeza não é uma determinação fundamental ontológica que possamos isolar receptivamente dos objetos por comparação e abstração, tampouco é uma simples sensação que nos seria dada como a da cor ou do som. Pelo contrário, ela é um instrumento do próprio pensamento: um puro meio de conhecimento com o qual construímos primeiramente a "natureza" para nós mesmos como ordem legal universal dos fenômenos. Pois os fenômenos "só podem ser apreendidos, i.e., recebidos na consciência empírica, através da síntese do diverso pela qual as representações de um determinado espaço ou tempo são produzidas, i.e., através da composição do homogêneo e da consciência da unidade sintética desse diverso (homogêneo)"[51]. Precisamente essa consciência do diverso homogêneo, *na medida em que por meio dela a representação de um objeto primeiramente se torna possível*, entretanto, é o próprio conceito de *quantum*. "Mesmo a percepção de um objeto como fenômeno, portanto, só é possível por meio da mesma unidade sintética do diverso da intuição sensível dada pela qual é pensada a unidade da composição do homogêneo diverso no conceito de uma *grandeza*; i.e., os fenômenos são todos grandezas e, de fato, *grandezas extensivas*, pois têm de ser representados, enquanto intuições no espaço ou no tempo, através da mesma síntese pela qual o espaço e o tempo em geral são determinados."[52] A questão da possibilidade da aplicação de conceitos matemáticos exatos aos fenômenos da natureza – esta questão, que ocupou não apenas todo o passado filosófico, mas também o próprio Kant demoradamente em seu período pré-crítico – é assim resolvida de uma tacada só. Pois agora é reconhecido que ela está colocada erroneamente:

---

51. *Crítica da razão pura*, B 202s. [p. 188s.].
52. Idem, B 203 [p. 189]. Na tradução aqui indicada o termo alemão *Größe* que aqui traduzimos por *grandeza* está traduzido por *quantidade*. Contudo, para manter a coerência com as ocorrências anteriores e posteriores do termo, traduzimos tal como ocorre tanto nas traduções consultadas do texto de Cassirer como em outras edições cotejadas, como a portuguesa da Calouste Gulbenkian [N.T.].

não se trata da aplicação de conceitos dados a um mundo de coisas igualmente dadas que lhes são estranhas, mas de um modo peculiar de estruturação ao qual sujeitamos as sensações "simples" e pelo qual as transformamos em intuições objetivas. "Permanecerá sempre uma coisa notável na história da filosofia", observa // Kant nos *Prolegômenos*, "o ter havido um tempo em que até matemáticos, que eram ao mesmo tempo filósofos, começaram a duvidar, não certamente da exatidão das suas proposições geométricas enquanto se referiam ao espaço, mas do valor objetivo e da aplicação à natureza deste próprio conceito e de todas as suas determinações geométricas, porque receavam que uma linha na natureza não fosse talvez composta por pontos físicos e, por conseguinte, o verdadeiro espaço no objeto, por partes simples, embora o espaço que o geômetra possui no pensamento de nenhum modo assim possa ser constituído"[53]. Não se entendeu aqui que precisamente este "espaço do pensamento" torna possível o físico, ou seja, a expansão da própria matéria: que o mesmo procedimento através do qual esboçamos a imagem do espaço "ideal" na geometria pura também nos serve para estabelecer um nexo de grandeza e uma relação de grandeza entre os elementos sensíveis-empíricos. Todas as reservas contra isso são apenas "chicanas de uma razão falsamente instruída"[54] que não pode encontrar o verdadeiro fundamento para o seu próprio conhecimento, porque o procura falsamente num mundo de coisas transcendentes, em vez de nos seus próprios princípios. Enquanto considerarmos as determinações matemáticas puras como *dados* da experiência, uma vez que toda a medição empírica é necessariamente imprecisa e encerra em si certas fontes de erro, não podemos obter segurança completa da precisão destas determinações. Mas ela nos é imediatamente concedida assim que aprendemos a compreender a grandeza como um *princípio* e não como uma propriedade. Que o espaço é uma condição formal *a priori* da experiência externa, que a mesma síntese constituinte, pela qual construímos um triângulo na imaginação, é inteiramente idêntica àquela que exercemos na apreensão de um fenômeno para daí produzirmos para nós um conceito da experiência, apenas isso é o que conecta com esse *conceito* a representação da possibilidade de uma tal *coisa*[55].

Mais difícil parece ser a dedução do segundo princípio sintético, que Kant denomina de princípio das "antecipações da percepção". Pois aqui, como esse

---

53. *Prol.*, AA 4: 287s. [p. 56s.].
54. *Crítica da razão pura*, B 206s. [p. 191].
55. Idem, B 202-207 [p. 189-191] e B 271ss. [p. 229].

termo supostamente sugere, não se trata de descrever antecipadamente a mera forma da percepção numa proposição geral, mas sobretudo o seu *conteúdo*. Mas como a percepção é a "consciência empírica" por excelência, qualquer demanda desse tipo deve parecer paradoxal.

// Como poderia algo ser "antecipado" naquilo que só pode ser dado a nós *a posteriori*? A quantidade pode ser capaz de proposições teóricas universalmente válidas – mas não se pode discernir de modo algum, por enquanto, como deveriam ser possíveis aquelas sobre a qualidade, que só nos é transmitida pela sensação. E, de fato, há um determinado momento que afirmamos de todas as qualidades da natureza e que, estritamente falando, não é, de modo algum, perceptível [*empfindbar*]. Se distinguimos as grandezas extensivas de acordo com a sua extensão no espaço e no tempo, se atribuímos a elas diferentes "dimensões" e "durações", esse meio de mensuração e comparação de qualidades nos deixa em apuros. Pois se pensamos numa tal qualidade (como a velocidade de um corpo ou sua "temperatura", seu potencial elétrico ou magnético, e assim por diante), ela não está ligada à forma de "*separação um do outro*" ["*Auseinander*"] que é essencial ao espaço e ao tempo. Podemos pensar a velocidade de um corpo em movimento como variando em movimento desigual de lugar para lugar, de momento para momento, sem deixar de considerá-la como uma *quantidade* em cada *ponto* indivisível do espaço e do tempo, e de lhe atribuir uma certa medida em relação a outras velocidades. Da mesma forma, o que chamamos de temperatura ou energia elétrica de um corpo pode ser visto como determinado num mero ponto e diferente de um ponto para outro. Esta grandeza de qualidade fixada no ponto, portanto, não se constitui, como a quantidade de distância, de "partes" individuais separáveis, mas está presente na sua totalidade e indivisamente de uma só vez, pelo que, em relação a outras quantidades da mesma espécie, mostra um certo "mais" ou "menos", permitindo assim uma *comparação* exata. A grandeza extensa se opõe aqui à grandeza intensiva, a grandeza da expansão ou duração se opõe à grandeza de *grau*, que também possui um valor fixo e especificável para o diferencial do espaço e do tempo. Que esse valor, que as qualidades especiais em corpos especiais não se verificam de outra forma que não seja pela medição empírica, é evidente. E, no entanto, quando analisamos todo o nosso conhecimento da natureza, percebemos que pode ser demonstrada nelas não a precisão das qualidades e dos graus individuais, mas uma relação universal fundamental, uma exigência universal, que todas elas satisfazem. Nós pressupomos que a *passagem* de um grau para o outro não ocorre por saltos, mas continuamente; que no lugar de um grau *a* não entra subitamente um outro, maior ou menor, mas que numa mudança desse tipo // são percorridos e realmente alguma vez admitidos todos os valores médios que podem ser pensados entre *a* e *b*. Esta proposição se baseia também na observação empírica – ela pode ser provada ou refutada pela *percepção*? Obviamente que não, porque a despeito de como podemos determinar a relação da sensação com a qualidade "objetiva", em todo caso é claro que a indicação da sensação sempre se refere apenas ao estado individual dado e que, portanto, mesmo que compilemos tantos dados dela, nunca ultrapassamos uma certa esfera finita de determinações. *A proposição da continuidade de todas as mudanças físicas*, no entanto, é uma afirmação que não trata de uma soma de elementos finitos, mas do conjunto de um número infinito de elementos. Entre dois pontos quaisquer no tempo, que pensamos como o ponto de partida e de chegada de um determinado processo de mudança, é sempre possível, por mais próximos que estejam um do outro, ligar um número infinito de momentos no tempo, devido à ilimitada divisibilidade do tempo. E cada um desses momentos corresponde, como a afirmação da continuidade da mudança, a um certo valor de grandeza inequívoca da qualidade mutável, que é alguma vez factualmente admitido no decurso do processo total. Não importa para quantos valores isso pode ser comprovado ou comprovável empiricamente, ainda resta uma infinidade de valores para os quais esta comprovação não é dada e dos quais afirmamos, não obstante, que estão sujeitos à mesma regra geral. Porque se pensássemos que a continuidade da alteração seria suspensa em algum momento, não haveria mais meios para ligar a alteração a um sujeito uniforme e idêntico. Se assumíssemos que um corpo no momento *a* apresentava um estado *x*, no momento *b* um estado *x'*, sem ter percorrido os valores intermediários entre ambos, chegaríamos à conclusão de que já não era "o mesmo" corpo; afirmaríamos que no instante *a* um corpo com o estado *x* teria desaparecido, no instante *b* outro corpo com o estado *x'* teria surgido. Conclui-se a partir disso que na admissão da continuidade das mudanças físicas não se trata de um único resultado da observação, mas de uma pressuposição do conhecimento da natureza em geral, que não se trata de um *teorema* [*Lehrsatz*], mas um *princípio* [*Prinzip*] genuíno[56]. Como o

---

56. Vale a pena destacar o jogo de palavras no argumento de Cassirer ao longo deste parágrafo com os termos *Satz*, *Lehrsatz* e *Grundsatz*, respectivamente traduzidos por proposição, teorema e princípio. Ao afirmar a diferença entre *Lehrsatz* e *Grundsatz*, Cassirer parece querer apontar para a distinção entre uma proposição doutrinal e uma proposição fundamental, de modo a tornar clara a função e a especificidade de cada proposição na construção do argumento. E porque Cassirer cita esta obra logo em seguida, vale ainda mencionar a relação desse jogo de palavras com o recurso implícito ao método infinitesimal, como se pode exemplificar a partir da distinção feita por Her-

primeiro princípio [*Grundsatz*] sintético, como o princípio [*Prinzip*] dos "axiomas da intuição" coloca o objeto físico sob as condições da grandeza geométrica e aritmética, assim neste segundo princípio [*Grundsatz*] o objeto // da natureza é colocado sob as condições que encontram sua expressão e seu desenvolvimento científico na análise do infinito. Esta análise é a verdadeira *Mathesis intensorum*, a matemática das grandezas intensivas[57]. Se antes os fenômenos eram determinados como *quanta* no espaço e no tempo, agora sua qualidade, que possui sua expressão subjetivo-psicológica na sensação, é concebida num conceito puro, e assim só o "real" do fenômeno é levado à designação científica e à objetivação.

"*Em todos os fenômenos*", assim Kant formula o princípio das antecipações da percepção, "*o real, que é um objeto da sensação, tem quantidade intensiva, i.e., um grau*"[58]. Os lugares vazios do espaço e do tempo seriam completamente similares e, portanto, indistinguíveis como tal, devido à homogeneidade contínua do espaço puro e do tempo puro. Uma nota característica de diferenciação para eles é primeiramente alcançada quando colocamos neles um determinado *conteúdo* e pensamos neste uma diferença entre "grande" e "pequeno", "mais" ou "menos". Mas a apreensão, meramente por meio da sensação, cumpre apenas um momento, estritamente falando: um "agora" indivisível corresponde a um conteúdo sensorial indivisível, que se pode pensar de modo variável de momento em momento. "Como algo no fenômeno cuja apreensão não constitui uma síntese sucessiva, que vai das partes para a representação inteira, ela não tem, portanto, uma quantidade extensiva: a ausência de sensação no mesmo instante representaria este como vazio, logo = 0. Aquilo, pois, que na intuição empírica corresponde à sensação, é a realidade (*realitas phaenomenon*); aquilo que corresponde à falta de sensação é a negação = 0. Agora, toda sensação é passível de uma redução, de tal modo que ela pode decrescer e gradativamente desaparecer. Entre a realidade no fenômeno e a negação, portanto, há uma concatenação contínua de muitas sensações intermediárias possíveis, em que a diferença de umas em relação às outras é sempre menor do que a diferença entre a sensação dada e o zero ou a negação completa. Ou seja: o *real* no fenômeno tem sempre uma

---

mann Cohen em seu *Das Prinzip der Infinitesimal-Methode und seine Geschichte* [*O princípio do método infinitesimal e sua história*], no qual o antigo professor de Cassirer afirma que "se Leibniz tivesse sido capaz de distinguir entre categoria e ideia, proposição fundamental [*Grundsatz*] e princípio [*Prinzip*], ele teria conseguido a fundamentação precisa de sua descoberta – e com ela, por suposto, chegado ao idealismo transcendental" (p. 55) [N.T.].

57. Ver esp. Cohen, *Kants Theorie der Erfahrung*, p. 422; e *Das Prinzip der Infinitesimal-Methode und seine Geschichte. Ein Kapitel zur Grundlegung der Erkenntniskritik*, Berlim 1883, p. 105ss.

58. *Crítica da razão pura*, B 207 [p. 191].

quantidade que, no entanto, não é encontrada na apreensão, já que esta ocorre através da mera sensação em um instante e não por meio da síntese sucessiva de muitas sensações, portanto não vai das partes para o todo. Ele tem uma quantidade, portanto, mas ela não é extensiva"[59]. Todas as sensações são, portanto, dadas como tais // apenas *a posteriori*. Mas o atributo delas, que elas têm um grau, e, ainda mais, que ele deve mudar constantemente na medida em que esse grau sofre uma mudança, pode ser visto *a priori* como necessário. Neste sentido, portanto, o estado do empírico, a precisão peculiar das próprias percepções pode ser "antecipada". "É curioso", assim conclui Kant a discussão desse princípio, "que só possamos conhecer *a priori* uma única *qualidade* das quantidades em geral, qual seja, a continuidade, ao passo que de todas as *qualidades* (o real dos fenômenos) só podemos conhecer *a priori* a sua quantidade intensiva, a saber, que possuem um grau; todo o resto é deixado à experiência"[60]. Do mesmo modo como anteriormente valia para a grandeza do espaço e do tempo, vale agora para o conceito de grau: também ele não nos dá a conhecer um atributo geral das coisas, ele é antes uma condição constitutiva sob a qual, apenas, o estabelecimento e a diferenciação dos próprios objetos empíricos se tornam possíveis.

Se, no entanto, o objeto singular é tomado apenas em sua particularidade, ele ainda não satisfaz o conceito verdadeiro de "natureza". Pois o sistema da natureza quer ser um sistema de *leis*, então ele não se aplica ao objeto isolado como tal, mas à conexão contínua dos fenômenos e à forma de dependência mútua em que eles estão em relação uns com os outros. Com este pensamento, somos levados a um novo grupo de princípios, que devem exprimir o pressuposto principal não tanto para a definição da coisa singular como para o estabelecimento de *relações*. Quando Kant designa estes princípios como "analogias da experiência", ele segue o uso matemático do tempo, no qual a "analogia" foi usada como a expressão geral para cada tipo de proporção. A proporção básica, porém, que deve ser estabelecida aqui, é a posição mútua que os fenômenos individuais possuem no espaço e no tempo. Portanto, a relação objetiva de sua coexistência e sucessão. Para que tal relação possa ser expressa, parece necessário, antes de tudo, inscrever as coisas singulares, cada uma por si, ao mesmo tempo no espaço e no tempo, ou seja, ordená-las, na multiplicidade dada de espaço e tempo em geral, até um certo ponto que designa o seu "aqui" e "agora" individual. Aqui, entretanto, logo esbarramos numa dificuldade peculiar. Para usar o espaço, e especialmente o

---

59. Idem, B 209s. [p. 193].
60. Idem, B 218 [p. 198].

tempo, como base para a determinação desta forma, teríamos primeiramente de // possuir nós próprios ordens absolutas e fixas. Deveria ser-nos dada uma organização constante dos "lugares", uma sequência constante dos "momentos do tempo", à qual poderíamos nos referir, como uma escala básica estática, a todo movimento no espaço e a toda mudança qualitativa. Mas, assumindo que tal escala *existisse*, seria ela de alguma forma *cognoscível* para nós? Newton fala do tempo absoluto, verdadeiro e matemático, que, em si mesmo e em virtude da sua natureza, transcorreria uniformemente e sem relação com qualquer objeto externo. Mas ainda que lhe concedamos esta explicação, poderiam os *momentos* deste tempo uniforme também ser distinguidos independentemente de qualquer relação com os objetos físicos? *Conhecemos* diretamente os momentos temporais e a sua sequência, ou, contrariamente, todo o saber que acreditamos possuir sobre eles não é mediado pelo nosso conhecimento de *conteúdos* espaçotemporais e pela conexão dinâmica que assumimos entre eles? Não é a partir do "onde" e do "quando" absolutos das coisas que podemos tirar uma conclusão sobre seu modo de efetuação. Mas, ao invés, é a forma do efetuar que assumimos entre eles, com base na experiência ou dedução, que nos leva a atribuir-lhes uma certa ordem no espaço e no tempo. Apoiados na lei da gravidade, ou seja, apoiados numa afirmação sobre a distribuição e dependência das "forças", esboçamos em pensamento a imagem do cosmos tal como existe no espaço e tal como se desenvolveu no tempo. Nesta construção teórica, muitas coisas que se tocam diretamente na primeira percepção sensível, na mera coexistência e na sequência de impressões, afastam-se espacial e temporalmente (como nós, por exemplo, referimos a luz de estrelas fixas extintas, cuja impressão nos atinge ao mesmo tempo que a impressão de qualquer corpo presente, na nossa interpretação intelectual para um "objeto" que remonta a séculos ou milênios). Por outro lado, muitas coisas que são separadas na percepção são captadas e transformadas numa unidade pelo *juízo* científico objetivo.

Mas se assim se demonstra que a ordem *particular* que atribuímos aos conteúdos no espaço e no tempo repousa sempre factualmente sobre certas leis especiais do efetuar que assumimos entre eles, então é agora necessário, do ponto de vista transcendental, dirigir esse discernimento ao universal. Três disposições básicas diferentes, três modos, são o que distinguimos sobre o tempo e nos quais primeiramente a própria ideia de tempo é // levada a cabo: a *duração*, a *sucessão* e a *simultaneidade*. Devemos discernir que essas três determinações não são dadas diretamente, que não são simplesmente legíveis pelas impressões, mas que cada uma delas, para ser cognoscível para nós, requer uma certa *síntese do entendi-*

mento, que por sua vez é uma condição geral para a própria forma de experiência. "Por conseguinte, três regras de todas as relações temporais dos fenômenos, segundo as quais a existência de cada qual pode ser determinada em relação à unidade de todo o tempo, antecedem toda experiência e a tornam primeiramente possível"[61]. São estas três regras básicas que Kant estabelece em suas três "analogias de experiência". Elas constituem o pressuposto para que possamos chegar à determinação das relações temporais *objetivas*, ou seja, que não nos deixemos apenas à sequência contingente das impressões em nós, segundo o mero jogo de associação, que é diferente para cada indivíduo dependendo das condições particulares em que se encontra, mas que possa fazer juízos universalmente válidos sobre as relações temporais. Para constatar, por exemplo, a ocorrência de uma mudança em sentido objetivo, não basta fixarmos diferentes conteúdos e, por assim dizer, ligá-los diretamente a diferentes momentos do tempo – pois o tempo e o momento como tal não são objetos da percepção possível – mas devemos, para isso, mostrar nos *próprios fenômenos* algo permanente e constante, com relação ao qual a mudança pode ser primeiramente constatada em outras determinadas definições. Esse pensamento de um fenômeno relativamente constante e relativamente mutável, essa categoria de "substância" e "acidente", é assim a condição necessária sob a qual, para nós, o conceito de unidade de tempo, de duração na mudança, é retirado do conjunto das nossas ideias. O permanente "é o próprio *substrato* da representação empírica do tempo, o único em que a representação do tempo é possível"[62]. Qual o *quantum* na natureza que temos de considerar como constante, permanece uma questão cuja decisão temos de deixar à observação real. Mas a suposição de que *algum quantum* deve ser admitido, que se mantém constante desse modo, é um pressuposto fundamental, sem o qual para nós o conceito de "natureza" e o conhecimento da própria natureza se tornariam sem sentido.

A mesma consideração se aplica à relação de causalidade e reciprocidade, que são determinadas na segunda e terceira analogias da experiência.

// A crítica sensualista de Hume ao conceito de causalidade parte da contestação da validade objetiva e necessária desse conceito, ao buscar reduzir tudo o que estava contido nele a uma afirmação sobre a sequência mais ou menos regular de representações. A coesão dos fenômenos que acreditamos captar no pensamento da causalidade não quer dizer, segundo essa concepção, na verdade

---

61. B 219 [p. 198s.].
62. B 226 [p. 202].

nada além de que eles frequentemente se seguiram uns aos outros e, por conseguinte, fundiram-se na nossa "imaginação", em associações psicológicas de representações relativamente firmes. Se esta visão deve ser refutada por princípio e a partir de seu fundamento, isso só pode acontecer com aquela inversão da questão que é característica da visão transcendental fundamental: é preciso mostrar que não é a regularidade na sucessão de nossas sensações e representações que produz o conceito de causalidade, mas, inversamente, que este conceito, que o pensamento e a exigência de uma regra que aplicamos às percepções nos possibilita, primeiramente, enfatizar certas "formações", certas conexões factualmente necessárias, de sua série fluida e sempre igual, e assim dar um "objeto" à nossa representação. Pois, de fato, se investigamos o que a referência a um objeto daria para nossas representações, no sentido de uma nova constituição, e qual seria a dignidade, a validade lógica peculiar que elas obteriam através disso, então consideramos "que ela não faz mais do que tornar necessária, de um certo modo, a ligação das representações, e submetê-las a uma regra; e que, inversamente, nossas representações só recebem um significado objetivo porque uma certa ordem das mesmas é necessária na relação temporal"[63]. Mas isto é precisamente o que o conceito de causa cumpre; pois se eu colocar dois fenômenos a e b na relação de "causa" e "efeito", isso não significa nada além da afirmação de que a transição de um para o outro não pode ser consumada arbitrariamente (como nós, por exemplo, nos sonhos ou na atividade subjetiva da fantasia, podemos mover os elementos individuais para cá ou para lá arbitrariamente, como as pequenas pedras de um caleidoscópio, e agrupá-los de um modo ou de outro), mas que ela obedece a uma lei fixa, segundo a qual b deve sempre e necessariamente seguir a, mas também não pode precedê-lo. Portanto, somente ao colocarmos uma dada relação empírica sob o conceito de causalidade, fixamos e determinamos *inequivocamente* // a ordem temporal na sequência dos seus membros. "Se o acontecimento não fosse precedido por algo a que ele tem de seguir-se segundo uma regra, toda sequência de percepções estaria simplesmente na apreensão, i.e., seria meramente subjetiva, e não se poderia determinar através dela, objetivamente, qual teria de ser o antecedente, e qual o subsequente nas percepções. Nós só teríamos, nesse caso, um jogo de representações que não se referiria a qualquer objeto, i.e., através de nossa percepção um fenômeno não poderia ser distinguido do outro quanto à relação temporal. [...] Eu não diria, portanto, que dois estados se seguem um ao outro no *fenômeno*; mas apenas que uma apreen-

---

63. B 242s. [p. 212].

são se segue à outra, o que é meramente *subjetivo* e não determina qualquer objeto, não podendo valer, portanto, para o conhecimento de algum *objeto* (nem mesmo no fenômeno). [...] Trata-se de mostrar através de exemplos, portanto, que nós não poderíamos jamais, mesmo na experiência, atribuir ao objeto uma sequência (um acontecimento em que ocorre algo que não havia antes), e diferenciá-lo do subjetivo de nossa apreensão, se não houvesse uma regra por fundamento nos coagindo a observar esta ordem das percepções em vez daquela outra; *e é de fato esta coação que, antes de mais nada, torna possível a representação de uma sucessão no objeto*"[64]. E primeiramente com isto o problema humeano – reconhecidamente "contrário à previsão do autor"[65] – é resolvido. Em toda a sua análise psicológica, Hume pressupôs uma coisa sem reflexão: que, em geral, certas impressões foram dadas em sucessão objetiva e regular. Pois se não fosse esse o caso, se, por pura arbitrariedade, o conteúdo *a* antecedesse brevemente o conteúdo *b*, se não fosse conectado com ele absolutamente ou em outra sequência – então seria impossível estabelecer uma "associação" habitual entre *a* e *b* que tem como condição a repetição da ocorrência dos mesmos conteúdos da experiência em ligação semelhante[66]. Mas nesta pressuposição de uma sequência objetiva de elementos da experiência – como Kant objeta –, já está admitido o conteúdo genuíno do conceito de causalidade em disputa, de modo que todas as críticas céticas posteriores que são intentadas sobre este conceito perdem sentido. Somente através da aplicação do ponto de vista de causa e efeito, somente através da ideia de uma regra à qual os "fenômenos" estão sujeitos independentemente da consciência do espectador // subjetivo singular, pode-se falar de uma sequência na "natureza" ou nas "coisas", em contraste com o mero mosaico de representações "em nós". "Aqui ocorre o mesmo," diz Kant, "[...] que com outras representações puras *a priori* (como o espaço e o tempo, por exemplo), que nós só pudemos extrair da experiência, como conceitos claros, porque os havíamos colocado na experiência, produzindo esta última através deles"[67]. Para a metafísica dogmática, a causalidade era considerada como um poder objetivo, como uma espécie de *factum* que tem suas raízes nas próprias coisas ou no fundamento originário das coisas. A crítica psicológico-cética suspendeu esta visão. Mas, quando considerada mais de perto, apenas substituiu a necessidade das coisas pela necessidade que reside no mecanismo das representações e das conexões da

---

64. Idem, B 239-242 [p. 210-212].
65. *Prol.*, AA 4: 313.
66. Cf. esp. *Crítica da razão pura*, A 100ss. [p. 154ss.].
67. Idem, B 241 [p. 211].

representação. O método crítico, por outro lado, fundamenta a necessidade que pensamos na relação de causa e efeito em nada mais que uma síntese necessária do entendimento, pela qual primeiramente as impressões díspares e isoladas se configuram em "experiências". Uma outra objetividade, mais certa e mais firme, ela não pode conceder. Mas também não se necessita disso para ela, já que seu princípio supremo afirma que para nós os "objetos" sempre existem apenas na experiência e mediados por suas condições. O conceito de causa não se adquire "da experiência", isto é, das impressões sensoriais, apenas através das sequências percebidas e comparadas, congruentes de muitos acontecimentos; antes, o princípio da causalidade mostra "como se poderia, antes de tudo, obter daquilo que acontece um conceito empírico determinado"[68].

O mesmo pensamento, em princípio, é aquele sobre o qual repousa a terceira "analogia da experiência", que Kant exprime como "Princípio da simultaneidade segundo a lei da *reciprocidade* ou *comunidade*". *"Todas as substâncias, na medida em que podem ser percebidas como simultâneas no espaço, estão em completa reciprocidade."*[69] Assim como a objetivação da sucessão só foi possível porque conectamos com uma regra causal os elementos cuja sucessão deveria ser considerada necessária, também a objetividade do *"ser ao mesmo tempo"* só pode ser assegurada pelo fato de que os dois membros de que falamos estão em uma relação dinâmica, um dos quais aparece como a causa e o efeito do outro.

// Enquanto nos entregarmos apenas ao fluxo de sensações e impressões, não há qualquer "simultâneo" para nós, em sentido estrito: pois nossa "apreensão" é meramente um fluxo e uma sucessão, no interior dos quais um conteúdo só pode "existir" ao eliminar e excluir o outro que havia antes dele. "A síntese da imaginação na apreensão, portanto, apenas forneceria essas representações uma por uma, estando cada qual no sujeito quando a outra não está e vice-versa; o que não significa, todavia, que os objetos sejam simultâneos, i.e. que quando um existe o outro exista também no mesmo tempo. [...] Consequentemente, é necessário um conceito intelectual da sequência recíproca das determinações dessas coisas, que existem simultaneamente umas fora das outras, para dizer que a sequência recíproca das percepções está fundada no objeto e, assim, representar a simultaneidade como objetiva"[70]. O caráter universal deste conceito do entendimento já está estabelecido pelo princípio precedente: é a forma do "efetuar" ou

182

---

68. Idem, B 357 [p. 279]; para a discussão completa, ver também B 232ss. [p. 206ss.].
69. Idem, B 256 [p. 220].
70. Idem, B 257 [p. 220s.].

da dependência funcional que nos dá o "fundamento" para a admissão de uma determinada conexão temporal no próprio objeto. Aqui, porém, os elementos não estão, como na causalidade, na relação de dependência unilateral, de modo que um elemento *a* "pressupõe" o outro *b*, tanto no sentido temporal quanto no factual, mas a passagem entre ambos, para serem "simultâneos", deve ser realizada tanto de *a* para *b*, como de *b* para *a*. Desta forma, chegamos a um sistema causal no qual ambos os membros estão envolvidos de tal forma que se pode passar de um a outro tanto como, em direção contrária, deste àquele. Tal sistema se apresenta, por exemplo, no conjunto das equações físico-matemáticas derivadas da lei da gravidade de Newton. Através delas, cada membro do cosmos, em sua posição e movimento espacial, é explicado como uma função de todo o restante, e este por sua vez como uma função dele. E apenas nesta interação contínua, que se consuma de medida em medida, se constitui para nós o todo objetivo do próprio espaço físico e a disposição e a organização de suas partes individuais[71].

Este último grande exemplo, entretanto, que para o próprio Kant desde cedo sempre significou o protótipo verdadeiro de todo o conhecimento da natureza, é ao mesmo tempo um sinal de que, com o princípio que temos diante de nós, a tarefa de determinação do objeto da natureza // chegou à sua conclusão. Os princípios que se seguem e que Kant resumiu sob o nome de "postulados do pensamento empírico" não acrescentam nada de novo a esta determinação. Pois não dizem respeito – como esta denominação já diz – tanto ao conteúdo do próprio fenômeno objetivo como à relação que lhe damos no pensamento empírico. Se consideramos um conteúdo meramente como "possível", se o consideramos como "empiricamente real" ou como "necessário", isso nada muda em sua constituição como tal, e não acrescenta uma única característica nova ao seu conceito, mas inclui uma *posição* diferente que lhe damos no todo do nosso conhecimento. Assim, as categorias da modalidade, nas quais essa tripla colocação encontra sua expressão, também têm sua particularidade "de não aumentar sequer minimamente, como determinação do objeto, o conceito a que são acrescentadas como predicados; elas apenas exprimem a sua relação às faculdades de conhecimento. Se o conceito de uma coisa já é inteiramente completo, eu posso todavia perguntar ainda, acerca desse objeto, se ele é apenas possível ou também real, e, sendo este último o caso, se ele é ainda necessário. Através disso não são pensadas outras determinações no próprio objeto, mas apenas se pergunta como ele (juntamente com todas as suas determinações) se comporta em relação ao en-

---

71. Idem, B 256ss. [p. 220ss.].

tendimento e seu uso empírico, à faculdade empírica de julgar e à razão (em sua aplicação à experiência)"[72]. A relação com o "entendimento" significa, portanto, considerada mais de perto e descrita mais precisamente, a relação com o sistema da *experiência*, no qual, somente, objetos [*Objekte*] podem ser reconhecidos como objetos [*Gegenstände*] dados e, portanto, também como "efetivos", "possíveis" ou "necessários". O que concorda com as condições formais da experiência (em termos de intuição e conceitos) – dizem agora os três postulados modais – é *possível*; o que está ligado às condições materiais da experiência (a sensação) é *efetivo*; aquilo cuja ligação com o efetivo é determinada segundo condições *universais* da experiência, é (ou existe) *necessariamente*. Reconhecemos que aqui de modo algum devemos definir o conceito meramente lógico-formal do possível, do efetivo e do necessário, mas que a oposição das três etapas ocorre sob um interesse muito *específico* do conhecimento. "Possível", no sentido da "lógica geral", significaria qualquer conteúdo que não encerre em si quaisquer características contraditórias e, portanto, nenhuma contradição interna.

// Mas, de acordo com o critério que temos aqui diante de nós, a certeza de que não é esse o caso não é, de longe, suficiente. Pois mesmo sem ser afligido com tal defeito formal, um determinado conteúdo pode, não obstante, ser completamente vazio para nós, de modo que nenhum objeto de conhecimento é inequivocamente determinado por ele. Assim, no conceito de uma figura encerrada em duas linhas retas não há contradição, pois os conceitos de duas linhas retas e a sua intersecção não contêm qualquer negação de uma figura. E, no entanto, através deste conceito não se designa uma *formação* espacial particular que seja caracteristicamente distinta de outras. Para se chegar a tal conceito é preciso, antes, passar das regras analíticas da lógica para as condições sintéticas de construção na intuição pura. Mas mesmo a compatibilidade com estas últimas condições ainda não é suficiente para resultar no significado pleno e *concreto* do possível que deve ser determinado aqui. Pelo contrário, isto só se consegue quando adquirimos o discernimento de que a síntese *pura* do espaço enquanto tal também está necessariamente contida em cada síntese *empírica* de percepções, através da qual, primeiramente, o pensamento de uma "coisa" físico-sensível surge para nós, isto é, que, por exemplo, o ato de construção, através do qual projetamos na imaginação a figura [*Gestalt*] de um triângulo, seja inteiramente idêntico ao que exercemos na apreensão de um fenômeno para fazer dele um

---

72. Idem, B 266 [p. 226].

conceito de experiência⁷³. Não o cumprimento desta ou daquela condição especial, mas o cumprimento *de todas* as condições que são essenciais para o objeto da experiência, constitui assim o conceito genuíno do "possível".

Mas essas são apenas as condições "formais" da experiência, apenas a intuição pura e o conceito puro do entendimento, cuja validade o primeiro princípio modal afirma. Se, contrariamente, passarmos da afirmação do possível para a do "efetivo", nos vemos remetidos a um fator de conhecimento completamente diferente. Uma realidade *in concreto*, uma coisa singular não nos é dada nem pelo conceito puro nem pela intuição pura. Pois no mero conceito de uma coisa não se pode encontrar nenhum *caráter* da sua existência. E no que diz respeito à síntese construtiva, na qual para nós as figuras geométricas surgem, ela nunca penetra nas determinações *individuais* a que nos referimos quando falamos da // "existência" de um determinado objeto. Construímos "o" triângulo ou "o" círculo como um esquema e modelo geral que pode ser realizado em infinitos exemplos particulares individualmente diferentes. Mas tão logo queiramos destacar um caso singular efetivo deste conjunto do possível, tão logo concebamos uma estrutura de acordo com todas as peculiaridades de seus momentos, como, por exemplo, o comprimento lateral e o ângulo, ou na precisão de seu "aqui", sua posição no espaço absoluto, excedemos em geral o problema e a base do conhecimento da matemática. É apenas a sensação que encerra a referência a tal definição do indivíduo em si mesmo. "O postulado de conhecer a *realidade* [*Wirklichkeit*] das coisas exige a *percepção*, portanto a sensação da qual se é consciente; não, de fato, a percepção imediata do próprio objeto cuja existência deve ser conhecida, mas sim a concatenação do mesmo com alguma percepção real [*wirklichen*] segundo as analogias da experiência, as quais apresentam toda conexão real [*reale*] em uma experiência em geral."⁷⁴ Assim, um determinado conteúdo, a fim de ser descrito como efetivo, como "existente", não precisa ser perceptível de modo algum em si mesmo, mas deve pelo menos ter aquela conexão com quaisquer percepções dadas que chamamos de sistema e ordem da causalidade empírica (no sentido mais amplo). A existência de uma matéria magnética penetrando em todos os corpos, por exemplo, não pode ser provada por sensações sensíveis imediatas, mas basta que seja "aberta" por meio de leis causais com base em dados observáveis (como a atração de limalhas de ferro). A relação das percepções com tais leis, e vice-versa, a relação das leis com a percepção, é, portanto, aquilo

---

73. Idem, B 271s. [p. 229ss.]; cf. acima, p. 172.
74. Idem, B 272 [p. 229s.].

que para nós constitui o caráter básico verdadeiro da efetividade empírica. "Que possa haver habitantes na lua, mesmo que nunca os tenhamos percebido, tem certamente de ser admitido, mas significa apenas que poderíamos encontrá-los no progresso possível da experiência; pois é verdadeiro tudo o que, segundo leis do progresso empírico, faz parte de um contexto com uma percepção."[75] Também para a diferença entre sonho e vigília não temos outro critério nem mais firme do que o indicado nesta frase. Porque na mera constituição dos conteúdos da consciência enquanto tal, na peculiaridade das representações // singulares que nos são dadas num e noutro estado, esta diferença nunca pode ser mostrada, uma vez que estes dados são, antes, idênticos de ambos os lados. E só isso constitui a diferença decisiva que, num caso, somos capazes de combinar a totalidade destes dados num todo legal que concorda consigo mesmo, enquanto no outro caso eles permanecem perante nós simplesmente como um conglomerado desconexo de impressões individuais que se deslocam entre si[76].

Nesta definição, o postulado da efetividade também faz fronteira direta com o da necessidade. Pois a necessidade, tal como é entendida aqui, não deve de modo algum significar o formal e o lógico na conexão dos conceitos, mas um valor cognitivo que é definido e fundado no pensamento *empírico*, ou seja, no pensamento da física. Dentro desse pensamento, porém, designamos um determinado fato como "necessário", se não nos limitarmos a afirmar sua fatualidade com base na observação, mas considerarmos e provarmos a ocorrência dessa fatualidade como a consequência de uma *lei* universal. Neste sentido, por exemplo, as regras do movimento planetário na forma em que Kepler as enunciou inicialmente significavam uma mera afirmação factual. Mas foram elevadas à categoria de "necessidade" empírica quando Newton conseguiu encontrar a fórmula geral da lei da gravidade na qual essas regras estão contidas como casos especiais e da qual podem ser derivadas matematicamente. É óbvio que essa necessidade não é "absoluta", mas meramente "hipotética". Ela é sempre válida apenas sob a pressuposição de que a premissa maior para a dedução – no nosso caso, a lei de atração de Newton na relação direta das massas e na relação inversa dos quadrados das distâncias – seja considerada consistente e válida. Assim, nenhuma existência dos objetos dos sentidos pode ser completamente reconhecida *a priori*, "mas apenas comparativamente *a priori*, em relação a uma outra existência já dada"[77].

---

75. Idem, B 272ss. [p. 229ss.]; Citação: B 521 [p. 407].
76. Cf. *Prolegômenos, Prol.*, AA 4: 290.
77. *Crítica da razão pura*, B 279 [p. 233].

É portanto da relação das percepções com as leis que se trata tanto no postulado da necessidade, assim como tratou-se no postulado da efetividade. Mas a direção dessa relação é diferente em ambos os casos. Se num se progride do "particular" ao "universal", no outro o caminho leva do universal ao particular. Se lá foi retomado o caso singular, como se apresenta na sensação e na // percepção, aqui a consideração vai da lei ao caso singular. O princípio do efetivo designa, assim, a forma de indução física, o princípio do necessário, a forma de dedução física, pelo que se deve manter que ambos não são procedimentos independentes, mas que se relacionam alternadamente e que nessa correlação, primeiramente, é determinada a forma completa da "experiência em geral". Neste contexto, reconhece-se mais uma vez a posição peculiar que os postulados modais assumem dentro do sistema de princípios sintéticos: eles não vão mais diretamente para a conexão de objetos empíricos, mas para a conexão de métodos empíricos, para cada um dos quais eles querem determinar seu direito relativo e seu significado no conjunto do conhecimento da experiência.

4.

A "subjetividade", da qual partiu a consideração transcendental, apresentou-se até agora a nós num sentido precisamente definido e terminologicamente delimitado. Ela não significava de modo algum partir da organização do indivíduo cognoscente, nem dos processos psicológicos em que o mundo das sensações, representações e conexões de representações surge para esse indivíduo. Pelo contrário, apenas foi mantido que toda a determinação do objeto do conhecimento deve ser precedida pela determinação da forma pura do conhecimento. Ao compreendermos o "espaço" como um procedimento sintético uniforme, a legalidade das figuras geométricas e físico-geométricas se abre para nós; ao analisarmos o método experimental e, com isso, ao mostrar nele os conceitos puros de grandeza e medida, os pressupostos gerais de permanência e dependência causal, reconhecemos a universalidade e a validade objetiva dos juízos de experiência na sua origem verdadeira. O "sujeito" de que em geral falamos aqui é, portanto, nada mais que a própria "razão" em suas funções básicas universais e especiais, e só nesse sentido podemos descrever o sistema de Kant como um sistema de "idealismo": a idealidade a que se refere e sustenta é a dos princípios supremos da razão, em que todos os resultados especiais e derivados já estão de alguma forma pré-formados e precisam ser "determinados *a priori*" por eles.

// Mas não há um sentido completamente diferente de "subjetividade" que, embora não tenha constituído o ponto de partida para a *Crítica da razão pura*, exige pelo menos consideração dela? E não existem outras formas de "idealismo" que são suficientemente conhecidas da história da filosofia e contra as quais o novo conceito de doutrina deve ser nítida e definitivamente demarcado para não estar sujeito a permanentes mal-entendidos? Nenhum problema da *apresentação* de suas ideias ocupou Kant tão profunda e duradouramente como esse. Repetidas vezes ele procura distinguir a peculiaridade de seu idealismo "crítico" do idealismo "cético" ou "problemático" de Descartes, bem como do idealismo "dogmático" de Berkeley. Ele procura preservar seu próprio pensamento fundamental, que se aplica apenas à determinação da "forma" da experiência, da confusão com o idealismo psicológico "vulgar" e "material". Mas se o próprio Kant só foi capaz de explicar cada uma dessas confusões a partir de uma "falsa interpretação imperdoável e quase intencional"[78], então ela aparece sob uma luz diferente para o juízo puramente histórico. Pois precisamente isto constituiu um momento fundamental característico da *crítica da razão*: que ela encerra em si mesma tanto uma nova doutrina da *consciência* como uma nova doutrina do *objeto*. Se os contemporâneos extraíram antes de tudo esse primeiro componente do todo do sistema crítico e tentaram interpretar esse todo a partir dele, isso aconteceu principalmente porque eles reencontraram aqui uma linguagem conceitual filosófica que parecia o mais provavelmente permitir uma conexão com tipos conhecidos de representação. Pois enquanto Kant, na "dedução objetiva" de categorias – na prova de que as condições de possibilidade da experiência são ao mesmo tempo condições de possibilidade dos objetos da experiência – teve de criar independentemente não apenas os próprios conceitos, mas também sua expressão lógica, na "dedução subjetiva" ele retoma em toda parte as denominações correntes da psicologia de seu tempo. Hamann relatou em carta a Herder que a obra principal de Tetens, os *Ensaios filosóficos sobre a natureza humana e seu desenvolvimento*, ficava aberta na mesa de Kant durante a elaboração da *Crítica da razão pura*[79]. Assim, poderia dar a entender que aqui apenas foi criada uma nova subestrutura "transcendental" para a psicologia empírica; como se // fatos e relações psicológicas concretas fossem aqui apenas traduzidos para outra linguagem metafísica.

---

78. *Prol.*, AA 4: 290 [p. 60].
79. Ver Johann Georg Hamann, Carta a Herder de 17 de maio de 1779, p. 83.

Na verdade, porém, a *crítica da razão* é dirigida tanto contra o "idealismo" psicológico quanto contra o "realismo" dogmático – já que ela quer ser não menos *crítica do conceito de eu* do que crítica do conceito de objeto. A metafísica psicológica, que encontrou sua marca histórica típica no sistema de Berkeley, é caracterizada pelo fato de que ela afirma a certeza do eu como um dado original e a certeza das "coisas externas" como um dado meramente derivado. Na existência [*Existenz*] do eu possuímos uma existência [*Dasein*] imediata e inquestionável, enquanto tudo o que chamamos pelo nome de realidade, especialmente o ser das coisas no espaço, depende do fato fundamental do eu. Assim, a "alma" (e o espírito infinito de Deus frente a ela) constitui a única efetividade verdadeiramente "substancial". O conteúdo total do que chamamos de existência [*Dasein*] não pode ser exprimido e compreendido senão como conteúdo psíquico [*seelisch*], como "percipiente" ou "percebido". Dessa concepção Kant está separado acima de tudo pelo fato de que, para ele, a unidade psicológica da autoconsciência também constitui um ponto de chegada, não um ponto de partida da dedução. Se não julgamos do ponto de vista de uma metafísica absoluta, mas do ponto de vista da experiência e de sua possibilidade, fica evidente que o fato do eu não tem precedência nem prerrogativa sobre os outros fatos acreditados por meio da percepção e do pensamento empírico. Porque também o eu não nos é dado originalmente como uma *substância* simples, mas, sim, seu pensamento surge para nós somente por causa das mesmas sínteses, das mesmas funções da união do diverso, através das quais o conteúdo da sensação se torna o conteúdo da experiência, a "impressão" torna-se o "objeto". A autoconsciência empírica não precede temporalmente e factualmente a consciência empírica do objeto, mas num único e mesmo processo de objetivação e determinação, toda a experiência nos divide na esfera do "interno" e do "externo", do "eu" e do "mundo"[80].

A estética transcendental já havia descrito o tempo como a "forma do sentido interno, i. e., a do intuir a nós mesmos e a nosso estado interno"[81]. Nesta primeira condição, todas as seguintes // já estão contidas por fundamento. Por enquanto, trata-se apenas *de analisar a consciência do próprio tempo* para enfatizar em detalhe todos os momentos definidores que o constituem. Fica mais nítido que aqui um problema se apresenta quando nos perguntamos sobre o quê se apoia a possibilidade de captar um todo temporal em pensamento e mantê-lo como uma determinada unidade. No espaço, esta possibilidade pode ser com-

---

80. Ver a *Refutação do idealismo: Crítica da razão pura*, B 274ss. [231ss.].
81. Idem, B 49 [p. 81].

preensível. Uma vez que, de acordo com seu próprio conceito, suas partes devem ser "simultâneas", parece não haver nada mais necessário aqui do que combinar o que existe ao mesmo tempo na imaginação para obter uma intuição de uma determinada dimensão espacial. O momento singular do tempo, por outro lado, é caracterizado pelo fato de que ele é sempre dado apenas como o limite fugaz e pontual entre passado e futuro; que ele existe, portanto, fundamentalmente, sempre apenas *como singular*, e que ele exclui de si todos os outros momentos. Aqui, apenas o "agora" presente e indivisível é efetivo, enquanto todos os outros momentos devem ser considerados como um ainda não existente ou um não mais existente [*Seiend*]. Então aqui, obviamente, nenhum agregado, nenhuma soma dos elementos individuais é possível no sentido usual, pois como poderia uma soma ser formada quando o primeiro membro desaparece ao passar para o segundo? Se, no entanto, um todo deve poder estabelecer-se no tempo, se a totalidade de uma *série inteira* deve poder estabelecer-se nele – e esta é precisamente a pressuposição necessária para aquela unidade que chamamos de unidade de autoconsciência –, então deve ser pelo menos indiretamente possível manter o momento sem perder o caráter geral do tempo como uma progressão e transição contínuas. Os momentos do tempo não devem ser simplesmente definidos e "apreendidos", mas devem ser repetidos e recriados. A "síntese da apreensão" precisa ser eficaz ao mesmo tempo e no mesmo e indivisível ato fundamental como a "síntese da reprodução"[82]. Somente através disso o presente pode ser alinhado com o passado e o passado pode ser preservado e pensado no presente. Fundamentalmente, entretanto, mesmo aqui o processo temporal ainda não seria compreendido como uma unidade se a reprodução, ao ser realizada, não fosse ao mesmo tempo sabida como reprodução, ou seja, se o que é estabelecido reiteradas vezes e em diferentes momentos no tempo pelo pensamento fosse, não obstante, determinado como um, como *idêntico*. A unidade da síntese do entendimento precisa se conectar para além de todas as diferenças nos conteúdos qualitativos da sensação e para além de toda a diversidade de lugares, // tal como ela é para a intuição pura. "Sem a consciência de que aquilo que pensamos é exatamente o mesmo que pensávamos um instante antes, toda reprodução na série das representações seria em vão. Pois haveria uma nova representação, no estado atual, que não pertencia ao ato pelo qual ela teria sido gerada gradualmente, e o diverso da mesma não constituiria jamais um todo, pois lhe faltaria a unidade que apenas a consciência pode oferecer-lhe. Se, ao contar, eu esquecesse

---

82. Ver idem, A 100ss. [p. 154ss.].

que as unidades, que me escapam agora aos sentidos, foram somadas por mim uma após a outra, eu não conheceria a produção da multiplicidade por meio dessa sucessiva soma de um a um e, portanto, nem tampouco o número. [...] A palavra conceito já poderia, por si mesma, conduzir-nos a essa observação. Pois ela é uma consciência que unifica o diverso, repetidamente intuído e então reproduzido, em uma representação. Esta consciência pode muitas vezes ser fraca, de tal modo que só a conectemos à produção da representação no resultado, não no ato mesmo, i.e., imediatamente; independentemente dessa distinção, contudo, uma consciência, mesmo que lhe falte clareza acentuada, tem de estar sempre presente, e sem ela são impossíveis os conceitos e, com eles, o conhecimento de objetos"[83]. Somente nesta última etapa da síntese, neste "reconhecimento [*Rekognition*] no conceito", é que aquele conteúdo surge para nós e nós, enquanto "*eu estável e permanente*"[84], contrapomos o mero fluxo e a mudança de impressões e representações sensíveis. Se o sensualismo acreditou ter dado explicação suficiente ao conceito de eu ao designá-lo como uma estrutura vaga de conteúdos psíquicos individuais, como um mero "pacote de percepções", então, como já foi provado, com isso se fundamenta uma análise extremamente grosseira e incompleta. Independentemente do fato de que mesmo a forma mais vaga e mais externa de ligação já implicaria um problema de crítica do conhecimento, a inversão transcendental também se aplica aqui novamente. O eu é tão pouco o produto de percepções individuais que, antes, ele constitui o pressuposto fundamental para que algo seja denominado como "percepção". Somente o *ponto de referência* idêntico do "si-mesmo" dá ao especial e diferente seu *significado* qualitativo como conteúdo da consciência. Nesse sentido, o eu faz // da *apercepção* pura o "correlato de todas as nossas representações" na medida em que é meramente possível se tornar consciente delas: "toda consciência pertence a uma apercepção pura, que a tudo engloba, do mesmo modo como toda intuição sensível, enquanto representação, pertence a uma intuição interna pura, qual seja, o tempo"[85]. A unidade do tempo, na qual e por força da qual, apenas, há para nós uma unidade da consciência empírica, é assim derivada de condições universais. E estas condições, juntamente com os princípios que delas decorrem, provam ser, com análises mais perspicazes, *as mesmas* sobre as quais também repousa toda a definição de conexões objetivamente válidas e, portanto, todo o "conhecimento do objeto". Somente agora foi esclarecida a relação entre a experiência interna e

---

83. Idem, A 103s. [p. 155s.]
84. Idem, A 123 [p. 167].
85. Ibidem, A 123s. [p. 167].

a externa, entre "autoconsciência" e "consciência de objeto". Ambos não formam "metades" da experiência total que existem para si mesmos e são independentes um do outro; pelo contrário, estão ligados ao mesmo conjunto de pressupostos lógicos geralmente válidos e necessários e estão indissoluvelmente relacionados entre si através deste conjunto. Nós não perguntamos mais como o eu chegaria às coisas absolutas, nem como as coisas absolutas começariam a se comunicar com o eu, pois ambos, o "si-mesmo" e o "objeto", são para nós agora a expressão de uma e a mesma lei básica da "experiência em geral", descrita no conceito de apercepção transcendental, apenas pela mediação da qual há para nós conteúdos de qualquer espécie, seja do sentido interno, seja do externo.

E tão logo falhemos em reconhecer esse sentido e essa origem do conceito de eu e com isso nos veremos necessariamente enredados em todos os problemas insolúveis que se repetem em toda psicologia metafísica. Se deixamos de pensar na "unidade transcendental da apercepção" na forma de uma condição pura; se tentarmos concebê-la e apresentá-la como uma dada coisa, existente por si mesma, então nos encontramos no caminho de uma dialética, que agora se afigura cada vez mais difícil e complicada a cada etapa e a cada conclusão. Encontramos essa dialética em todos os lugares quando tentamos fazer qualquer relação determinada, que seja válida *no interior* da experiência e para a conexão de seus membros individuais, a uma essencialidade independente e precedente a toda a experiência. Nessa transformação de uma relação pura em uma essencialidade absoluta não há mero engano casual ou individual pelo qual o sujeito // empírico individual pudesse ser responsabilizado. Ao contrário, temos de lidar aqui com um sofisma da própria razão que não pode ser evitado até que tenha sido completamente descoberto pela crítica transcendental e visto em seus motivos últimos. Um novo campo de perguntas e tarefas apresenta-se assim à *crítica da razão*. Se a Estética e a Analítica transcendental se dedicavam a mostrar as condições do estabelecimento *genuíno* de objetos que se passa na experiência e por meio de seus princípios, a Dialética transcendental quer defender numa direção negativa os falsos "objetos" que surgem para nós da transgressão dessas condições. Se aquela quer ser a "lógica da verdade", então esta é a "lógica da aparência"[86]. Se inicialmente aplicarmos essa determinação conceitual apenas ao problema psicológico, tratar-se-á de identificar a ilusão que resulta da hipóstase da função de unidade geral da consciência numa "substância" especial e simples da alma. Todos os paralogismos da psicologia racional, todas as falsas conclusões

---

86. Ver idem, B 85s. [p. 102] e B 349ss.[p. 275].

da pura doutrina metafísica da alma têm suas raízes nessa hipóstase. Pois todo conceito tradicional de alma se apoia sobre o fato de que retiramos do todo desta série uma unidade que pode ser mostrada *na série de fenômenos da própria consciência* e cuja necessidade pode ser comprovada no interior deste domínio, e a atribuímos a um *substrato* originalmente existente, do qual os fenômenos especiais da consciência devem ser apenas uma consequência indireta. Assim, em vez de pensarmos apenas nos próprios fenômenos em sua conexão, agora acrescentamos a eles uma "razão" supraempírica da qual tentamos explicar e derivar sua diversidade. Um simples, indivisível e imperecível "algo" é estabelecido, o qual, se for análogo e comparável em sua forma concreta geral às coisas espaciais, não obstante, de acordo com sua constituição específica, deve ser essencialmente diferente delas e, portanto, por suposto, nunca deve entrar numa relação com elas que não seja meramente acidental e revogável. Mas na base desta afirmação – e, portanto, de todas as proposições sobre a natureza "imaterial" e a continuidade da alma – há sempre a mesma contradição não resolvida. O "único texto" da psicologia racional é a proposição "Eu penso", que naturalmente deve ser capaz de acompanhar todas as nossas representações na medida em que elas só podem ser explicadas como pertencentes a uma e mesma autoconsciência // através dessa proposição (que pode estar contida de modo expresso ou latente nas representações). Mas, através desta referencialidade de todos os conteúdos psíquicos a um centro comum, nem o mínimo é expresso sobre haver alguma existência permanente à qual ela é dirigida, nem determina um predicado singular efetivo que pertença a essa existência. É sem dúvida certo que o *conceito* de eu, como o de uma unidade constante idêntica a si mesmo, ocorre uma e outra vez em todas as representações e pensamentos particulares. Mas a intuição de um objeto existente por si mesmo que corresponde a este conceito não é alcançada sequer minimamente através disso. Toda inferência a respeito da unidade lógica da função do pensamento sobre o real e metafísico da substância da alma significa antes uma μετάβασις εἰς ἄλλο γένος[87], uma transposição injustificada para um domínio completamente diferente de problemas. "Disso se segue que o primeiro silogismo da psicologia transcendental nos trouxe apenas um suposto discernimento novo ao propor o sujeito lógico constante para o conhecimento do sujeito real da inerência – do qual não temos nem poderíamos ter o menor conhecimento, já que a consciência é a única capaz de transformar todas as representações em pensamentos, e é nela como sujeito transcendental,

---

87. A expressão pode ser traduzida como "mudança para outro gênero".

portanto, que têm de ser encontradas todas as nossas percepções; e além desse significado lógico do eu nós não temos qualquer conhecimento do sujeito em si mesmo que, como substrato, servisse de fundamento tanto a esse como a todos os demais pensamentos. Entretanto, pode-se perfeitamente deixar valer a proposição '*a alma é uma substância*', desde que se admita que este nosso conceito não nos leva minimamente adiante, nem pode ensinar as habituais deduções da doutrina sofística da alma, como, por exemplo, a sua duração contínua face a todas as transformações, e mesmo face à morte do ser humano; desde que se reconheça, portanto, que ele *designa uma substância apenas na ideia, mas não na realidade*"[88]. E este é precisamente o trabalho intelectual que a dialética transcendental deve desempenhar neste ponto: que transforma consistentemente as determinações metafísicas convencionais da substância da alma em determinações cognitivas da ideia da alma. O "eu", a "apercepção transcendental", é persistente e imutável, mas é apenas uma relação imutável *entre* os conteúdos da consciência e não o substrato imutável *a partir do qual* se originam. É "simples" e "indivisível": Mas isso se refere apenas ao ato sintético de conexão do múltiplo que, como tal, só pode ser pensado completa e integralmente ou não pode ser pensado de todo. Não há ponte entre a indivisibilidade deste ato e a afirmação de uma coisa indivisível que está por detrás dele e que lhe serve de fundamento. Portanto, "a simplicidade de mim mesmo (como alma) não é *inferida* a partir da proposição 'eu penso', ela já reside em todo pensamento. A proposição '*eu sou simples*' tem de ser considerada como uma expressão imediata da apercepção, do mesmo modo como a suposta inferência cartesiana *cogito, ergo sum* é na verdade tautológica, ao passo que o *cogito* (*sum cogitans*) exprime imediatamente a realidade. '*Eu sou simples*' significa apenas, no entanto, que a representação '*eu*' não abarca em si a mínima diversidade e é uma unidade absoluta (embora apenas lógica)"[89].

Ainda mais nitidamente do que na crítica do conceito de alma, o problema e a tendência fundamental da dialética transcendental se destacam na crítica do conceito de mundo. Primeiramente, aqui parece que a análise transcendental já levou a questão à sua conclusão definitiva, pois o que quer dizer o conceito de mundo além do conceito de "natureza", e o que, segundo o princípio supremo de todos os juízos sintéticos, é a natureza além do conjunto da experiência possível, cuja estrutura e limites foram determinados precisamente pelo sistema de princípios puros do entendimento? Mas, já ao falarmos do *conjunto* da experiên-

---

88. Idem, A 350s. [p. 321].
89. Idem, A 354s. [p. 323s.].

cia, aludimos ao novo problema que ultrapassa os limites da analítica. A "experiência", sobre cuja possibilidade indagamos, não era para nós um tipo especial de coisa, mas um "tipo de conhecimento" específico. Ela significava o conjunto dos modos de procedimentos dos quais a ciência se utiliza não tanto para reproduzir uma realidade existente, mas para realizar a conexão universal e necessária dos fenômenos que chamamos de sua "verdade". Mas, considerado deste ponto de vista, ela não é para nós um produto acabado, mas um processo que se configura progressivamente. Nós podemos determinar as condições desse processo, não o seu fim. Dessa maneira é prescrita, de fato, uma direção unívoca ao nosso conhecimento experimental, pois que são métodos fundamentais universais e constantes pelos quais seu progresso se consuma; não obstante, com isso não se indica ou retém sua soma e seu produto final, por assim dizer. É um conjunto completo de vários caminhos da determinação de objetos que assim se torna acessível a nós, mas o objetivo para o qual eles, // de igual modo, apontam nunca é realmente alcançado em nenhum deles. Assim, nós dispomos das formas fundamentais do espaço puro e do tempo puro, em virtude das quais ligamos os fenômenos em ordens de coexistência e sucessão. Assim, em virtude do conceito de entendimento, retiramos certas séries causais e grupos de séries causais da multiplicidade de acontecimentos. Mas uma conclusão final da determinação nunca é alcançada desta maneira, pois não só um membro individual de cada série em particular sempre aponta para um membro precedente diferente, sem que cheguemos a um membro final, mas também, quando nós compreendemos cada série mesma como uma unidade, resulta, para nós, tão logo queiramos designar sua relação a outras séries e sua dependência delas, um complexo de ligações funcionais sempre novas que, quando tentamos persegui-lo e exprimi--lo, nos conduz imediatamente para uma vastidão indeterminável. Aquilo a que chamamos de experiência consiste num tal conjunto de relações contínuas, não num todo de dados absolutos. Às exigências que neste ponto não apenas a metafísica dogmática coloca, mas também o "realismo ingênuo" da visão de mundo ordinária, isso não basta de modo algum. Pois o que caracteriza precisamente esta visão é que ela quer pensar o objeto não apenas na determinação progressiva através do conhecimento da experiência, mas que ela pressupõe o mundo, como totalidade, no processo dessa determinação. Ainda que o nosso conhecimento empírico possa *captá*-lo sempre apenas pouco a pouco e de forma fragmentada, ele *existe* [*ist vorhanden*], não obstante, como um todo que é perfeito e completo em todos os aspectos. Mas – pergunta agora a crítica transcendental – o que significa esta "existência" ["*Vorhandensein*"]? É claro que isso não pode significar a demonstrabilidade na sensação e percepção imediatas. Pois é precisamente isso que deve ser aqui sublinhado, que aquela parte do ser que nos é dada respectivamente na percepção efetiva constitui sempre apenas um pequeno fragmento evanescente do "todo". Assim é novamente uma certa forma e expressão do *juízo* de objetividade que temos diante de nós nesta afirmação de um mundo existente e acabado. É pelo menos necessário compreender este *juízo* e apreciá-lo na sua peculiaridade lógica – ainda que devamos contestar a existência absoluta do objeto para o qual ele aponta.

E aqui, do ponto de vista do exame transcendental, devemos começar antes de tudo com a concessão de que a equação entre a "experiência" e o "objeto", tal como foi concebida e compreendida até agora, de fato não contém nenhuma solução definitiva // e inequívoca para a nossa pergunta. Pois a necessidade de ir em pensamento além do empiricamente conhecido e dado é indiscutível. Ao considerarmos a experiência no sentido crítico como um "produto" da intuição e do entendimento, ao isolarmos nela as condições singulares de espaço, tempo, grandeza, substancialidade e causalidade, e assim por diante, mostra-se, desse modo, se escolhermos qualquer uma destas funções, que elas nunca se esgotam em nenhum *resultado* determinado. Assim como, por exemplo, segundo uma proposição da estética transcendental, a infinitude do tempo nada mais significa além de que toda quantidade determinada do tempo só é possível por meio de limitações de algum tempo que lhe serve de fundamento, do mesmo modo também atribui-se uma infinitude análoga a toda forma particular da síntese pura. Cada *quantum* determinado só é concebível com base no procedimento geral de fixação e determinação da quantidade – cada caso singular de conexão causal apenas como uma "especificação" do princípio causal. Por meio desta infinitude, que já está decidida na sua forma lógica pura, cada um dos momentos constitutivos do conhecimento experimental exige a sua aplicação contínua para além de qualquer limite efetivamente atingido. Cada *causa* que podemos mostrar na experiência tem apenas um ser limitado e relativo – pois só podemos defini-la como singular referindo-a a outra, mais distante –, mas o princípio e o pensamento da *causalidade* aplicam-se sem restrição. É uma exigência levantada pela própria razão, e fundada nela, que esse princípio seja levado a cabo de forma sistemática e integral através de todo o campo dos fenômenos – que, com isso, nenhum fenômeno singular o confronte como o alegadamente "último" – e, portanto, atribuível a nada mais além –, oponha-se a ele e tente inibir seu progresso. A "razão", no sentido específico que este conceito recebe pela dialética transcendental, significa nada mais do que essa demanda mesma. "Se o entendimento é uma faculdade da unidade dos fenômenos por meio de regras, então a razão é a faculdade da unidade das regras do entendimento sob princípios. Assim, ela nunca se refere primeiro à experiência ou a algum objeto, mas ao entendimento, de modo a fornecer aos diversos conhecimentos deste, por meio de conceitos, uma unidade *a priori*, que se pode denominar unidade da razão e é de um tipo inteiramente distinto daquela que pode ser produzida pelo entendimento."[90] As categorias todas do entendimento são apenas meios // para nos conduzir de um condicionado a outro, enquanto o conceito transcendental de razão sempre se aplica à totalidade absoluta na síntese das condições e portanto nunca termina como o incondicionado por excelência, isto é, de qualquer relação. "A razão se refere apenas, portanto, ao uso do entendimento, mas não enquanto ele contém o fundamento da experiência possível (pois a totalidade absoluta das condições não é um conceito utilizável na experiência, já que nenhuma experiência é incondicionada), e sim para prescrever-lhe a direção para uma certa unidade, da qual ele não tem nenhum conceito e que aponta no sentido de reunir todas as ações do entendimento, em relação a cada objeto, em um *todo absoluto*."[91] Mas a legítima pretensão transcendental inerente a ela torna-se imediatamente transcendente quando se tenta representá-la na forma de uma coisa absoluta; quando se faz da totalidade do ser, que constitui a *tarefa* contínua do conhecimento da experiência, um objeto existente e dado. Aquilo que, visto como máxima e diretriz para a pesquisa empírica, era não só admissível, mas necessário, aparece agora como um conteúdo que, em análise mais atenta, se desfaz em momentos contraditórios por excelência, e em características singulares. Assim, do mundo considerado como um todo dado, podemos provar sucessivamente, e com igual direito lógico, que ele tem um começo no tempo e um limite no espaço, bem como que ele é infinito tanto em relação ao tempo como ao espaço. Assim pode ser demonstrado com a mesma lógica que ele é composto por substâncias simples por excelência, como que essa divisão, tanto no espaço físico como no puro, nunca chega a uma conclusão, e que, portanto, o absolutamente simples é um pensamento impossível.

O motivo genuíno de todas estas antinomias do conceito de mundo, cujo conteúdo e significado sistemático já fora evidenciado na história do desenvolvi-

---

90. Idem, B 359 [p. 280].
91. Idem, B 383 [p. 294].

mento do pensamento kantiano[92], pode agora, contudo, ser designado com toda a concisão e simplicidade a partir dos pressupostos gerais do sistema crítico. Que duas determinações e conclusões diretamente conflitantes podem ser derivadas de um conceito só é possível se ele próprio, já em sua construção e na síntese original na qual ele se baseia, encerra em si mesmo uma contradição interna. No nosso caso, no entanto, esta contradição, considerada mais de perto, reside no fato de o conteúdo do conceito de mundo estar em geral ligado // ao artigo determinado – que "o" mundo é usado como *substantivo*. Porque o todo da experiência nunca nos é dado enquanto tal como um ser fixo, fechado, mas como um devir – não como um resultado que se encontra atrás de nós, mas como um objetivo que está diante de nós. A "consistência" que lhe atribuímos está, portanto, fundada em nada mais do que na regra do progresso mesmo, na qual nós, começando pelo singular, ascendemos ao conceito de mundo como todo o complexo do ser empírico. Essa regra também tem, por sua vez, sua própria validade objetiva, mas não pode ser pensada em si mesma na forma de um todo material que seria dado simultaneamente com suas partes. Ela não pode determinar *o que seja o objeto, mas como a regressão empírica deve ser empregada* para chegar ao conceito completo do objeto[93]. "De modo algum, portanto, pode-se ter com ela a intenção de dizer que a série das condições até um dado condicionado é em si finita ou infinita; pois nesse caso uma mera ideia da totalidade absoluta, que é apenas por si mesma produzida, pensaria um objeto que não pode ser dado em experiência alguma, já que se concederia a uma série de fenômenos uma realidade objetiva independente da síntese empírica. A ideia da razão, portanto, apenas prescreverá à síntese regressiva na série das condições uma regra segundo a qual ela prossegue do condicionado ao incondicionado por meio de todas as condições subordinadas entre si, muito embora tal incondicionado não possa jamais ser alcançado. Pois o absolutamente incondicionado nunca será encontrado na experiência." Nesse sentido, a ideia de totalidade é "reguladora", não "constitutiva": porque ela contém apenas uma prescrição para o que deve acontecer na regressão, mas não determina e antecipa o que é dado no objeto antes de toda regressão. A diferença que aqui se afirma diz respeito apenas à reflexão "transcendental" sobre a origem do princípio, mas não ao seu uso empírico real. Para este último, é "inteiramente indiferente, no que diz respeito ao resultado, se digo que poderia, no progresso empírico no espaço, encontrar estrelas cem vezes mais distantes que as mais remotas que vejo; ou se digo que elas talvez pos-

199

---

92. Ver acima, p. 106ss.
93. *Crítica da razão pura*, B 538 [p. 416s.].

sam ser encontradas no espaço cósmico, mesmo que nenhum homem as tenha jamais percebido ou venha a percebê-las"[94], pois a existência [*Vorhandensein*] de um objeto empírico, considerado de modo mais perspicaz, não significa nada além e não quer // significar nada mais do que a sua determinabilidade, seja ela direta ou indireta, através dos meios do método empírico: através da sensação ou da percepção pura, através das "analogias da experiência" ou através dos "postulados do pensamento empírico", através dos princípios sintéticos ou das ideias regulativas da razão. Se, portanto, eu imaginar todos os objetos dos sentidos existentes em todo o tempo e todos os espaços como um todo, não os coloco em ambos antes da experiência, mas esta representação não é nada mais do que o pensamento de uma possível experiência na sua integralidade absoluta[95]. Este *pensamento* enquanto tal é imprescindível, mas se torna imediatamente enredado em contradições tão logo isolamos e hipostasiamos arbitrariamente o seu conteúdo, tão logo, em vez de o utilizarmos como orientação dentro da investigação empírica, inventamos uma coisa para além de qualquer relação com ela que supostamente lhe corresponde.

Com esse discernimento já se dá ao mesmo tempo a principal solução para esses problemas que a *Crítica da razão pura* resume na terceira e última parte da dialética transcendental. A crítica da psicologia racional e da cosmologia é acompanhada pela da teologia racional: a análise da ideia de alma e da ideia de mundo é concluída na análise da ideia de Deus. Também aqui, de acordo com a tendência metodológica geral, deverá ser mostrado que na ideia de Deus não é pensada tanto uma determinada essencialidade absoluta como, muito antes, é estabelecido um "princípio" peculiar da experiência possível, e assim é estabelecida uma relação indireta com as tarefas gerais de pesquisa empírica. Mas essa inflexão contém um paradoxo. Pois o significado completo do conceito de Deus não residiria na sua "transcendência", no fato de que aqui se afirma a certeza de um ser primordial [*Urwesen*] que existe separado de toda a contingência e condicionalidade do ente [*Sein*] empírico finito? O conceito parece ter sido sempre tomado nesse sentido por toda a metafísica desde Aristóteles. Se não há nenhum ser [*Wesen*] que seja puramente "de si mesmo" e "por si mesmo" – como ela concluía desde então – então também não é concebível nenhum ser [*Sein*] de uma coisa mediada e dependente; então, por conseguinte, toda a efetividade se desfaz em aparência inessencial [*wesenlos*]. Mesmo o próprio escrito pré-crítico de

---

94. Idem, B 524 [p. 409].
95. Idem, B 523s. [p. 408s.].

Kant, *O único argumento possível para uma demonstração da existência de Deus*, estava como um todo ainda dentro desta intuição fundamental; ele a fortaleceu e afirmou na medida em que tentou se mostrar // o ser necessário por excelência como o fundamento não apenas de todo ser [*Sein*] efetivo, mas também de todo ser [*Sein*] possível, de toda verdade das relações conceituais e ideais[96]. Do ponto de vista crítico, entretanto, agora esse exame também precisa se inverter. Ao invés de passar de um conceito geral do logicamente possível para o conceito especial da possibilidade da experiência, pelo contrário, a "experiência possível" é agora vista como o fundamento que pode primeiramente emprestar a todos os conceitos, como conceitos do *conhecimento*, seu valor e sua validade objetiva. E, com isso, tornou-se obsoleto todo o modo de conclusão ontológica sobre o qual toda a teologia racional se baseava até agora. Pois o núcleo de toda a ontologia consiste no fato de que do conceito do ser mais perfeito se deduz a sua existência: porque a própria "existência" seria uma perfeição, que assim não poderia, sem contradição, ser excluída das características desse conceito. Do ponto de vista transcendental, porém, há muito que se reconhece que a "existência" não é de modo algum um predicado conceitual singular que estaria da mesma maneira ao lado de outros, mas que ela é um problema de conhecimento que precisa ser progressivamente determinado e com o qual se deve lidar com a totalidade de todos os seus meios. Somente pela união total desses meios podemos descrever aquilo que a existência empírica significa em geral para nós. Aqui nem o mero conceito analítico-lógico, nem a pura intuição do espaço e do tempo, nem a sensação e percepção sensível são suficientes; mas, sim, é apenas a partir da relação mútua de todos estes fatores que se funda para nós a experiência, e nela e através dela, o "objeto". Dentro do sistema de princípios sintéticos, foram sobretudo os "postulados do pensamento empírico", e entre eles especialmente o "postulado da efetividade", que estabeleceram essa ligação – que nos ensinaram como sensação, intuição e conceito precisam cooperar para produzir qualquer afirmação válida sobre uma "existência". A ontologia, no entanto, não só extrai arbitrária e unilateralmente de todo esse complexo a função de "pensar"; ela também toma o próprio pensar, em vez de como a função sintética de ligação relacionada ao múltiplo da intuição, como a mera decomposição analítica de um determinado conteúdo conceitual. Considerado dessa forma, entretanto, é vedado a ela qualquer acesso e progresso em direção ao "ser". Agora só se pode inferir do "possível" ao "efetivo" por uma *petitio principii* : pelo simples motivo de que não

---

96. Cf. acima, p. 57ss.

conhece nem compreende, por si só, // toda a *diferença* entre possibilidade e efetividade. Cem táleres reais – se eu olhar apenas para o conceito e os predicados que podem ser extraídos analiticamente dele – não contêm minimamente nada a mais do que cem táleres possíveis. "Se penso uma coisa, portanto – tanto faz com quais ou quantos predicados [...] –, nada é acrescentado a ela pelo fato de eu introduzir a expressão 'esta coisa é'. Pois do contrário não existiria sempre o mesmo, mas mais do que eu havia pensado no conceito, e eu não poderia dizer que o objeto exato do meu conceito existe. [...] Se agora penso um ser como a realidade suprema (sem carência), permanece sempre a questão de se ele existe ou não. Pois, ainda que não falte nada ao meu conceito do conteúdo real possível de uma coisa em geral, falta algo na relação ao meu inteiro estado do pensamento, a saber, que o conhecimento daquele objeto também fosse possível *a posteriori*. [...] Pois através do conceito o objeto só é pensado como concordante com as condições universais de um conhecimento empírico possível, e através da existência como contido no contexto de toda a experiência, pois, embora o conceito do objeto não seja minimamente aumentado pela conexão com o conteúdo de toda a experiência, nosso pensamento recebe uma percepção possível a mais por meio dele."[97]

A ligação com o conteúdo da experiência e o "contexto" de suas posições e juízos é o que, portanto, pode sozinha justificar qualquer afirmação sobre a efetividade. A partir das provas "*a priori*" da ontologia parecemos ser remetidos para as formas *a posteriori* de prova, à prova "cosmológica" e à prova "físico-teológica", se é que a existência de Deus deve ser explicitada demonstrativamente. A primeira conclui da circunstância de que dentro da série de causas do mundo só chegamos sempre de uma existência condicionada e dependente a uma outra, que assim o fundamento absoluto da série integral nunca se torna aparente, que este fundamento deve ser procurado fora da série na existência de um ser que, como "*causa sui*", já não está lá por outro mas por si mesmo. A segunda leva a inferir da ordem racional e conforme a fins que se faz aparente em partes singulares do universo e na sua construção geral uma inteligência suprema da qual ele se originou e pela qual é conservado em sua duração contínua. Mas, além das deficiências lógicas internas dessas // provas, que Kant reconheceu e revelou desde cedo[98], elas já são inválidas porque são apenas aparentemente independentes e autossuficientes. Na metafísica convencional apresentam-se como suporte e su-

---

97. *Crítica da razão pura*, B 628s. [p. 466s.].
98. Ver acima, p. 54s.

plemento da prova ontológica; mas na verdade já a pressupõem completamente de acordo com todo o seu conteúdo. Pois mesmo assumindo que, por meio de provas cosmológicas, seria possível chegar a uma causa suprema do mundo, ou que se poderia inferir da conformidade a fins dentro dos fenômenos que há um fundamento racional do mundo, não seria provado que essa causa e esse fundamento do mundo são idênticos àquilo que estamos acostumados a designar pelo conceito e pelo nome de Deus. Para chegar a essa identidade, não só à existência de um fundamento último, mas também à sua caracterização mais próxima, a predicados consistentes dela, vemo-nos novamente remetidos para o caminho da prova ontológica. Precisamos tentar mostrar que o ser absolutamente independente e necessário é, ao mesmo tempo, também o mais real, que toda a realidade e perfeição é decidida nele e pode ser derivada dele. Contudo, assim se torna óbvia a circularidade na prova, pois o que se alega aqui para a *confirmação* da prova ontológica permanece sem qualquer *determinação* precisa e inequívoca enquanto a prova mesma não for admitida e antecipada como válida[99]. Em geral, portanto, aqui a crítica da prova de Deus revela novamente a deficiência fundamental que Kant reprova em todas as metafísicas anteriores: que nelas a verdadeira relação entre experiência e pensamento não é reconhecida precisa e definitivamente e exprimida com consciência clara. O pensamento que se fechou puramente em si mesmo a fim de lançar o efetivo para fora de si mesmo vê-se forçado no final a se acomodar a esse efetivo ao incorporar despercebidamente em suas pressuposições certas determinações empíricas básicas. Mas nessa posição, por um lado, o caráter do pensamento puro é tão maculado quanto, por outro lado, o conceito puro da experiência é perdido.

Em vez disso, a dialética transcendental procura agora, também neste ponto, transformar o resultado negativo da crítica das provas de Deus numa visão positiva, na medida em que ela destaca na versão convencional do conceito de Deus um momento que, traduzido da linguagem da metafísica para a da filosofia transcendental, // é de significação essencial para a característica da própria experiência e do seu processo progressivo. Deus é concebido dentro da metafísica como o ser realíssimo, isto é, Ele é pensado como aquele que une todas as posições puras e perfeições em si mesmo, enquanto exclui de si todas as negações e deficiências. Nele é posto somente o ser absoluto, sem qualquer não ser, pois que uma coisa *é* algo, enquanto ela *não é* algo outro, que um determinado predicado *a* lhe convenha, enquanto outros predicados *b, c, d,* ... lhe devem ser negados,

---

99. *Crítica da razão pura*, B 634s. [470s.]; ver idem, B 631-658 [p. 468-484].

isso é somente a expressão para que ela seja pensada como algo restrito e finito. A proposição *omnis determinatio est negatio* descreve claramente o caráter e o modo dessa determinação que é possível apenas aqui, no campo da existência empírico-finita: ao estabelecermos tal existência, simultaneamente nós a isolamos do universo da realidade e lhe atribuímos apenas uma esfera limitada dentro dessa mesma realidade. Em Deus, por outro lado, já não pensamos na determinação individual em termos de diferenças dos outros, mas nele pensamos no ideal perfeito da própria determinação contínua. Aqui concebemos a ideia de um "conjunto completo de toda a realidade" que não apenas "compreende todos os predicados *sob si* no que diz respeito a seu conteúdo transcendental, mas que os compreende *em si*; e a determinação completa de cada coisa se baseia na limitação desse *todo* da realidade, na medida em que *algo* do mesmo é atribuído à coisa, e o resto é excluído [...]"[100]. Para essa sua intenção, entretanto, a razão não necessita de modo algum da *existência* de um tal ser que seja conforme ao ideal, mas apenas da *ideia* dele. "O ideal é para ela, portanto, o modelo (*prototypon*) de todas as coisas, que, enquanto cópias defeituosas (*ectypa*), tiram todas daí a matéria para a sua possibilidade e, quer se aproximem mais ou menos dele, sempre estarão infinitamente longe de atingi-lo. Assim, toda possibilidade das coisas [...] é considerada como derivada, e apenas aquela que encerra em si toda realidade é considerada como originária. [...] Toda diversidade das coisas é apenas um modo tão variado de limitar o conceito da realidade suprema, que é o seu substrato comum, quanto o são as figuras enquanto diferentes modos de limitar o espaço infinito. Por isso o objeto do ideal da razão, que só se encontra nela, também pode ser denominado *ser originário* (*ens originarium*), e, na medida em que não tem nenhum acima dele, *ser supremo* (*ens summum*), e, na medida em que tudo está sob ele como condicionado, *ser de todos os seres* (*ens entium*)."[101]

205   // Mas assim como o espaço que "embasa" todas as formas especiais não deve ser pensado como uma coisa independente, absoluta, mas como a forma da intuição pura, assim também esta "coisa de todas as coisas", que é posta no conceito de Deus, deve ser entendida no sentido transcendental ainda como "forma": embora como uma forma tal que pertence a uma esfera de validade completamente diferente desta das formas da sensibilidade e dos conceitos puros do entendimento. O seu teor genuíno, tal como o de todas as ideias da razão, reside no seu significado regulativo. Aquilo no qual, somente, o real de todos os

---

100. Idem, B 605 [p. 454].
101. Idem, B 606s. [p. 454s.].

fenômenos particulares pode ser dado para nós é a *experiência única que a tudo abarca* e seu nexo legal. Que este "todo" da experiência preceda e condicione todas as definições empíricas individuais foi, de fato, o discernimento sobre o qual se apoiou a solução do enigma dos juízos sintéticos *a priori* na *Crítica da razão pura*. É certo que este todo foi primeiramente pensado como um conjunto completo de proposições fundamentais [*Grundsätzen*] e princípios [*Prinzipien*], mas, nestes princípios e em virtude deles, ele é ao mesmo tempo determinado como um conjunto completo de *objetos*. Não podemos fixar um *determinado* objeto empírico de outra forma além de empregá-lo, sobretudo dentro deste sistema de objetos da experiência possível, em seu "lugar", por assim dizer, e pensá-lo assim em relação contínua com todos os outros elementos (efetivos ou também apenas possíveis) desse conjunto completo. E com isso atingimos daqui por diante o análogo transcendental ao conceito metafísico de Deus, como o "ser realíssimo". Mas ao mesmo tempo percebemos que a totalidade, à qual nos vemos remetidos como pressuposto, não é uma totalidade da existência absoluta, mas somente expressa um determinado postulado do conhecimento. Pois o todo qualitativo dos objetos da experiência possível é igual ao todo quantitativo que costumamos nomear como "mundo"; ele nunca é um dado, mas sempre apenas um todo *posto como tarefa* [*aufgegeben*]. A aparência dialética da teologia transcendental surge tão logo nós hipostasiamos essa ideia do conjunto de toda a realidade – à qual nos conduz uma ilusão natural do entendimento – na medida em que nós "transformamos dialeticamente a unidade *distributiva* do uso empírico do entendimento na unidade *coletiva* de um todo da experiência, e concebemos nesse todo do fenômeno uma coisa singular que contém em si toda a realidade empírica, e que é então [...] trocada pelo conceito de uma coisa que está no topo da possibilidade de todas as // coisas, fornecendo as condições reais para a determinação destas últimas"[102]. Três estágios desta falsa reificação dialética podem ser distinguidos: o ideal do ser realíssimo é primeiramente *realizado*, ou seja, condensado no conceito de um objeto, depois *hipostasiado* e finalmente *personificado*, ao lhe ser atribuída inteligência e autoconsciência. Mas, do ponto de vista da consideração puramente teórica, toda a ideia da essencialidade divina e da total suficiência, assim formada, dissolve-se numa mera "sub-repção transcendental", numa sub-repção do pensamento pela qual imputamos realidade objetiva a uma ideia que serve apenas como regra.

---

102. Idem, B 610s. [p. 457]; idem, B 537 [p. 416].

Com esse discernimento estamos no final da Dialética transcendental e, portanto, de toda a construção da crítica da razão teórica pura. O que essa crítica teve de apurar foram as condições gerais e necessárias de todos os juízos objetivos e, com isso, de todas as definições objetivas que são possíveis dentro da experiência. Ao reduzir e restringir o objeto empírico a essas condições, ela o definiu como um objeto do "*fenômeno*". Pois "fenômeno", entendido num sentido puramente transcendental, não quer dizer nada além de que o objeto de uma possível experiência – o objeto, portanto, que não é pensado "em si mesmo" e separado de todas as funções do conhecimento, mas que é mediado e "dado" apenas por essas mesmas funções, pelas formas da intuição pura e do pensamento puro. Se agora alguém ainda quiser perguntar qual poderia ser o objeto se abstraíssemos de todos esses seus momentos constitutivos, se não mais pensássemos nele no espaço e no tempo, não mais como grandeza extensiva ou intensiva, não mais nas relações de substancialidade, causalidade, interação, e assim por diante, então se deve conceder que essa pergunta, como tal, não contém qualquer contradição interna. Pois tal contradição só surge quando eu reúno dois predicados positivos contraditórios num mesmo conceito e os *concebo* [*setze*] juntos; aqui, porém, eu não concebi [*gesetzt*] absolutamente nada, mas simplesmente suprimi as condições de toda a concepção [*Setzung*] conhecida por mim[103]. O resultado, assim, não é uma contradição, mas é o puro nada, uma vez que não pode mais ser apresentado o menor *fundamento* para que o pensamento de um objeto desse tipo, consistente consigo mesmo, possa ser apresentado fora de qualquer relação com as leis da forma do conhecimento. O pensamento é de fato possível no sentido analítico, de acordo com as regras da lógica formal, // mas não é válido no sentido sintético, como conteúdo real do conhecimento. E mesmo se não tomarmos a abstração conceitualmente possível das condições do conhecimento em tal medida – se não pensarmos, portanto, num objeto absoluto no sentido de que ele é abstraído de todos os princípios da forma do conhecimento, mas que entre eles é admitida apenas uma *relação* diferente daquela que ocorre no conhecimento dado da experiência – a mesma objeção permanece. Pois o que conhecemos como experiência se baseia na interação peculiar desses dois fatores

---

103. Seguimos aqui a solução da tradução espanhola porque a solução inglesa, que traduz o vocábulo por *posit* – compreendido na seguinte acepção apresentada no verbete do dicionário de Cambridge: "sugestão de algo como um fato ou princípio básico a partir do qual uma ideia ulterior é formada ou desenvolvida" –, nos levaria talvez ao termo *postulado*, no sentido de *colocação*, *suposição*. Acreditamos que a opção causaria estranheza entre os leitores de Kant e confusão entre os que iniciam por aqui sua leitura, considerando a importância e especificidade sistemática dos *postulados* [*Postulate*] na exposição dos "Postulados do pensamento empírico em geral" [N.T.].

fundamentais que a crítica designou como sensibilidade e entendimento, como intuição pura e pensamento puro. Que configuração [*Gestalt*], por outro lado, assumiria uma experiência em que um desses fatores fosse eliminado ou a sua relação com o outro fosse determinada de modo completamente diferente, disso não temos um conceito positivo, pois nem sequer sabemos se, nessa condição, restaria alguma "configuração", uma estrutura [*Struktur*] legal fixa da experiência. Pois só conhecemos verdadeiramente a relação entre o entendimento e a intuição, não cada um deles em si mesmo como elemento e substrato absoluto. Se separarmos o pensamento puro da ligação em que ele está com a sensibilidade pura e empírica, seu teor objetivante não se realiza para nós – ele perde, assim como a linguagem o expressa caracteristicamente, o seu "significado" específico[104]. A função da unidade que reside na categoria pura só resulta para nós num conteúdo cognitivo positivo na medida em que ela se esquematiza na forma do espaço e do tempo. Assim, o conceito de grandeza não pode ser explicado de modo diferente do que ao incorporar nessa explicação o "quantas vezes" da concepção de uma unidade subjacente. Mas o que significaria este "quantas vezes" se torna compreensível somente quando voltamos à repetição sucessiva, assim ao tempo e à síntese do similar nele. Do mesmo modo, se eu omitisse na ideia da substância o momento da permanência temporal, ainda restaria a representação lógica de um sujeito que nunca pode ser um predicado de outra coisa. Mas, por esta explicação meramente formal não é de modo algum determinado se tal conteúdo poderia ser dado como objeto, seja da experiência externa, seja da experiência interna. O mesmo se aplica aos conceitos de causalidade e reciprocidade, que também poderíamos apenas "deduzir", ou seja, provar na sua validade para qualquer determinação do objeto empírico, // na medida em que nós os relacionamos com a intuição espaçotemporal e os reconhecemos como pressupostos para a ordem dentro dela. "Em uma palavra, nenhum desses conceitos pode ser de modo algum *compreendido*, nem sua possibilidade *real* estabelecida, caso toda intuição sensível (a única que temos) seja retirada; e só resta então a possibilidade *lógica*, i.e., que o conceito (pensamento) seja possível. Mas não é disso que se trata aqui, e sim de saber se o conceito se refere a um objeto e, portanto, se significa algo."[105] Assim, as categorias puras sem condições formais de sensibilidade têm um significado meramente transcendental, mas não são de qualquer uso transcendental (isto é, além da possibilidade da experiência e de seus objetos). Se a sua origem é *a priori*, o emprego que podemos fazer deles é sempre apenas

---

104. Idem, B 299 [p. 244].
105. Idem, B 302, nota [p. 247].

empírico: no sentido de que estão restritos aos limites da experiência "e que os princípios do entendimento puro só podem referir-se aos objetos da experiência relativamente às condições universais de uma experiência possível, não podendo referir-se jamais às coisas em geral (sem levar em conta o modo como podemos intuí-las)"[106]. O conceito de um "*noumenon*", ou seja de uma coisa que não deve ser pensada como um objeto dos sentidos, mas como uma coisa em si mesma, meramente através do entendimento puro, permanece a partir de então, mesmo quando reconhecemos sua possibilidade lógica, em qualquer caso um conceito puramente problemático. O objeto assim apreendido não é então um *objeto inteligível* particular para o nosso entendimento, "mas um entendimento a que ele pertencesse é que constitui um problema"[107], é um modo de conhecimento do qual não podemos ter a menor ideia acerca da sua possibilidade. Tal conceito pode servir de conceito-limite para restringir a sensibilidade (ao insinuar que a esfera dos seus objetos não coincide de todo com a dos objetos concebíveis), mas nunca pode colocar nada de positivo além da extensão do seu campo[108].

Para além desse discernimento, até à doutrina do *noumenon* "no entendimento negativo", a *Crítica da // razão pura* não nos permite seguir, estritamente falando. A sua construção encerra-se neste momento, e mesmo a mera visão panorâmica desse campo de problemas, que se destina a dar um novo significado positivo ao conceito problemático, deve aqui permanecer por fundamento negada para nós. O próprio Kant não evitou essa visão panorâmica; e cada vez mais decidida e fortemente, apesar de todas as limitações e grilhões que são dados pela divisão tripartite do sistema no campo da razão teórica, da razão prática e da faculdade de julgar, anuncia-se com ele a nova direção da questão, que não está mais relacionada ao ser, mas ao dever como o que é própria e verdadeiramente "incondicional". Mas era uma deficiência essencial da *apresentação* de Kant na *crítica da razão* que ela não era mais capaz de iluminar completamente essa relação, mas apenas de antecipá-la em indicações provisórias e indeterminadas. Assim, a doutrina de Kant do "*noumenon*" e da "coisa em si" permaneceu na forma em que ela surgiu pela primeira vez na *Crítica da razão pura*, desde o início marcada por uma obscuridade que se tornaria fatal para sua compreensão e para sua formação histórica posterior. Neste ponto, porém, ainda não precisamos tentar antever a nova estruturação e a nova solução do problema da "coisa

---

106. Idem, B 303 [p. 247].
107. Idem, B 311 [p. 254].
108. Idem, B 305ss. [p. 248s.]; cf. esp. O capítulo Do fundamento da distinção de todos os objetos em geral em *phaenomena* e *noumena*, B 294ss. [p. 242ss.].

em si", que é alcançada na doutrina da *liberdade* de Kant. Pois a teoria do "fenômeno" como tal, a organização sistemática do conhecimento da experiência pura não é mais afetada por isso. Ele forma um todo encerrado em si e baseado em pressupostos independentes, que podem e precisam ser concebidos num exame puramente imanente. Se, para além deste círculo da existência empírica, que até agora revelou-se a única determinável para nós, há ainda um outro campo, não tanto de objetos, mas antes de valores objetivos, e se não é através disso que todo o nosso conceito transcendental de objetividade experimenta um enriquecimento e aprofundamento do seu teor, esta é uma questão à qual primeiramente a construção da ética e da estética críticas podem dar a resposta definitiva. Aqui será apenas descoberto o sentido genuinamente positivo de *noumenon*, o "dado" fundamental em que a separação entre sensível e inteligível, "fenômeno" e coisa em si, é baseada de acordo com o seu fundamento último.

4. Primeiros efeitos da filosofia crítica. Os Prolegômenos. As Ideias de Herder e a fundamentação da filosofia da história

// Pouco antes de completar seus cinquenta e sete anos de idade, Kant continuava a agir com a força de uma vontade firmemente resoluta na renovação e ampliação do trabalho intelectual iniciado com a dissertação de 1770. A *Crítica da razão pura* foi erigida num período de poucos meses: uma proeza praticamente sem igual em toda a história do espírito, mesmo quando se considera o feito em termos puramente literários. Neste período de elaboração, de concentração máxima do pensamento e da vontade visando à finalização da própria obra, Kant precisou colocar em segundo plano todas as questões referentes às suas repercussões. Tal como nos anos de meditação solitária, ele se entregou unicamente ao prosseguimento da própria matéria sem qualquer questionamento quanto aos meios mais eficazes pelos quais ela poderia acessar o leitor contemporâneo e as escolas filosóficas. De fato, era como a divisa emprestada de Bacon, mais tarde acrescentada por Kant à segunda edição da *Crítica da razão pura*, a qual proclamava: "De nossa parte silenciamos: quanto àquilo de que aqui se trata, no entanto, pedimos que os homens não o considerem uma opinião, mas um trabalho sério; e que estejam convencidos de que lutamos para assentar os fundamentos não de alguma seita ou opinião arbitrária, mas sim para a utilidade e o engrandecimento da humanidade"[1]. No entanto, Kant logo se viu arrancado deste estado de ânimo em que executou o trabalho da *crítica da razão* pelas primeiras amostras de avaliação que sua obra encontrou. Fossem o que fossem estes juízos, todos eles concordavam num ponto quando viam a declaração de uma "visão" pessoal e de uma opinião doutrinal ali onde Kant acreditava ter situado um problema de modo absolutamente necessário e universalmente válido. O sentimento de atração ou de repulsa pela *crítica da razão* dependia do modo em que pareciam afins

---

[1]. *Crítica da razão pura*, *KrV* B II [p. 13].

ou divergentes a sua visão diante das visões da sua recepção, sem que de início ocorresse a ninguém o menor sinal de entendimento // quanto a própria demarcação do questionamento como um todo, não mais inserido dentro dos marcos tradicionais que as escolas filosóficas haviam oferecido. Durante muito tempo, a única preocupação interpretativa consistiu em saber se o sistema kantiano devia ser pensado ou denominado como "idealismo" ou "realismo", como "empirismo" ou "racionalismo". Mendelssohn sustentou de fato contra ele a primazia crítica quando, num conhecido epíteto, chama Kant de "demole-tudo", o que ao menos manifesta o correto sentimento diante da distância entre ele e a filosofia tradicional. Este tipo de concepção e ajuizamento, porém, apenas se pôs inteiramente às claras para Kant na resenha detalhada que apareceu nos *Göttingischen gelehrten Anzeigen* em 19 de janeiro de 1782. É conhecida a história sobre a gênese desta recensão[2]. Christian Garve, escritor amplamente estimado na filosofia popular do século XVIII, se comprometeu a fornecer um extenso trabalho crítico para a *Göttingischen gelehrten Anzeigen* como forma de agradecimento pelas "muitas demonstrações de cortesia e amizade" que lhe foram concedidas durante uma viagem sua a Göttingen. Ele propôs para isso a *Crítica da razão pura*, que ele ainda não havia lido, mas da qual ele esperava, como ele próprio relata numa carta a Kant de 13 de julho de 1783, "um grande contentamento" graças aos "muitos já provocados pelos primeiros escritos menores [de Kant]"[3]. As primeiras páginas lidas do livro certamente o fizeram se convencer do seu engano. Desde o início ele encontrou uma profusão de dificuldades, seja porque seus estudos até então se concentraram essencialmente nos domínios da estética e da psicologia moral, o que de modo algum o teria preparado para semelhante leitura, seja também devido à convalescença de uma severa doença que lhe acometera na época. Foi a consideração quanto à sua palavra empenhada que o mobilizou a prosseguir no seu trabalho e a compor como resultado de diversas reelaborações e abreviações uma resenha detalhada que foi finalmente entregue à redação do jornal. Mas se encontrava à frente da redação um // homem cujo ofício de modo algum era tocado pelos escrúpulos e pelas dúvidas que Garve havia sentido durante a leitura da *crítica da razão*. Johann Georg Feder pertencia àquele grupo de professores de Göttingen que acreditava já estar completamente certo do juízo sobre

---

2. Ela foi tratada em todos os seus pormenores por Emil Arnoldt em *Vergleichung der Garve'schen und der Feder'schen Rezension über die Kritik der reinen Vernunft*, em: *Gesammelte Schriften*, Bd. IV: Kritische Exkurse im Gebiete der Kantforschung, Teil 1, Berlim 1908, pp. 9-76; cf. também Albert Stern, *Ueber die Beziehungen Chr. Garve's zu Kant nebst mehreren bisher ungedruckten Briefen Kant's[,] Feder's und Garve's*, Leipzig 1884.
3. Christian Garve, carta a Kant de 13 de julho de 1783, *Br* 10: 329.

Kant. Quando Christian Jacob Kraus declarou para esse grupo pouco depois do aparecimento da *crítica da razão* que Kant possuía sobre sua mesa uma obra que certamente ainda faria os filósofos suarem frio, foi-lhe retrucado em meio a risos que dificilmente algo semelhante poderia ser esperado de um "diletante na filosofia"[4]. A esta autoconfiança inabalável dos eruditos de corporação Feder ainda acrescentou a desenvoltura habilidosa de "redator" que, sem muitas reservas objetivas, sabia ajustar a extensão e o conteúdo de cada artigo às necessidades momentâneas da sua revista. Com vigorosas penadas, a resenha de Garve da *Crítica da razão pura* foi então reduzida a quase um terço da sua extensão original e amplamente alterada em termos de estilo; por outro lado, porém, os próprios e variados acréscimos de Feder foram imediatamente assinalados ao leitor como uma "perspectiva" determinada para o estudo e entendimento da obra kantiana. Os expedientes sistemáticos colocados à disposição ali eram os mais limitados que se podia imaginar: eles não passavam de uma aplicação de rubricas batidas da história da filosofia, estabelecidas em todo manual e consagrados pelo uso. "Esta obra", assim começa a recensão da revista na versão de Feder, "esta obra – que exercita continuamente o entendimento do seu leitor, embora nem sempre o instruindo e com frequência onerando a atenção até a fadiga, ainda que por vezes vindo a seu socorro uma afortunada imagem, ou gratificando com consequências inesperadas de interesse geral – é um sistema de idealismo superior ou, como o autor o nomeia, de idealismo transcendental; um idealismo que abrange por igual o espírito e a matéria, que converte o mundo e nós mesmos em representações e que faz com que todos os objetos nasçam de fenômenos, a partir do que o entendimento os liga a *uma* série experimental e a razão busca ampliá-la e unificá-la de um modo necessário, mesmo que em vão, em *um* sistema universal inteiro e completo"[5]. Estas frases de abertura bastam para compreender a impressão que Kant deve ter sentido com esta resenha.

// Visto de modo puramente factual, nada do que Kant disse nos termos mais duros a esse respeito foi excessivo – seu único erro foi ver uma intenção pessoal em distorcer e deturpar ali onde apenas limitação e presunção eram ingênua e cruamente manifestadas. Mas à medida que, provocado e aturdido com essa crítica de Göttingen, ele passou a retrabalhar os pensamentos fundamentais da sua doutrina com concisão notável, esta obra, que parecia um trabalho de ocasião e forçado, acabou por ganhar rapidamente um significado sistemático

---

4. Cf. Voigt, *Das Leben des Professor Christian Jacob Kraus*, p. 87.
5. Christian Garve, Critik der reinen Vernunft. Von Iman. Kant. 1781, em: *Göttingische Anzeigen von gelehrten Sachen*, 29 (1782), pp. 40-48: p. 40.

universal: como réplica à recensão Feder-Garver surgiram os *Prolegômenos a toda metafísica futura que queira se apresentar como ciência*.

De um ponto de vista histórico-literário, estamos diante da crise decisiva do Iluminismo alemão. Os *Prolegômenos* destroem com um único golpe aquele tipo de filosofia popular até então em voga, "a filosofia do entendimento humano saudável" segundo a defesa honesta e direta de Garve. "O cinzel e o maço", assim diz o prefácio, "podem muito bem servir para trabalhar um pedaço de madeira, mas para gravar em cobre deve utilizar-se o buril"[6]. Kant nunca exerceu com tamanha superioridade como aqui esta arte sutil de tornar visíveis as mais finas diferenças e nuanças dos conceitos fundamentais do conhecimento junto com suas interconexões universais. Ele agora encarava sua obra concluída como leitor e como crítico; agora ele podia reexpor de modo integral a malha multifacetada, deslindando e assinalando com segurança os principais fios com os quais o todo é urdido. Segundo o que escrevera numa carta a Marcus Herz de janeiro de 1779, Kant meditava havia muito tempo "sobre os princípios da popularidade nas ciências em geral [...] e em especial na filosofia"[7], problema esse cujo enfrentamento agora se resolvia de modo teórico e simultaneamente prático. Pois uma nova forma de popularidade verdadeiramente filosófica é fundada com os *Prolegômenos* e assim obtida uma introdução ao sistema da crítica da razão que não encontra rival em clareza e acuidade. Não desenvolveremos novamente aqui o conteúdo objetivo do escrito, já que foi preciso levá-los em consideração na apresentação dos pensamentos fundamentais da *crítica da razão* enquanto sua // interpretação autêntica mais segura. Mas os *Prolegômenos* também possuem par a par com esse conteúdo objetivo um significado pessoal no desenvolvimento de Kant. Passando em revista o que até então fora alcançado, ele agora se sentia incitado a uma nova e abrangente produtividade. O trabalho referente à crítica ainda não estava concluído e ele já começava a lançar a base para as futuras "elaborações sistemáticas" que envolveria todas as três críticas. Os *Princípios metafísicos da ciência da natureza* trouxeram em 1786 o novo projeto da *filosofia da natureza* de Kant. Eles oferecem uma definição do conceito de matéria que é tomado em espírito transcendental, na medida em que o ser da matéria não aparece numa posição originária, mas derivada. A existência *do que é material* é considerada como uma outra expressão da eficácia e da legalidade das *forças*.

---

6. *Prolegômenos*, Prol 4: 259 [p. 17].
7. Carta a Marcus Herz de janeiro de 1779, *Br* 10: 247.

É numa determinada relação dinâmica entre atração e repulsão, num equilíbrio entre estas duas forças que se baseia nosso conceito empírico de matéria. Não é preciso recuar ainda mais em nossa análise e, a rigor, ela não pode ir mais a fundo, pois a assim chamada essência metafísica da matéria, o "absolutamente interno" que de algum modo é ainda pressuposto nela, é uma simples quimera; é "um mero algo que, mesmo que alguém pudesse dizer-nos, não poderíamos jamais saber o que é". O que nos é empiricamente compreensível a este respeito é somente uma proporção matematicamente determinável do próprio efeito, sem dúvida algo apenas comparativamente interno que, por sua vez, consiste ele próprio em relações externas[8]. A *Crítica da razão pura* já havia mostrado no capítulo sobre as "analogias da experiência" como estas relações são reguladas, como elas se submetem e se ajustam aos conceitos de leis universais. Os *Princípios metafísicos da ciência da natureza* oferecem a execução concreta dos pensamentos fundamentais ali desenvolvidos. Eles apresentam as três *leges motus* das quais Newton havia partido – a lei da inércia, a lei da proporcionalidade entre a causa e o efeito e a lei da igualdade da ação e reação – enquanto expressões determinadas dos princípios sintéticos universais de relação. Mas, ao lado deste trabalho em "metafísica da ciência da natureza", surge para Kant uma nova direção referente à *metafísica da história*.

// Os dois estudos *Ideia de uma história universal de um ponto de vista cosmopolita* e *Resposta à pergunta: Que é "Esclarecimento"?* foram publicados nos fascículos de novembro e dezembro de 1784 do *Berlinischen Monatsschrift*; ambos seguidos pela recensão da primeira e da segunda parte das *Ideias para a filosofia da história da humanidade* de Herder na *Jenaischen Allgemeinen Litteraturzeitung* em 1785. O que esses estudos nos colocam parece não passar de trabalhos de ocasião compostos de modo rápido e breve, muito embora Kant tenha desenvolvido neles o fundamento completo para a nova concepção da natureza do Estado e da natureza da história. Talvez apenas em comparação com a própria esfera de problemas da *Crítica da razão pura* não seja possível atribuir a esses escritos um significado maior para a progressão interna do idealismo alemão. Em particular o primeiro dos estudos mencionados, a *Ideia de uma história universal de um ponto de vista cosmopolita*, nos lembra de algo de significado universal para a história do espírito: trata-se do primeiro escrito de Kant que Schiller leu e que despertou nele a decisão de estudar a fundo a doutrina kantiana[9].

---

8. Cf. *Crítica da razão pura*, KrV B 333 [p. 266]. Para mais informações sobre a construção dinâmica da matéria em Kant, cf. August Stadler, *Kants Theorie der Materie*, Leipzig 1883.
9. Cf. Friedrich Schiller, carta a Gottfried Körner de 29 de agosto de 1787.

Mas ainda em outro sentido esse escrito forma um divisor de águas importante no desenvolvimento espiritual como um todo. Por um lado, ele ainda pertence às ideias político-históricas do século XVIII que se findava, ao passo que, por outro, claramente já se anunciava nele as novas concepções fundamentais do século XIX. Kant ainda fala aqui a língua de Rousseau, mas o ultrapassa em sua justificação sistemática e metodológica. Enquanto este considera toda a história humana como uma queda a partir do estado de inocência e felicidade em que os seres humanos viviam antes da sua entrada na sociedade, antes da sua associação aos liames sociais, a ideia de um tal estado originário aparece para Kant como utópico quando examinado como um fato, e ambíguo e obscuro quando considerado como um ideal moral. Pois sua ética o direciona para o indivíduo e para o conceito fundamental de personalidade moral e de sua autonomia – já seu discernimento histórico e histórico-filosófico leva à convicção de que a tarefa ideal da consciência moral só pode encontrar sua realização empírica objetiva por intermédio da sociedade. O valor da sociedade pode // se mostrar negativo quando tomada a felicidade como seu único parâmetro, mas isto apenas prova que esta perspectiva da avaliação e a própria escala foram falsamente escolhidas. O verdadeiro critério desse valor não reside na serventia do liame social e estatal para o que pode ser útil aos indivíduos e para a segurança da sua existência e bem-estar, mas sim no que significam enquanto meio de educação deles para a liberdade. E agora resulta deste ponto de vista para Kant a antítese fundamental que abarca o conteúdo de toda sua visão histórica. A teodiceia, a justificação moral inerente à história, é estabelecida com a compreensão de que o caminho para a verdadeira unidade ideal do gênero humano não pode senão passar pela luta e oposição, de que o caminho para a autonomia se dá mediante coerção. Porque a natureza, porque a "Providência" quis que o ser humano produzisse inteiramente por si mesmo tudo o que ultrapassa a organização mecânica de sua natureza animal, assim como não participasse de nenhuma outra felicidade ou perfeição senão da que ele próprio produziu com a ajuda da razão e sem a intervenção do instinto, foi preciso que ela o colocasse em termos físicos numa posição inferior a todas as criaturas. Ela o criou mais necessitado e desamparado do que os outros seres a fim de que esta carência se lhe tornasse o estímulo para sair de sua limitação natural e isolamento natural. Não foi um impulso social originariamente implantado no ser humano, mas a necessidade daquilo que fundou os primeiros liames sociais, também constituindo, além disso, uma das condições essenciais para a manutenção e consolidação da estrutura social. Corretamente entendido, o que os *Princípios metafísicos da ciência da natureza* efetuam para o corpo físico também vale para o corpo social. Ele também não é simplesmente mantido em coesão por uma harmonia originária interna das vontades individuais, mediante aquela base sócio-moral a que se referia o otimismo de Shaftesbury e de Rousseau, ao contrário, sua consistência se enraíza, tal como na atração e repulsão da matéria, num *antagonismo das forças*. Esta oposição forma o germe e o pressuposto de toda ordem social. "Dão-se então verdadeiramente os primeiros passos que levarão da rudeza à cultura, que consiste propriamente no valor social do ser humano; aí desenvolvem-se aos poucos todos os talentos, forma-se o gosto e tem início, através de um progressivo iluminar-se, a fundação de um modo de pensar que pode transformar, com o tempo, as toscas disposições naturais para o discernimento moral em *princípios* práticos determinados e assim finalmente transformar uma consonância extorquida *patologicamente* para uma // sociedade em um todo *moral*. Sem aquelas qualidades da insociabilidade – em si nada agradáveis –, das quais surge a oposição que cada um deve necessariamente encontrar às suas pretensões egoístas, todos os talentos permaneceriam eternamente escondidos, em germe, numa vida pastoril arcádica, em perfeita concórdia, contentamento e amor recíproco: os homens, de tão boa índole quanto as ovelhas que apascentam, mal proporcionariam à sua existência um valor mais alto do que o de seus animais; eles não preencheriam o vazio da criação em vista de seu fim como natureza racional. Agradeçamos, pois, à natureza a intratabilidade, a vaidade que produz a inveja competitiva, pelo sempre insatisfeito desejo de ter e também de dominar! Sem eles todas as excelentes disposições naturais da humanidade permaneceriam sem desenvolvimento num sono eterno"[10]. Assim é o próprio mal que deve se tornar a fonte do bem no curso e na progressão da história; assim é a discórdia, a única capaz de produzir a verdadeira e autoconfiante concórdia moral. A ideia apropriada de ordem social não consiste em que as vontades individuais desvaneçam num nivelamento generalizado, mas que tenham preservadas sua natureza e, assim, sua oposição – ao mesmo tempo em que, porém, a liberdade de cada indivíduo seja determinada de tal modo que encontre seus limites nas dos outros. O objetivo ético posto a todo desenvolvimento histórico é a incorporação desta determinação pela própria vontade, inicialmente extorquida mediante poder exterior, e o reconhecimento da sua realização como a própria forma e exigência fundamental da vontade. Aqui reside o problema mais difícil que o gênero humano tem de superar e para o que todas as instituições político-sociais externas e mesmo

---

10. *Ideia de uma história universal de um ponto de vista cosmopolita, IaG* 8: 21]. [Trad. Ricardo Terra. São Paulo: Martins Fontes, 2004, pp. 8-9].

a ordem estatal em todas as formas de sua existência histórica não são mais que um meio. Um ensaio filosófico que examine a partir deste ponto de vista a história universal do mundo e veja com isso a realização progressiva de um "plano da natureza" com vistas à perfeita união civil da espécie humana não é apenas possível, como deve ele próprio ser considerado como favorável a este propósito da natureza. "Uma tal *justificação* da natureza – ou melhor, da *Providência*", assim Kant finaliza essa discussão, "não é um motivo de pouca importância para escolher um ponto de vista particular para a consideração do mundo. De que serve enaltecer a magnificência e a sabedoria da criação // num reino da natureza privado de razão, de que serve recomendar a sua observação, se a parte da vasta cena da suprema sabedoria que contém o fim de todas as demais – a história do gênero humano – deve permanecer uma constante objeção cuja visão nos obriga a desviar os olhos a contragosto e a desesperar de encontrar um propósito racional completo, levando-nos a esperá-lo apenas em um outro mundo"[11].

218

Novamente, se nos colocarmos na perspectiva da questão transcendental, o que deve primeiro atrair nosso interesse não é o conteúdo desta visão histórica, mas o seu método apropriado. O que deve ser primeiro buscado aqui é um novo ponto de vista para o exame do mundo, uma posição modificada que nosso conhecimento assume diante do decurso da existência histórico-empírica. Kant sublinhará expressamente na conclusão do seu estudo que essa posição não visa absolutamente prejudicar ou excluir a consideração histórica habitual, em que se busca compreender e relacionar narrativamente os fenômenos em sua pura facticidade[12]. Mas é preciso que exista lado a lado com este procedimento um outro pelo qual nos seja revelado apenas o sentido dos fenômenos históricos, cujo significado se destaque de um modo inteiramente diferente daquele que se obtém com a aposição empírica de fatos. A partir desta posição não é ainda possível divisar completamente o caráter fundamental deste novo procedimento e, a princípio, nem determiná-lo com precisão: a filosofia kantiana da história forma apenas um componente do seu sistema geral da teologia. Só o desdobramento integral deste sistema nas obras fundamentais de ética e na *Crítica da faculdade de julgar* resultará no veredito crítico final quanto às questões fundamentais da teleologia histórica. Somos, porém, inequivocamente confrontados com uma virada decisiva nestes primeiros elementos da filosofia kantiana da história. Com as primeiras proposições da doutrina kantiana somos transportados do domínio

---

11. *IaG* 8: 30 [p. 21].
12. *IaG* 8: 30 [p. 21].

do *ser*, em que a investigação crítica vinha agindo até agora, para o domínio do *dever*. De acordo com Kant, o conceito estrito de "história" só existe onde considerarmos uma série determinada de ocorrências de tal modo que não vejamos meramente a sequência temporal em seus momentos individuais ou sua conexão causal, mas que refiramos esta série à unidade ideal de um "objetivo" imanente.

// Só que, ao aplicarmos e executarmos este novo modo de ajuizamento, o acontecimento histórico emerge em sua singularidade e independência a partir do curso uniforme do devir, do complexo de meras causas e efeitos naturais. Com este nexo é imediatamente compreensível que a pergunta sobre o "fim da história" em Kant possua, em conformidade com sua concepção transcendental básica, uma tonalidade inteiramente diferente da consideração habitual sobre o mundo e da metafísica tradicional. Assim como o discernimento completo acerca da validade das "leis naturais" apenas foi atingido com a admissão de que a natureza dada não "possui" leis, mas que é apenas o conceito de lei aquilo que produz e constitui a natureza, a história também não possui algo como um "sentido" e um *telos* peculiar quando tomada como um conteúdo incidental e fixo de fatos e ocorrências: o significado específico de semelhante sentido apenas encontra seu fundamento na própria "possibilidade" de sua pressuposição. A "história" só existe verdadeiramente ali onde nossa observação é aplicada à série das ações e não mais à série das meras ocorrências: mas a ideia de ação contém em si a ideia de liberdade. Assim, o princípio da filosofia kantiana da história prefigura o princípio da ética kantiana em que encontrará finalmente sua conclusão e elucidação completa. Porque esta correlação é para Kant imprescindível em termos metodológicos, produzindo a forma original do seu conceito de história, ela também não será menos determinante quanto ao seu conteúdo. O desenvolvimento da história espiritual da humanidade coincide com a progressão, com a captação cada vez mais nítida e com o progressivo aprofundamento da ideia de liberdade. A filosofia do Esclarecimento alcança aqui sua meta mais elevada, a qual encontra sua conclusão programática evidente na *Resposta à pergunta: Que é "Esclarecimento"?* de Kant. "*Esclarecimento é a saída do homem de sua menoridade, da qual ele próprio é culpado*. A menoridade é a incapacidade de fazer uso de seu entendimento sem a direção de outro indivíduo. O homem é o *próprio culpado* dessa menoridade se a causa dela não se encontra na falta de entendimento, mas na falta de decisão e coragem de servir-se de si mesmo sem a direção de outrem. *Sapere aude!* Tem coragem de fazer uso de teu *próprio* entendimento, tal é o lema do esclarecimento"[13]. Mas esse lema // é

---

13. *Resposta à pergunta: Que é "Esclarecimento"?, WA* 8: 35 [Trad., Vozes, 2. ed., p. 100].

simultaneamente o *motto* da história humana, pois o sentido espiritual atribuído ao que verdadeiramente se designa por "acontecimento" consiste no processo de autolibertação, no progresso que parte da sujeição natural para a consciência autônoma do espírito quanto a si mesmo e à sua tarefa.

É com esta convicção e este estado de ânimo fundamental que Kant aborda as *Ideias para a filosofia da história da humanidade* de Herder, com o que se percebe de imediato toda a oposição que haverá de crescer entre os dois. Não há dúvida de que, com a concepção dessa sua obra fundamental, Herder ainda seguia como aluno de Kant, por ter sido quem primeiro lhe apresentou nos seus anos de estudo em Königsberg o caminho para aquela filosofia "humana" que desde então Herder manteria no horizonte como um ideal duradouro. Mais profundamente do que Kant, porém, foi o efeito da visão de mundo de Hamman sobre o conjunto da concepção de história de Herder, mobilizando-o verdadeira e intimamente. O que Herder buscava na história era a intuição das manifestações infinitamente variadas e diversas da vida da humanidade que se desvela e se mostra em todas como em cada uma delas. Tanto mais fundo ele mergulha nesse todo não com o objetivo de colocá-lo sob conceitos e regras, mas a fim de senti-lo e revivê-lo, tanto mais claramente se lhe impõe que nenhuma escala abstrata, nenhum conceito moral uniforme de norma e de ideal seria capaz de esgotar seu conteúdo. Cada era e período, cada época e nação traz consigo a medida de seu acabamento e de sua "perfeição". Nenhuma "comparação" entre o que elas são e o que querem tem validade aqui, nenhum levantamento de traços em comum em que justamente se extingue e destrói o que é característico, o que faz do particular uma singularidade viva. Tal como o conteúdo vital da criança não pode ser medido pelo do adulto ou do ancião, encontrando em si mesmo o centro de seu ser e de seu valor, assim também se dá com a vida histórica dos povos. O pensamento de que a "perfectibilidade" moral e intelectual do gênero humano segue continuamente adiante não passa de uma ficção arrogante em virtude da qual cada período crê-se autorizado a desdenhar todos os precedentes como estágios formativos superados e abandonados. Mas a verdadeira imagem da história só a concebemos quando permitimos que todo o seu esplendor e colorido e, com isso, toda a multiplicidade irredutível de seus traços singulares ajam sobre nós. Sem dúvida, a obra de Herder não pretende ser a própria história, mas antes a *filosofia* da história, o que o leva a estabelecer na pluralidade infinita do que acontece determinadas diretrizes e orientações // teleológicas. De acordo com Herder, um "plano" da Providência se revela no curso progressivo da história, sem que esse plano represente qualquer fim derradeiro externo imposto aos acontecimentos e sem que um objetivo universal assimile toda particularidade. Ao contrário, trata-se da própria formação individual contínua em que a forma da totalidade é por fim obtida e descoberta sua realização concreta da ideia de humanidade. Na mudança de acontecimentos e de cenas, de individualidades e destinos dos povos, da elevação e declínio das formas da existência determinadas historicamente nos é apresentado um todo que não se deixa conceber, porém, como uma *ocorrência* alheia a todos esses momentos, mas somente como sua *totalidade* viva. Herder não avança na indagação sobre a intuição dessa totalidade. Para ele, só a possui aquele a quem a história revelou seu segredo, não necessitando de nenhuma outra norma vinda de fora que lha interprete e esclareça. Assim, enquanto Kant necessita da unidade abstrata de um postulado ético para conceber o sentido da história, vendo nela a solução cada vez mais perfeita de uma *tarefa* infinita, Herder se mantém no dado puro – se, para aquele, é necessário projetar um "dever" inteligível sobre o que ocorre para que seu íntimo se torne compreensível, Herder como que finca os pés no plano do puro "devir". A visão ética de mundo que consiste no dualismo entre "ser" e "dever", entre "natureza" e "liberdade" se defronta com absoluta nitidez com a visão orgânica e dinâmica da natureza que busca compreender ambos os aspectos como momentos de um e mesmo desenvolvimento. Somente quando essas visões são consideradas a partir da perspectiva desta oposição fundamental acerca da história do espírito é que se pode fazer justiça às duas recensões de Kant sobre as *Ideias* de Herder. Quis o destino trágico de Herder, incapaz de seguir o desenvolvimento de Kant e da filosofia crítica a partir da década de 1760 e, então, de se colocar à altura desta consideração, que seu conflito com Kant se tornasse mais e mais mesquinho e pessoal. Por sua vez, no que diz respeito a Kant, é certo que não se possa eximi-lo inteiramente de culpa – se é que seja possível no geral falar de "culpa" ou "inocência" neste tipo de disputas intelectuais –, já que a superioridade oferecida pelos conceitos fundamentais da sua análise crítica sepultava a grande intuição de conjunto que se encontrava viva em Herder, malgrado todas as falhas conceituais de suas deduções histórico-filosóficas. Kant, que se preocupava antes de tudo com o rigor da alegação, com a derivação exata dos princípios e com a separação precisa // das suas esferas de validação não foi capaz de enxergar na metodologia de Herder nada além de "uma sagacidade sempre pronta a descobrir analogias para cujo emprego uma imaginação audaciosa se encontra ligada à habilidade em manter a obscura distância o seu objeto captado mediante sentimentos e sensações e que, enquanto efeitos de uma grande quantidade de pensamentos ou como acenos férteis em significado, não nos permitem em todo caso conjeturar nada além do que o frio ajuizamento já encontraria"[14]. O crítico e analítico filosófico exigia implacavelmente a renúncia a qualquer forma de "sincretismo" metodológico[15] – uma renúncia que certamente também haveria de anular os méritos pessoais e peculiares do modo herderiano de exame[16], pois este modo de exame consiste precisamente em passar sem mediação e descanso da intuição para o conceito e do conceito para a intuição, em que Herder seja filósofo enquanto poeta e poeta enquanto filósofo. A irritação com que ele agora admitia a luta contra Kant e o ressentimento crescente com que ele a conduzia é, assim, explicável: Herder sentia e sabia que não estava em causa uma questão isolada, mas que sua própria existência e seu talento mais singular foram questionados pelas exigências teóricas fundamentais de Kant.

No que concerne a ambas as recensões kantianas das *Ideias* de Herder, é certo que a oposição ainda não atingira seu ápice, pois continuaria ausente para tanto um dos pressupostos essenciais enquanto não se consumasse a fundamentação da *ética* de Kant, enquanto seu conceito de liberdade não se elucidasse de modo definitivo. De fato, a *Crítica da razão pura* já havia posicionado o conceito de liberdade e discutido a antinomia entre liberdade e causalidade, discussão essa que no todo se manteve, porém, numa determinação puramente negativa do conteúdo da ideia de liberdade. Apenas com a *Fundamentação da metafísica dos costumes* de 1785 é que se inicia uma nova consideração positiva: uma consideração que estava destinada a desestabilizar em definitivo toda a oposição anterior entre "determinismo" e "indeterminismo" à qual a *Crítica da razão pura* // parecia ainda se prender. Apenas assim se compreende os estudos sobre filosofia da história de 1784 e 1785 como parte integrante da atividade completa de Kant como escritor filosófico. Eles estabelecem a ligação com uma esfera inteiramente nova de problemas sobre a qual o interesse sistemático passa a se concentrar mais fortemente. O conceito kantiano de história não constitui senão um exemplo concreto referente a um complexo de questões que encontram seu verdadeiro eixo no conceito de "razão prática" que a partir daqui importa a Kant determinar mais precisamente.

---

14. *Recensões das Ideias para a filosofia da história da humanidade de J. G. Herder*, RezHerder 8: 45.
15. Comparar com a carta de Kant a Friedrich Heinrich Jacobi de 30 de agosto de 1789, *Br* 11: 76.
16. Para mais informações sobre a luta de Herder contra Kant, cf. a exímia apresentação de Eugen Kühnemann (org.), *Herder*, p. 383ss.

5. A construção da ética crítica

224 // Não foi como um segundo membro de seu "sistema" que Kant, após a conclusão da *Crítica da razão pura*, acrescentou à parte teórica a *Crítica da razão prática*, mas, sim, os problemas éticos são seus componentes essenciais e integradores desde o primeiro momento em que sua doutrina fora concebida como um todo independente. O próprio conceito mais genuíno e mais profundo da "razão", como Kant o entende, é alcançado pela primeira vez em virtude dessa relação. Quando, em seu texto premiado de 1763, Kant examinou o método geral da metafísica e o estabeleceu sobre um novo fundamento, ele buscou incluir nesse exame – em concordância com a formulação da questão do concurso feita pela Academia de Berlim – também os conceitos fundamentais da moral. Também eles, cujo valor e uso não estão em questão, devem ser investigados em sua "clareza", devem ser compreendidos a partir do fundamento de sua validade universal. Se até mesmo um "empirista" como Locke colocou o tipo de conexão que domina nas verdades morais num mesmo plano com a interconexão dos juízos e proposições geométricas, se ele havia concedido à moral a mesma "certeza demonstrativa" da metafísica, Kant pensava que os primeiros fundamentos da moral, segundo sua constituição atual, não seriam ainda de modo nenhum capazes de todas as evidências necessárias. Pois o primeiro conceito de *obrigação* (que se tornara fundamento para a derivação dos direitos e deveres naturais no direito natural de Wolff) ainda está marcado por obscuridades. "*Deve-se* fazer isso ou aquilo e deixar de fazer aquilo outro; essa é a fórmula sob a qual se enuncia toda obrigação. Ora, todo *dever* expressa uma necessidade da ação e é suscetível de um duplo significado. A saber, *devo* fazer algo (como um *meio*), se quero algo outro (como um *fim*); ou eu *devo fazer imediatamente* alguma coisa (como um *fim*) e levá-la a efeito. Ao primeiro dever se poderia denominar a necessidade dos meios (*necessitatem problematicam*); ao segundo, a necessidade dos fins (*necessitatem legalem*). A primeira espécie de necessidade não indica nenhuma obrigação, mas apenas um preceito como resolução do problema: quais os meios de que eu tenho de me servir, se quero atingir certo fim? Quem prescreve a outrem quais ações teria de executar, se esse outrem quisesse promover sua felicidade, ou de quais ações teria de se abster, talvez bem pudesse submeter todas as lições da

225 moral a esse preceito; // mas essas lições, então, não seriam mais obrigações, ou

220

o seriam tal como eventualmente é uma obrigação traçar dois arcos secantes, se quero dividir uma reta em duas partes iguais, isto é, trata-se não de obrigações, mas apenas de instruções para uma conduta hábil, quando se pretende atingir um fim. Ora, uma vez que o uso dos meios não tem nenhuma necessidade senão a que convém ao fim, então todas as ações são contingentes na medida em que a moral as prescreve sob a condição de certos fins, e não podem chamar-se obrigações enquanto não forem subordinadas a um fim necessário em si. Por exemplo: 'devo promover a maior perfeição como um todo' ou 'devo agir conforme à vontade de Deus'; dentre essas duas proposições, qualquer uma que subordinasse toda a filosofia prática, se ela deve ser uma regra e um fundamento da obrigação, então tem de comandar a ação como ação imediatamente necessária, e não como ação sob a condição de um certo fim. E aqui descobrimos que tal regra imediata suprema de toda obrigação teria de ser absolutamente indemonstrável. Pois não é possível, a partir da consideração de uma coisa ou conceito, seja qual for, reconhecer e concluir o que se deve fazer, se o que é pressuposto não é um fim e a ação é um meio. Mas ela não há de ser assim, pois seria uma fórmula não da obrigação, mas sim da habilidade problemática"[1].

Quando Kant escreveu essas palavras nenhum de seus leitores e críticos de então puderam antever que nessas poucas e simples sentenças todos os sistemas da moral, tal como o século XVIII os produziu, já estavam por princípio superados. De fato, encontramos aqui o pensamento fundamental de sua futura ética: a distinção estrita, com toda acuidade e clareza, entre o "imperativo categórico" da lei moral e o imperativo "hipotético" dos fins meramente mediatos. No que concerne ao conteúdo da lei moral incondicionada, não pode mais haver dedução ou justificação nele, como Kant enfatiza nesse contexto, pois cada dedução desse tipo, por tornar a validade do mandamento dependente – seja da existência de uma coisa ou da necessidade pressuposta de um conceito –, deslocaria a lei moral novamente para aquela esfera do condicionado da qual ela deveria ser retirada. Assim, o caráter formal da primeira certeza ética fundamental já encerra imediatamente // em si o momento de sua "indemonstrabilidade". Que devam existir valores morais absolutos, que deva existir um bem "em si", não através de algo outro, não pode ser deduzido e compreendido a partir de meros conceitos. Podemos pressupor essa afirmação para a construção da ética pura apenas do mesmo modo que, também na construção da lógica e da matemática, devemos postular, ao lado dos princípios formais da identidade e da contradição, certas proposições materialmente certas, mas indemonstráveis. Para esse modo peculiar de discernimento e de certeza no

---

1. *Investigação sobre a evidência dos princípios da teologia natural e da moral* [*UD*, AA 2: 298s.] [Tradução de Luciano Codato em *Escritos pré-críticos*, p. 101-140 (p. 137s.)].

contexto dos problemas éticos, remontaremos aqui à faculdade psicológica do "sentimento". "A saber, somente em nossos dias começou-se a ver que o poder de representar o *verdadeiro* é o *conhecimento,* mas aquele de ter a sensação do *bem* é o *sentimento,* e que ambos não devem ser confundidos. Ora, assim como há conceitos do verdadeiro que não se podem desmembrar, isto é, conceitos do que é encontrado nos objetos do conhecimento considerados por si, há também um sentimento irresolúvel. [...] É um ofício do entendimento resolver e tornar distinto o conceito composto e confuso do bem, ao mostrar como ele surge das mais simples sensações do bem. Todavia, se o bem é, porventura, simples, então o juízo 'isto é bom' é completamente indemonstrável e um efeito imediato da consciência do sentimento de prazer junto à representação do objeto. E uma vez que seguramente se há de encontrar, em nós, muitas sensações simples do bem, então há muitas representações irresolúveis como essas."[2]

Essa conexão com a linguagem psicológica do século XVIII, que remonta especialmente à teoria dos "sentimentos morais", tal como ela fora desenvolvida por Adam Smith e sua escola, para Kant esconde em si o perigo de que, através dela, a peculiaridade do novo ponto de partida que ele alcançou para a fundamentação da ética se apague gradualmente. De fato, a análise do conceito puro de "obrigação", na qual Kant depositara a tarefa peculiar da filosofia moral, retrocede cada vez mais nos escritos seguintes. Em vez de no "dever", o interesse parece se concentrar cada vez mais energicamente no ser e no devir, no ponto de vista do desenvolvimento genético: a formulação da questão da ética é suplantada pela da psicologia e da antropologia. Na "notícia sobre a organização de seu curso" para o semestre de inverno de 1765-1766, Kant destaca expressamente que ele cogita se servir do método // de investigação moral que Shafterbury, Hutcheson e Hume fundaram como de uma "bela descoberta de nosso tempo": daquele método que, antes de indicar o que *deve acontecer,* sempre parte de uma ponderação histórica e filosófica sobre o que *acontece* e com isso estabelece seu ponto de partida não em prescrições abstratas, mas sim na verdadeira natureza do ser humano[3]. Se examinamos essas proposições mais rigorosamente e se ponderamos acerca do contexto em que elas se encontram, reconhecemos que Kant, também aí, não está disposto a unir-se ao procedimento da psicologia moral inglesa sem a devida reserva crítica. Pois aquela "natureza" do ser humano sobre a qual ele quer se apoiar, como ele acrescenta logo depois, não deve ser entendida

---

2. Idem, [*UD*, AA 2: 299] [p. 138-139].

3. Nachricht von der Einrichtung seiner Vorlesungen [*NEV*, AA 2: 311] [Traduzido em português por Guido de Almeida, *Notícia do Prof. Immanuel Kant sobre a Organização de suas Preleções no Semestre de Inverno de 1765-1766,* em *Lógica,* Rio de Janeiro: Tempo Brasileiro, 1992 (p. 169-180)].

como uma grandeza variável, mas como uma constante. O ser humano não deve ser interpretado e apresentado na forma mutável que imprime seu respectivo estado acidental, e sim deve ser investigada e demonstrada a sua *essência* constante como o fundamento para as leis morais. Aqui o que Kant entende por natureza, o que ele entende por "ser humano natural" remonta menos à influência da psicologia inglesa do que à influência de Rousseau. Nessa época, sua ética é essencialmente determinada, em seu conteúdo, por Rousseau. É ele quem o "endireita", quem o liberta da superestima intelectualista do mero pensar e quem fez sua filosofia se voltar novamente ao fazer. O mérito ofuscante, o brilho ilusório do mero saber desaparece: "[...] aprendo a respeitar os homens, e me sentiria muito mais inútil do que um trabalhador comum, se eu não acreditasse que essa consideração pudesse atribuir valor a todas as outras para estabelecer os direitos da humanidade."[4] Mas com isso se prepara, por outro lado, uma outra direção de exame em sentido puramente metodológico. Pois o conceito de natureza de Rousseau é um conceito de ser apenas segundo a expressão, enquanto segundo seu conteúdo puro ele é um conceito ideal e normativo. No próprio Rousseau ambos os significados encontram-se ainda lado a lado de modo totalmente indistintos. A natureza é tanto o estado original do qual o ser humano saiu como a meta e fim ao qual ele deve retornar. Para o intelecto analítico de Kant esta confusão não pode permanecer. Ele distingue "ser" e "dever" também onde ele parece basear este naquele. E quanto mais nítida // e claramente essa distinção tomava forma para ele, mais ele progredia na análise crítica do conceito de verdade pura; mais definidamente ele separava também no campo puramente teórico a questão sobre a origem e a gênese dos conhecimentos da questão de seu valor e sua validade objetiva.

Na medida em que essa separação encontra sua primeira expressão sistemática acabada na dissertação de Kant *Forma e princípios do mundo sensível e do mundo inteligível*, o problema da ética também é colocado sobre um fundamento completamente novo. Como um *a priori* puro do saber, há também agora um *a priori* da moralidade. Tal como aquele não é passível de dedução a partir das meras percepções sensíveis, mas, sim, enraíza-se numa espontaneidade original do entendimento, num *actus animi*, este também, se ele deve ser concebido segundo seu conteúdo e sua validade, precisa em primeiro lugar ser distinguido de toda dependência do sentimento sensível de prazer ou desprazer

---

4. Kant, Fragmente aus seinem Nachlasse, p. 240 [*Notas às observações sobre o sentimento do belo e do sublime*, BGSE, AA 20: 44] [ver acima, p. 85, nota 100]; sobre a relação entre Kant e Rousseau, ver acima, p. 82ss.

e mantido livre de toda mistura com ele. Portanto, já nesse ponto está decidida para Kant a ruptura com toda a justificação eudaimonista da moral. Tão abrupto é este afastamento que ele, a partir de então, concebe entre aqueles que fazem da "felicidade" o princípio da ética, mesmo Shafterbury, para quem o "prazer" de modo algum é usado no sentido de um sentimento sensível imediato, mas como critério moral em seu refinamento e em sua sublimação estéticos mais elevados. Uma tal equiparação teria de suscitar estupefação entre seus contemporâneos, e Mendelssohn não pôde conter seu estranhamento por ter encontrado Shaftesbury aqui ao lado de Epicuro[5]. Kant, entretanto, já não via mais uma mera diferença de conteúdo entre o conjunto da ética anterior e a sua própria, mas, sim, uma diferença de sentido e de intenção fundamental. E, desde então, ainda mais urgentemente ele deve ter sentido essa necessidade de ir além das parcas alusões de seu sistema ético contido na dissertação. Mas sempre que ele se decidia por uma exposição e justificação mais precisa da nova concepção fundamental – e as correspondências dos anos de 1772-1781 contêm provas indubitáveis de que durante esse período ele trabalhou nisso por diversas vezes –, o trabalho era "bloqueado [...] como numa represa"[6] pelo "objeto principal" que ocupava seus pensamentos. Repetidas vezes Kant pareceu estar a ponto de superar essa demora // numa decisão abrupta de deixar de lado por um tempo a *Crítica da razão pura*, cuja conclusão era protelada cada vez mais, e se dedicar à elaboração de sua ética como um desejável descanso das dificuldades de sua investigação crítico-epistemológica. "Eu me propus", assim escreve ele já em setembro de 1770, quando do envio da dissertação a Lambert, "a me reestabelecer de uma indisposição que me abateu este verão, e para não ficar sem ocupação nas horas livres, a pôr em ordem e finalizar, neste inverno, minhas investigações sobre a sabedoria moral pura, na qual não se deve encontrar nenhum princípio empírico, e, por assim dizer, a metafísica dos costumes. Ela abrirá caminho de vários modos para as intenções mais importantes no âmbito da forma alterada da metafísica, e a mim me parece, além do mais, ser igualmente necessária para as ciências práticas, cujos princípios são ainda hoje tão maldecididos."[7] Mas por mais que essa tentação, no curso da década seguinte, repleta das mais abstratas especulações, tenha atraído Kant, seu espírito sistemático sempre se opusera.

---

5. Ver *De mundi sensibilis* [*MSI*, AA 2: 396] [Tradução de Paulo Licht dos Santos em *Escritos pré-críticos*, p. 270s.]; comparar com carta de Mendelssohn a Kant de 25 de dezembro de 1770 [*Br*, AA 10: 114].
6. Ver a carta a Herz de 24 de novembro de 1776 [*Br*, AA 10: 199].
7. Carta a Lambert de 2 de setembro de 1770 [*Br*, AA 10: 97].

Ele exigiu de si, como fundamentação metódica imprescindível, que só se dedicaria à "metafísica da natureza" e "dos costumes" quando o projeto e a execução da filosofia transcendental pura estivessem ambos concluídos. Quanto à última, ele pensava publicá-la primeiro, e uma carta a Herz de 1773 informa que ele se "felicitava de antemão".[8] Portanto, a *Fundamentação da metafísica dos costumes*, quando ela foi publicada em 1785, tal como a *Crítica da razão pura*, também era o produto de uma reflexão de mais de doze anos. Mas a vivacidade, a elasticidade e o impulso da exposição não sofreram qualquer perda por isso. Em nenhuma de suas obras críticas a personalidade de Kant está presente de modo tão imediato como aqui; em nenhuma delas o rigor da dedução está tão unido ao movimento livre do pensamento, a força e a grandeza moral unidas ao sentido para o detalhe psicológico, a acuidade na determinação conceitual unida à nobre concretude de uma linguagem popular, rica em imagens e exemplos bem-sucedidos do modo mais perfeito. Pela primeira vez o *ethos* subjetivo de Kant, que constitui o núcleo mais profundo de seu ser, pôde se desdobrar e se expressar // puramente. Esse *ethos* não "veio-a-ser"; ele se evidencia em sua plena determinação nos escritos de juventude, no *História natural universal e a teoria do céu* e nos *Sonhos de um visionário*, mas aqui pela primeira vez ele se compreendeu completamente e conquistou sua expressão filosófica adequada em oposição consciente à filosofia da época do Esclarecimento.

Se tentarmos indicar o conteúdo mais geral da ética crítica – e aqui, para não separar o que factualmente se encontra junto, já miramos antecipadamente a *Crítica da razão prática*, publicada três anos depois – não podemos nos deixar confundir e desviar pelos bordões confortáveis que desempenharam um papel tão importante na caracterização da doutrina kantiana. Sempre se falou do caráter "formalista" da ética kantiana, sempre se frisou que o princípio do qual ele parte nos fornece apenas uma fórmula geral, e vazia, portanto, da conduta moral que é insuficiente para a determinação de casos concretos e decisões particulares. Kant mesmo respondeu a objeções desse tipo na medida em que ele admite e em certo sentido reconhece a acusação. "Um crítico que queria dizer algo censurando essa obra", diz ele, "acertou melhor o ponto do que ele mesmo poderia pretender, ao dizer que com ela não se colocou um novo princípio da moralidade, mas apenas uma *nova fórmula*. Mas quem queria introduzir um novo princípio de toda a moralidade e descobri-la, por assim dizer, pela primeira vez? Como se, antes dele, o mundo tivesse sido ignorante quanto àquilo que é

---

8. Carta a Marcus Herz, do fim de 1773 [*Br*, AA 10: 145].

dever, ou estivesse em permanente equívoco quanto a isso. Mas aquele que sabe o que significa para o matemático uma *fórmula* que determine exatamente o que é preciso fazer para resolver um problema e que evite o erro não tomará como algo insignificante e supérfluo uma fórmula que faz isso em vista de todo dever em geral."[9] A verdadeira fundação do "formalismo" de Kant deve ser procurada numa camada ainda mais profunda de seus pensamentos, pois ela reside naquele conceito *transcendental* universal de forma que precede e embasa também a matemática. A *Crítica da razão pura* estabeleceu que a objetividade do conhecimento não pode ser fundada nos dados materiais sensíveis, no "o que" das sensações individuais. A sensação é tão somente a expressão para o estado // mutável dos sujeitos individuais de momento para momento. Ela constitui o acidental por excelência, o distinto em cada caso e para cada sujeito e, por conta disso, o que não pode ser determinado por nenhuma regra unívoca. Se de tais circunstâncias infinitamente diferentes devem ser feitos *juízos* com conteúdo de verdade universalmente válidos, se os fenômenos, que de início são completamente indeterminados, devem se tornar legíveis como experiências, então se exige que existam determinados tipos fundamentais de relações que, imutáveis enquanto tais, produzem a unidade objetiva do conhecimento e com isso tornam possível e fundam seu "objeto". Essas sínteses fundamentais foram as que a teoria crítica descobriu e destacou como as *formas* da intuição pura, como as *formas* do entendimento puro e assim por diante. A introdução do problema ético se encontra para Kant numa analogia mais precisa com esse pensamento fundamental. Tal como antes para a mera "representação", agora para o âmbito do prático, para o desejo e a ação, vale encontrar o momento que lhe empresta o caráter de validade objetiva. Somente se um tal momento for demonstrável podemos com ele passar da esfera da arbitrariedade para a da vontade. Vontade e conhecimento se equiparam desse ponto de vista: elas apenas são na medida em que se determina uma regra duradoura e permanente que constitui sua unidade e identidade. Assim como essa regra do conhecimento não foi produzida pelo objeto, mas sim estabelecida pela analítica do entendimento; assim como se mostrou que as condições de possibilidade da experiência, como um conjunto completo de determinadas funções do conhecimento, ao mesmo tempo são as condições sob as quais determinados objetos particulares são primeiramente concebíveis para nós – do mesmo modo procuramos agora transpor essa problematização para o domínio do ético. Existiria também aqui uma legalidade que não se enraíza no

---

9. *Crítica da razão prática* [*KpV*, AA 5: 8] [Tradução de Monique Hulshof. Petrópolis: Vozes, 2016, p. 22, nota].

conteúdo material e na diferença material daquilo que se quer, mas na direção fundamental peculiar da vontade mesma, e que por força dessa origem possa fundar a objetividade ética no sentido transcendental do termo, ou seja, a necessidade e validade universal dos valores morais?

Se colocamos a questão a partir daí, entendemos imediatamente por qual razão o prazer e o desprazer se tornaram inválidos como princípio ético para Kant em qualquer que seja a forma e o matiz. Pois o prazer, não importa como ele seja concebido, encontra-se sempre no mesmo patamar de validade da sensação sensível [*sinnliche Empfindung*], uma vez que nela está marcada a mera passividade da "impressão". Ela é, segundo a natureza do sujeito individual e segundo o estímulo que o afeta desde fora, variável e ilimitadamente mutável // conforme a diversidade desses dois elementos. De fato, a metafísica naturalista, que costuma fundamentar a ética no princípio do prazer, busca ocultar esse fato na medida em que se reporta à universalidade psicológica desses princípios. Mas mesmo que possa ser verdadeiro que aspirar ao prazer seja inato e inerente a todos os sujeitos, de modo nenhum se conquista com esse fato biológico a determinação de um teor idêntico no qual a vontade individual pudesse encontrar sua unidade e harmonia. Pois na medida em que cada um aspira não tanto ao prazer como ao seu próprio prazer, ou por aquilo que considera como tal, o conjunto dessas aspirações se desintegra numa massa caótica – num emaranhado dos tipos mais diversos de tendências que se entrecruzam e se misturam, cada uma das quais completamente distinta qualitativamente de outras mesmo onde elas parecem se dirigir ao mesmo objeto. "É portanto surpreendente", aponta Kant, "como tenha ocorrido a homens sensatos que, uma vez sendo universal o desejo pela felicidade e, portanto, também a *máxima* pela qual cada um coloca esse desejo como fundamento de determinação de sua vontade, ela deveria ser por isso considerada como uma lei *prática universal*. Pois, ao contrário de uma lei universal da natureza que faz tudo concordar, nesse caso se seguiria diretamente, se pretendêssemos atribuir à máxima a universalidade de uma lei, o extremo oposto da concordância, o pior conflito e a aniquilação total da própria máxima e de seu propósito. Pois a vontade de todos não tem, nesse caso, um só e mesmo objeto, mas cada um tem o seu próprio objeto (o seu próprio bem-estar), que pode certamente ser contingentemente compatível com os propósitos dos outros, dirigidos por estes igualmente a si próprios, mas que está longe de ser suficiente para uma lei, porque as exceções que estamos ocasionalmente autorizados a fazer são infinitas e não podem ser compreendidas de maneira determinada numa regra universal. Assim, resulta daqui uma harmonia semelhante àquela descrita em certo poema satírico sobre a consonância das almas dos cônjuges em pretender destruir um ao outro: *oh maravilhosa harmonia! o que ele quer, ela também o quer* etc., ou semelhante àquilo que se diz sobre o compromisso do rei *Francisco I* frente ao imperador *Carlos V*: o que meu irmão Carlos quer ter (Milão), eu também o quero."[10] A harmonização dos diferentes atos de vontade individuais não pode ser alcançada se ela estiver direcionada ao mesmo conteúdo concreto, ao mesmo objetivo material do querer – pois isso teria antes seu oposto diametral // como consequência. Ela pode ser alcançada apenas ao se submeter cada uma delas à condução de um *fundamento de determinação* universal e abrangente. Somente numa tal unidade do *fundamento* poderia ser justificado o valor ético-objetivo, um valor moral verdadeiramente independente e incondicional – como a unidade e necessidade inquebrantável dos princípios fundamentais da lógica do conhecimento foi o que nos possibilitou fazer dar às nossas representações um objeto.

É, portanto, não uma *constituição* determinada do prazer, mas seu caráter essencial que o torna inapropriado para a fundamentação da ética. Tal como na análise do problema do conhecimento, a natureza especial da percepção sensível individual poderia, para Kant, ficar fora da abordagem, pois para ele, se é válida a afirmação de que "rudeza ou delicadeza dos sentidos nada têm a ver com a forma da experiência possível", vale o mesmo para a análise da vontade. Quer tomemos o prazer em sua significação rudemente sensível, quer nos esforcemos para purificá-lo através de todos os graus de refinamento até o prazer "intelectual", estabelecemos talvez uma distinção no conteúdo dos princípios éticos, mas não no método de sua dedução e justificação. No mesmo sentido, assim como, a despeito de sua clareza e distinção, toda sensação tem um caráter cognitivo determinado que a distingue da pura intuição e do conceito do entendimento puro, também na esfera prática o caráter do desejo subjetivo deve ser distinguido do da "vontade pura". Enquanto o indivíduo [*der einzelne*] não estiver dirigido e orientado em sua aspiração a nenhum outro objetivo além da satisfação de seu impulso subjetivo, permanecerá preso e fechado em sua individualidade [*Einzelheit*], qualquer que seja o objeto particular desse impulso. Nesse sentido, todos os princípios práticos materiais – todos os que colocam o valor da vontade naquilo que é desejado – são "de uma e mesma espécie e encontram-se sob o princípio geral do amor de si mesmo ou da própria felicidade"[11]. "É de

---

10. Idem [*KpV*, AA 5: 28] [p. 45s.].
11. Idem [*KpV*, AA 5: 22] [p. 37].

se admirar", assim Kant justifica essa proposição, "que homens, de resto perspicazes, possam acreditar encontrar uma distinção entre a *faculdade de desejar inferior* e a *superior* baseados em que as representações ligadas ao sentimento de prazer têm sua origem nos *sentidos* ou no *entendimento*. Pois quando se pergunta pelos fundamentos de determinação do desejar e estes são colocados no agrado esperado de uma coisa qualquer, não importa de onde provém a *representação* // desse objeto que deleita, mas apenas o quanto ela *deleita*. Se uma representação, possa ela ter seu lugar e sua origem no entendimento, só pode determinar o arbítrio ao pressupor um sentimento de um prazer no sujeito, então, o fato de ela ser um fundamento de determinação do arbítrio depende totalmente da constituição do sentido interno, a saber, de este poder ser afetado de maneira agradável pela representação. Mesmo que as representações dos objetos possam ser tão heterogêneas, podendo ser representações do entendimento ou mesmo representações da razão em contraposição às representações dos sentidos, ainda assim o sentimento de prazer, unicamente pelo qual essas representações constituem propriamente o fundamento de determinação da vontade (o agrado, o deleite que se espera disso e que impele a atividade de produção do objeto) é da mesma espécie, não apenas na medida em que só pode ser conhecido empiricamente, mas também na medida em que ele afeta uma e a mesma força vital, que se manifesta na faculdade de desejar, e na medida em que, nessa relação, ele não pode se distinguir de qualquer outro fundamento de determinação senão pelo grau. [...] Assim como para alguém que precisa de ouro para as despesas é totalmente indiferente se sua matéria, o ouro, tenha sido cavada nas montanhas ou extraída pela lavagem da areia, já que ele é aceito em todo lugar com o mesmo valor, do mesmo modo ninguém pergunta, quando se está preocupado apenas com o agrado da vida, se as representações são do entendimento ou dos sentidos, mas apenas qual é a *quantidade* e a *intensidade do deleite* que elas proporcionam para ele, pelo máximo de tempo"[12].

Com isso, o caráter comum de todos os tipos e qualidades de prazer é assinalado em toda a acuidade. Ele consiste em que a consciência se comporta em todos os estímulos materiais de modo meramente passivo – que ela é "afetada" e determinada pela sua influência. Mas uma tal "afecção" é muito pouco para estabelecer um conceito de verdade e a validade objetiva do conhecimento, assim como tampouco pode ser extraída dela uma norma objetiva da moral. Pelo contrário, necessita-se para isso do mesmo complemento que confrontamos em

---

12. Idem [*KpV*, AA 5: 22s.] [p. 38s.].

sua plena significação na construção teórica da crítica da razão. À "afecção" deve ser contraposta a "função", à "receptividade das impressões" deve ser contraposta a "espontaneidade" dos conceitos da razão. Deve ser demonstrada uma relação da vontade com o seu objeto [*Gegenstand*], na qual ela não é determinada tanto pelo objeto [*Objekt*], pela "matéria" particular do apetite, como, contrariamente, ela determina o objeto. Nessa // exigência não pode mais ser encontrado nenhum paradoxo se temos em mente o resultado crítico da analítica do entendimento. Pois também a matéria da sensação obteve valor de conhecimento objetivo somente na medida em que na "apercepção transcendental" foi demonstrada a legalidade fundamental sobre a qual repousa toda síntese do múltiplo e com isso toda a sua significação objetiva.

Agora é necessária apenas a transposição desse resultado da esfera teórica para a esfera prática para chegar ao conceito fundamental da ética kantiana: o conceito de *autonomia*. A autonomia significa aquela vinculação tanto da razão teórica quanto moral na qual ela se torna consciente de si mesma como vinculante. A vontade não se submete a nenhuma outra regra além daquela que ela mesma constitui e estabelece como norma universal. Onde essa forma for alcançada, onde o apetite e desejo individual se sabem pertencentes e submetidos a uma lei válida sem exceção para todos os sujeitos éticos e onde, por outro lado, entende e assente a essa lei como sua "própria", somente aí nos situamos no *campo dos problemas* da ética. A consciência popular moral, de cuja análise parte a *Fundamentação da metafísica dos costumes*, conduz a esse discernimento. Pois o conceito de "dever", que a domina e guia, contém já em si todas as determinações essenciais que enfrentamos até agora. Dizemos que uma ação está "conforme o dever" somente quando toda ideia de vantagem que se espera dela, todo cômputo de prazer presente ou futuro que pode advir dela, quando toda previsão material restante estiver eliminada e restar como fundamento determinante somente a direção para a universalidade da lei que mantém todos os impulsos casuais e particulares sob limite. "Uma ação por dever tem seu valor moral *não na intenção* a ser alcançada através dela, mas, sim, na máxima segundo a qual é decidida, logo não depende da realidade efetiva do objeto da ação, mas meramente do *princípio do querer*, segundo o qual a ação ocorreu, abstração feita de todos os objetos da faculdade apetitiva. Que as intenções que possamos ter em nossas ações e os seus efeitos, enquanto fins e molas propulsoras da vontade, não possam conferir qualquer valor incondicionado e moral, ficou claro [...]. Portanto, onde pode estar esse valor se ele não deve consistir na vontade [considerada] relativamente ao efeito esperado? Ele não pode estar em outro lugar senão no *princípio da vontade*, abstração feita dos fins que possam // ser efetuados por tal ação; pois a vontade está no meio entre seu princípio *a priori*, que é formal, e sua mola propulsora *a posteriori*, que é material, por assim dizer numa bifurcação e, visto que ela tem, no entanto, de ser determinada por alguma coisa, então ela terá de ser determinada afinal pelo princípio formal do querer em geral, quando uma ação ocorre por dever, visto que lhe foi tirado todo princípio material."[13] Assim como a verdade de uma representação, segundo Kant, não consiste em que ela seja semelhante a uma coisa externa transcendente como uma cópia de seu modelo, e sim em que o conteúdo da representação esteja numa conexão completa, necessária e legal com outros elementos semelhantes que designamos pelo nome de conhecimento experimental – do mesmo modo o predicado de bom atribui-se àquele ato da vontade que não é guiado por um impulso casual e isolado, mas sim pela consideração do *todo* das determinações da vontade possíveis e sua concordância interna. A "boa" vontade é a vontade de lei e com isso de concordância: uma concordância que se refere tanto à relação dos diferentes indivíduos como à consequência interna dos múltiplos atos de vontade e ações de um mesmo sujeito na medida em que eles apresentam, para além de todas as mudanças de motivos e estímulos particulares, aquela uniformidade peculiar que designamos pelo nome de "caráter". Nesse sentido – e somente nele – a "forma", que estabelece o valor da verdade como o valor do bom, na medida em que ela possibilita e compreende em si, de um lado, a conexão das percepções empíricas ao sistema do conhecimento necessário e *a priori*, e, de outro lado, a fusão dos fins empíricos particulares à unidade de *um* fim e de uma determinação abrangente dos fins.

Com isso estamos já diante da designação definitiva do princípio fundamental da ética crítica, a fórmula do "imperativo categórico". Chamamos um imperativo de hipotético quando ele simplesmente indica qual meio devemos usar ou querer para que se realize algo *outro*, que é pressuposto como fim; chamamos de categórico quando se apresenta como exigência incondicional que sua validade não tenha de ser tomada de empréstimo da de outro objetivo, mas que a possua em si mesmo, na constituição de um valor último e certo por si mesmo. Contudo, se esse valor fundamental não pode mais ser procurado em nenhum conteúdo especial do querer, mas somente em sua // legalidade universal, então assim já se define por completo o conteúdo e o objeto do único imperativo categórico possível. Assim diz então a regra fundamental: "age apenas segundo a máxima pela qual possas ao mesmo

---

13. *Fundamentação da metafísica dos costumes*, GMS, AA 4: 399s. [Tradução de Guido de Almeida. São Paulo: Barcarolla, p. 125ss.].

tempo querer que ela se torne uma lei universal."[14] Em virtude da análise pura do conceito de dever, o avanço metodológico no qual esta proposição foi alcançada é ao mesmo tempo a explicação mais clara e determinada do seu conteúdo. Fosse admitida qualquer outra determinação especial nesse conteúdo, fosse afirmado qualquer bem concreto singular como o mais alto valor, então não poderíamos nos livrar da questão acerca do fundamento dessa primazia do valor, se não quiséssemos aceitar essa afirmação simplesmente como dogma. Toda tentativa de responder essa questão, entretanto, nos dá a conhecer, mesmo nesse "fundamento", um outro ainda mais alto do qual o valor inicial teria sido deduzido. O "imperativo categórico", por sua vez, teria sido transformado num imperativo hipotético, o incondicionalmente valoroso em um condicionalmente valoroso. Teremos superado esse dilema somente no pensamento de uma legalidade universal como conteúdo do princípio mais elevado de valor. Pois aqui estamos num ponto no qual a pergunta por um outro "por quê" deve se calar, no ponto em que ela perde seu sentido e seu significado. Tal como no campo teórico progredimos sinteticamente das meras percepções a juízos e complexos de juízos, dos fenômenos individuais a associações cada vez mais abrangentes, até que finalmente tenhamos encontrado o arquétipo e o protótipo de toda a legalidade teórica nos princípios *a priori* do entendimento puro, ao qual temos de nos ater como o último fundamento de direito da experiência, sem que pudéssemos "deduzir" essa legalidade mesma de algo ainda anterior, de um transcendente concreto. A mesma relação se dá aqui. Medimos a particularidade pela unidade, o impulso particular psicologicamente efetivo pela totalidade das determinações da vontade, e lhe atribuímos seu valor por força da relação com essa totalidade. Mas para essa medida como tal não temos qualquer outro atestado além daquele que reside nele mesmo. *Por que* a ordem deve ser preferida ao caos, por que a livre-subordinação à universalidade de uma lei que damos a nós mesmos? Para isso a ética crítica não nos oferece mais nenhuma // resposta[15]. Na *crítica da razão*, tanto teórica quanto prática, é pressuposta a ideia da razão, a ideia de uma vinculação última e mais elevada do conhecimento e da vontade. Quem não reconhece essa ideia se coloca fora do círculo de sua problemática – fora dos conceitos que ela possui de "verdadeiro" e "falso", de "bom" e "ruim", e que ela possibilita estabelecer por virtude da peculiaridade de seu método[16].

---

14. Ver esp. *GMS*, AA 4: 421 [p. 215].

15. Sobre isso, comparar especialmente com o início do parágrafo "Do interesse que se prende às ideias da moralidade", *GSM*, AA 4: 448ss. [p. 355ss.].

16. Comparar com o prefácio à *Crítica da razão prática*: "Certamente, porém, nada pior poderia acontecer a esses trabalhos do que se alguém fizesse a inesperada descoberta de que não existe e nem poderia existir nenhum conhecimento *a priori*. Mas quanto a isso não há nenhum perigo.

Desse modo, uma premissa que servia de base para todos os desenvolvimentos de até então encontra aqui pela primeira vez sua verdadeira realização em termos de conteúdo. Somente na autodeterminação da vontade a razão conhece e compreende a si mesma. E esse conhecimento dela é o que constitui sua essência peculiar mais profunda. Também no campo do conhecimento teórico nos defrontamos com a "espontaneidade" pura do pensamento, mas essa espontaneidade poderia se reconhecer aqui apenas em seus reflexos e em sua imagem. Apenas na construção do *mundo dos objetos* que esses conceitos ajudaram a efetuar ficou evidente o que são a unidade da apercepção e os conceitos e princípios individuais que se fundam nela. O resultado foi um mundo material que é ordenado pelo tempo e pelo espaço, que se determina segundo as "analogias da experiência", segundo as relações de substancialidade, de causalidade e de reciprocidade, somente a partir do qual se tornou nítida para nós a organização do entendimento e de sua estrutura peculiar. A consciência do eu, da apercepção transcendental pura, é dada para nós apenas na e com a consciência do objeto [*Gegenstand*] como "fenômeno" objetivo [*objektiver Erscheinung*]. Agora, contudo, estamos diante de um problema no qual esse último limite desaparece. Pois temos de pensar também a vontade pura como algo vinculado segundo leis e, nessa medida, "objetivo". Mas essa objetividade pertence a uma outra esfera distinta daquela que encontra sua expressão no fenômeno espaçotemporal. Passamos a ter certeza aqui não de um mundo de coisas, mas sim de um mundo de personalidades livres; não de uma essência e uma relação causal de objetos, mas sim de uma constituição e uma unidade de finalidade de sujeitos independentes. O que antes // fora indicado com a expressão teórica geral de fenômeno [*Erscheinung*] ou de objeto da experiência se reduz, nessa consideração, ao valor de mera *coisa* que a *pessoa*, como unidade consciente de si mesma, agora confronta. Somente nela é levada a cabo a ideia de finalidade própria e finalidade última. Somente relativamente a uma coisa da natureza que esteja vinculada a um círculo determinado de causas e efeitos podemos colocar a questão sobre seu "de onde" e seu "para onde". Do ponto de vista da pessoa que dá a si mesma, por força de sua legislação original, a máxima unitária de seu querer e nela seu "*caráter inteligível*", essa questão se torna nula. A relatividade, a condicionalidade mútua dos meios, encontrou aqui sua limitação num valor absoluto. "Os fins que um ser racional se propõe a seu bel-prazer como *efeitos* de sua ação (fins materiais) são, sem exceção, relativos apenas; pois é tão somente sua relação com uma faculda-

---

Seria como se alguém quisesse provar pela razão que não existe nenhuma razão". *GMS*, AA 5: 12 [p. 25].

de apetitiva de índole particular do sujeito que lhes dá o valor, o qual, por isso, não pode fornecer princípios universais para todos os seres racionais e tampouco válidos e necessários para todo querer, isto é, leis práticas. Por isso, todos esses fins relativos são tão somente o fundamento de imperativos hipotéticos. [...] Portanto, o valor de todos os objetos a serem obtidos por nossas ações é sempre condicional. Os seres cuja existência não se baseia, é verdade, em nossa vontade, mas na natureza, têm, no entanto, se eles são seres desprovidos de razão, apenas um valor relativo, enquanto meios, e por isso chamam-se *coisas*; ao contrário, os seres racionais denominam-se *pessoas*, porque sua natureza já os assinala como fins em si mesmos, isto é, como algo que não pode ser usado meramente como meio, por conseguinte, como algo que restringe nessa medida todo arbítrio. [...] Portanto, se houver um princípio prático supremo e, com respeito à vontade humana, um imperativo categórico, ele tem de ser tal que faça da representação daquilo que é necessariamente fim para todos, porque é *fim em si mesmo*, um *princípio objetivo* da vontade que pode, por conseguinte, servir de lei prática universal. O fundamento desse princípio é: a natureza racional existe como um fim em si. [...] O imperativo prático será, portanto, o seguinte: *Age de tal maneira que tomes a humanidade, tanto em tua pessoa quanto na pessoa de qualquer outro, sempre ao mesmo tempo como fim, nunca meramente como meio.*"[17]

Então a ordem dos meios coincide com a ordem das coisas da natureza, enquanto a ordem dos fins se equipara àquela ordem das "inteligências" puras e determinadas por si mesmas. O conceito de um // tal ser racional que deva ser considerado legislador universal por todas as máximas de sua vontade para, desse ponto de vista, julgar a si mesmo e suas ações, conduz imediatamente ao conceito correlato de uma *comunidade* de seres racionais num "reino dos fins". Todos os seres racionais estariam sob a lei segundo a qual, na sua constituição de personalidade, eles se relacionariam simultaneamente com a individualidade moral de todos os demais, segundo a qual o valor fundamental que eles dariam a si mesmos, eles exigiriam também de todos os outros sujeitos e atribuiriam a todos os outros sujeitos – surgiria disso "uma ligação sistemática de seres racionais mediante leis objetivas comuns, isto é, um reino, o qual se pode chamar, visto que essas leis visam justamente a relação desses seres e uns com os outros enquanto fins e meios, um reino dos fins (por certo apenas um ideal)"[18]. Nele não vale mais o *preço* de coisas que servem meramente como meios para um

---

17. *Fundamentação da metafísica dos costumes*, GMS, AA 4: 427ss. [p. 239-245].
18. Idem, *GMS*, AA 4: 433 [p. 261].

outro fim a ser alcançado e cujo valor se origina e consiste nesse caráter de meio [*Mittelbarkeit*], e sim vale a *dignidade* que cada sujeito dá a si mesmo na medida em que ele se concebe como autor da determinação de sua vontade simultaneamente individual e geral[19].

Com isso parecemos estar novamente sob o encanto da metafísica na medida em que nos dedicamos a uma ordem completamente outra que aquela das coisas empírico-fenomenais. Mas essa metafísica se enraíza não num novo conceito de coisa que enfrenta e confronta o conceito de objeto da experiência, não na afirmação de uma "interioridade da *natureza*" substancial, mas sim pura e exclusivamente naquela certeza que conquistamos na consciência da lei ética como consciência da *liberdade*. Qualquer outro acesso ao mundo dos "inteligíveis" e incondicionados nos é vedado. O novo ponto de vista que nos damos no *dever* é a única garantia que possuímos de uma esfera de validade superior à da série puramente fenomenal. Com isso, entretanto, a antinomia entre a liberdade e a causalidade se coloca perante nós mais uma vez em sua plena agudeza. Pois no mesmo acontecimento e na mesma ação cuja necessidade, cujo não-poder-ser-de-outro-modo é afirmado pelo pensamento causal, a ideia da vontade pura e da lei ética impõe a exigência de que deveria ter acontecido de um modo diferente do que aconteceu. Toda a série de causas ligadas umas às outras e dependentes umas da outras são aqui anuladas como que por um decreto.

// A lógica do conhecimento puro da natureza é superada em seu princípio fundamental. Mas mesmo quando colocamos a questão dessa forma, vale ponderar, de saída, que certamente pode se tratar, por excelência, da oposição de dois tipos de determinação, mas de modo algum da oposição entre determinação e indeterminação. Nesse sentido, a liberdade é introduzida pelo próprio Kant – com uma expressão claramente imprecisa e inicialmente dúbia – como um "tipo peculiar de causalidade". "Visto que o conceito de uma causalidade traz consigo o de *leis*, segundo as quais por algo, que chamamos de causa, tem de ser posto algo de outro, a saber, a consequência, então a liberdade, embora não seja uma propriedade da vontade segundo leis naturais, nem por isso é de todo sem lei, mas, antes pelo contrário, tem de ser uma causalidade segundo leis imutáveis, porém de espécie particular; pois, de outro modo, uma vontade livre seria uma coisa absurda. A necessidade da natureza era uma heteronomia das causas eficientes; pois todo efeito só era possível segundo a lei que alguma outra coisa determinasse a causa eficiente à causalidade; o que pode ser, então, a

---

19. Ver *GMS*, AA 4: 426ss. [p. 231ss.].

liberdade da vontade senão autonomia, isto é, a propriedade da vontade de ser para si mesma uma lei? A proposição, porém: a vontade é em todas as ações uma lei para si mesma, designa apenas o princípio de não agir segundo outra máxima senão aquela que também possa ter por objeto a si mesma como uma lei universal. Mas isso é exatamente a fórmula do imperativo categórico e o princípio da moralidade: portanto, uma vontade livre e uma vontade sob leis morais é uma e a mesma coisa."[20] A vontade e a ação são, portanto, "não livres" [*"unfrei"*] se elas são determinadas através de um dado objeto particular de desejo, através de um estímulo "material" especial; elas são livres quando elas são determinadas através da ideia da totalidade das determinações de fins e através da exigência de sua unidade. Pois, no primeiro caso, não está superada ainda a peculiaridade do acontecimento meramente mecânico, tal como nós atribuímos ao mundo físico das coisas. Assim como as características e as mudanças de uma substância corporal se seguem umas às outras e brotam umas das outras, assim como o estado posterior já está contido completamente no anterior e é deduzível dele segundo uma regra quantitativa de conservação, do mesmo modo se desenrolam aqui as consequências dos movimentos e aspirações "interiores". O estímulo desencadeia seu impulso correspondente, e este uma determinada ação: com a mesma necessidade que pensamos sobre a pressão e o choque de corpos. Mas onde a ação se encontra sob a ideia de autonomia, sob a exigência do dever, // uma analogia desse tipo encontra seus limites. Pois aqui não se desenrolam, simplesmente, as consequências dos momentos temporais e dos conteúdos empíricos particulares que estão postos neles; aqui não se transpõe, meramente, aquilo que estava posto num ponto temporal precedente para um outro ponto que lhe suceda. Aqui há uma consideração supratemporal na qual nós nos colocamos e na qual apreendemos tanto o passado e o presente como se fossem um, como neles antecipamos o futuro.

Segundo Kant, encontramos esse traço fundamental em qualquer simples juízo moral. Em qualquer deles, a "razão pura é prática apenas para si mesma", ou seja, ela julga aquilo que aconteceu e aquilo que, por conseguinte, segundo a ordem empírico-causal, deveria acontecer, como algo que ela, do ponto de vista de sua *determinabilidade normativa*, tem a liberdade tanto para aceitar quanto para recusar[21]. A relação a um critério de valor mais elevado e certo por si mesmo cria ao mesmo tempo uma nova dimensão, por assim dizer, para

---

20. Idem, *GMS*, AA 4: 446 [p. 347-349].
21. *Crítica da razão prática*, *KpV*, AA 5: 31 [p. 30].

toda consideração do factual. No lugar da série fluida sempre igual de acontecimentos, que nós podemos simplesmente seguir em sua sucessão, e, de acordo com os princípios do entendimento, podemos conformar a uma ordem objetivo-temporal na qual cada membro é inequivocamente determinado por seu "antes" e seu "depois", encontramos aqui o conceito e a antecipação de um sistema teleológico no qual um elemento está lá "por" outro e no qual todos os objetivos materiais particulares se resumem à forma de uma legalidade final, de um valor incondicional. A vontade, que possibilitou compreender esse valor e que se subordina a ele, é a vontade verdadeiramente livre, pois ela não está mais sujeita às determinações acidentais, mutáveis e momentâneas, mas sim se opõe a elas por pura espontaneidade. E com isso é superada ao mesmo tempo a ordem da "experiência", dentro da qual a *Crítica da razão pura* e em particular a dedução das categorias nos havia mantido com todo o rigor. Mas persiste que essa superação não ocorre de nenhum dado teórico e assim também não nos fornece nenhum dado teórico particular novo para a construção e ampliação do novo mundo "inteligível". O descolamento da experiência da essência dos objetos empíricos no tempo e no espaço ocorre não através do entendimento, como se este descobrisse um outro campo do conhecimento, independente das condições da intuição sensível, mas sim meramente através da vontade que vê diante de si uma possibilidade de aplicação, independentemente de todos os // estímulos sensíveis e de todos os *motivos* empírico-materiais. É a *vontade* que ultrapassa a efetividade factual, a mera "existência" das coisas, no fundo já em todos os seus atos verdadeiramente independentes, pois ela não se liga ao que é dado, mas se dedica pura e exclusivamente à *tarefa* moral que a eleva e impulsiona para além de toda circunstância dada. Ela desempenha essa tarefa em toda a sua força e pureza, despreocupada da objeção que todo estado concreto do ser efetivo, todo o percurso empírico anterior das coisas, parece erguer contra ela. A quem tentasse impedir esse impulso da vontade e da ideia moral ao chamar a atenção para os limites da experiência, aos limites da *exequibilidade*, teríamos de responder com o primeiro pensamento fundamental do idealismo e com a nova relação que foi criada através dele entre a ideia e a efetividade. Não é nenhum acaso que, nesse contexto, Kant se refira a Platão – que aqui ele sinta e fale totalmente como um platônico. "Platão observou muito bem", diz Kant já na *Crítica da razão pura*, "que o nosso poder cognitivo sente uma necessidade muito mais elevada do que descrever meros fenômenos segundo a unidade sintética para poder lê-los como experiência, e que a nossa razão ascende naturalmente a conhecimentos que vão muito além daquilo com que algum objeto dado pela experiência pudesse ser congruente, mas que nem por isso deixam de ter a sua realidade e não são meras fantasias. Platão encontrou suas ideias sobretudo naquilo que é prático, i.e., que se baseia na liberdade, a qual, por seu turno, se situa entre os conhecimentos que são um produto próprio da razão. Quem quisesse extrair o conceito de virtude da experiência, quem quisesse transformar aquilo que só pode servir como exemplo para uma explicação incompleta em modelo para as fontes do conhecimento (como muitos de fato fizeram), faria da virtude uma aberração ambígua, modificável com o tempo e as circunstâncias e incapaz de servir de regra. [...] Que nenhum ser humano venha jamais a agir de acordo com aquilo que a ideia pura da virtude contém não prova absolutamente nada quanto, digamos, a algo de quimérico nesse pensamento. Pois somente através dessa ideia é possível um juízo sobre o valor ou desvalor moral; ela constitui necessariamente, portanto, o fundamento de qualquer aproximação da perfeição moral, por mais que os obstáculos na natureza humana, não determináveis quanto ao grau, mantenham-nos distantes disso. A *República platônica* se tornou proverbial como um suposto exemplo arrebatador da sonhada perfeição que só pode ter // lugar na cabeça do pensador [...], e Brucker considera risível o filósofo afirmar que nenhum príncipe jamais regeria se não participasse das ideias. Mas seria bem melhor se nos acercássemos desse pensamento e (ali onde esse distinto homem nos deixa sem apoio) o iluminássemos através de novos esforços, em vez de deixá-lo de lado como inútil, sob o tão sofrível e danoso pretexto da infactibilidade. [...] Pois nada pode ser mais prejudicial, e indigno de um filósofo, que o apelo vulgar à experiência supostamente contrária, que jamais teria existido se essas instituições tivessem sido estabelecidas no momento certo, segundo as ideias, em vez de deixar conceitos crus em seu lugar, frustrando todas as boas intenções justamente por serem extraídos da experiência. Caso se faça abstração do que é exagerado na expressão, então o devaneio original do filósofo, de ascender da observação mimética do que é físico na ordem do mundo para a sua conexão arquitetônica segundo fins, i.e., segundo ideias, é um esforço que merece respeito e continuação; em relação àquilo, no entanto, que diz respeito aos princípios da moralidade, da legislação e da religião, onde as ideias tornam a própria experiência (do bem) primeiramente possível, ainda que nunca possam ser aí inteiramente expressas, trata-se de um ganho verdadeiramente único, que só não se reconhece porque se o julga segundo as regras empíricas, cuja validade como princípios deveria ter sido suspensa justamente por essas ideias. No que diz respeito à natureza, de fato, a experiência nos fornece as regras e é a fonte da verdade; em relação às leis morais, porém, a experiência é (infelizmente!) a mãe da ilusão, e é altamente repreensível extrair as leis sobre aquilo que *devo fazer* daquilo que *é feito*, ou querer limitá-las a isso"[22].

A diferença fundamental entre a "causalidade do ser" e a "causalidade do dever", sobre a qual repousa a ideia de liberdade, é com isso estabelecida em toda a sua acuidade. A causalidade do dever não se limita ao efetivo, mas sim é direcionada ao inefetivo [*Unwirkliche*], ao que é empiricamente impossível. O conteúdo puro e a validade pura do "imperativo categórico" assim permanecem mesmo quando a experiência não nos fornece nenhuma prova particular de que alguma vez algum sujeito efetivo tenha agido segundo ele – como se ela na verdade não pudesse jamais fornecer uma tal prova efetivamente rigorosa, pois não nos é permitido adentrar o interior da mentalidade do agente e determinar o tipo de sua "máxima" // principal. A lei moral permanece, não obstante, um "fato da razão pura, do qual somos conscientes *a priori* e que é apoditicamente certo, presumindo que não se poderia encontrar, na experiência, nenhum exemplo em que ela seja cumprida exatamente"[23]. Nada pode nos proteger contra o completo descarte de nossas ideias de obrigação além da clara convicção de que se não houvesse ações que, como tais, tivessem surgido de tais fontes puras, contudo, aqui também não se trata de dizer se isso ou aquilo acontece, "mas, sim, [que] a razão comanda por si só e independentemente de todas as aparências o que deve acontecer, por conseguinte, [a clara convicção de que] ações, das quais o mundo talvez ainda não tenha dado até aqui qualquer exemplo, cuja factibilidade poderia até mesmo ser posta em dúvida por quem baseia tudo na experiência, são, no entanto, irremissivelmente comandadas pela razão"[24]. Essa é precisamente a realidade peculiar, específica da ideia de liberdade, que, ao não recuar diante da exigência do aparentemente impossível, ela abre, precisamente e com isso apenas, o verdadeiro círculo do possível que o empirista crê encerrado no que é efetivo. Assim, o conceito de liberdade – como expressa o prefácio da *Crítica da razão prática* – se torna "o obstáculo para todos os *empiristas*, mas é a chave dos princípios práticos mais sublimes para os moralistas *críticos*, que com isso discernem que têm necessariamente de proceder *racionalmente*[25]. Essa superioridade se destaca com mais pureza lá onde a própria lei que submete o sujeito de vontade nega e conserva a *existência* empírica desse mesmo sujeito – onde a vida, considerada como existência física, é sacrificada pela ideia. Somente em tal

---

22. *Crítica da razão pura, KrV*, B 371ss. e 375 [p. 194ss.].
23. *Crítica da razão prática, KpV*, AA 5: 47 [p. 72].
24. *Fundamentação da metafísica dos costumes, GMS*, AA 4: 408 [p. 167].
25. *Crítica da razão prática, KpV*, AA 5: 7s. [p. 21s.].

determinabilidade por motivos extra e suprassensíveis do agir apreendemos verdadeiramente o ser suprassensível: o mundo do "inteligível" no sentido crítico. Não é senão por meio da vontade pura que se compreende esse ser. Se ignorarmos isso, o mundo do inteligível desmoronaria para nós, assim como não haveria mais um mundo de formas empíricas se abstraíssemos da intuição pura do espaço – como não há nenhuma "natureza" das coisas físicas, além do princípio do entendimento da causalidade.

Mesmo nesse ponto, em que estamos em plena contemplação do único "absoluto" ao qual a visão crítica nos pôde conduzir, a peculiaridade da visão fundamental transcendental está // preservada. Essa visão consiste em que cada asserção de algo objetivo seja correlativamente referida a uma forma fundamental da consciência; que cada afirmação sobre um ser deve procurar sua fundação e justificação numa função originária da razão. Essa relação é inteiramente mantida aqui. O conceito de um mundo do entendimento – assim esclarece Kant com toda acuidade e determinação – é apenas um *ponto de vista* para além dos fenômenos que a razão se vê obrigada a aceitar para que possa pensar-se como prática: "o que não seria possível se os influxos da sensibilidade fossem determinantes para o homem, mas que é, sim, necessário na medida em que não lhe deva ser denegada a consciência de si mesmo enquanto inteligência, por conseguinte enquanto causa racional e ativa pela razão, isto é, livremente eficiente"[26]. A possibilidade de uma tal natureza suprassensível não requer, por conseguinte, a *intuição a priori* de um mundo inteligível que nesse caso, como suprassensível, deveria ser também impossível para nós. Pelo contrário, depende exclusivamente do fundamento da determinação do querer em suas próprias máximas "se ele é um conceito empírico ou um conceito da razão pura (da conformidade à lei dessas máximas em geral) e como ele pode ser este último"[27]. Assim é dada completamente a explicação da tão conhecida e tão mal-interpretada sentença kantiana, que nós estaríamos autorizados a tomar o inteligível apenas "em sentido prático". A *causa noumenon* permanece, em vista do uso teórico da razão, um conceito vazio, apesar de possível e concebível. Mas agora, na medida em que precisamos desse conceito para a fundamentação da ética, nós também não precisamos mais *conhecer teoricamente* a *constituição* de um ser, contanto que ele tenha uma vontade pura; basta-nos apenas indicá-lo como um tal ser e com isso

---

26. *Fundamentação da metafísica dos costumes*, GMS, AA 4: 458 [p. 391].
27. *Crítica da razão prática*, KpV, AA 5: 45 [p. 70]. Tivemos de fazer alterações nas soluções dadas pela tradutora nesta passagem, retornando ao uso do pronome "ele" para se referir ao "fundamento da determinação do querer" nas duas ocorrências seguintes [N.T.].

unir o conceito de causalidade ao de liberdade (e, o que é inseparável disso, com a lei moral como fundamento de determinação de si mesma)[28]. Quem extrapola além disso ou também quem apenas o tenta; quem tenta uma *descrição* do mundo inteligível em vez de pensá-lo como a norma e a tarefa de seu agir; quem vê nele a existência de objetos em vez de uma ordenação para fins e uma relação de fins de inteligências livres, como personalidades morais, deixou o solo da filosofia crítica. Através da liberdade, cuja realidade objetiva se dá a conhecer para nós na lei moral "por assim dizer, como um // fato"[29], é indicada e determinada a esfera do "em-si" em oposição ao mundo dos fenômenos [*Erscheinungswelt*]: mas não é na intuição e no pensamento, e sim no fazer que podemos nos aproximar dela, ela não é captável na forma da "coisa", e sim apenas na forma do fim e da tarefa. Teriam sido economizadas algumas dificuldades e algumas especulações sutis sobre a doutrina de Kant da "coisa em si" – que nessa sua *expressão* é paradoxal e dúbia – se tivéssemos mantido em mente essa relação sempre com clareza. O "em-si" em sentido prático não determina de modo algum a "causa transcendental" do mundo dos fenômenos. Pelo contrário, ele nos conduz de volta ao "fundamento inteligível" desse mundo, na medida em que é somente nele que seu significado e seu sentido se tornaram totalmente conhecíveis, na medida em que o fim último nos é mostrado para todo querer e agir empíricos. Então o que se conquista aqui não é a ampliação do conhecimento dos *objetos suprassensíveis dados*, mas a ampliação da razão teórica e do conhecimento de si mesma com vistas ao suprassensível em geral. As ideias perdem aqui seu caráter de transcendente; elas se tornam "*imanentes* e *constitutivas*, porque são fundamentos da possibilidade de *tornar efetivo* o *objeto necessário* da razão prática pura (o sumo bem)"[30].

247

A doutrina de Kant da oposição do caráter empírico e do inteligível contém seu significado pleno apenas dentro dessa conexão geral de problemas. Se pensamos – como fez Schopenhauer – o caráter inteligível de modo que o sujeito volitivo tem a determinabilidade de sua essência dada de uma vez por todas num ato anterior ao tempo e base de sua existência empírica, e à qual ele permaneceria ligado inevitavelmente no mundo da experiência, chegamos com isso a um labirinto de questões metafísicas completamente impossível de se desenredar. Pois não possuímos nenhuma categoria particular que nos pudesse esclarecer e

---

28. *Crítica da razão prática*, *KpV*, AA 5: 49s. [p. 91, 92].

29. *Crítica da razão prática*, *KpV*, AA 5: 47 e 91 [p. 71 e p. 83s. – citação p. 71].

30. *Crítica da razão prática*, *KpV*, AA 5: 135 [p. 174]; comparar com a introdução de "*Da ideia de uma crítica da razão prática*". Ver *Kpv*, AA 5: 15 e AA 5: 43.

explicar uma tal relação para com a esfera da temporalidade entre o "em-si" e o fenômeno, entre o atemporal e o extratemporal por excelência. Mas todas essas dúvidas se esvaem imediatamente quando novamente se transfere a doutrina de Kant, também nesse ponto, do solo da metafísica e do místico para o da ética pura; quando se toma ela no sentido em que // a entenderam Schiller e Fichte. Apenas assim é mostrado que o significado do caráter inteligível não nos remete de volta ao passado mítico, mas sim nos direciona ao futuro ético. O dado [*Gegebenheit*] ao qual ele conduz e do qual nos tornamos verdadeiramente cientes em seu conceito é, por seu turno, apenas o dado de nossa infinita *tarefa* prática. A mesma ação pode, de um lado, se encontrar sob a coação da origem passada e transcorrida, enquanto, de outro lado, ela se coloca sob o ponto de vista dos fins futuros e de sua unidade sistemática. Na primeira consideração ela obtém seu significado existencial empírico, na segunda, seu caráter de valor; naquela, a ação pertence à série dos acontecimentos, nesta, à da ordem inteligível do dever e da livre-determinação ideal.

Aqui, mais uma vez, Kant pode se reportar ao dito da simples consciência popular para essa dupla forma de *ajuizamento*. A própria reivindicação por direito da razão humana comum à liberdade da vontade – expõe ele – se funda na consciência e na reconhecida pressuposição de independência da razão em relação às meras causas e impulsos subjetivamente determinantes, sensíveis. O ser humano que se concebe dotado de uma vontade autônoma se coloca desse modo numa outra ordem das coisas e numa relação a fundamentos determinantes de um tipo completamente diferente do que quando ele se percebe como um fenômeno no mundo sensível e submete sua causalidade à determinação externa segundo leis da natureza. Que ele deveria representar e pensar tudo desse modo duplo não há a menor objeção, pois no primeiro caso isso se assenta sobre a consciência de si mesmo como um objeto afetado pelos sentidos, no segundo, sobre a consciência de si mesmo como inteligência, ou seja, como um sujeito ativo que, no uso da razão, é independente da ligação a impressões sensíveis[31]. A determinação do objeto sucede também aqui segundo o traço fundamental do método transcendental, por intermédio da *análise do juízo*. Se eu julgo que deveria não ter feito esta ou aquela ação que eu fiz, uma tal expressão seria sem sentido se nela o "eu" fosse tomado meramente em sentido simples. Pois o eu como fenômeno empírico-sensível, como essa vontade determinada sob essas determinadas condições, *teria de* executar a ação. Se conhecêssemos inteiramente o caráter empírico de

---

31. *Fundamentação da metafísica dos costumes*, GMS, AA 4: 457 [p. 389].

uma pessoa, poderíamos predeterminar sua ação e seu movimento de maneira tão precisa quanto // podemos calcular um eclipse solar ou lunar. Mas, na verdade, no juízo se estabelece e tem em mente uma conexão completamente distinta. A ação é denegada se nela foram determinantes apenas os motivos particulares e fortuitos correspondentes ao respectivo momento, motivos que prevaleceram sobre a consideração da *totalidade* dos fundamentos teleológicos de determinação. O eu tem seu "ser" verdadeiro e inteligível renegado na medida em que ele deixa essa casualidade momentânea de um campo particular e de um impulso particular se tornar senhora sobre ele. O eu produz seu ser na medida em que ele aprova e condena os modos de ação específicos a partir da postulada unidade de seu "caráter". Assim aparece o "inteligível", a unidade pensada das determinações de normas, como a medida universal à qual devemos submeter todo o empírico. O fenômeno é relacionado ao *noumeno* tal como ao seu próprio fundamento – não no sentido de que com isso seria conhecido um *substrato* suprassensível dado, mas sim no sentido de que apenas por este meio é estabelecida sua significação de valor genuína, seu lugar no "reino dos fins".

Não obstante, há um fundamento metodológico profundo em dizer que o pensamento sobre o *mundus intelligibilis*, tal como ele se estabeleceu a partir da *Dissertação*, permaneceu com força, que a ideia do dever se condensa na representação de um "mundo". Pois onde quer que a análise crítica descubra e torne conhecível para nós um modo especificamente peculiar do juízo, ela atribui a essa forma de juízo também uma forma especial de "objeto". Essa objetivação é uma função fundamental da própria razão teórica pura da qual não podemos nos abster. Mas vale distinguir precisamente, em cada caso particular, a qual esfera de validade pertencem o conhecimento e o juízo, e que tipo correspondente de ser se funda sobre isso. Para o âmbito da razão prática, Kant executa essa investigação naquele importante parágrafo que ele intitula como *Da típica da faculdade de julgar prática pura*. Na oposição entre "tipo" e "esquema" é identificada a oposição na objetivação do sensível e do suprassensível. O mundo da experiência, o mundo da física e da ciência da natureza em geral surge para nós na medida em que o entendimento relaciona seus princípios universais às intuições puras do espaço e do tempo – na medida em que ele os inscreve nessas formas fundamentais puras. Os conceitos empíricos de "coisa" e suas qualidades e mudanças físicas se efetuam ao preenchermos as categorias puras de substância e acidente, de causa e efeito, com conteúdo concreto-intuitivo: ao concebermos a substância não simplesmente como a portadora // e o sujeito puramente lógico de características singulares, mas como permanência e duração, ao concebermos na causalidade não simplesmente a relação do "fundamento" para com o "fundado" e dependente, mas sim a determinação das relações objetivas numa sequência empírica de fenômenos. Quando se trata da característica do inteligível, todos esses tipos de estabelecimento de coisas são vetados a nós. Mas um *análogo da lei da natureza* ainda se mantém aqui: como uma das mais conhecidas fórmulas do "imperativo categórico" ordena a vontade a agir de tal modo como se a máxima de sua ação devesse se tornar, através dela, uma "lei universal da natureza"[32]. Mas a "natureza" de que queremos aqui falar não é a existência sensível dos objetos, mas a relação sistemática dos fins particulares uns com os outros e sua união harmônica num "fim último". Ela é um modelo, um tipo, em relação ao qual medimos cada determinação especial de vontade, não um arquétipo materialmente existente que se deixasse intuir independentemente dessa relação prática. O que se quis dizer com ela em referência ao mundo sensível-físico é meramente o momento da "existência", de uma ordem imutável que concebemos em ambos igualmente – mas num caso se trata de uma ordem que intuímos como exterior a nós e disponível, no outro, uma tal ordem que produzimos ativamente por força da autonomia da lei moral.

Então, é permitido utilizar a natureza do mundo dos sentidos como tipo de uma natureza inteligível, "desde que eu não transfira para essa natureza as intuições e aquilo que dependa delas, mas me refira com isso meramente à *forma da conformidade à lei* em geral"[33]. Se essa transferência [*Übertragung*] acontece, deixamos que os limites do sensível e do suprassensível transbordem inadvertidamente um sobre o outro – assim, se segue de novo e inevitavelmente aquela forma de *mística* que Kant combatera ininterruptamente desde os *Sonhos de um visionário*. Na medida em que o dever é convertido numa imagem, ele perde sua força produtiva, "regulativa". Por esta via nós chegamos a um "misticismo da razão prática", que transforma o que servia apenas como *símbolo* em *esquema*, ou seja, submete intuições efetivas, e, contudo, não sensíveis (de um reino invisível de Deus), à aplicação dos conceitos morais e divaga no exuberante. E com isso é importante e metodologicamente significativo que não é a doutrina pura da aprioridade que atrai inicialmente a esta tal exaltação mística, mas sim, contrariamente, a // fundamentação puramente empírica, a interpretação da moral como doutrina da felicidade. Porque esta visão não conhece outros *motivos* além

---

32. Comparar p. ex. *GMS*, AA 4: 421 [p. 215].
33. *Crítica da razão prática*, *KpV*, AA 5: 70 [p. 99]. Na tradução consultada da citação de Kant, optamos por substituir o termo *transporte* por *transfira* (*übertrage*), para manter o vocábulo em concordância com *transferência* (*Übertragung*), usado no período seguinte por Cassirer [N.T.].

dos sensíveis, ela nunca poderá verdadeiramente ultrapassar a experiência em toda a sua exuberância aparente e em toda caracterização de um "além" dos sentidos sobre descrições sensíveis. Se a razão prática fosse tomada como patologicamente condicionada, i.e., como administrando o interesse das inclinações sob o princípio sensível da felicidade, então o paraíso de Maomé ou a fusão com a divindade dos teósofos e místicos, de acordo com os sentidos de cada qual, imporiam à razão seus monstros. E desse modo seria igualmente bom não ter qualquer razão ou abandoná-la, desse modo, a todo tipo de devaneios [*Träumerei*][34]. E não devemos temer que, se abdicarmos de tal suporte e apoio sensível, o imperativo ético puro possa permanecer abstrato e formal e, com isso, ineficaz. "É inteiramente equivocado temer", acentua a *Crítica da faculdade de julgar* – e em frases desse tipo tem-se Kant por inteiro –, "que, se fosse dela [da moralidade] retirado tudo o que ela pode recomendar aos sentidos, ela não implicaria outra coisa senão uma aprovação fria e sem vida, e não traria consigo nenhuma força movente ou emoção. É justamente o inverso, pois, ali onde os sentidos nada mais veem diante de si e, ainda assim, a ideia inconfundível e indissolúvel da moralidade permanece, seria mais necessário moderar o impulso de uma imaginação sem limites, de modo a não deixá-lo crescer até o entusiasmo, do que procurar ajuda para ela, por medo da falta de força dessa ideia, em imagens e aparatos infantis. [...] A representação meramente negativa da moralidade, pura e elevadora da alma, não oferece qualquer perigo de *visionariedade* – que consiste em uma *ilusão de ver algo para além de todos os limites da sensibilidade*, isto é, de *querer sonhar segundo princípios* (delirar com a razão) – justamente porque a exposição é meramente negativa. Pois o *caráter imperscrutável da ideia da liberdade* torna inviável qualquer exposição positiva; a lei moral, porém, é em nós, em si mesma, suficiente e originariamente determinante, de modo que jamais permite que procuremos por um fundamento de determinação além dela"[35].

Aqui, a doutrina de Kant também termina num "imperscrutável". Mas é, entretanto, uma relação completamente diferente daquela que enfrentamos no interior da crítica da mera razão teórica.

// Quando o assunto é a "coisa em si", quando é afirmada dela uma forma do ser, e, contrariamente a isso, é negada sua cognoscibilidade, tem-se dificuldades aparentemente insolúveis, pois a suposição de sua mera *existência*, abstraída de sua determinação mais precisa, também não é realizada em nenhum outro lu-

252

---

34. *Crítica da razão prática, KpV*, AA 5: 131 [p. 104].
35. *Crítica da faculdade de julgar, KU*, AA 5: 274s. [p. 171-172].

gar senão naquelas formas do conhecimento cujo uso transcendente a *Crítica da razão pura* deseja diretamente extirpar. No âmbito da doutrina kantiana da liberdade estamos livres desse conflito. A liberdade e a lei moral que se apresenta no imperativo categórico também devem ser reconhecidas livremente como imperscrutáveis no sentido de Kant. Elas nos indicam o "por quê" último para todo ser e acontecer, na medida em que elas relacionam o acontecer ao seu fim último e o ancoram num valor mais elevado. Mas para elas mesmas não se pode mais indagar sobre nenhum por quê ulterior. Assim, estamos de fato envolvidos aqui, em sentido puramente lógico, em "um tipo de círculo" do qual, ao que parece, não se pode sair. Nós nos tomamos como livres na ordem das causas ativas para nos concebermos na ordem dos fins sob leis morais, e nos concebemos em seguida como submetidos a essas leis, porque nos atribuímos a liberdade da vontade. "[...] pois liberdade e legislação própria da vontade são ambas autonomia, por conseguinte, conceitos recíprocos, dos quais, porém, justamente por isso, um não pode ser usado para explicar o outro e dele dar razão, mas, quando muito, tão somente para reduzir, de um ponto de vista lógico, representações diversas do mesmo objeto a um único conceito (assim como diferentes frações de um mesmo valor às suas expressões mais simples)."[36] Mas esse dilema lógico não pode e não deve nos influenciar em nosso querer e agir. Aqui não precisamos de nenhuma outra explicação para o "fato" da liberdade porque o indescritível é feito por nós. O limite do conhecimento não é um limite da certeza, pois não pode existir para nós uma certeza superior àquela que nos assegura de nosso *si- -mesmo* moral, de nossa própria personalidade autônoma. A razão transpassaria todos os seus limites se ela se empenhasse em *explicar* como a razão pura pode ser prática, o que seria exatamente a mesma tarefa que explicar *como a liberdade é possível*. Pois como poderia uma lei ser por si e imediatamente fundamento de determinação da vontade, como se imaginaria esse tipo de causalidade teórica e positivamente, já não podemos mais discernir através de qualquer outro dado // teoricamente demonstrável, mas podemos e devemos apenas assumir *que* uma tal causalidade exista através da lei moral e para seu propósito[37]. Mas, não obstante, o "imperscrutável" nos confronta não mais como coisidade [*Dinghaftigkeit*] abstrata, não mais como uma existência desconhecida substancial. Ele se desvendou para nós na última lei de nossa inteligência como personalidade livre, e com isso se tornou, quando não ulteriormente explicável, contudo internamente *compreensível*. Assim, de fato não concebemos a necessidade prática incondicio-

---

36. *Fundamentação da metafísica dos costumes*, GMS, AA 4: 450 [p. 363].
37. *Crítica da razão prática*, KpV, AA 5: 80 e 145 [p. 112 e 185].

nal do imperativo moral, "mas compreendemos, no entanto, sua *incompreensibilidade*, o que é tudo que se pode razoavelmente exigir de uma filosofia que aspira chegar nos princípios ao limite da razão humana"[38]. É necessário avançar até esse ponto, entretanto, para que a razão, de um lado, não busque no mundo sensível, de um modo prejudicial à moral, pela causa mais elevada da ação e por um interesse compreensível, mas empírico, "por outro lado, porém, para que ela não fique a bater as suas asas, impotente e sem sair do lugar nesse espaço, para ela vazio, dos conceitos transcendentes, ao qual se dá o nome de mundo inteligível, e não se perca em fabulações urdidas pela mente"[39]. O obscuro da visão teórica nesse ponto se clareia para nós no fazer, mas essa luz somente nos é concedida quando nós nos situamos efetivamente em meio ao fazer ele mesmo e não procuramos novamente dissolvê-lo em meras especulações abstratas e reinterpretá-lo.

Então, onde o saber termina, entra em cena a "fé moral racional", que parte da liberdade como fato fundamental não para deduzir a partir daqui a certeza de *Deus* e da *imortalidade*, mas sim para reivindicá-la. O caráter desses postulados, com os quais Kant conclui o desenvolvimento de sua ética, parece, à primeira vista, não estar livre de dúvidas puramente metódicas. Pois para a ideia de liberdade não pode haver, em sentido estrito, nenhum outro complemento nem tampouco uma outra justificação. O reino do dever é delimitado e completamente esgotado por ela como princípio mais elevado. Ao reino do ser, entretanto, só é possível chegar através dela por uma completa μετάβασις εἰς ἄλλο γένος. Não resta a menor dúvida para Kant de que no conceito de Deus não pode ser dado nenhum fundamento novo e mais firme da ideia de liberdade do que aquele que repousa na consciência e na validade da própria lei moral. Esse conceito não pode derivar a validade da ideia // de autolegislação de uma realidade metafísica mais elevada. Ele deve apenas exprimir e garantir a aplicabilidade dessa ideia à efetividade empírico-fenomenal. A vontade pura se determina naquilo que ela decide, não pela ponderação da exequibilidade e não pela previsão das consequências empíricas da ação, pois exatamente o que a caracteriza é que ela obtém seu valor não por aquilo que ela causa ou realiza, não por sua utilidade para a consecução de algum fim predeterminado, mas através da própria forma do querer, através da disposição e das máximas das quais ela flui. A utilidade ou a

---

38. *Fundamentação da metafísica dos costumes*, GMS, AA 4: 463 [p. 407].
39. Idem, *GMS*, AA 4: 462 [p. 405].

esterilidade não podem adicionar nem retirar algo desse valor[40]. Porém, por menos que a vontade se faça *dependente*, em sua decisão, da consideração do sucesso, menos ainda podemos nos fechar, como seres que pensam e agem de modo prático, à questão sobre se em geral a realidade empírica dada é capaz de realizar progressivamente o fim da vontade pura. Se o ser e o dever são esferas completamente separadas, então concluímos que ambos poderiam se excluir mutuamente para sempre; que ao menos não há contradição lógica para o mandamento do dever, cuja validade incondicional nada pode objetar caso sejam colocadas no âmbito da existência limitações intransponíveis à sua consecução. A convergência final de ambas as séries, a afirmação de que a ordem da natureza conduziria e deveria eventualmente conduzir, em seu decurso empírico, a um estado de mundo que seja conforme à ordem dos fins, não pode mais ser demonstrada, mas apenas ainda postulada. E o teor dessa exigência é o que, segundo Kant, constitui o sentido "prático" do conceito de Deus, que é aqui pensado não como criador, não como explicação do "começo" do mundo, mas como garantia de sua meta [*Ziel*] e de seu "fim" ["*Ende*"] morais. O bem mais elevado no mundo, a coincidência entre "felicidade" e "ser digno de felicidade" somente é possível na medida em que uma causa mais elevada da natureza seja admitida, a qual tenha uma causalidade conforme a disposição moral. Consequentemente, o postulado da possibilidade do bem mais elevado derivado (do melhor mundo) é ao mesmo tempo o postulado da efetividade de um bem mais elevado original, a saber, a existência de Deus[41]. Essa assunção não é de modo algum necessária para a moralidade, mas, sim, é necessária *através dela*. Devemos admitir uma causa moral universal para que nós nos // anteponhamos um fim último conforme a lei moral. E tanto quanto o último, do mesmo modo (ou seja, no mesmo grau e do mesmo fundamento) é preciso admitir necessariamente também o primeiro[42]. A intenção com isso também aqui não é, de modo algum, conceber Deus no sentido da metafísica como a substância infinita com seus atributos e particularidades, mas, sim, *determinar*, segundo ela, a *nós mesmos* e a nossa vontade[43]. O conceito de Deus é a forma concreta sob a qual pensamos nossa tarefa inteligível moral e seu progressivo cumprimento empírico.

---

40. Idem, *GMS*, AA 4: 394 [p. 103].
41. *Crítica da razão prática, KpV*, AA 5: 125 [p. 163, 164].
42. *Crítica da faculdade de julgar, KU*, AA 5: 447ss. Comparar esp. *KU*, AA 5: 471 [p. 344ss. esp. p. 368s.].
43. Idem, *KU*, AA 5: 457 [p. 354].

E um significado análogo é, segundo Kant, aquele que condiz com a ideia da *imortalidade*, pois também esta surge para nós ao revestirmos o pensamento com a infinidade da nossa determinação, com a interminabilidade da tarefa que é colocada ao ser racional, na forma temporal da duração e da eternidade. A total adequação da vontade à lei moral é uma perfeição da qual nenhum ser racional do mundo sensível é capaz em nenhum momento de sua existência: "Entretanto, como ela é todavia exigida como praticamente necessária, então ela só pode ser encontrada em um *progresso* que segue ao *infinito* em direção àquela completa adequação e é necessário, segundo princípios da razão prática pura, admitir uma tal progressão prática como o objeto real de nossa vontade"[44]. Mais do que em qualquer outro lugar de sua doutrina, aqui Kant se situa na continuidade da visão de mundo filosófica do século XVIII. Assim como Lessing na *Educação do gênero humano*, Kant também mantém na ideia de imortalidade a exigência de uma possibilidade infinita de desenvolvimento do sujeito moral. E tal como aquele, Kant desdenha de fazer dessa ideia o fundamento de determinação da vontade moral, a qual, indiferentemente da esperança no futuro, tem de seguir simplesmente a lei imanente dada a si mesma[45]. A força moral, nesse ponto, deve ser garantia suficiente para si mesma. Todo impulso alheio e exterior que a ela tenha sido acrescentado faz dela frouxa e confusa sobre si mesma e sobre sua energia peculiar. Mesmo admitindo que houvesse algum meio para demonstrar a continuidade pessoal do indivíduo através dos argumentos lógicos mais convincentes, de modo que pudéssemos tê-la imediatamente aos nossos olhos como um fato indubitavelmente // assentado, com isso, do ponto de vista do agir, mais seria perdido do que ganho. A transgressão da lei moral seria então, na certeza de uma futura punição, certamente evitada; a ordem seria cumprida, "contudo, visto que a *intenção*, a partir da qual devem ocorrer as ações, não pode ser inspirada por um comando, mas aqui o incitamento da atividade está imediatamente à mão e é externo, e visto que não é, portanto, permitido à razão primeiramente elevar seu empenho, a fim de juntar, mediante a representação viva da dignidade da lei, forças para resistir contra as inclinações, então a maioria das ações conformes à lei ocorreria por medo, apenas algumas ocorreriam por esperança e absolutamente nenhuma por dever, e um valor moral das ações, unicamente do qual depende o valor da pessoa e mesmo o valor do mundo aos olhos da suprema sabedoria, não existiria de modo algum. A conduta dos homens, caso a sua natureza permaneça tal como ela é agora, se transformaria em um mero mecanis-

---

44. *Crítica da razão prática*, KpV, AA 5: 122 [p. 160].
45. Comparar esp. acima p. 78s.

mo, onde, como no teatro de marionetes, tudo *gesticularia* muito bem, mas nas figuras não se encontraria *vida alguma*"[46]. Assim, o momento de incerteza, que, tomado em sentido puramente teórico, é inerente à ideia de imortalidade, liberta nossa vida da rigidez do mero saber abstrato e dá a ela as cores da deliberação e do ato. A "fé racional prática" nos conduz a esse ponto de modo mais seguro do que aquele que a dedução lógica possibilita porque ele, partindo imediatamente do ponto médio do agir, também intervém imediatamente no campo do agir e determina sua direção.

Com a doutrina dos postulados, o sistema crítico da ética encontra sua conclusão – e nós podemos aqui lançar um olhar sinóptico em retrospectiva, mais uma vez, às fases principais no desenvolvimento da visão ética de vida em Kant. O problema da imortalidade pode servir como o fio condutor aqui, pois ele perpassa todas as épocas da especulação kantiana. Já a primeira, um período direcionado essencialmente à ciência da natureza e à filosofia da natureza, o inicia: a imagem de mundo da astronomia moderna, a cosmogonia e a cosmofísica de Newton, serve como fundamento para as considerações metafísicas sobre a continuidade e a capacidade de desenvolvimento da alma individual. Aqui o mundo do ser e do dever não são ainda separados, mas, sim, a visão vagueia de um ao outro de súbito. As oposições entre ambos se anulam na unidade da disposição estética que serve de base para essa concepção de mundo. "Deveria a alma imortal", assim encerra Kant o *História natural universal e teoria do céu*, "na infinidade total de sua duração futura [...] permanecer fixa para sempre nesse ponto do espaço universal, em // nossa Terra? [...] Quem sabe não seja destinado a ela, que algum dia deva conhecer de perto aqueles globos distantes do edifício do universo e a excelência de sua construção, que desde há muito excita sua curiosidade? Talvez por isso se desenvolvam ainda algumas esferas do sistema planetário para preparar, segundo o decurso perfeito do tempo que é prescrito para nossa permanência aqui, para nós novas moradas em outros céus. Quem sabe esse satélite não orbite em torno de Júpiter para um dia nos iluminar? [...] na verdade, quando com tais considerações [...] se preenche o ânimo, a vista de um céu estrelado numa noite límpida dá um tipo de satisfação que apenas almas nobres sentem. Na quietude universal da natureza e na calma dos sentidos, a faculdade do conhecimento oculto do espírito imortal fala uma língua inominável e fornece conceitos não elaborados que se

---

46. *Crítica da razão prática*, KpV, AA 5: 147 [p. 187].

permitem sentir, mas não se permitem descrever"[47]. Assim se produz já aqui, para Kant, aquela analogia corrente que a *Crítica da razão prática* mais tarde exprimiu e desenvolveu em suas conhecidas e famosas frases de encerramento. O *"céu estrelado sobre mim e a lei moral dentro de mim"* apontam um ao outro reciprocamente e servem de explicação um ao outro. "Eu não preciso buscá-las e simplesmente supô-las como mergulhadas em obscuridades ou no transcendente, fora de meu horizonte; eu as vejo diante de mim e as conecto imediatamente à consciência de minha existência. A primeira se inicia no lugar que eu ocupo no mundo sensível externo e amplia a conexão em que eu me encontro até o imensamente grande, com mundos dos mundos e sistemas dos sistemas, e, além disso, a tempos ilimitados de seu movimento periódico, em seu início e duração. A segunda se inicia no meu próprio eu invisível, na minha personalidade, e apresenta-me em um mundo que tem verdadeira infinitude, mas é perceptível apenas ao entendimento, e com o qual (e desse modo, porém, ao mesmo tempo também com todos aqueles mundos visíveis) eu me reconheço não em uma conexão meramente contingente, como na primeira, mas em uma conexão universal e necessária."[48] Se mantivermos essas palavras ao lado das considerações finais de *História natural universal e a teoria do céu*, ao mesmo tempo se faz então claro em toda a afinidade profunda da disposição intelectual fundamental o progresso decisivo que é levado a cabo através da *Crítica da razão pura*. A consideração da natureza e a consideração dos fins são ao mesmo tempo unidas e diferenciadas, simultaneamente // relacionadas e contrapostas uma à outra. Vale manter essa dupla determinação se, por um lado, a ciência deve ser protegida de todas as interferências externas em seu próprio campo, de toda explicação através de fins transcendentes – e se, por outro lado, a moralidade deve ser sustentada pela força de seus motivos puros e peculiares. Não podemos perguntar pela "interioridade da natureza" incondicionada por excelência, espiritual, que é e permanecerá sendo muito mais uma "mera quimera"[49], como, por outro lado, não podemos buscar por qualquer outra justificação e elucidação para o reino da liberdade e do dever além daquela que repousa no próprio teor da lei moral superior. Na trajetória da cultura empírico-espiritual, ambas as exigências foram violadas. "A observação do mundo se iniciou com a mais esplêndida contemplação que os sentidos humanos possam alguma vez oferecer e que nosso entendimento possa suportar perseguir em

---

47. *História natural universal e a teoria do céu, NTH,* AA 1: 366s.
48. *Crítica da razão prática, KpV,* AA 5: 161s. [p. 203].
49. *Crítica da razão pura, KrV,* B 333 [p. 266].

sua ampla extensão, e terminou – com a astrologia. A moral se iniciou com a mais nobre propriedade da natureza humana, cujo desenvolvimento e cultivo visam a infinita utilidade e terminou – com o fanatismo ou a superstição."[50] Somente a crítica, tanto da razão teórica como da razão moral, pode proteger de ambos os descaminhos – pode evitar que em vez de explicarmos o movimento dos corpos celestes matemática e mecanicamente, recorramos a forças espirituais fundamentais e inteligências motoras e que, de outro lado, busquemos descrever em imagens sensíveis leis puras do dever e da ordem inteligível que nelas se abrem para nós. Inculcar essa diferença, esse "dualismo" entre ideia e experiência, entre ser e dever, e nela diretamente e através dela afirmar a *unidade da razão* agora se designa como a tarefa mais universal que o sistema crítico se coloca.

E simultaneamente a essa unidade objetiva de sua doutrina, agora também se encontra diante de nós em toda a sua clareza a unidade da personalidade de Kant, o caráter do homem com seu incorruptível senso crítico de verdade e sua convicção moral fundamental, inabalável e livre de dúvidas, com o rigor sóbrio do pensamento e com o arrojo e o entusiasmo do querer. De modo cada vez mais determinado, esse duplo caráter de seu ser sempre se destacou no decurso do desenvolvimento de Kant como pensador e escritor. Nos trabalhos de juventude, nos quais ao lado da acuidade e da // determinação do pensamento analítico ainda predomina a força total da fantasia sintética, o pensamento de Kant se deixa arrastar ainda frequentemente a um excesso quase lírico-entusiasta. Certos traços na *História natural universal e a teoria do céu* apontam que estamos aqui nos tempos da sensibilidade. Mas quanto mais Kant avança, mais ele se afasta, nesse sentido, do direcionamento ao sentimento da época. Na luta contra os ideais morais e estéticos da época da sentimentalidade, ele fica imediatamente ao lado de Lessing. É especialmente característico disso como ele aceita e confirma, em seus cursos sobre antropologia, o juízo famoso que Lessing emitiu sobre Klopstock em suas *Cartas sobre literatura*. Klopstock não é para ele "nenhum poeta há muito tempo", porque a força peculiar da formação lhe fora negada. Ele emociona "por simpatia" na medida em que ele mesmo fala com emoção. De modo ainda mais cortante e implacável, entretanto, o juízo literário e ético de Kant se dirige contra o gênero dos "escritores de romances", que, como Richardson, esboçam em suas personagens imagens de uma perfeição sonhada e idealizada e acreditam estimular através disso a vontade de emulação. Todos

---

50. *Crítica da razão prática, KpV*, AA 5: 162 [p. 204].

esses "mestres na literatura sentimental e afetiva" são para ele apenas "místicos do gosto e do sentimento"[51]. Pois sentimentos provocam lágrimas, mas nada no mundo se seca mais rápido do que a lágrima. Princípios do agir precisam, contrariamente a isso, ser erigidos sobre conceitos. "[...] sobre qualquer outra base podem surgir veleidades que não podem conferir às pessoas nenhum valor moral, nem mesmo uma confiança em si própria, sem a qual não se pode de modo algum ter lugar a consciência de sua intenção moral e um caráter moral, a saber, o sumo bem nos homens."[52] Somente nesse contexto recai luz completa sobre o tão referido e tão lastimado rigorismo da ética kantiana. Ele é de ponta a ponta a reação do modo de pensar vigoroso de Kant contra a languidez e brandura que ele via como dominantes por todo lado em torno de si. Nesse sentido ele é na verdade compreendido por aqueles que experimentaram o valor e a força da obra de libertação de Kant em si mesmos. Não apenas Schiller, que lastimou expressamente em carta a Kant que ele pôde por um momento obter a "visão de um adversário" // da ética kantiana[53], mas também Wilhelm von Humboldt, Goethe e Hölderlin concordam nesse juízo. Goethe enaltece como a "virtude imortal" de Kant que ele livrou a moral do estado frouxo e servil no qual ela se viu metida através do mero cálculo de felicidade e, assim, teria "nos resgatado daquela moleza em que estávamos afundados"[54]. Assim, o caráter "formalista" da ética kantiana se revelou historicamente como o modelo verdadeiramente fértil e efetivo. Ainda que ela tenha compreendido a lei moral em sua pureza e abstração mais altas, a ética kantiana interveio imediata e concretamente na vida da nação e da época e deu a ela uma nova direção.

---

51. Sobre os juízos de Kant sobre Klopstock e Richardson, ver Otto Schlapp, *Kants Lehre vom Genie und die Entstehung der Kritik der Urteilskraft*, Göttingen 1901, p. 170, 175 e 299.
52. *Crítica da razão prática*, *KpV*, AA 5: 157 [p. 198].
53. Friedrich Schiller, carta a Kant de 13 de junho de 1794, *Br*, AA 11: 506.
54. Johann Wolfgang von Goethe a Friedrich Theodor Adam Heinrich von Müller em 29 de abril de 1818, in: *Goethes Gespräche*, Bd. II, p. 417-420: p. 419.

6. A *Crítica da faculdade de julgar*

1.

// Numa carta a Schütz datada de 25 de junho de 1787[1], em que é relatada a conclusão do manuscrito da *Crítica da razão prática*, Kant recusa a discussão da segunda parte das *Ideias* de Herder na *Jenaer Literaturzeitung*, alegando que ele precisaria abster-se de qualquer trabalho paralelo, a fim de prosseguir o mais rapidamente possível ao *fundamento da crítica do gosto*. É desse modo que as grandes tarefas literárias e filosóficas se lhe concentram neste que é o período mais produtivo e fecundo de sua vida. Não há aqui nenhum momento para descansar e para demorar-se no trabalho já concluído, pois a consequência interna do desenvolvimento do pensamento impele ininterruptamente a novos problemas. O que mesmo para as grandes mentes costuma ser concedido apenas nas épocas felizes da juventude ou da maturidade masculina, o amadurecimento constante de si mesmo, Kant experimentou no sentido mais perfeito e profundo na década entre os sessenta e setenta anos de idade. Os trabalhos dessa época mostram o poder criativo da juventude combinado com a maturidade e a plenitude da idade. Eles são ao mesmo tempo construtivos e expansivos: visam simultaneamente a abertura de novos campos de problemas e a ordem arquitetônica cada vez mais definida do material intelectual já granjeado. No que diz respeito à *Crítica da faculdade de julgar*, à primeira vista este último traço parece prevalecer sobre o primeiro. A concepção da obra parece, inicialmente, ser determinada mais por considerações sobre a organização sistemática externa dos conceitos principais e fundamentais da crítica do que pela descoberta da legalidade própria e especificamente nova da consciência. Pois a própria faculdade de julgar, segundo a sua primeira definição conceitual, apresenta-se como uma *intermediação* entre a razão teórica e a razão prática, procurando conectar ambas reciprocamente para

---

1. *Br*, AA 10: 490.

formar uma nova unidade. A natureza e a liberdade, o ser e o dever, precisam de fato permanecer separados, segundo a ideia fundamental da doutrina crítica. Mas, não obstante, procura-se um ponto de vista a partir do qual enxergamos ambos não tanto na sua diferença como na sua relação mútua, não tanto na sua separação conceitual como no seu nexo harmonioso. Já o prefácio à *Crítica da faculdade de julgar* trata dela a partir daí como um // "meio de ligação das duas partes da filosofia em um todo". "Os conceitos da natureza, que contêm *a priori* o fundamento de todo conhecimento teórico, baseavam-se na legislação do entendimento. – O conceito da liberdade, que continha *a priori* o fundamento de todas as prescrições práticas incondicionadas quanto ao sensível, baseava-se na legislação da razão. [...] Ainda há, porém, na família das faculdades cognitivas superiores, um meio-termo entre o entendimento e a razão. Trata-se da *faculdade de julgar*, da qual há boas razões para supor, por analogia, que também deveria conter em si *a priori*, se não uma legislação própria, um princípio próprio para buscar leis – meramente subjetivo, em todo caso – que, mesmo sem ter um campo de objetos como seu domínio, pode possuir um terreno, todavia, cuja constituição seja tal que, justamente, apenas tal princípio poderia ser aí válido."[2]

262

Na literatura kantiana, tornou-se uma visão corrente e geralmente aceita que a analogia que Kant indica aqui constituiu para ele o verdadeiro fio condutor para a descoberta dos problemas da *Crítica da faculdade de julgar*. A estética de Kant não teria tido como origem um interesse imediato nos problemas da arte e da configuração artística – assim se conjectura –, e não teria sido por uma necessidade fundada na própria coisa que ela fora ligada em *uma* obra ao problema da conformidade a fins da natureza. Em ambos os casos, a preferência de Kant pela organização externa artística e artificiosa do sistema, pelas divisões e subdivisões dos conceitos e pela alocação das faculdades de conhecimento às "famílias" singulares provou ser eficaz. Se, no entanto, seguimos esta visão sobre a *origem* histórica da *Crítica da faculdade de julgar*, seu *efeito* histórico deve parecer quase um milagre. Pois agora acontece algo incomum: Kant, com esta obra, que tanto parecia ter surgido das exigências especiais de sua sistemática e que só parecia destinada a preencher nela uma lacuna, interfere mais do que com qualquer outra no todo da formação espiritual de seu tempo. A partir da *Crítica da faculdade de julgar*, Goethe e Schiller – cada um à sua maneira – encontraram e estabeleceram sua genuína relação interior

---

2. *Crítica da faculdade de julgar*, KU, AA 5: 176s. [Tradução de Fernando Costa Mattos. Rio de Janeiro: Vozes, 2016, p. 77].

com Kant; e com ela, mais do que com qualquer outra obra kantiana, foi introduzido um novo movimento geral de pensamento // que determinou a direção de toda a filosofia pós-kantiana. A "feliz coincidência" em virtude da qual, aqui, o que originalmente era apenas um resultado do aperfeiçoamento do esquematismo transcendental, poderia tornar-se a expressão dos problemas concretos mais profundos da formação espiritual nos séculos XVIII e XIX, tem sido muitas vezes admirada, mas raramente tem sido explicada de modo verdadeiramente satisfatório. Que Kant, ao completar e consolidar simplesmente a estrutura escolar de sua doutrina, é conduzido a um ponto que quase pode ser denominado como a intersecção de todos os interesses intelectuais vivos da sua época – que ele conseguiu, especialmente a partir daqui, construir "o conceito de poesia de Goethe"[3] – isso é e permanece um paradoxo histórico do tipo mais notável.

E outro momento se acrescenta aqui para aumentar o paradoxo. O que cativou Goethe na *Crítica da faculdade de julgar* não foi apenas o seu conteúdo, mas o modo como ela foi construída e a sua disposição material. Por causa dessa peculiaridade da construção, Kant admitiu que devia a obra a "uma época de vida extremamente feliz". Segundo Goethe, "aqui eu vi minhas ocupações mais díspares colocadas lado a lado, os produtos da arte e da natureza tratados um tal como o outro, as faculdades do juízo estética e teleológica iluminavam-se reciprocamente. [...] Agradou-me que a poesia e a história natural comparada estivessem tão intimamente relacionadas entre si na medida em que ambas estavam sujeitas à mesma faculdade de julgar"[4]. Mas precisamente esse traço básico da obra que atraiu Goethe foi o que constituiu desde sempre o obstáculo para a apreciação da crítica filosófica. O que para Goethe constituía a verdadeira chave do entendimento vale, em geral e sobretudo, para a concepção moderna, como um dos traços mais estranhos da visão e do modo de exposição kantianos. Mesmo Stadler, que segue com perspicácia a estrutura da *Crítica do juízo teleológico*, expressa sua estranheza nesse ponto. Ele considera que a união do problema estético com o problema da teleologia natural é de pouca utilidade, porque ele teria levado a que um valor demasiado grande fosse atribuído a um momento de significado puramente formal e, portanto, a uma avaliação errada do valor //

---

3. Comparar com Wilhelm Windelband, *Die Geschichte der neueren Philosophie in ihrem Zusammenhange mit der allgemeinen Kultur und den besonderen Wissenschaften dargestellt*, 2 Bde., 3., durchges. Aufl., Leipzig 1904, Vol. II., p. 173.

4. Johann Wolfgang von Goethe, *Einwirkung der neueren Philosophie*, in: Werke, 2. Abt., Vol. XI, p. 47-53: p. 50s.

mais profundo do livro[5]. Portanto, aqui estamos diante de um dilema peculiar: exatamente aquilo que, na análise relacionada puramente ao teor filosófico da *Crítica da faculdade de julgar,* parece, por um lado, revelar-se um componente relativamente acidental e dispensável da obra, e, por outro lado, parece ter constituído o momento essencial de sua apreensão histórica imediata e de sua eficácia geral. Precisamos ser modestos em relação a esse resultado – ou acaso existiria, apesar disso, um nexo mais profundo entre a estrutura formal da *Crítica da faculdade de julgar* e seu problema concreto básico que foi se obscurecendo para nós gradualmente, enquanto para a formação espiritual do século XVIII seus pressupostos peculiares ainda estavam imediatamente próximos e acessíveis?

Quando nos perguntamos isso, ao mesmo tempo nos referimos a uma dificuldade geral que atrapalha a compreensão histórica e sistemática da *Crítica da faculdade de julgar*. Uma característica fundamental da metodologia transcendental de Kant é que ela se refere em toda parte a um determinado "fato" sobre o qual a crítica filosófica se realiza. Por mais difícil e enredado que possa ser o curso dessa mesma crítica, o *objeto* ao qual ela se dirige está inequivocamente definido desde o início. Para a *Crítica da razão pura*, este fato foi dado na forma e estrutura da matemática e da física matemática; para a *Crítica da razão prática*, o ponto de partida exigido foi constituído pelo comportamento da "razão humana comum" e o critério do qual ela se serve em todo juízo moral. Para as questões, entretanto, que Kant resume no conceito uniforme de "faculdade de julgar", parece à primeira vista faltar qualquer fundamento para a investigação. Toda disciplina científica especial que se poderia designar para isso, bem como toda direção de consciência específica e psicologicamente caracterizada sobre a qual se quisesse apoiar, revelam-se insuficientes num exame mais detalhado. Pois não há caminho direto dos problemas da ciência natural descritiva e classificadora para os problemas da configuração estética, assim como, inversamente, a partir da consciência estética não se pode encontrar acesso ao conceito de finalidade como um método peculiar de exame da natureza. Assim, na melhor das hipóteses, aqui as *partes* parecem ser capazes de garantir a segurança transcendental num "dado" uniforme da razão, mas nunca o *todo*, que, contudo, deve em primeiro lugar estabelecer o laço espiritual entre // elas. E, no entanto, tal unidade concreta, à qual a questão filosófica pode se referir e sobre a qual pode se apoiar, também deve ser assumida neste ponto, se a *Crítica da faculdade de julgar* deve significar não um salto no vazio, mas, sim, desenvolver-se e derivar em continui-

---

5. August Stadler, *Kants Teleologie und ihre erkenntnisstheoretische Bedeutung. Eine Untersuchung,* Berlim 1874, p. 25.

dade e rigor metodológicos dos problemas de então. Antes de darmos um passo em frente e antes de entrarmos na análise das questões individuais da *Crítica da faculdade de julgar*, primeiramente tentemos definir esta unidade fundamental mais precisamente – uma tentativa que nos força a deixar por um momento os caminhos da sistemática crítica e a voltar às primeiras origens históricas e factuais da metafísica.

2.

A primeira definição que Kant dá de faculdade de julgar como uma faculdade legisladora *a priori* aponta, em sua formulação, mais para um problema de lógica "formal" geral do que para uma questão fundamental pertencente ao domínio da filosofia transcendental. "A faculdade de julgar em geral é a faculdade de pensar o particular como contido sob o universal. Se é dado o universal (a regra, o princípio, a lei), então a faculdade de julgar que subsume o particular sob ele (mesmo que ela, como faculdade de julgar transcendental, indique *a priori* as únicas condições sob as quais algo pode ser subsumido sob tal universal) é *determinante*. Se, no entanto, só é dado o particular para o qual ela deve encontrar o universal, então a faculdade de julgar é meramente *reflexionante*."[6] O problema da faculdade de julgar coincidiria, segundo esta declaração, com o problema da construção de conceitos, pois é precisamente isto que o conceito desempenha: ele combina os exemplos particulares num gênero superordenado, sob cuja generalidade pensa contê-los. O fato, porém, de que nesta questão lógica aparentemente tão simples esteja escondida uma profusão de problemas que se referem à doutrina da "essência" e que determinam decisivamente esta doutrina, isso a simples reflexão histórica já ensina. Sócrates é designado por Aristóteles como o descobridor do conceito, porque ele foi o primeiro a colocar em questão a relação entre o particular e o universal expressa pelo conceito. Na questão τί ἔστι, que ele // dirigia ao conceito, revelou-se um novo sentido da questão geral sobre o *ser*. E, além disso, à medida que o *eidos* socrático se desdobrava na *ideia* platônica, esse sentido se destacou em toda a sua pureza. Nessa última versão, também o problema da relação entre o geral e o particular é imediatamente elevado a um novo nível de consideração. Pois agora o geral já não aparece – como ainda poderia aparecer na interpretação socrática – como a mera *ligação* que os singulares experimentam no gênero e através dele, mas é considerado como o *arquétipo* mesmo de toda configuração particular. Na "imitação" do uni-

---

6. *Crítica da faculdade de julgar*, KU, AA 5, 179 [p. 79s.].

versal e através da "participação" nele as coisas especiais "são" na medida em que algum tipo de ser deve ser atribuído a elas. Com esse pensamento fundamental tem início um novo desenvolvimento para toda a história da filosofia. Seria sem dúvida uma fórmula demasiado simples se quiséssemos designar este desenvolvimento por meio da transferência da questão da conexão entre o universal e o particular da esfera da *lógica* para a da *metafísica*. Porque em tal designação a lógica e a própria metafísica já estariam pressupostas como membros *conhecidos*, enquanto o interesse real do progresso intelectual que temos aqui diante de nós consiste antes em conhecer como ambas as áreas se desenvolvem gradualmente e determinam seus limites em influência mútua. Uma tal definição de limites tão nítida é apenas aparentemente levada a cabo por Aristóteles. Mesmo ele não é de modo algum um "empirista"; mesmo para ele não é de modo algum a verificação do singular e dos singulares que está no centro do exame, mas a apreensão da essência. Mas onde Sócrates e Platão tinham levantado a questão do conceito, ele vê uma questão ontológica mais concreta diante de si. No lugar do τί ἔστι socrático, entra o τὸ τί ἦν εἶναι: *o problema dos conceitos transforma-se num problema da finalidade*. A própria finalidade, entretanto, não se limita, como no caso de Sócrates, aos objetivos técnicos e às realizações do homem, mas é, ao mesmo tempo, procurada como a razão última de todos os eventos da natureza. O universal da finalidade contém apenas a chave para o conhecimento da generalidade da essência. Em toda a multiplicidade e particularização do devir empírico, surge um universal e típico que dá direção a esse devir. Assim, o mundo das "formas" não existe para além dos fenômenos como algo existente e separado em si mesmo; ao contrário, ele está interiormente presente nos fenômenos como um todo de forças de tipo finalistas que intervêm regulando e dirigindo o decurso dos meros // acontecimentos concretos. Portanto, dentro do sistema aristotélico, é o conceito de *desenvolvimento* que se destina a equilibrar a oposição de matéria e forma, do particular e do universal[7]. O particular não "é" o universal, mas se esforça para tornar-se ele ao percorrer o círculo de suas possíveis configurações. Nesta passagem do possível ao efetivo, da potência ao ato, existe aquilo que Aristóteles designa no sentido mais geral pelo conceito de movimento. O movimento natural é assim já movimento orgânico de acordo com o seu conceito puro. Assim, a *Entelechia* de Aristóteles pretende significar a realização do que ante-

---

7. Vertemos por desenvolvimento o termo alemão *Entwicklung*, como é usual. Contudo, vale a pena chamar a atenção para o fato de que aqui o termo é o mesmo que mais tarde será também vertido por *evolução*. Por conta disso, quando for o caso, o termo original será indicado após a tradução [N.T.].

riormente se procurava no conceito socrático de *eidos* e na ideia platônica. Para Aristóteles, a questão de como o particular está em relação ao universal, como ele é separado deste e ainda idêntico a ele, é respondida na noção de finalidade; pois é nela que compreendemos diretamente como todos os eventos individuais são reunidos no todo e como eles são condicionados e produzidos por um todo abrangente. Na finalidade, ser e devir, forma e matéria, mundo inteligível e sensível parecem estar unidos; parece ser dada a efetividade verdadeiramente concreta que abrange todos esses opostos como determinações particulares.

O *sistema neoplatônico*, que em toda parte se dirige a uma conexão de ideias fundamentais aristotélicas e platônicas, incorpora essa determinação. Mas o conceito de desenvolvimento recebe nele uma cunhagem diferente da que encontramos em Aristóteles. Se, para este, o desenvolvimento estava conectado sobretudo ao fenômeno da vida orgânica, Plotino procura restituí-lo ao seu significado mais amplo e abstrato na medida em que o compreende não tanto como o próprio devir natural, mas antes como a transição do absolutamente um e primeiro para o ser mediado e derivado que constitui a concepção fundamental de seu sistema. O desenvolvimento aparece assim aqui na forma metafísica da emanação: é o processo primordial através do qual a descida do fundamento originário inteligível até ao mundo sensorial tem lugar em certos níveis e fases. Nesta versão da questão, entretanto, a relação e a correlação intelectual entre o problema biológico e o estético, entre a ideia do organismo e a ideia de beleza surgem pela primeira vez na história da filosofia com total clareza. Segundo Plotino, ambos têm as suas raízes no problema da forma e exprimem, embora num sentido diferente, a relação entre o mundo puro da forma e o mundo dos fenômenos.

// Assim como na procriação de animais não são causas puramente materiais e mecânicas que estão em jogo, mas o *logos* formativo que age desde o interior como o que verdadeiramente move e transfere a estrutura característica do gênero para o novo indivíduo em surgimento, assim também o processo criativo no artista apresenta o mesmo nexo, visto por outro lado. Porque também aqui a ideia, que inicialmente só existe como espiritual e, portanto, como um *Um* indivisível, difunde-se no mundo da matéria. O arquétipo espiritual que o artista carrega em si compele o material e faz dele um reflexo da unidade da forma. Quanto mais perfeitamente isso acontece, mais puramente o fenômeno do belo é realizado. Neste único pensamento, o produto essencial da estética idealista já foi basicamente decidido, uma vez que antes de Kant ela tinha se dado uma forma sistemática estrita. A estética especulativa que surgiu do círculo da

Academia Florentina e depois continuou de Michelangelo e Giordano Bruno a Shaftesbury e Winckelmann é apenas um prolongamento e aperfeiçoamento dos motivos fundamentais que foram afixados por Plotino e pelo neoplatonismo. Dentro desta visão geral, a obra de arte é considerada apenas como um exemplo particularmente marcante da "forma interior" em que se baseia a concatenação do universo em geral. Seu edifício e sua organização são a expressão individual intuitiva do que é o mundo como *um todo*. Ela mostra, mesmo num fragmento do ser, a lei que se impõe a ele; mostra essa conexão contínua de todos os momentos individuais, cujo exemplo mais alto e mais perfeito vemos diante de nós no próprio cosmos. Onde o exame empírico só toma consciência da separação no espaço e no tempo, onde o mundo assim se desmorona numa multiplicidade de meras partes, a intuição estética vê as forças que se formam mutuamente, sobre as quais se baseiam tanto a possibilidade da beleza como a possibilidade da vida: pois tanto o fenômeno da beleza como o da vida estão relacionados e incluídos no fenômeno fundamental único da *configuração* [*Gestaltung*].

 A partir deste ponto, porém, a metafísica especulativa é imediatamente levada a um outro resultado, que parece ser exigido e demarcado pela própria questão. Do ponto de vista desta metafísica, a *formabilidade* [*Geformtheit*] que o efetivo mostra no conjunto, bem como nas suas partes individuais em geral e em particular, só é compreensível se a sua causa puder ser mostrada num entendimento mais elevado, *absoluto*. A doutrina abstrata do *logos* adquire assim sua cunhagem teológica específica. O // efetivo é forma e tem forma, porque por detrás dele se encontra uma inteligência construtiva e uma vontade de forma mais elevada. O *logos* é o princípio da explicação do mundo, porque e na medida em que ele é o princípio da criação do mundo. Doravante, este pensamento determina não só a doutrina do ser, mas também toda a doutrina do conhecimento. Pois cabe agora distinguir entre dois modos de conhecimento fundamentalmente opostos, um dos quais corresponde ao ponto de vista do finito e do dependente, o outro ao ponto de vista do intelecto incondicional e criativo. Para a abordagem empírica, que procede das coisas singulares e que permanece inclinada para a comparação e para a síntese do particular, não há outra maneira de penetrar na legalidade do efetivo senão notar as concordâncias e diferenças do particular e assim reuni-lo em classes e espécies, em "conceitos" empíricos. Mas como seria mesmo possível essa forma conceitual empírica como uma combinação das peculiaridades do espaço e do tempo em espécies lógicas se o efetivo não fosse de fato ordenado de tal modo que fosse adequado e apto para a forma de um *sistema de pensamento*? Sobretudo onde aparentemente apenas justapomos

269

pormenores a pormenores um após o outro para passar do caso particular para o gênero e para dividi-lo novamente em espécies já prevalece implicitamente um pressuposto mais profundo. Sem a assunção de que o mundo como totalidade possui uma estrutura lógica completa e todo-abrangente, de modo que nenhum elemento pode ser encontrado nele que se situe completamente fora de ligação com todos os outros, mesmo a mera comparação e classificação empírica perderia sustentação. Mas uma vez que isso tenha sido reconhecido, justifica-se, ao mesmo tempo, o direito de reverter toda a consideração de até então. A verdade, no seu sentido próprio e pleno, só nos será revelada quando já não partirmos do singular, como o dado e o efetivo, mas terminarmos nele – quando, em vez de nos colocarmos no meio da existência configurada, voltarmos aos princípios originais da própria configuração. Pois estes são os "primeiros, segundo a natureza", pelos quais tudo o que é particular é determinado e dominado na sua forma singular. Para essa forma de compreensão, que, na universalidade de um princípio supremo do ser, abrange e possui simultaneamente a plenitude de todos os elementos derivados do ser, Plotino já havia cunhado o conceito e o termo "*entendimento intuitivo*". O intelecto infinito, divino, que não admite em si um algo que se situe fora dele, mas que produz o objeto de seu próprio conhecimento, não consiste na mera intuição de um singular, do qual ele deduz, segundo as regras da // conexão empírica ou segundo as regras lógicas de dedução, um outro singular – e assim por diante numa sequência ilimitada –, mas, sim, na totalidade do efetivo e do possível que se abre e se dá a ele num único olhar. Ele não precisa ligar conceito a conceito, teorema a teorema, para assim conquistar um aparente "todo" do conhecimento, que assim permaneceria apenas agregado e fragmentado. Para ele, tanto o singular como o todo, o próximo como o distante, são considerados pressupostos e conclusões em um e mesmo ato espiritual indivisível. As diferenças temporais, tomadas nesse pensamento do entendimento divino e arquetípico, são tão sem sentido como a diferença em graus da universalidade, com os quais a classificação lógica e as regras de ilação lógicas têm a ver. Esse entendimento contempla a forma total do efetivo porque o produz ativamente em cada momento e porque assim ele está interiormente presente na lei formativa à qual todo ente está sujeito[8],

Esta concepção básica percorre toda a filosofia da Idade Média. Mesmo a filosofia mais recente a partir de Descartes inicialmente mantém-na inalterada, apesar de lhe imprimir a marca característica dos seus problemas particulares

---

8. Comparar com esse conceito de *intellectus archetypus* a exposição de Kant em sua carta a Marcus Herz, acima, p. 123ss. [*Br*, AA 10: 129].

de então. Assim, por exemplo, no escrito de Espinosa *De intellectus emendatione* e na forma da prova ontológica de Deus defendida por ele, o pensamento do intelecto arquetípico e criativo original ainda é plenamente válido. Mas a visão geral na qual este pensamento está entrelaçado e as conclusões a que se destina certamente mudaram. A visão de mundo em que se encontra Espinosa não é a organo-teleológica de Aristóteles e do neoplatonismo, mas o cosmos mecânico de Descartes e da ciência mais recente. Mas mesmo este teor recém-adquirido prova agora – por mais estranho que possa parecer à primeira vista – ser compatível com a antiga forma metafísica conceitual. Pois mesmo o pensamento matemático, que normalmente era interpretado como evidência de um procedimento silogístico e, portanto, "discursivo", torna-se para Espinosa garantia e testemunho da possibilidade de um conhecimento diferente, puramente intuitivo. Todo verdadeiro conhecimento matemático procede *geneticamente*: ele determina as propriedades e características do objeto na medida em que ele produz o próprio objeto. Da ideia adequada // da esfera, desde que não seja concebida como uma imagem muda sobre um quadro negro, mas como a lei construtiva da qual surge a esfera, todas as suas determinações individuais podem ser derivadas com inquebrantável certeza e completude. Se transferimos a demanda, que está neste ideal geométrico do conhecimento, para todo o conteúdo do mundo, será também uma questão de captar uma ideia deste todo, na qual estão incluídas todas as suas propriedades e modificações particulares. O pensamento de uma substância com infinitos atributos apresenta a solução que o sistema de Espinosa dá a esta tarefa: ele significa, por assim dizer, a contraimagem realista à ideia do intelecto original e criativo. Aqui é concebido um conceito geral de ser, no qual, de acordo com a reivindicação do sistema espinosano, todas as qualidades especiais do ser e as leis do ser estão contidas tão necessariamente quanto está decidido na natureza do triângulo que seus ângulos são iguais a dois ângulos retos. A verdadeira ordem e conexão das coisas revela-se assim idêntica à ordem e conexão das ideias. Mas, por outro lado, a conexão das ideias é confrontada pela sequência meramente acidental das nossas representações subjetivas – o discernimento da totalidade da estrutura do mundo é confrontado pelo mero conhecimento do decurso empírico-temporal dos acontecimentos e pela coexistência empírico--espacial dos corpos dentro de uma secção limitada do ser. Se, com Espinosa, designarmos o conhecimento dessas ligações temporais-espaciais dos fenômenos como a forma de conhecimento da "imaginação", então a forma da intuição pura, que apresenta o único estágio verdadeiramente adequado de conhecimento, destaca-se dela novamente em estritos e profundos contrastes. E tal como aqui, fica claro em toda a história da filosofia moderna que o pensamento do "entendimento intuitivo", além de seu sentido mais geral, fixado desde Plotino e do neoplatonismo, ao mesmo tempo tem um significado mutável através do qual serve para expressar a respectiva visão concreta do mundo no qual ele se insere. A transformação progressiva que este pensamento experimenta no pensamento moderno pode, portanto, ser usada para acompanhar o desenvolvimento completo dos novos sistemas especulativos. Assim, por exemplo, a versão de Kepler do conceito de "entendimento criativo" revela não só o motivo matemático básico, mas também o motivo estético básico de sua doutrina; porque o criador do universo, porque o "demiurgo", além dos números e figuras matemáticas, trouxe em si as proporções estéticas e as "harmonias", também encontramos seu esplendor e reflexo // em toda parte dentro da existência condicionada e empírica. Com Shaftesbury, este idealismo regressa então diretamente às suas fontes antigas ao se referir ao problema da vida e à versão aristotélica neoplatônica do conceito de organismo. O conceito de "forma interior" reaparece assim no centro do exame, revelando-se significativo e fecundo para o progresso da especulação e para a visão artística do mundo e da vida. Tudo o que vive deve a peculiaridade individual de sua existência à forma específica que é ativa nela: mas a unidade do universo é baseada no fato de que todas as suas formas especiais são por fim decididas em uma "forma de todas as formas" e assim a totalidade da natureza aparece como uma expressão de um e mesmo gênio que dá vida e propósito ao universo. O século XVIII, especialmente na Alemanha, está ainda permeado desta visão fundamental[9] – e, portanto, constitui também um dos pressupostos latentes a que se refere a *Crítica da faculdade de julgar*.

É preciso ter em mente esse pano de fundo histórico geral do problema kantiano para compreender plenamente até mesmo a estrutura *externa* da *Crítica da faculdade de julgar*. Os conceitos individuais fundamentais com os quais nos confrontamos no desenvolvimento metafísico-especulativo do problema da forma como fases principais de um percurso histórico constituem simultaneamente os marcos verdadeiros do processo de pensamento sistemático no âmbito da execução da *Crítica da faculdade de julgar*. A relação entre o universal e o particular já é recolocada no centro da investigação pela própria definição de faculdade de julgar. A relação e a ligação interna que deve ser admitida entre o problema estético e o teleológico, entre a ideia do belo e a ideia do organismo, é expressa na posição que as duas partes principais correlativas e mutuamente complemen-

---

9. Mais detalhes sobre isso no meu texto *Freiheit und Form: Studien zur deutschen Geistesgeschichte* [ECW 7], esp. p. 139ss.

tares do trabalho mantêm em relação uma com a outra. A sequência de pensamentos progride a partir desse ponto. O problema do conceito empírico e o problema dos fins emergem em sua ligação; o sentido da ideia de desenvolvimento se determina mais precisamente até que finalmente toda a questão kantiana se resume nessas profundas discussões sobre a possibilidade de um "entendimento arquetípico" nas quais Fichte e Schelling julgaram ter a razão filosofante alcançado seu mais alto cume, além do qual // não lhe seria concedido nenhum progresso adicional. Não questionamos, por enquanto, o *teor* factual mais preciso de todos esses problemas individuais, mas, antes de tudo, temos em vista apenas a disposição geral da obra, a conexão das questões parciais a uma questão geral. A filologia e a crítica modernas de Kant muitas vezes falharam nessa questão geral, sobretudo porque na sua avaliação sistemática dos pensamentos de Kant elas aderiram unilateralmente ao conceito estrito de "evolução" [*"Entwicklung"*] que havia ganhado importância na biologia científica na segunda metade do século XIX. Mesmo a excelente investigação de Stadler sobre a teleologia de Kant se ajusta exclusivamente a uma comparação entre Kant e Darwin. Assim como a visão da natureza de Goethe foi mais enaltecida pelo fato de que Goethe foi tachado como "darwiniano antes de Darwin", também se procurou levar a cabo a mesma característica para Kant – cujo conhecido dito, que seria "absurdo para as pessoas" conceber o impacto de uma explicação mecânica dos seres organizados e esperarem por um "Newton da folha de grama"[10], precisaria aqui ser lembrado com atenção especial. Na verdade, porém, a posição histórica da *Crítica da faculdade de julgar* só pode tornar-se completamente clara se resistirmos à tentativa de projetar a obra do ponto de vista da biologia moderna e a considerarmos apenas dentro do seu próprio ambiente. A *teleologia metafísica*, tal como se desenvolveu nas mais diversas transformações e ramificações desde a Antiguidade até ao século XVIII, constitui o material para a questão crítica de Kant. Isso não significa que ele recebe dela as diretrizes decisivas de seu pensamento, mas apenas que através dela se designa a totalidade dos objetos-problema, aos quais também sua solução quer se ajustar. Talvez em nenhum lugar o contraste entre essa solução e as categorias tradicionais do pensamento metafísico se destaque com tanta perspicácia e clareza como neste ponto. Em nenhum lugar a "revolução crítica da forma de pensar" se mostrou tão decisiva como aqui, onde a metafísica é perscrutada numa área que é considerada desde tempos imemoriais como seu distrito exclusivo e seu domínio verdadeiro. Aqui, também, Kant começa com aquela

---

10. Comparar com *Crítica da faculdade de julgar*, KU, AA 5: 400 [p. 296].

inversão da questão que corresponde ao seu plano metodológico geral. Não é a peculiaridade das *coisas* que cativa o seu olhar; não tem a ver com as condições para a *existência* de estruturas [*Gebilde*] conformes a fins na natureza e na arte.

// O que ele quer determinar é a direção peculiar que o nosso conhecimento toma quando *julga* um existente como conforme a fins, como marca de uma forma interna. O direito e a validade objetiva desse juízo são as únicas coisas em questão. A atribuição do problema teleológico e estético a uma "crítica da faculdade de julgar" uniforme só encontra aqui a sua explicação e justificação mais profunda. Na estética alemã, o termo "faculdade de julgamento" [*Beurteilungskraft*], introduzido pela primeira vez pelo aluno de Baumgarten, Meier, já era de uso comum antes de Kant. Mas é apenas da visão fundamental transcendental como um todo que advém o significado novo e peculiar que ele agora recebe. Se alguém se coloca na visão de mundo do realismo ingênuo ou metafísico, a questão que parte da análise do juízo deve sempre aparecer de um modo ou de outro como "subjetivista". Partir do *juízo* parece aqui opor-se a partir do *objeto*. Um quadro completamente diferente do assunto, entretanto, aparece assim que se recorda que, de acordo com a convicção geral de Kant já estabelecida na *Crítica da razão pura*, juízo e objeto são conceitos estritamente correlativos, de sorte que, no sentido crítico, a verdade do objeto sempre só pode ser apreendida e justificada a partir da verdade do juízo. Se examinarmos o que quer dizer a relação de uma representação com o seu objeto e o que significa, portanto, a assunção de "coisas" como conteúdo da experiência, encontramos aqui, como o último dado em que podemos confiar, a diferença de validade que existe entre essas diferentes formas de juízo que os *Prolegômenos* contrapõem como juízos de percepção e de experiência. A necessidade e a universalidade que atribuímos a este último constrói o objeto do conhecimento empírico. A síntese *a priori* sobre a qual se baseia a forma e a unidade do juízo é também o fundamento da unidade do objeto na medida em que ele é pensado como um "objeto da experiência possível". Assim, mesmo no interior do exame teórico, o que chamamos de ser e de efetividade empírica revela-se fundado na validade específica e na peculiaridade de determinados juízos. Uma forma análoga de investigação se apresentou para nós na construção da ética. Ao colocar uma e a mesma ação, de um lado sob o ponto de vista da causalidade empírica, de outro sob o ponto de vista dos deveres morais, confrontaram-se pela primeira vez como áreas nitidamente diferenciadas o reino da natureza e o reino da liberdade. A partir desses pressupostos, compreende-se imediatamente que, se a // esfera estética deve ser afirmada como uma esfera independente e própria, e se, além disso, a visão teleológica das coisas como "fins da natureza" deve ser mantida ao lado da explicação causal e mecânica dos eventos naturais, ambas só podem ser alcançadas na medida em que seja descoberto um novo campo de juízos que diferem em sua estrutura e em sua validade objetiva de ambos os juízos fundamentais teóricos e práticos. O reino da arte e o das formas orgânicas da natureza apresentam um mundo diferente do da causalidade mecânica e das normas morais apenas porque a conexão que assumimos entre ambas as formas individuais está sob uma forma legal peculiar que não é expressável nem pelas "analogias da experiência" teóricas, pelas relações de substância, causalidade e reciprocidade, nem pelos imperativos éticos. Qual é esta forma legal, e sobre o que se baseia a necessidade que também lhe atribuímos? Ela é uma necessidade "subjetiva" ou "objetiva"? Ela se baseia numa ligação que consiste meramente em nossa representação humana e a partir daí é falsamente atrelada a objetos, ou é fundada na essência desses próprios objetos? A ideia de fim, como quer Espinosa, é meramente um *asylum ignorantiae*, ou constitui, como afirmam Aristóteles e Leibniz, o fundamento objetivo de qualquer explicação mais profunda da natureza? Ou, se transferirmos todas estas questões do âmbito da natureza para o da arte: a arte está sob o signo da "verdade natural" ou sob o signo da "aparência"; ela é a imitação de um existente ou uma criação livre da imaginação, que muda com o dado de acordo com a conveniência e a arbitrariedade? Estes problemas percorrem todo o desenvolvimento da doutrina orgânica da natureza e da estética. Agora, porém, é necessário ordenar-lhes um lugar firme e *sistemático* e, assim, encaminhá-los para uma solução.

Com essa tarefa não entramos num momento completamente novo no progresso da doutrina crítica. Pois desde a clássica carta de Kant a Marcus Herz, na qual se exige e promete uma nova fundamentação também para o juízo do gosto, a questão geral "transcendental" é formulada de tal modo que ela entende todas as diferentes formas em virtude das quais pode ser fundado qualquer tipo de validade objetiva como formas especiais subordinadas a si[11]. Esta objetividade pode surgir da necessidade do pensamento ou da intuição, da necessidade do ser ou do dever, // mas sempre constitui um determinado problema uniforme. A *Crítica da faculdade de julgar* traz uma nova diferenciação desse problema; ela descobre um novo tipo de pretensão de validade, mas permanece inteiramente dentro do quadro já estabelecido pelo primeiro esboço geral da filosofia crítica. A verdadeira mediação entre o mundo da liberdade e o mundo da natureza não pode consistir no fato de inserirmos entre o domínio do ser e o do querer

---

11. Ver acima, p. 125s.

qualquer domínio médio do ser, mas no fato de descobrirmos um *tipo de exame* que participa da mesma forma no *princípio* da explicação empírica da natureza e no *princípio* do julgamento moral. A questão é se a "natureza" não poderia ser pensada também de tal modo que "a legalidade de sua forma concorde ao menos com a possibilidade dos fins que devem nela operar segundo leis da liberdade[12]. Se esta questão for respondida afirmativamente, ela nos abre imediatamente uma perspectiva completamente nova – ela abre nada menos do que uma mudança na posição sistemática recíproca de todos os conceitos críticos fundamentais que foram adquiridos e estabelecidos até agora. Surge assim a tarefa de examinar em detalhe até que ponto esta transformação confirma os fundamentos anteriores e até que ponto, através disso, eles são expandidos e corrigidos.

3.

O problema da *enformação individual* do efetivo, que está no centro da *Crítica da faculdade de julgar*, recebe sua determinação intelectual e terminológica no conceito de *conformidade a fins* [*Zweckmäßigkeit*], do qual Kant parte. Do ponto de vista do sentimento moderno de linguagem, esta primeira designação da questão fundamental não é inteiramente adequada ao seu verdadeiro conteúdo, pois costumamos associar a conformidade a fins de um um determinado construto [*Gebilde*] ao pensamento de fim consciente [*bewußt Zweckhaften*], de produzido intencionalmente [*absichtlich Erzeugten*] que aqui, se quisermos compreender a questão em sua universalidade verdadeira, devemos manter completamente afastado. O uso da linguagem do século XVIII adota a "conformidade a fins" num sentido mais amplo. Ele vê nela a expressão geral para toda concordância das partes de um múltiplo a uma unidade, não importa sobre quais bases essa concordância repousa e de que fontes ela pode // originar. (Neste sentido, a palavra apresenta apenas a paráfrase e a versão alemã do termo que Leibniz designara dentro do seu sistema com o termo "harmonia".) Um todo é chamado "conforme a fins" se nele tal organização das partes acontece de modo que cada parte não só esteja ao lado da outra, mas que seu significado peculiar seja adaptado a ela. Somente em tal relação o todo muda de um mero agregado para um sistema fechado, no qual cada membro possui sua função peculiar, mas todas essas funções estão em harmonia umas com as outras de tal forma que todas elas se reúnem para formar um resultado geral e uma significação geral uniformes. Para Leibniz, o modelo exemplar de tal ligação de seres foi o próprio

---

12. *Crítica da faculdade de julgar*, KU, AA 5: 176 [p. 76].

universo, no qual cada mônada se mantém por si mesma e, apartada de toda influência física externa, apenas segue sua própria lei, enquanto todas essas leis individuais são reguladas de antemão de tal forma que a correspondência mais exata ocorre entre elas, e que seus resultados, portanto, concordam entre si ao longo do tempo.

Em contraste com esta concepção metafísica geral, a abordagem crítica parece inicialmente assumir uma tarefa muito mais singela e simples. Ela se aplica, de acordo com a sua tendência fundamental, não tanto à forma da efetividade mesma como à forma de nossos conceitos sobre o efetivo. O que constitui seu ponto de partida não é a sistemática do mundo, mas a sistemática desses conceitos. Pois onde quer que tenhamos diante de nós um todo não de coisas, mas de conhecimentos e verdades, a mesma questão se coloca para nós. Cada um desses conjuntos lógicos é, ao mesmo tempo, uma estrutura lógica na qual cada membro condiciona a totalidade de todos os outros tal como são simultaneamente condicionados por eles. Os elementos não se enfileiram simplesmente um após o outro, mas, sim, existem apenas um mediante o outro. A relação que eles assumem no interior do complexo pertence necessária e essencialmente à sua própria consistência lógica. Essa forma de interconexão já surge claramente no sistema de puro conhecimento matemático. Quando examinamos um tal sistema, por exemplo, o conjunto completo dos teoremas que costumamos reunir no conceito da geometria euclidiana, vemos que ele se revela uma construção contínua na qual, desde começos relativamente simples, de acordo com uma forma fixa de conexão intuitiva e ilação conclusiva dedutiva, são alcançados resultados sempre mais ricos e mais complexos. A natureza deste progresso garante que nunca será possível chegar a nenhum membro que não // possa ser completamente determinado a partir dos precedentes, ainda que, por outro lado, cada novo passo amplie o conjunto anterior do saber e lhe acrescente sinteticamente uma nova determinação individual. Aqui, portanto, prevalece uma unidade de princípio que prossegue constante e continuamente numa multiplicidade de consequências, um germe simples e intuitivo que se desdobra conceitualmente para nós e se decompõe numa série em si mesma ilimitada, mas completamente dominável e mensurável, de novas formações. Com isso, entretanto, já está dada a conexão e a correlação das partes que constituem o momento essencial no conceito de "conformidade a fins" de Kant. A "conformidade a fins" existe assim não só nas formações acidentais da natureza, mas também nas formações estritamente necessárias da intuição pura e do conceito puro. Antes de os perscrutarmos no campo das formas da natureza, é necessário descobri-los e apreendê-los no campo das formas geométricas. "Em uma figura tão simples como o círculo reside o fundamento para a solução de uma variedade de problemas, dos quais cada um exigiria por si só diversos preparativos, ao passo que tal solução emerge como que por si mesma das infindáveis propriedades notáveis dessa figura. [...] Todas as seções cônicas, por si mesmas e em comparação umas com as outras, são ricas em princípios para a solução de uma variedade de problemas possíveis, por mais simples que seja a definição que determina seus princípios. – É uma verdadeira alegria ver o esforço com que os antigos geômetras pesquisavam as propriedades desse tipo de linhas, sem deixar-se perturbar pela pergunta de cabeças limitadas: 'Para que serve esse conhecimento?' Por exemplo: eles estudavam as propriedades da parábola sem conhecer a lei da gravidade terrestre, que lhes teria fornecido a aplicação dessas propriedades à trajetória dos corpos pesados [...] Enquanto trabalhavam aqui, sem ter consciência, para a posteridade, eles se deliciavam com uma finalidade na essência das coisas que, no entanto, podiam exibir inteiramente *a priori* em sua necessidade. Platão, ele mesmo um mestre nessa ciência, foi tomado de um tal entusiasmo por essa constituição originária das coisas – para cuja descoberta podemos dispensar toda a experiência – e pela faculdade mental de extrair a harmonia dos seres do seu princípio suprassensível [...] que isso o fez chegar, para além dos conceitos da experiência, a ideias que, segundo lhe parecia, somente poderiam ser explicadas por uma comunidade intelectual com a origem de todos os seres. Não é de admirar-se que ele tenha banido de sua escola aqueles que não conheciam a geometria, acreditando poder deduzir da intuição pura, localizada no interior do espírito // humano, aquilo que Anaxágoras concluiu dos objetos empíricos e de sua conexão conforme a fins. Pois é na necessidade daquilo que é conforme a fins, e constituído como se fosse intencionalmente disposto para o nosso uso – parecendo, todavia, pertencer à essência das coisas, independentemente do nosso uso – que reside o fundamento da grande admiração pela natureza, não tanto fora de nós quanto em nossa própria razão; sendo por isso bem perdoável que essa admiração, por equívoco, possa crescer cada vez mais até tornar-se fanatismo."[13]

Mas esse arrojo entusiasta do espírito que emerge do estupor com a estrutura interiormente harmoniosa das figuras geométricas cede lugar ao calmo discernimento crítico-transcendental, uma vez que se tenha adentrado inteiramente nos resultados fundamentais da estética transcendental. Pois aqui se revela que nós mesmos pusemos nele a ordem e regularidade das quais acreditamos

---

13. Idem, *KU*, AA 5: 362ss. [p. 257-259].

tomar consciência nas figuras espaciais. A unidade do múltiplo no domínio geométrico torna-se compreensível, uma vez que se esteja convencido de que o múltiplo geométrico não é um dado, mas algo produzido construtivamente. A lei, à qual todos os elementos estão sujeitos aqui através de sua formação original, mostra-se como o fundamento *a priori* para essa interconexão e essa completa concordância que admiramos nas consequências deduzidas. Mas um fato completamente diferente e, portanto, um problema completamente novo se nos apresenta tão logo tenhamos de lidar com uma multiplicidade empírica em vez de uma multiplicidade matemática (como é a do espaço puro). Esta é precisamente a pressuposição que fazemos em qualquer pesquisa empírica: que não só todo o campo das "intuições puras", mas também o campo das *sensações* e das próprias *percepções* podem ser incorporados num sistema que é análogo e comparável ao da geometria. Kepler não só pondera a ligação de seções cônicas como figuras geométricas produzidas arbitrariamente, mas também registra o fato de que nestas figuras ele possui o modelo e a chave para o entendimento e a exposição do movimento dos corpos celestes. De onde vem essa confiança, de que não só o puramente produzido, mas o próprio dado deve ser "compreensível" nesse sentido, ou seja, de que podemos considerar seus elementos como se não fossem completamente estranhos uns aos outros, mas como se estivessem num // "parentesco" intelectual original, que só precisa ser descoberto e definido com maior proximidade?

Poderia, é claro, parecer que essa pergunta – se é que ela pode ser feita – já havia sido respondida pelos resultados fundamentais da *Crítica da razão pura*. Pois a *Crítica da razão pura* é uma crítica da experiência; ela tem por objetivo provar a ordem legal, que o entendimento parece apenas encontrar na experiência, como fundada através das categorias e regras desse entendimento mesmo e, portanto, como necessária. Que os fenômenos se submetem às unidades sintéticas do pensamento, que não há caos neles, mas a firmeza e a determinabilidade de uma ordem causal, que da mudança dos "acidentes" algo se destaca como persistente e constante: entendemos tudo isso assim que percebemos que o pensamento da causalidade e da substancialidade pertence àquela classe de conceitos com a qual "soletramos fenômenos [....] para poder lê-los como experiências"[14]. A legalidade dos fenômenos em geral deixou de ser um enigma, pois ela se apresenta apenas como outra expressão da legalidade do próprio entendimento. Ao mesmo tempo, entretanto, a construção concreta da ciência empírica nos apre-

---

14. *Prolegômenos a toda metafísica futura*, Prol, AA 4: 312. Ver também acima, p. 243 [p. 89].

senta outra tarefa que ainda não foi resolvida e superada com aquela primeira. Pois aqui não encontramos apenas uma legalidade do acontecimento, por excelência, mas uma conexão e interpenetração de *leis particulares* de tal modo que através disso o todo de um determinado complexo de fenômenos é progressivamente construído e organizado em uma sequência fixa de passos para o nosso pensar, em um progresso do simples ao composto, do mais fácil ao mais difícil. Se examinarmos, digamos, o exemplo clássico da mecânica moderna, mostra-se na *Crítica da razão pura* e nos *Primeiros princípios metafísicos da ciência da natureza*, que a seguem, que as três leis fundamentais enunciadas por Newton: a lei da inércia, a lei da proporcionalidade de causa e efeito, e a lei da igualdade de ação e reação, correspondem e são baseadas em três leis gerais do entendimento. Mas a estrutura e o percurso histórico da mecânica ainda não estão suficientemente descritos e compreendidos. Se seguirmos seu progresso de Galileu a Descartes e Kepler, destes a Huyghens e Newton, então aqui aparece uma ligação diferente daquela que é a exigida pelas três "analogias da // experiência". Galileu começa com a observação da queda livre dos corpos e do movimento no plano inclinado, bem como com a observação da parábola de lançamento; as descobertas empíricas de Kepler sobre a órbita de Marte são seguidas pelas leis de Huyghens sobre o movimento centrífugo e as oscilações do pêndulo, até que finalmente todos esses momentos particulares são sintetizados no de Newton e provam, nesta síntese, ser capazes de cingir todo o sistema do universo. Assim, num avanço contínuo a partir de poucos elementos e fenômenos primordiais relativamente simples, é projetado o quadro completo do efetivo tal como o encontramos na mecânica cósmica. Por este caminho chegamos não só e simplesmente a uma ordem de acontecimentos, mas a uma ordem que é abrangível e compreensível pelo nosso entendimento. Tal compreensibilidade, porém, não pode ser comprovada e reconhecida *a priori* apenas por leis puras do entendimento. De acordo com essas leis, pode-se pensar que o empiricamente efetivo obedece ao princípio geral da causalidade, mas que as várias séries causais que se penetram mutuamente em sua configuração ao fim provocaram tal confusão nele que seria impossível para nós separar os fios individuais de todo o complexo emaranhado do efetivo e persegui-los separadamente. Nesse caso também seria impossível compreender o dado na forma característica da ordem sobre a qual repousa a peculiaridade da nossa ciência empírica. Porque esta ordem exige mais do que uma mera contraposição do empiricamente particular e do abstratamente geral, mais do que uma mera matéria que está sujeita às formas puras do pensamento, tal como estabelecidas pela lógica transcendental, de modo que não podem ser determinadas em detalhe. O conceito empírico deve determinar o que é dado na medida em que o *intermedeia* progressivamente com o universal, referindo-o através de uma sequência contínua de etapas de pensamento intermediárias. As próprias leis superiores e supremas, ao se interpenetrarem reciprocamente, precisam se "especificar" nas particularidades das leis e dos casos individuais – como estes últimos, por sua vez, simplesmente alinhando-se e iluminando-se mutuamente, devem permitir que as ligações gerais em que se encontram venham à tona. Só então obtemos aquela conexão e exposição concreta do factual como o nosso pensamento o procura e o exige.

Já foi sugerido como, em sua história, essa tarefa é realizada no interior da construção da física. Mas ela se destaca de modo ainda mais claro e definido na biologia e em qualquer das // ciências naturais descritivas. Aqui parece que estamos diante de um material simplesmente inesgotável de fatos individuais que, antes de tudo, temos somente de gravar e simplesmente registrar peça por peça. O pensamento de que esse material se articula de acordo com determinados pontos de vista, que ele se divide em "espécies" e "subespécies", significa apenas uma *exigência* da experiência, a cuja realização não parece ser de modo algum obrigada. No entanto, o pensamento científico – imperturbado por todas as considerações de natureza filosófica e epistemológica – não hesita sequer minimamente em fazer essa exigência e em implementá-la imediatamente no dado. Ele procura por semelhanças no absolutamente singular, por determinações comuns e "notas características", e não se afasta desta sua direção original por qualquer aparente fracasso. Quando um determinado conceito de classe não se confirma, ele é refutado por novas observações; ele deve, naturalmente, ser substituído por outro. Mas a conexão a "gêneros" e o contraste em "espécies" como tais permanece intocado por todas essas fatalidades às quais os conceitos individuais estão sujeitos. Aqui, então, descobre-se uma *função* imutável de nossos conceitos, o que, embora não prescreva antecipadamente nenhum conteúdo determinado, é decisivo para toda a *forma* das ciências descritivas e classificatórias. E, com isso, agora ganhamos um novo discernimento transcendental de significação essencial, pois "transcendental" deve significar toda determinação que não se aplica diretamente aos próprios objetos, mas ao modo de conhecimento dos objetos. Também aquilo que chamamos de "parentesco" das espécies e formas da natureza, nós o *encontramos* na natureza apenas porque precisamos *procurá-lo* nela de acordo com um princípio da nossa faculdade de julgar. Mostra-se com isso que a relação entre o princípio do conhecimento e o objeto mudou quando o comparamos com o que foi estabelecido pela analítica do entendimento puro.

Enquanto o entendimento puro se revelava como "legislação para a natureza", porque se provou que encerrava em si as condições da possibilidade de seu objeto, aqui a razão se aproxima do material empírico não de modo imponente, mas de modo questionador e investigativo – assim ela se comporta para com ele não de modo constitutivo, mas regulativo; não de modo "determinante", mas "reflexionante". Porque aqui o particular não é derivado do universal, e através disso determinado em sua natureza, mas sim procura-se *descobrir* no próprio particular uma conexão através da consideração progressiva das relações que ele encerra em si mesmo e das similaridades // e diferenças que seus membros individuais mostram entre si, que podem ser expressas em termos e regras de tipo cada vez mais abrangente. O fato, entretanto, de que uma ciência empírica existe e se desenvolve progressivamente nos dá a garantia de que essa tentativa não será feita em vão. A multiplicidade de fatos parece se acomodar ao nosso conhecimento, parece encontrá-lo e revelar-se em conformidade com ele. Justamente porque não é óbvia tal concordância do *material*, sobre o qual nosso conhecimento empírico se baseia, com a *vontade de formar* pela qual ele é guiado; porque ela não é deduzida das premissas lógicas universais como uma coisa necessária, mas só pode ser reconhecida como uma coincidência, não podemos evitar ver aqui uma conformidade a fins particular, a saber, uma adequação dos fenômenos às condições da nossa faculdade de julgar. Essa conformidade a fins é "formal", pois não vai diretamente às coisas e sua constituição interior, mas aos conceitos e sua conexão em nosso espírito – mas é ao mesmo tempo bastante "objetiva" no sentido de que nada menos que a consistência da ciência empírica e a direção da própria pesquisa empírica se baseiam nela.

Até agora, apenas procuramos desenvolver o problema de acordo com o seu teor puramente material, sem entrarmos em detalhe acerca da formulação específica que encontramos em Kant. Pois apenas dessa abordagem pode evidenciar-se de modo definido que é o progresso imanente das tarefas objetivas da *crítica da razão*, e não o aperfeiçoamento e desenvolvimento da arquitetônica conceitual de Kant, que conduz à *Crítica da faculdade de julgar* como elemento especial do sistema. No entanto, uma vez que estas tarefas tenham sido plenamente compreendidas, a designação que Kant escolhe para elas, e o contexto em que as insere em termos de conteúdo e terminologia já não colocam grandes dificuldades. A mais profunda e abrangente exposição da questão fundamental Kant deu no primeiro esboço de uma introdução à *Crítica da faculdade de julgar*, que ele, no entanto, suprimiu da edição definitiva da obra, devido ao seu tamanho excessivo, e a substituiu por uma versão mais curta. Só posteriormente, quando Johann Sigismund Beck lhe pediu contribuições para o comentário que planejava sobre as principais publicações críticas é que Kant retomou esse primeiro rascunho. Mas Beck, a quem Kant deixou o rascunho para uso de sua escolha, publicou-o com reduções fortes e arbitrárias e sob um título enganoso. É preciso, portanto, para tornar claro o teor // integral da exposição de Kant, voltar à forma original manuscrita da introdução[15]. Kant parte aqui da intermediação da oposição entre o "teórico" e o "prático", que parece ser um resultado fundamental de toda a sua doutrina, através da introdução de um novo conceito. Mas para o fim dessa intermediação *sistemática* que ele busca, é preciso primeiro rejeitar outra intermediação popular, que à primeira vista parece se impor. Acredita-se, por vezes, ter-se produzido uma "unificação" das esferas prática e teórica na medida em que se examina qualquer teorema não só em termos dos seus fundamentos e consequências puramente conceituais, mas também em termos das *aplicações* que se tem em vista. A este respeito, pensa-se, por exemplo, que a prudência política e a economia política contam como ciência prática, que a higiene e a dietética pertencem à medicina prática e que a pedagogia pertence à psicologia prática, porque em todas estas disciplinas não se trata tanto de obter teoremas como de utilizar certos conhecimentos que são fundados noutro lugar. Sozinhas, proposições práticas *de tal* tipo não são, verdadeiramente e de acordo com o princípio, diferentes das proposições teóricas, e sim essa diferenciação só existe com nitidez efetiva onde se trata da oposição entre os fundamentos da determinação da causalidade natural e os fundamentos da determinação da *liberdade*. Todas as outras assim chamadas proposições práticas nada mais são do que a teoria daquilo que pertence à natureza das coisas, aplicada apenas à espécie, tal como ela pode ser produzida por nós de acordo com um princípio. Assim, a resolução de qualquer problema de mecânica prática (por exemplo, a solução da tarefa de encontrar a relação dos respectivos braços de alavanca com uma dada força que deve estar em equilíbrio com um dado peso) não é, de fato, nada mais em si mesma e não requer quaisquer pressupostos para além daqueles que já estão expressos pela mera fórmula da lei da alavanca; e indica-se apenas uma direção diferente do respectivo interesse subjetivo, mas não uma diferença no conteúdo da tarefa em si, se eu a revisto em um momento na forma de um julgamento puro de cognição, no outro momento na forma de uma instrução para estabelecer um determinado contexto de condições. Tais proposições devem,

---

15. Esse manuscrito de Kant apareceu pela primeira vez impresso na edição completa das obras de Kant editadas por Cassirer. Ver *Primeira introdução à Crítica da faculdade de julgar, EEKU*, AA 20: 193-251 [p. 15-66].

// portanto, ser chamadas proposições *técnicas* em vez de proposições práticas; onde a técnica não é tanto uma oposição à teoria como, muito pelo contrário, sua implementação à luz de um caso particular. As suas regras pertencem à arte de realizar o que se quer que seja, "que, em uma teoria completa, é sempre uma mera consequência, e não uma parte autossubsistente de um tipo de instrução"[16].

Agora, porém, a partir do termo médio da técnica estabelecido desta forma, o exame de Kant avança ainda mais e, assim, alcança uma nova extensão e aprofundamento do próprio campo teórico. Pois, como observa Kant, ao lado da técnica como uma organização humana individual artificial à qual permanece sempre ligada a aparência de arbitrariedade, há também uma *técnica da natureza* mesma, qual seja, considerarmos a natureza das coisas como se a sua possibilidade fosse baseada na arte, ou, noutras palavras, como se fosse a expressão de uma vontade criativa. No entanto, tal modo de concepção não é já dado pelo próprio *objeto* – pois, considerada como objeto de experiência, a "natureza" não é nada mais do que o conjunto dos fenômenos –, na medida em que está sujeita a *leis* gerais e, portanto, matemático-físicas – mas é um ponto de vista que adotamos na "reflexão". Ele não decorre, portanto, da mera compreensão do dado, nem da sua inserção em ligações causais. O modo de concepção é uma interpretação peculiar e independente que acrescentamos ao dado. Em certo sentido, é claro, pode-se em geral afirmar, do ponto de vista da visão crítica do mundo, que é a forma de conhecimento que determina a forma de objetividade. Aqui, porém, essa proposição ainda se aplica num sentido mais restrito e específico, pois aqui vemos diante de nós, por assim dizer, uma enformação de segundo grau: um todo que, enquanto tal, já é compreendido sob as intuições puras do espaço e do tempo e sob os conceitos puros do entendimento, e nos quais experimentou a sua objetivação, adquire agora um novo sentido na medida em que a relação e a interdependência das suas partes estão sujeitas a um novo princípio de exame. A esse respeito, o pensamento de uma "técnica da natureza", em contraste com a da sequência puramente mecânica e causal dos fenômenos, é aquele que "não determina nada a respeito da constituição do objeto ou do modo de produzi-lo, mas permite julgar a própria natureza – ainda que apenas por analogia com uma arte, e numa referência subjetiva à nossa faculdade de conhecimento, // não numa referência objetiva aos objetos"[17]. Agora, apenas uma coisa ainda pode e deve ser questionada: se este julgamento é possível, i.e., se é *compatível* com o primeiro julgamento, pelo

---

16. Idem, *EEKU*, AA 20: 200 [p. 19].
17. Idem, *EEKU*, AA 20: 201 [p. 20].

qual o múltiplo é compreendido entre as formas de unidade do entendimento puro. Ainda não podemos antecipar a resposta que Kant dá a essa questão, mas podemos prever que tal compatibilidade do princípio do entendimento com a faculdade do juízo reflexionante só pode ser alcançada se o novo princípio não interferir na esfera do antigo, mas defender uma *pretensão de validade* totalmente diferente dela, que deve ser determinada e distinguida da primeira.

O pensamento de uma "técnica da natureza" e aquilo que o distingue do pensamento de uma organização intencional para alcançar algum fim externo é mais evidente quando, nesse ponto, primeiramente abstraímos por completo da relação com a *vontade* e retemos apenas a relação com o *entendimento*, isto é, quando exprimimos nela a forma conferida à natureza meramente de acordo com a analogia das ligações *lógicas* da forma. A existência de tal analogia é evidente quando se considera que, para nós, "natureza" no sentido crítico não significa nada mais do que a totalidade dos objetos da experiência possível – e que, além disso, a experiência não passa de uma mera soma de observações individuais reunidas, não mais do que um mero conjunto abstrato de regras e princípios gerais. Somente a conexão do momento do detalhe com o da universalidade no conceito de uma "*experiência como sistema segundo leis empíricas*" constitui o conjunto concreto da interconexão da experiência. "Pois, embora esta constitua um sistema segundo leis *transcendentais* que contêm a condição de possibilidade da experiência em geral, é possível uma tão *infinita diversidade de leis empíricas*, e uma tão *grande heterogeneidade de formas* da natureza que pertenceriam à experiência particular, que o conceito de um sistema segundo tais leis (empíricas) tem de ser inteiramente estranho ao entendimento, não podendo compreender-se nem a possibilidade, muito menos a necessidade de tal todo. No entanto, a experiência particular, inteiramente concatenada por princípios constantes, também necessita dessa interconexão sistemática de leis empíricas para que a faculdade de julgar possa subsumir // o particular sob o universal, embora sempre ainda empírico, e assim por diante, até as leis empíricas mais elevadas e as formas da natureza a elas conformes, e, portanto, possa considerar o *agregado* das experiências particulares como um *sistema*; pois sem essa pressuposição não pode haver qualquer interconexão completamente conforme a leis, isto é, uma unidade empírica das mesmas."[18] Se a multiplicidade e a disparidade das leis empíricas fossem tão grandes a ponto de ser de fato possível subordinar *algumas* delas a um conceito de classe comum, sem nunca, porém, compreender

---

18. Idem, *EEKU*, AA 20: 203 [p. 20s.].

a *totalidade* delas numa sequência uniforme ordenada segundo graus de universalidade, teríamos apenas um "agregado caótico bruto" na natureza, mesmo que a considerássemos sujeita à lei da causalidade. O pensamento de tal amorfia, porém, é agora confrontado com a faculdade de julgar não com um poder lógico absoluto, mas com a máxima que lhe serve como impulso e guia em todas as suas investigações. Ela "presume" uma regularidade mais ampla da natureza, que, segundo meros conceitos do entendimento, deve ser chamada contingente, mas da qual ela assume "em seu próprio benefício"[19]. Naturalmente, ela precisa permanecer consciente de que, nessa *finalidade formal da natureza*, i.e., na sua aptidão para se congregar, para nós, num conjunto permanentemente coerente de leis particulares e formas particulares, ela não estabelece nem justifica um conhecimento teórico nem um princípio prático da liberdade, mas apenas fornece uma orientação firme para o nosso julgamento e investigação. A filosofia como um sistema doutrinário do conhecimento da natureza e da liberdade não ganha assim nenhuma nova dimensão aqui. Por outro lado, o nosso conceito de uma técnica da natureza como princípio *heurístico* para o seu julgamento pertence à crítica da nossa faculdade de conhecimento. As "sentenças da sabedoria metafísica"[20], com as quais em particular a ciência natural descritiva costuma operar e às quais a *Crítica da razão pura* já se tinha referido na sua seção sobre os princípios regulativos da razão, só recebem a sua verdadeira luz a partir daqui. Todas essas fórmulas – de que a natureza sempre escolhe o caminho mais curto, de que nada faz em vão, de que não tolera nenhum salto na multiplicidade das formas e, embora rica em espécies, é parcimoniosa em gêneros – agora não aparecem tanto como determinações absolutas // de sua essência quanto como "expressões transcendentais da faculdade de julgar". "Toda comparação de representações empíricas para reconhecer nas coisas da natureza leis empíricas e as formas conformes a elas que, embora *específicas*, são também *genericamente concordantes* quando comparadas a outras, pressupõe que a natureza observou, mesmo em relação a suas leis empíricas, uma certa parcimônia, adequada à nossa faculdade de julgar, e uma uniformidade que podemos apreender; e essa pressuposição deve, como princípio *a priori* da faculdade de julgar, preceder toda comparação."[21] Porque se trata também aqui de um princípio *a priori*, pois esta gradação e esta "simplicidade" formal das leis da natureza não podem ser lidas a partir

---

19. Comparar com idem, *EEKU*, AA 20: 204 [p. 22].
20. *Crítica da faculdade de julgar, KU*, AA 5: 182 [p. 82].
21. *Primeira introdução à Crítica da faculdade de julgar, EEKU*, AA 20: 213 [p. 29].

de experiências individuais, mas constituem o pressuposto com base no qual, somente, é possível *organizar* experiências de maneira sistemática[22].

Só agora compreendemos plenamente a virada na qual a crítica e a metafísica diferem nesse ponto. Sempre que o problema da forma individual do efetivo foi discutido na metafísica pré-kantiana, ele foi conectado com a ideia de um entendimento teleológico absoluto que teria colocado no ser uma enformação original interna, da qual aquela que consumamos em nossos conceitos empíricos seria apenas um reflexo e uma cópia. Nós vimos como a doutrina do *logos* tem mantido esse pensamento desde seus primeiros começos com Plotino e como ele a expressou nas mais diversas variações. Aqui, também, Kant realiza a transformação característica que é indicativa de toda a direção de seu idealismo: a ideia se torna, de um poder objetivamente criativo nas coisas, o princípio e a regra básica da cognoscibilidade das coisas como objetos de experiência. Embora *relacionemos* a ordem dos fenômenos, que para o nosso entendimento é teleológica e conforme às suas exigências, a um grau mais elevado da finalidade, a uma inteligência criativa e "arquetípica", isso parece para ele um passo necessariamente exigido pela própria razão. Mas a decepção começa assim que transformamos o pensamento de uma tal *relação* no pensamento de um *ser primordial* existente. Pois, em virtude do mesmo sofisma natural da razão que a dialética transcendental já havia descoberto, transferimos uma meta que o conhecimento da experiência vê *diante* de si, // e da qual não pode se desvencilhar, para um ser transcendente que está *por detrás* dele; concebemos uma ordem que se estabelece para nós no processo do próprio conhecimento, e que a cada nova etapa é fundada mais firme e profundamente, como uma consistência material acabada. Para criticar esta posição, porém, é suficiente recordar aqui também a intuição transcendental de que o "absoluto" não é tanto "dado" como "posto como tarefa". Mesmo a contínua unidade das formas especiais da efetividade e das leis especiais da experiência pode ser considerada como se um entendimento (embora não o nosso) as tivesse produzido por causa da nossa faculdade de conhecimento, a fim de tornar possível um sistema de experiência de acordo com as leis especiais da natureza – mas nós não afirmamos que dessa forma realmente esse entendimento teria que ser admitido, mas, sim, que a faculdade de julgar, portanto, só dá a si mesma, não à natureza, uma lei, marcando o caminho do seu próprio exame. Não se pode atribuir aos próprios produtos da natureza algo assim como uma relação a fins (mesmo aos fins da compreensibilidade

---

22. Para toda a discussão, ver idem, esp. *EEKU*, AA 20: 197ss.; comparar com *Crítica da faculdade de julgar*, *KU*, AA 5: 174ss. [p. 74ss].

sistemática completa); pelo contrário, este termo só pode ser usado para refletir sobre eles, tendo em vista a conexão de fenômenos que é dada de acordo com leis empíricas. A faculdade de julgar também tem, portanto, um princípio *a priori* para a possibilidade da natureza em si mesma, mas apenas em consideração subjetiva, pelo que prescreve uma lei não à natureza como autonomia, mas a si própria como heautonomia."Quando se diz, portanto, que a natureza especifica suas leis universais segundo o princípio da finalidade para a nossa faculdade de conhecimento, isto é, adequa-se ao entendimento humano em sua necessária atividade de encontrar para o particular, que lhe é fornecido pela percepção, o universal, e para o diferente, por seu turno [...] a conexão na unidade do princípio, não se prescreve com isso uma lei à natureza, nem se aprende uma lei com ela por meio da observação (ainda que aquele princípio possa ser confirmado por esta). Pois não se trata de um princípio da faculdade de julgar determinante, mas apenas da reflexionante; tudo o que se pretende é que, como quer que a natureza esteja organizada segundo suas leis universais, seja preciso investigar as suas leis empíricas segundo esse princípio e as máximas nele fundadas, pois só podemos progredir na experiência e adquirir conhecimento no uso de nosso entendimento à medida que esse princípio vigore."[23]

// O contraste dos métodos é agora nítido e inequivocamente marcado. A metafísica especulativa procura explicar a enformação individual da natureza ao lhe permitir surgir de um universal que se especifica cada vez mais. A visão crítica não sabe nada sobre esse autodesdobramento do absoluto como um processo real, mas vê, onde a metafísica enxerga uma solução final, apenas uma *questão* para a natureza que devemos necessariamente colocar-lhe, mas cuja resposta progressiva deve ser deixada à experiência. Pode haver áreas inteiras de experiência (e sem dúvida elas existem em cada uma das suas fases individuais inacabadas) nas quais esta exigência ainda não foi cumprida; onde, portanto, o "dado" especial ainda não se fundiu verdadeiramente com o "universo" pensado, mas, sim, ambos ainda são confrontados um com o outro de modo relativamente inesperado. Nesse caso, a faculdade de julgar não pode simplesmente impor seu princípio à experiência, não pode ajustar e reinterpretar o material empírico à vontade. Somente isso pode e será afirmado: que a questão, por não ser resolvida, não deve ser considerada como insolúvel. A sua *tentativa* de mediação contínua do singular com o particular e o universal não se rompe em parte alguma

---

23. Ver *Crítica da faculdade de julgar*, KU, AA 5: 181ss. Citação, KU, AA 5: 186 [pp. 81-87. Citação, p. 86s.].

e não depende do respectivo sucesso, porque esta tentativa não é feita arbitrariamente, mas é fundada numa função essencial da própria razão.

E aqui a "técnica da natureza" *lógica* que descobrimos aponta ao mesmo tempo para a questão mais profunda e abrangente com a qual, apenas, se completa a disposição integral da *Crítica da faculdade de julgar*. Se considerarmos a natureza na sua faculdade de julgar reflexionante como se ela especificasse as suas leis fundamentais universais de tal forma que elas se unam para formar uma hierarquia contínua concebível de conceitos empíricos, então ela é aqui considerada como *arte*. O pensamento da "nomotética [...] de acordo com as leis transcendentais do entendimento", que constituía a verdadeira chave para a dedução das categorias, não é mais suficiente aqui, porque o novo ponto de vista que agora aparece não pode mais fazer valer seu direito como uma lei, mas apenas como uma "pressuposição"[24]. Mas como, então, os fatos, que são assim designados a partir de seu aspecto de conteúdo e objetivo, se apresentarão *subjetivamente*? Como a concepção dessa peculiaridade específica "artificial" das leis da natureza será expressa e refletida // na *consciência*? Precisamos necessariamente fazer essa pergunta, pois já está claro, de acordo com a ideia metodológica fundamental da doutrina crítica, que cada um de seus problemas é capaz e carece de uma tal dupla característica. Assim como a unidade do espaço e do tempo fora ao mesmo tempo designada como unidade de "percepção pura"; assim como a unidade do objeto da experiência fora ao mesmo tempo designada como a unidade da "percepção transcendental", podemos do mesmo modo esperar também aqui que, para a nova determinação do conteúdo que nos foi aberta pelo pensamento da "técnica da natureza", uma nova *função da consciência* correspondente a ela será ao mesmo tempo revelada. Mas a resposta que Kant dá a esta pergunta causa, à primeira vista, surpresa e estranhamento. Pois o conteúdo psicológico ao qual ele agora se refere é precisamente aquilo que ele descrevera em todo o exame precedente – na *Crítica da razão pura* e ainda mais nítida e energicamente na *Crítica da razão prática* – como o exemplo genuíno de um teor que não pode ser determinado por leis e assim não pode ser objetivado de nenhuma maneira. A expressão subjetiva de toda conformidade a fins que encontramos na ordem das aparências é o *sentimento de prazer* que se conecta com ela. Onde quer que tomemos consciência de uma concordância para a qual não se veja fundamento suficiente nas leis gerais do entendimento, mas que se revele proveitosa para o conjunto de nos-

---

24. Ver *Primeira introdução à Crítica da faculdade de julgar*, EEKU, AA 20: 215 [p. 31].

sas forças do conhecimento e seu uso coerente, acompanhamos esse proveito, que a nós é concedido como livre-favor, por assim dizer, com uma sensação de prazer. Sentimo-nos satisfeitos como se num arranjo tão harmonioso dos conteúdos da experiência se tratasse de uma feliz coincidência a favorecer a nossa intenção, e "aliviados de uma necessidade". As leis *universais* da natureza, das quais as leis fundamentais da mecânica podem ser consideradas como o protótipo, não carregam consigo tal determinação. Pois a elas se aplica o mesmo que a contextos puramente matemáticos: o maravilhamento com eles cessa assim que compreendemos a sua necessidade completa, estritamente dedutível. "Que, no entanto, a ordem da natureza segundo suas leis particulares, em toda a diversidade e heterogeneidade em que estas são ao menos possíveis, ultrapassando assim a nossa capacidade de concebê-las, seja efetivamente apropriada a esta última, isto é – até onde podemos compreender –, algo contingente; e a descoberta dessa ordem é uma atividade do entendimento propositadamente direcionada a um fim necessário do mesmo, a saber, o de nela introduzir a unidade dos princípios [...] O atingimento de qualquer propósito é ligado ao sentimento de prazer; e, se a condição para aquele é uma representação *a priori*, como aqui // um princípio para a faculdade de julgar reflexionante em geral, então *o sentimento de prazer também é determinado validamente para todos através de um fundamento* a priori [...] Se, de fato, por um lado não percebemos em nós o mínimo efeito sobre o sentimento de prazer quando as percepções se encontram com as leis segundo conceitos universais da natureza (as categorias) – e nem poderíamos percebê-lo, já que o entendimento procede aí sem qualquer propósito, seguindo de maneira necessária a sua natureza –, por outro lado a unificabilidade descoberta entre duas ou mais leis empíricas e heterogêneas da natureza, sob um princípio capaz de abarcá-las, é o fundamento de um prazer bastante perceptível [...] É verdade que já não encontramos qualquer prazer perceptível na compreensibilidade da natureza ou na unidade de sua divisão em gêneros e espécies, graças à qual são possíveis os conceitos empíricos com que a conhecemos segundo suas leis particulares; mas ele certamente existiu em seu tempo, e é somente porque a mais comum experiência não seria possível sem ele que tal prazer se misturou gradativamente ao mero conhecimento e deixou de ser especialmente perceptível. [...] Em contrapartida, seria inteiramente desprazerosa uma representação da natureza que nos dissesse de saída que, numa mínima pesquisa indo além da mais comum experiência, topariamos logo com uma heterogeneidade de suas leis que tornaria impossível para o nosso entendimento unificar as suas leis particulares sob leis empíricas universais; pois isso contraria tanto o princípio da especificação subjetiva e conforme a fins da natureza em seus gêneros como, em vista disso, a nossa faculdade de julgar reflexionante."[25]

Nessas afirmações de Kant nós retemos antes de tudo o traço que as torna significativas e marcantes no sentido *metodológico*. O "prazer", que até então era considerado como o empírico por excelência, está agora incluído no círculo do determinável e do reconhecível *a priori*; ele, que até agora era considerado como aquilo que por excelência é arbitrário individualmente, aquilo em que cada sujeito singular se distingue dos outros, agora – pelo menos em um de seus momentos fundamentais – adquire um significado geral "para todos". O princípio da crítica transcendental é assim aplicado a uma área que até agora parecia resistir a ela. Mesmo a primeira edição da *Crítica da razão pura* havia descrito a esperança do "exímio analista Baumgarten" de chegar a uma "crítica do gosto" cientificamente fundamentada como equivocada, pois os elementos de satisfação e // insatisfação estética consistem em prazer e desprazer, mas, de acordo com suas fontes, estes são meramente empíricos e, portanto, nunca poderiam servir como leis *a priori*[26]. Agora esta visão é corrigida: a peculiaridade dessa correção, no entanto, consiste em que não é o exame direto do fenômeno da arte e da configuração artística, mas é um progresso na crítica do *conhecimento* teórico que leva a ela. Somente a ampliação e o aprofundamento do conceito *a priori* da *teoria* torna possível o *a priori* da estética e mostra o caminho de sua determinação e configuração. Porque foi demonstrado que, para a forma integral da experiência, a condição das leis gerais do entendimento é realmente necessária, mas não suficiente – porque foi descoberta uma forma própria e uma conexão finalística própria do particular, que, por sua vez, apenas completa o conceito sistemático de experiência. Por esta razão, procura-se também um momento na consciência em que se cunha a legalidade do particular e "acidental". Mas, uma vez que fora encontrado este momento, os limites da investigação anterior deslocaram-se. Agora já não nos detemos na questão do "individual", tratando-o como aquilo que muda de caso para caso e, portanto, só pode ser determinado pela experiência singular imediata individual e pelo fator "material" da sensação – mas procuramos descobrir os momentos fundamentais da enformação *a priori* também nesta área que até então estava fechada.

293

---

25. *Crítica da faculdade de julgar*, KU, AA 5: 187s. [p. 87-89].
26. *Crítica da razão pura*, KrV, B 35, nota [p. 48].

Por este caminho, ao ultrapassar a teoria puramente lógica da formação conceitual empírica e a questão das condições críticas de uma sistemática e classificação das formas naturais, Kant alcançou o limiar da estética crítica[27].

// Aqui, o conceito de "técnica da natureza" constituiu a mediação pelo lado objetivo, a análise psicológica transcendental do sentimento de prazer e desprazer construiu-a pelo lado subjetivo. Nós já vimos que a natureza é vista como *arte* na medida em que ela seja pensada como se ela se especificasse em particularidades de classes e tipos segundo um princípio compreensível para a nossa faculdade de julgar. Mas essa organização engenhosa [*kunstreiche Gliederung*] parece, tomada por si mesma, claramente ao mesmo tempo como "artificial" [*künstlich*][28]. Isso se aplica também na medida em que ela não se abre imediatamente para a consciência ordinária, e que ela precisa ser eliciada somente através

---

27. É nesse sentido que deve ser entendida a conhecida carta de Kant a *Reinhold*, que fornece informações sobre a origem da *Crítica da faculdade de julgar*. "Eu posso", escreve Kant aqui em 28 de dezembro de 1787 [*Br*, AA 10: 514], "sem ser culpado de presunção, afirmar que, quanto mais tempo eu progredir no meu caminho, mais despreocupado eu me tornarei, e assim uma contradição, ou até mesmo uma aliança (como não é incomum hodiernamente), poderia causar danos severos ao meu sistema. Esta é uma convicção interior que por isso cresce em mim, que no progresso a outros empreendimentos eu não o encontro em coerência consigo mesmo, mas também, quando ocasionalmente eu não sei empregar corretamente o método de investigação sobre um objeto, eu posso apenas olhar para trás, para essa distorção geral dos elementos do conhecimento e das forças mentais relacionadas, para obter conclusões que eu não havia previsto. Agora eu me ocupo com a crítica do gosto, oportunidade na qual é descoberto um outro tipo de princípios *a priori* distinto dos anteriores. Pois são três as faculdades da mente: faculdade do conhecimento, sentimento de prazer e desprazer, e faculdade de desejar. Para a primeira, encontrei princípios *a priori* na *Crítica da razão pura* (teórica), para o terceiro, na *Crítica da razão prática*. Procurei-os também para a segunda e, embora tomasse por impossível encontrá-los, a sistemática que a análise das faculdades anteriormente examinadas me permitiu descobrir na mente humana, e que me fornecerá material suficiente pelo restante da minha vida para admirar e, se possível, examinar, trouxe-me a este caminho, de modo que eu reconheço agora três partes da filosofia, cada uma das quais possui seus princípios *a priori* que podem ser contados e determinados segundo a abrangência de um tal tipo de conhecimento possível – filosofia teórica, teleologia e filosofia prática, das quais a do meio se encontra como a mais pobre em fundamentos de determinação *a priori*". Se não tomarmos estas explicações kantianas apenas exteriormente de acordo com a sua enunciação, mas as mantivermos em conexão com o que resulta da própria *Crítica da faculdade de julgar* sobre o contexto dos problemas na mente de Kant, não pode haver dúvida sobre o papel que o "sistemático" desempenhou na descoberta da estética crítica. Kant não acrescentou aos dois princípios *a priori* já existentes um terceiro em vista da construção simétrica. Foi uma construção adicional e uma concepção mais acurada do próprio conceito de *a priori* que o colocou em primeiro lugar no campo teórico – na ideia da "adequação" lógica da natureza para nossa faculdade de conhecimento. Com isso, porém, o exame da finalidade – ou, expresso em termos psicológicos transcendentais, a área do prazer e do desprazer – provou ser um objeto possível de determinação *a priori*. E o caminho seguiu a partir daqui, do que resultou, por fim, a fundamentação *a priori* da estética como parte de um sistema de teleologia geral.

28. Comparar com *Primeira introdução à Crítica da faculdade de julgar*, *EEKU*, AA 20: 215 [p. 31].

de uma virada particular do exame epistemológico. O senso comum aceita a consistência e a superordenação e subordinação sistemáticas das leis especiais da natureza como um *Faktum* dado para o qual não exige qualquer explicação. Mas precisamente por conta disso, porque ele não vê aqui nenhum problema, escapam-lhe também a solução do problema e o sentimento de prazer específico que está conectado a ele.

// Portanto, se a natureza não mostrasse nada além dessa conformidade a fins lógica, então isso mesmo certamente já consistiria num motivo para admirá-la, "mas dificilmente alguém seria capaz dessa admiração, a não ser talvez o filósofo transcendental – e mesmo este não poderia designar um caso determinado em que essa finalidade se mostrasse *in concreto*, tendo de pensá-la tão somente no universal"[29]. Nessa restrição do resultado precedente também se encontra claramente indicada a direção em que devem ser procurados seu aperfeiçoamento e ampliação sistemáticos. Existiria – precisaremos perguntar – uma forma finalística dos fenômenos que não se nos abre apenas através da mediação do conceito e da reflexão transcendental, mas que nos fala diretamente no sentimento de prazer e desprazer? Existe uma configuração individual do ser, uma conexão de fenômenos, que apresenta uma singularidade inequívoca em relação ao mundo do pensamento puro e empírico e que, portanto, não pode ser compreendida de forma alguma pelos métodos da classificação e da sistemática nas leis científicas – e que, no entanto, exibe uma legalidade particular independente e original? Ao fazermos estas duas perguntas, somos assim conduzidos imediatamente ao ponto no qual o sentido metafórico da arte, tal como o confrontamos no conceito de "técnica da natureza", se funde no sentido próprio, e em que o sistema de teleologia universal incorpora assim a *crítica do juízo estético* como seu membro mais importante.

4.

Assim como foi a questão da enformação individual que levou a cabo a passagem do mundo das leis puras do entendimento para o mundo das leis especiais, também ela pode servir de introdução direta e imediata às questões fundamentais da estética crítica. Pois o reino da arte é um reino de *figuras* [*Gestalt*] puras, cada uma das quais é completa em si mesma e tem o seu próprio centro individual de interesse, ao mesmo tempo que pertence a uma ligação peculiar de

---

29. Idem, *EEKU*, AA 20: 216 [p. 32].

essência e efeito com os outros. Como se pode designar essa ligação de essência, e como ela pode ser expressa e caracterizada de tal forma que o caráter independente e a vida da figura particular não se percam com isso?

// No campo da teoria pura e no campo da razão moral-prática não temos nenhum exemplo verdadeiramente adequado e preciso de tal relação fundamental. O "singular" [*Das "einzelne"*] da teoria é sempre apenas o caso particular de uma lei universal, da qual ele primeiro adquire seu significado e seu valor de verdade – assim como "o" indivíduo singular ["*der*" *einzelne*] como sujeito moral, de acordo com a visão fundamental da ética de Kant, é sempre examinado apenas como portador do mandamento prático da razão universalmente válido. A personalidade livre torna-se o que ela é apenas no sacrifício completo dos seus impulsos e inclinações "acidentais" e na subordinação incondicional à regra universalmente dominante e universalmente obrigante do dever. Em ambos os casos, o individual parece assim encontrar a sua verdadeira fundamentação e justificação apenas ao ser absorvido pelo universal. Só na intuição artística se estabelece, nesse sentido, uma relação completamente nova. A obra de arte é algo singular e apartado, que se apoia sobre si mesma e tem a sua finalidade puramente em si mesma. E, ainda assim, apresenta-se para nós ao mesmo tempo um novo "todo", uma nova imagem geral da realidade e do próprio cosmos espiritual. O singular aqui não aponta para um universal abstrato que está por trás dele; pelo contrário, ele mesmo é esse universal, porque compreende simbolicamente em si o seu conteúdo.

Vimos como, no exame teórico-científico, o conceito de um *todo* da experiência se mostrava uma exigência cada vez mais claramente impraticável quanto mais progredia a compreensão crítica. O anseio de abarcar todo o mundo em pensamento nos conduziu diretamente às antinomias dialéticas do conceito de infinito. Nós estivemos em posição de compreender esse todo não como dado, mas somente como "posto como tarefa" ["*aufgegeben*"]; ele não se coloca diante de nós como objeto, em forma e limitação fixas, mas se dispersa num processo ilimitado cuja direção, não cuja meta, poderíamos determinar. Nesse sentido, todo juízo teórico da experiência permanece necessariamente um fragmento e se sabe como um fragmento assim que alcança clareza crítica sobre si mesmo. Para ser compreendido cientificamente, cada membro da série de experiências carece de um outro que determine sua posição fixa no espaço e no tempo como sua "causa"; mas esse outro, por sua vez, está sujeito à mesma falta de independência, de modo que, por sua vez, tem que buscar seu fundamento "fora" de si mesmo. Desta forma, o objeto da experiência se constrói para nós ao ligar elemento a elemento, série a série, o que em si não é mais do que um "conjunto de relações".

// No entanto, uma forma completamente diferente de ligar o singular ao todo, o múltiplo à unidade, apresenta-se para nós quando partimos do fato da arte e da configuração artística. Pressupomos aqui o próprio fato – como em toda parte na investigação transcendental. Não perguntamos *se*, mas *como* é; não investigamos a sua origem histórica ou psicológica, mas procuramos compreendê-la na sua consistência pura e nas condições dessa consistência. Aqui vemo-nos necessariamente em referência a uma *nova forma de juízo*. Pois cada conexão de conteúdos da consciência, formulados objetivamente, exprime-se como juízo. Mas o juízo mesmo ultrapassou os limites da sua definição anterior, puramente lógica. Ele não é mais absorvido na subordinação do particular ao universal ou na mera aplicação de um conhecimento universal ao particular, que fora ensinado na *Crítica da razão pura* (sobretudo no capítulo sobre o esquematismo dos conceitos do entendimento) como o traço fundamental da "faculdade do juízo determinante", mas, contrariamente, apresenta um tipo completamente diferente de relação. Esse tipo precisa primeiro ser firmemente descrito e distinguido de todas as outras sínteses da consciência, se devemos destacar com nitidez a peculiaridade da nova área de problemas.

Antes que esta distinção seja levada a cabo em detalhe, no entanto, é preciso ter em mente que por meio dela não se deve suprimir a unidade da própria função do juízo e os discernimentos críticos essenciais que atingimos a respeito dela. Para Kant, todo juízo é um ato não de "receptividade", mas de pura "espontaneidade": ele não representa uma mera relação de determinados objetos – na medida em que possui verdadeira validade *a priori* –, mas é um momento de estabelecimento do próprio objeto. Neste sentido, há também um contraste característico entre a "faculdade de julgar estética" de Kant e o que a estética alemã do século XVIII designou e tentou analisar como "faculdade de julgamento". A faculdade de julgamento baseia-se em dadas obras do "gosto" e procura apontar o caminho a partir delas, através de análise e comparação, para chegar a regras gerais e critérios de gosto. O exame de Kant, por outro lado, se dá na direção oposta: ele não quer abstrair a regra de um determinado objeto – neste caso, de determinados exemplos e imagens de modelos –, mas questiona a legalidade original da consciência, sobre a qual se baseia qualquer *concepção* estética, qualquer designação de um conteúdo da natureza ou arte como "belo" ou "feio". Mesmo aqui, o formado de maneira acabada [*fertig Geformte*] é apenas // o ponto a partir do qual a consciência ambiciona chegar às condições da possibilidade da enformação [*Formung*]. De início, estas condições só podem ser descritas negativamente na medida em que não determinamos tanto o que são como o que não são. Já foi demonstrado que a unidade do estado de ânimo estético e da figura estética se baseia num princípio diferente daquele pelo qual reunimos elementos especiais em complexos totais e regras totais na experiência comum e científica. Nesta última união, trata-se sempre, em última análise, de uma relação de superordenação e subordinação causal, da criação de uma ligação contínua de condições que pode ser entendida como análoga a uma ligação entre conceitos e ilações. Um fenômeno passa para o outro numa espécie de relação de dependência em que ambos se comportam como "fundamento" e "consequência". A concepção estética de um todo e dos seus momentos parciais particulares, por outro lado, exclui essa visão. Aqui o fenômeno não se dissolve em suas condições, mas é mantido como ele se dá imediatamente. Aqui não mergulharemos em seus fundamentos ou consequências conceituais, mas permanecemos com os conceitos mesmos para ficarmos apenas com a impressão que eles nos despertam pela mera contemplação. Em vez do isolamento das partes e sua superordenação e subordinação com a finalidade de uma classificação conceitual, é necessário aqui apreendê-las todas de uma só vez e uni-las numa visão geral para nossa imaginação. Em vez dos efeitos, através dos quais eles atuam sobre a cadeia causal dos fenômenos e se prolongam nelas, nós enfatizamos simplesmente seu valor presente puro, tal como se revela para a própria intuição.

Mas, ao mesmo tempo, isto denota a diferença que separa a consciência estética da consciência prática, que separa o mundo da forma pura do mundo da ação e da vontade. Assim como a visão teórica dissolve o existente num complexo de causas e efeitos, de condições e condicionalidades, também dissolve a visão prática em uma rede de fins e meios. A diversidade de conteúdos dada é determinada e estruturada pelo fato de que num caso um elemento existe "através" do outro, no outro um elemento existe "por causa do outro" [*um des andern willen*]. Na contemplação puramente estética, por outro lado, cai por terra [*fortfallen*] qualquer decomposição [*Zerfällung*] do conteúdo em partes correlativas e opostas. Ele aparece aqui naquela perfeição qualitativa que não requer qualquer complemento externo, razão ou objetivo fora de si mesmo, e que não os tolera. A consciência estética // possui em si mesma aquela forma de *realização* concreta através da qual ela, puramente entregue ao seu respectivo estado [*Zuständlichkeit*], capta nesse mesmo estado instantâneo um momento de significado atemporal por excelência. O "antes" e "depois", que objetivamos conceitualmente no pensamento da relação causal e configuramos numa série e ordem temporal empírica, está aqui tão obliterado e quase posto em suspenso quanto aquela antevisão e "previsão" de uma meta que caracteriza nosso desejo e vontade. E agora temos em nossas mãos os momentos essenciais e distintivos que se interpenetram na definição de Kant do "belo". Se chamamos "agradável" aquilo que estimula os sentidos na sensação e lhes apraz; se chamamos "bom" aquilo que nos apraz devido a uma regra do dever, portanto, fundamentado na razão mediante o mero conceito então chamamos belo aquilo que apraz na "mera contemplação". Esta expressão de "mera contemplação" inclui indiretamente tudo o que constitui a peculiaridade da concepção estética em geral e, a partir dela, todas as determinações posteriores de que as experiências de juízo estético podem ser derivadas.

Aqui se impõe em primeiro lugar *uma* questão que, do ponto de vista metodológico, é o antítipo e o complemento necessário do resultado prévio. Se até aqui deveria ser descrita a peculiaridade da *concepção* estética, agora, por outro lado, trata-se de estabelecer inequivocamente o tipo de objetividade do *objeto* estético [*Objektivität des ästhetischen Gegenstandes*]. Pois cada função da consciência, não importando como ela pode ser individualmente constituída em detalhe, mostra uma direção ao objeto que lhe pertence exclusivamente e lhe dá uma cunhagem particular. Desse ponto de vista, surge agora primeiramente a definição negativa: a objetividade do conteúdo estético é completamente diferente da *efetividade* na medida em que esta é estabelecida no juízo empírico ou ambicionada no desejo empírico. O comprazimento que determina o juízo do gosto é *sem qualquer interesse*, desde que o interesse seja entendido como aquele na existência [*Dasein*] da coisa [*Ding*], na produção ou existência [*Existenz*] da *coisa* [*Sache*] em consideração. "Caso alguém me perguntasse se acho belo o palácio que vejo diante de mim, posso perfeitamente responder que não gosto dessas coisas feitas somente para serem vistas, ou fazer como aquele xamã iroquês, que em Paris dizia preferir as rotiserias a todo o resto; posso ainda, à moda rousseauísta, zombar da vaidade dos grandes, que gastam o suor do povo em coisas tão supérfluas; posso, por fim, convencer-me com grande facilidade de que, se me encontrasse em uma ilha desabitada, // sem qualquer esperança de voltar aos homens, e pudesse criar magicamente, pelo simples desejo, um tão majestoso edifício, não me daria sequer a esse esforço caso já possuísse uma cabana suficientemente confortável. Tudo isso poderia ser-me concedido e valorizado; acontece que não é disso que se trata aqui. O que se quer saber é apenas se a simples representação do objeto se faz acompanhar em mim por uma satisfação, pouco importando se sou indiferente ou não em relação à existência do objeto dessa representação. Vê-se facilmente que o que importa – para eu dizer que um

300

objeto é *belo* e provar que tenho gosto – é aquilo que faço com tal representação em mim mesmo, e não o modo como dependo da existência do objeto. Qualquer um terá de admitir que o juízo sobre a beleza em que se misture um interesse, por mínimo que seja este, é um juízo parcial, e não um juízo de gosto puro. Para ser um bom juiz em questões de gosto, não se deve ter qualquer preocupação com a existência da coisa, mas antes ser inteiramente indiferente em relação a isso."[30] A especificidade da *autoatividade* estética e, portanto, a peculiaridade da "subjetividade" estética se destacam claramente neste ponto. A espontaneidade lógica do entendimento se baseia na determinação do objeto do fenômeno através de leis universais; a autonomia ética nasce da fonte da personalidade livre, mas, não obstante, ela quer introduzir nas coisas e fatos dados empiricamente as demandas aqui fundadas, e trazê-las à realização neles. Só a função estética não pergunta o que seria e o que efetuaria o objeto, mas o que eu faço de sua *representação* em mim. O efetivo retrocede de acordo com sua constituição real, e em seu lugar vem a determinabilidade ideal e a unidade ideal da "imagem" pura.

Neste sentido – mas apenas nele – o mundo estético é um mundo da aparência. O conceito de aparência só quer evitar o falso conceito de uma efetividade que nos colocaria de volta na eficácia do conceito teórico da natureza ou do conceito prático da razão. Ele retira o belo do âmbito da *causalidade* – pois a liberdade, segundo Kant, é também um tipo próprio de causalidade – a fim de colocá-lo puramente sob a regra da *configuração* interna. A aparência também recebe desta a sua lei – porque recebe dela a conexão essencial de seus momentos singulares. Como em todos os lugares onde se aplica a oposição do "subjetivo" e do "objetivo", também // aqui é necessário, portanto, defini-la com precisão e cuidado para escapar da dialética que nela se esconde. Que ela se abstém da existência da coisa é precisamente a objetividade [*Sachlichkeit*] característica e peculiar que é adequada para a representação estética. Pois precisamente nisso ela se torna a intuição da forma pura, enquanto desconsidera todas as condições e efeitos colaterais que inevitavelmente aderem à "coisa". Onde ambos ainda se misturam, onde o interesse na construção e estruturação da própria figura é ainda cruzado e suplantado pelo interesse no efetivo, ao qual se refere como imagem, ainda não se alcançou o ponto de vista verdadeiro que constitui e distingue o estético como tal.

Mesmo o pensamento da "finalidade sem fins" [*Zweckmäßigkeit ohne Zweck*], pela qual Kant descreve e delimita todo o campo da estética, é agora desvencilhado

---

30. *Crítica da faculdade de julgar*, *KU*, AA 5: 204s. [p. 10s.].

do último paradoxo que ainda se agarrava a ele. Por finalidade [*Zweckmäßigkeit*], como já foi demonstrado, entende-se nada mais do que enformação individual que apresenta uma estrutura geral em si mesma e em sua construção, enquanto que o fim significa a determinação externa que lhe é atribuída. Um produto finalístico [*zweckmäßiges Gebilde*] tem o seu centro de gravidade em si mesmo, um produto orientado para fins [*zweckhaftes*] tem-no fora de si; o valor de um repousa na sua existência, o de outro, nas suas consequências. O conceito de "comprazimento desinteressado" não tem outra tarefa senão a de apresentar este fato segundo seu lado subjetivo. Assim, o significado verdadeiro desse conceito fulcral é perdido quando – como já aconteceu – se descreve o ideal estético de Kant como o de "repouso inativo" e, nesse sentido, opõe-se ao ideal *dinâmico* de beleza de Herder e Schiller, que toma a beleza como uma "figura viva"[31]. A exigência de Kant de prescindir de qualquer interesse deixa espaço pleno e irrestrito para o movimento da *imaginação*; é apenas o movimento da *vontade* e do desejo sensível que, por motivos metodológicos, a afasta do limiar da estética. A adesão ao estímulo imediato e à necessidade imediata é rejeitada exatamente porque inibe e oprime essa vivacidade imediata da "representação", essa configuração livre da fantasia imaginativa na qual consiste a peculiaridade da arte para Kant. Até esse ponto, Kant não se opõe de forma alguma à estética "energética" do século XVIII. Mas tal como o centro do seu interesse estético se deslocou da // efetividade da matéria para a efetividade da imagem, também a emoção [*Bewegtheit*] dos afetos se desloca para a do puro *jogo* dos afetos. Na liberdade do jogo, toda a emoção interior apaixonada do afeto é mantida; mas nela, ao mesmo tempo, ele se desprende de sua base meramente material. Portanto, não é o próprio afeto, como um estado psicológico isolado, que é implicado nesse movimento, mas os elementos do jogo formam as *funções básicas universais da consciência*, das quais cada conteúdo psicológico individual emerge e para as quais ele aponta. Esta universalidade explica a comunicabilidade universal do estado estético, que pressupomos ao atribuir ao julgamento do gosto uma "validade para todos", embora não sejamos capazes de explicar os motivos desta alegada validade em termos de conceitos e deduzi-las deles. O estado de ânimo na representação estética é de "um sentimento do livre-jogo das faculdades de representação, numa representação dada com vistas a um conhecimento em geral". "Agora, a uma representação pela qual um objeto é dado pertencem, para que dela possa em geral resultar um conhecimento, a *imaginação* – para a concatenação do diver-

---

31. Ver Robert Sommer, *Grundzüge einer Geschichte der deutschen Psychologie und Aesthetik von Wolff-Baumgarten bis Kant-Schiller*, Würzburg 1892, p. 296, 337ss. e p. 349.

so da intuição – e o *entendimento* – para a unidade do conceito que unifica as representações. Esse estado do *livre-jogo* das faculdades de conhecimento, em uma representação pela qual um objeto é dado, tem de poder ser universalmente comunicado; pois o conhecimento, como determinação do objeto com a qual representações dadas (em qualquer sujeito) devem concordar, é o único modo de representação que vale para todos. A comunicabilidade subjetiva universal do modo de representação em um juízo de gosto, na medida em que deve ter lugar sem pressupor um conceito determinado, não pode ser senão o estado mental no livre-jogo da imaginação e do entendimento (na medida em que concordem entre si, tal como é requerido para um *conhecimento em geral*); pois temos consciência de que essa relação subjetiva, adequada ao conhecimento em geral, tem de valer igualmente para todos e, portanto, ser universalmente comunicável – tal como acontece com todo conhecimento determinado, que, em todo caso, sempre se baseia naquela relação como condição subjetiva."[32]

Com essa *explicação* da comunicabilidade universal do estado estético, parece que estamos novamente distanciados do seu território peculiar, pois a diferenciação // deste estado em relação ao sentimento sensível-individual de conforto e desconforto parece poder ser alcançada, no fim das contas, apenas se transigirmos novamente para os trilhos do modo logicamente objetivante de contemplação. Se a imaginação e o entendimento se unem tal como é exigido para um "conhecimento em geral" – essa união explica antes o uso *empírico* da imaginação produtiva desenvolvida pela *Crítica da razão pura* do que o seu uso especificamente *estético*. De fato, de acordo com uma intuição fundamental da crítica que foi especialmente desenvolvida no capítulo sobre o "esquematismo de conceitos puros do entendimento", mesmo a conexão espaçotemporal das percepções sensíveis e a sua unificação em objetos da experiência já se baseiam sobre uma interação entre entendimento e imaginação. A determinação mútua destas duas funções não parece constituir uma relação verdadeiramente nova, conforme poderia ser exigido e esperado como fundamento de explicação para o novo problema que se apresenta aqui. Entretanto, é de se notar que, nesse lugar, o discernimento prévio ganha uma nova *ênfase*, por assim dizer. Exige-se uma "unidade do conhecimento" específica para a representação teórica, bem como para a estética; mas se para aquela o tom e a ênfase residem no momento do *conhecimento*, para esta, estão no momento da *unidade*. A conduta estética se chama "conforme a fins para o conhecimento dos objetos *em geral*"; mas

---

32. *Crítica da faculdade de julgar*, KU, AA 5: 217s. [p. 113s.].

por conta disso mesmo ela renuncia a repartir os objetos em classes especiais e designá-los e determiná-los através de notas distintivas especiais, tal como eles são expressos em conceitos empíricos. A unidade intuitiva da figura não requer esta especialização "discursiva" prévia. O livre-processo do próprio formar não está aqui limitado e restringido pela consideração da consistência objetiva das coisas, conforme nós a mantemos em conceitos e leis científicos. Por outro lado, não se pode negar o papel do "entendimento" também no trabalho criativo da imaginação, se tomarmos o próprio conceito de entendimento num sentido mais amplo do que exclusivamente lógico-teórico. O entendimento, segundo o seu significado mais geral, é a faculdade por excelência de estabelecer limites: é aquilo que "paralisa" a atividade contínua da própria representação e que a ajuda a delinear uma determinada imagem[33]. Quando esta síntese se estabelece, quando chegamos a tal fixação do movimento da imaginação sem fazer o desvio através das abstrações conceituais do pensamento empírico, // de tal modo que a imaginação não vagueia no indefinido, mas se condensa em "formas" e figuras fixas, então conseguimos aquele entrelaçamento harmonioso das duas funções que Kant exige como momento fundamental da conduta estética genuína.

304

Pois agora o entendimento e a intuição já não se defrontam como algo "completamente díspar", limitados a uma mediação exterior mútua e uma conexão engenhosa do esquematismo, mas se encontram verdadeiramente fundidos e dissolvidos um no outro. A faculdade de limitação age diretamente no progresso mesmo da imagem e da contemplação na medida em que ela divide vivamente a série fluente sempre igual de imagens. No juízo empírico de subsunção é uma determinada intuição particular que é relacionada a um determinado conceito e subordinada a ele, como, por exemplo, o arredondamento do disco que vemos diante de nós é relacionado e reconhecido pelo conceito geométrico do círculo[34]. Nada disso tem lugar na consciência estética. Pois aqui não é o conceito singular e a intuição singular que se opõem. Trata-se, sim, de colocar em sintonia a *função* do entendimento e a função da contemplação. O "livre-jogo" que se demanda diz respeito não às representações, mas às faculdades de representação; não aos resultados nos quais intuição e entendimento se fixam e nos quais eles por assim dizer repousam, mas à emoção viva na qual eles operam. A este respeito, qualquer afirmação em que não se compare uma imagem particular com um

---

33. Aqui Kant joga com os termos *stehen* (ficar, manter-se parado) e *stellen* (ficar, manter-se em movimento). Representar (*Vor-stellen*) é "trazer para a frente e com movimento"; Entender (*Ver--stehen*) é "tornar parado", "paralisar" – justamente o que faz a síntese do entendimento [N.T.].

34. Ver *Crítica da razão pura*, *KrV*, B 176 [p. 119].

conceito particular, mas em que a *totalidade* das forças anímicas se revele apenas na sua verdadeira coesão, capta diretamente o "sentimento de vida" do próprio sujeito. "Apreender uma estrutura regular e conforme a fins", assim começa a *Crítica da faculdade de julgar estética*, "com a própria *faculdade de conhecimento* (seja em um modo de representar claro ou confuso) é algo inteiramente diverso de ser consciente dessa representação através da sensação de *comprazimento*. Aqui, a representação se relaciona tão somente ao sujeito, mais especificamente ao seu sentimento de vida, sob o nome de prazer e desprazer, e este funda uma faculdade inteiramente peculiar de distinguir e julgar que em nada contribui para o conhecimento, mas apenas *mantém a representação dada no sujeito em relação com a faculdade de representações como um todo*, da qual a mente se torna consciente no // sentimento de seu estado"[35]. No juízo empírico-teórico, a experiência particular que está presente para mim é mantida no *sistema* de experiências (efetivas ou possíveis) e através desta comparação é determinado o seu valor objetivo de verdade. No estado estético, a intuição particular e presente, ou a impressão presente, traz o *todo* das forças de sensibilidade e de representação à ressonância direta. Se ali a unidade da experiência e seu *objeto* deve ser construída passo a passo, elemento por elemento, no trabalho da construção de conceitos, a obra de arte acabada produz, por assim dizer, de um só golpe, essa unidade do estado de ânimo que nos é a expressão imediata da unidade do nosso eu, do nosso sentimento concreto de vida e de si mesmo.

Nessa nova relação que se trava entre o detalhe e a totalidade, encontra-se agora para Kant também a genuína chave para a resolução do problema sobre que forma *de universalidade* deve ser imputada ao juízo estético. Que ele deve conter algum tipo *de universalidade* em si mesmo já está claro para Kant a partir do contexto em que ele aborda a questão fundamental da estética, pois ao expandir e aprofundar seu conceito de *a priori*, ele primeiro enfrenta o problema do juízo estético. Ao mesmo tempo, entretanto, a conduta da consciência comum já oferece a confirmação imediata da validade universal reivindicada pelo juízo de gosto. No que diz respeito ao juízo do sensivelmente agradável, todos consentem que, por se basear num "sentimento privado", ele também permanece restrito à sua pessoa. Com o belo, por outro lado, é o contrário. "Seria risível [...] se alguém que imaginasse algo conforme ao seu gosto dissesse, para justificar-se: 'esse objeto (o edifício que vemos, a roupa que alguém veste, o concerto que ouvimos, o poema submetido a julgamento) é *belo para mim*'. Pois ele não deveria denomi-

---

35. *Crítica da faculdade de julgar*, KU, AA 5: 203 [p. 100, modificado].

ná-lo *belo* se apraz apenas a ele. Muitas coisas podem ser charmosas e agradáveis para ele, sem que ninguém se preocupe em saber por quê; se ele apresenta algo como belo, porém, então supõe exatamente a mesma satisfação nos outros: ele não julga apenas para si, mas para todos, e fala da beleza, neste caso, como se ela fosse uma propriedade das coisas. Ele diz, por isso, que a *coisa* é bela; e não conta, digamos, com o assentimento dos outros ao seu juízo de satisfação, por já ter encontrado muitos que com ele concordavam, mas antes o *exige //* deles. [...] e não se pode dizer, nessa medida, que cada um tem o seu gosto particular. Seria o mesmo que dizer que não há nenhum gosto, isto é, nenhum juízo estético que pudesse ter a pretensão legítima ao assentimento de todos."[36] E, no entanto, este puro *valor de exigência* do estético não pode ser confundido com a sua *demonstrabilidade* a partir de meros conceitos, como a estética alemã do Iluminismo o tinha feito em termos quase universais (pois Gottsched e os suíços, por exemplo, concordam neste ponto). A tarefa crítica neste ponto consiste, pelo contrário, no discernimento de como uma universalidade seria possível, o que, não obstante, desestimula a mediação pelo conceito lógico. Agora já se mostrou que através do estado de ânimo estético, e em seu interior, é estabelecida uma relação direta entre o respectivo conteúdo singular da consciência e a *totalidade* das forças do ânimo. O estado estético diz respeito exclusivamente ao sujeito e ao seu sentimento de vida, mas ele não toma este sentimento num momento isolado e, portanto, contingente, mas na totalidade dos seus momentos. Só onde essa ressonância do todo está presente no particular e no singular é que estamos na liberdade do jogo e sentimos essa liberdade. Porém, somente com essa sensação chegamos, por assim dizer, à posse plena da *própria subjetividade*. Se tratamos da percepção sensível, o eu singular não tem outra maneira de comunicá-la a outro eu senão movendo-a para a esfera do *objetivo* e determinando-a nela. A cor que vejo, o som que ouço, são apresentados como propriedade comum dos sujeitos cognoscentes na medida em que ambos são transformados em vibrações que são reconhecíveis e mensuráveis em exatidão pela aplicação dos princípios de grandeza extensiva e intensiva, pela aplicação das categorias de substância e causalidade. Mas com esta transposição para a esfera da medida e do número, que é uma condição da objetivação científica, a cor e o som *enquanto tais* deixaram de existir. No sentido teórico, o seu ser dissolveu-se no ser e na legalidade do movimento. Com isso, porém, o método da "comunicação" universal, tal como é praticado no conceito teórico, basicamente fez desaparecer o conteúdo a ser

---

36. Idem, *KU*, AA 5: 212s. [p. 108s.].

comunicado e substituiu-o por um mero sinal abstrato. O fato de que cor e som, além do que eles significam como elementos físicos, também são experiências num sujeito que percebe e sente, é // completamente eliminado por esse modo de determinação. É neste ponto que começa o problema da consciência estética. O que esta consciência afirma é uma comunicabilidade universal de *sujeito a sujeito*, que assim não requer a passagem pelo *conceitualmente objetivo* nem sua submissão a ele. No fenômeno do belo acontece o incompreensível, que na sua contemplação cada sujeito permanece em si mesmo e mergulha puramente em seu próprio estado interior, ao mesmo tempo em que se desprende de toda particularidade contingente e se conhece como portador de um sentimento geral que já não pertence a "este" ou "àquele".

Só agora entendemos a expressão da "universalidade subjetiva" que Kant cunhou para caracterizar o juízo estético. A "universalidade subjetiva" é a afirmação e a exigência de uma generalidade da própria subjetividade. A designação do "subjetivo" não serve assim para restringir a *pretensão* à validade da estética, mas inversamente para a designação de uma ampliação do *âmbito* de validade que aqui é levada a cabo. A universalidade não se detém nos sujeitos como singulares, pois é tão verdadeiro que estes sujeitos vivem não só em sensações sensíveis passivas ou em desejos "patológicos", mas são capazes de elevarem-se ao livre-jogo das faculdades de representação, como é verdadeiro que todos eles operam aí uma e a mesma função fundamental essencial. Nesta função, que primeiro torna verdadeiramente o eu num eu, cada eu está relacionado com o outro – e por isso ela pode pressupor isso em todos os outros. O sentimento artístico permanece o sentimento do eu, mas ele é ao mesmo tempo o sentimento universal do mundo e da vida. Ao objetivar-se num produto [*Gebilde*] da fantasia estética, o "si mesmo" desprende-se do seu detalhe, mas a sua emoção individual única não se perde nesse produto, continua a existir nele e, através da sua mediação, comunica-se com todos aqueles que são capazes da sua concepção pura. Assim, o sujeito aqui está num meio universal que, no entanto, é completamente diferente do meio da *coisalidade* [*Dinglichkeit*] no qual o exame científico nos coloca. Qual é a diferença entre a *descrição* mais perfeita de uma paisagem, tal como ocorre em termos de ciência natural descritiva, e a sua *apresentação* artística numa pintura ou poesia lírica? Nada além de que, nestas últimas, todos os traços do objeto, quanto mais nítidos e definitivos, mais intensivamente se mostram como traços de uma emoção psíquica que se transmite através da configuração pictórica ou lírica ao espectador. Aqui o movimento interno inunda o objeto apenas // para ser recebido de volta dele de modo mais forte e puro. Assim como o eu em estado de contemplação estética não permanece preso à sua respectiva representação, mas a mantém, segundo a expressão kantiana, "em relação com a faculdade de representações como um todo"[37], assim também aqui se lhe revela um novo cosmos, que não é o sistema de objetividade, mas o universo da subjetividade. Nesse universo ela mesma se encontra incluída, tanto como a individualidade de todos os outros. Deste modo, a consciência estética resolve a tarefa paradoxal: colocar um universal que não é uma oposição ao individual, mas o seu puro correlato, porque em nenhum outro lugar encontra a sua realização e apresentação senão nele.

E isso também resolve a questão da "comunicabilidade universal", que não deve ser "demonstrabilidade universal". Porque se aquele que ajuíza se sente completamente livre no comportamento estético em relação à satisfação que ele consagra ao objeto, então ele não pode encontrar nenhuma condição privada da qual seu sujeito dependeria como fundamento da satisfação, e precisa vê--la, portanto, fundada no objeto, o que ele pode pressupor também em todos os outros sujeitos; consequentemente ele deve acreditar que tem motivos para atribuir a todos os outros uma satisfação semelhante. "Ele falará do belo, portanto, como se a beleza fosse uma propriedade essencial do objeto e o juízo fosse lógico (constituindo um conhecimento por meio de conceitos do objeto), muito embora ele seja meramente estético e só contenha uma relação da representação do objeto ao sujeito; pois ele guarda a semelhança, com o lógico, de se poder pressupor a sua validade para todos. Mas tal universalidade não pode originar-se sequer de conceitos." "Vê-se aqui, pois, que nada é postulado no juízo de gosto, a não ser essa *voz universal* em relação à satisfação sem a mediação dos conceitos; portanto a *possibilidade* de um juízo estético que possa ao mesmo tempo ser considerado como válido para todos. O próprio juízo de gosto não *postula* o assentimento de todos (pois isto é algo que somente o juízo lógico universal pode fazer na medida em que pode apresentar fundamentos); ele apenas *atribui* esse assentimento a todos, como um caso da regra cuja confirmação ele espera não de conceitos, mas do assentimento dos outros."[38]

Assim, por um novo caminho e numa ligação sistemática completamente diferente, Kant chegou à questão capital // que no século XVIII está no centro de todas as discussões estéticas. Seria possível extrair uma regra a partir de obras de arte dadas, de exemplos e modelos clássicos – uma *regra* que prescreve à criação

---

37. Idem, *KU*, AA 5: 204 [p. 100].
38. Idem, *KU*, AA 5: 211 e 216 [p. 108 e 112].

restrições objetivas determinadas – ou é meramente a liberdade da "imaginação" quem impera aqui e que não se liga a nenhuma norma externa? Existe uma lei conceitualmente fixável da criação artística da qual ela não pode escapar se não quiser abrir mão de seu fim – ou tudo aqui é deixado à arbitrariedade criativa do sujeito genial que vai de um ponto de partida desconhecido a um objetivo desconhecido? Estas questões, que se repetem nas doutrinas estéticas do século XVIII nas mais diversas formas, foram trazidas a uma fórmula dialética nítida e clara por Lessing no campo da crítica literária. A luta entre gênio e regra, entre imaginação e razão – como nos ensinam as discussões decisivas da *Dramaturgia de Hamburgo*[39] – é inútil, pois a criação do gênio não *recebe* uma regra de fora, mas *é* essa própria regra. Nela se revela uma legalidade interior e uma conformidade a fins que, no entanto, não é mais apresentada e cunhada em nenhum outro lugar senão na própria criação artística [*Kunstgebilde*] concreta e singular. Sem dúvida Kant se atrela a essa conclusão de Lessing, mas ela o leva de volta a toda a profundidade e universalidade das questões que para ele se sintetizam no pensamento da autolegalidade do espírito. "*Gênio*", assim ele define, "é o talento (dom natural) que dá a regra à arte. [...] Pois cada uma das artes pressupõe regras cuja fundamentação é necessária para que se possa representar como possível um produto capaz de ser denominado artístico. O *conceito* de bela arte não admite, porém, que o juízo sobre a beleza de seu produto seja deduzido de alguma regra que tivesse por fundamento de determinação um conceito [...] A bela arte não pode, portanto, conceber ela própria a regra segundo a qual ela deve criar o seu produto. Como, no entanto, um produto jamais pode ser denominado artístico sem uma regra precedente, a natureza tem de dar a regra à arte no sujeito (e pela harmonia das faculdades deste último), isto é, a bela arte só é possível como produto do gênio"[40]. Assim, aqui a unidade objetiva do produto emerge da unidade da "harmonia". O gênio e seu agir estão no ponto em que a mais alta individualidade e a mais alta universalidade, em que a liberdade e a necessidade, em que a pura criatividade e a pura // legalidade se interpenetram indissoluvelmente. Em

---

39. Lessing, G. *Dramaturgia de Hamburgo: selecção antologica*; tradução, introdução e notas de Manuela Nunes; revisão de Yvette Centeno. Porto: Fundação Calouste Gulbenkian, 2005.

40. Idem, *KU*, AA 5: 307 [p. 205]. Há uma alteração pontual na tradução de que nos valemos nesse trecho: nos termos entre parênteses, o termo "concordância", opção usada por Fernando Mattos para verter *Stimmung*, foi substituído pelo termo harmonia. Justificamos essa alteração pela retomada do termo em seguida por Cassirer; causaria estranheza falar em "unidade da 'concordância'". Desse modo, fazemos uso da opção que encontramos em traduções inglesas das respectivas obras de Kant e de Cassirer. Ainda que a opção possa suscitar questionamentos, ela remete à menção do próprio Cassirer ao termo *harmonia* à página 277 e tem ainda o mérito de tornar mais claro o campo semântico sonoro de que se trata no original [N.T.].

todos os aspectos do seu trabalho ele é bastante "original" e, no entanto, bastante "exemplar". Pois precisamente aí, onde nos encontramos no verdadeiro centro da personalidade, onde ela se dá puramente a si mesma sem qualquer remissão ao externo e se exprime na lei individualmente necessária de sua criação, caem todas as barreiras contingentes que aderem ao singular na sua existência empírica particular e nos seus interesses empíricos particulares. Na imersão nesta esfera pessoal por excelência, o gênio encontra o segredo e a força da "comunicabilidade universal". E toda grande obra de arte apresenta nada mais que a objetivação desta força fundamental. A obra de um gênio oferece a prova incomparável por excelência de como um acontecimento psíquico temporalmente único, que nunca se repete da mesma maneira, como o sentimento "subjetivo" mais íntimo de si mesmo, alcança ao mesmo tempo até a mais profunda esfera de pura validade e necessidade atemporal. E essa forma mais elevada de comunicação é, ao mesmo tempo, a única à disposição do gênio. Caso ele buscasse nos falar de outro modo que não pela enformação imediata da obra, ele teria já se descolado do chão no qual ele se enraíza. Por isso, aquilo que ele é e significa como "dom natural" não pode ser transformado em fórmula e, desse modo, estabelecido como prescrição, mas a regra, se existe, precisa ser abstraída do ato, ou seja, do produto que serve como modelo não para cópia, mas para uma criação comparável [*Nachschaffen*]. Aqui também é admitida por Kant a afirmação de Lessing de que um gênio só pode ser despertado por um gênio. "As ideias do artista despertam ideias similares no seu aprendiz caso a natureza tenha provido este com uma proporção similar das forças mentais."[41] É essa "proporção" que significa o motivo verdadeiramente gerativo na criação do gênio. E a partir desse aspecto se diferencia agora também a produtividade artística da científica. A afirmação de Kant, de que não poderia haver gênio nas ciências[42] só pode ser corretamente apreciada quando se mantém em mente que isso tem a ver para ele, nessa discussão toda, apenas com a diferença de *significação* sistemática das áreas da cultura, não com a diferença *psicológica* dos indivíduos. Se "um caso em mil" não poderia se aplicar também ao descobridor científico, se também aqui, ao lado da comparação discursiva do singular, não fosse possível e eficaz uma antecipação intuitiva do todo, são questões sobre as quais // nada poderá ser decidido neste lugar. Apenas nisto reside a diferença decisiva: que tudo o que deve valer como discernimento científico, na medida em que deve ser *comunicado* e *justificado*, não encontra outra forma para isso senão a do conceito objetivo e da dedução objetiva. A

---

41. Idem, *KU*, AA 5: 309 [p. 207].
42. Ver idem, *KU*, AA, 383 [p. 278s.].

personalidade do criador deve ser delida se a objetividade do resultado deve ser preservada. Somente no grande artista não existe essa separação, pois tudo o que ele produz recebe seu valor próprio e mais elevado através daquilo que ele é. Ele não se aliena em qualquer realização, que então continua a existir como um valor material destacado em si mesmo, mas em cada trabalho particular ele cria uma nova expressão simbólica dessa relação fundamental ímpar que é dada em sua "natureza", na "proporção de suas forças mentais".

Considerada do ponto de vista histórico, esta doutrina kantiana do gênio significa uma mediação que ocorre entre dois mundos espirituais diferentes, pois ela compartilha mais um motivo determinante com a intuição fundamental da época do Iluminismo, enquanto, por outro lado, ela dissolve o esquema conceitual da filosofia do Iluminismo. A doutrina kantiana do gênio tornou-se o ponto de partida histórico para todos aqueles desenvolvimentos romântico-especulativos do conceito de gênio em que foi atribuído à imaginação produtiva estética um significado de criador do mundo e da efetividade por excelência. A doutrina de Schelling da intuição intelectual como a faculdade fundamental transcendental, a doutrina de Friedrich Schlegel do eu e da "ironia" se desenvolveram por esta via. O que, no entanto, separa de uma vez por todas a própria concepção de Kant de todas essas tentativas é a forma e a tendência de seu conceito de *a priori*. Que o seu apriorismo é um apriorismo *crítico* se comprova também na medida em que o *a priori* não é remetido a uma força fundamental metafísica da consciência, mas é mantido na estrita *particularidade* de suas aplicações específicas. Assim, para Kant o conceito de "razão", tal como o desenvolvera o século XVIII, é ampliado para o conceito mais profundo de "espontaneidade" da consciência: mas este não se esgota em nenhuma realização ou atividade *singular* da consciência, por mais perfeitamente acabada que seja. A espontaneidade estética da fantasia não pode se tornar aqui, como nos românticos, o princípio de fundamentação e unidade último, pois a intenção essencial está direcionada a se distinguir estrita e determinadamente da espontaneidade lógica do juízo e da espontaneidade ética da vontade. Toda a escala de gradação de "subjetividade" e de // "objetividade", que Kant estabelece e que tem sua completude mais importante e sua conclusão verdadeira somente na *Crítica da faculdade de julgar*, servem a este propósito. O ser da lei natural e o dever da lei moral não podem ser abandonados em favor do jogo da imaginação. Mas, por outro lado, esse jogo possui um campo próprio e autônomo no qual nenhuma exigência do conceito e nenhum imperativo moral podem intervir.

A restrição do conceito de gênio à arte possui seu significado essencial em que ela auxilia esse pensamento a sua clara expressão. Na segunda metade do século XVIII, o conceito de "belas ciências" ganhou um significado e difusão perigosos. Cada vez mais, espíritos fortes e profundos, como Lambert – que falou sobre isso em uma carta a Kant em 1765[43] –, não se cansaram de insistir na definição conceitual exata como fundamento de todo conhecimento científico, mas na filosofia popular a mistura de campos se tornou, não obstante, a marca característica. O jovem Lessing notou certa vez, em relação a esta tendência do tempo e da moda, que os verdadeiros "beaux-esprits" eram geralmente as cabeças verdadeiramente rasas. Aqui a doutrina do gênio de Kant estabelece um limite preciso. Não importa o que a grande cabeça científica possa *inventar*, ela não deve ser chamada de gênio. "[...] pois também isso *poderia* ser aprendido, estando, pois, no caminho natural do pesquisar e refletir segundo regras, e não podendo distinguir-se especificamente daquilo que se pode adquirir com esforço através da imitação. Pode-se perfeitamente aprender, com efeito, tudo o que Newton apresentou em sua imortal obra sobre os princípios da filosofia natural [...] mas não se pode aprender a escrever poesia de maneira brilhante, por mais detalhados que fossem os preceitos para a arte poética e por mais excelentes que fossem os modelos escolhidos. A razão disso é que Newton poderia antecipar não apenas para si mesmo, mas para qualquer um, de maneira detalhada e inteiramente clara, todos os passos que tinha de dar, dos primeiros elementos da geometria até suas grandes e profundas descobertas; ao passo que nenhum Homero ou Wieland poderia indicar como surgiram e se juntaram em seus cérebros as suas ideias, ao mesmo tempo ricas em fantasia e intelectualmente profícuas, porque nenhum deles saberia dizê-lo a si mesmo, muito menos ensiná-lo aos demais. No âmbito científico, portanto, o maior descobridor só pode distinguir-se em grau do aprendiz e imitador esforçado, // ao passo que do indivíduo que foi dotado para a arte pela natureza ele se distingue especificamente."[44] Ainda mais significativa é esta visão da criação "inconsciente" do gênio artístico, onde ela não encerra em si tanto a oposição ao raciocínio teórico como a oposição à "intenção" do desejar e do agir. Aqui, também, a doutrina de Kant vai além da sistemática filosófica e toca nos problemas culturais essenciais da época. Na doutrina de Baumgarten, que contém a primeira formação da estética em ciência independente, o conceito de beleza é subordinado ao de perfeição. Toda a beleza é perfeição, no entanto, uma tal que não é conhecida no conceito puro,

---

43. Ver Johann Heinrich Lambert, Carta a Kant de 13 de novembro de 1765 [*Br*, AA 10: 51-54].
44. *Crítica da faculdade de julgar*, *KU*, AA 5: 308s. [p. 206s.].

mas só é captada indiretamente na imagem sensível-intuitiva. Toda a filosofia escolar alemã é dominada por esta visão, que é mais desenvolvida e colocada por Mendelssohn num fundamento metafísico universal; e além disso, ela continua a produzir efeitos nos próprios círculos da criação artística. Os "artistas" de Schiller ainda apresentam pouco mais do que uma paráfrase poética e execução das ideias de Baumgarten. A crítica de Kant também forma uma clara fronteira histórica neste ponto. A "finalidade sem fins" que ele encontra realizada na obra de arte exclui tanto o conceito trivial do útil como o conceito idealista da perfeição. Pois todos os conceitos de perfeição pressupõem um padrão de medida objetivo ao qual a obra de arte está relacionada e ao qual é comparada; e uma finalidade sem fins formal objetiva, ou seja, representar para si a mera forma de perfeição (sem toda matéria e conceito daquilo que é posto em consonância), seria uma verdadeira contradição[45]. Assim, foi Kant, o rigorista ético, o primeiro a romper com o racionalismo moral dominante na fundação da estética. Mas não há paradoxo nisso, e sim o complemento necessário e a confirmação exata de sua própria visão ética fundamental. Assim como ele havia erigido o dever sobre o puro *conceito de razão* e procurado manter distante dele qualquer referência ao "sentimento moral", à sensação "subjetiva" e à afeição – assim, por outro lado, o lado *estético* do sentimento deve ser capturado e não abandonado ao conceito lógico e moral. O fato de que prazer e desprazer foram excluídos da fundamentação da ética não significa, como agora // se mostra, uma rejeição incondicional deles, mas mantém-se aberto o caminho para uma nova objetivação e torna-se possível outra forma específica de "universalidade" de que são capazes. Assim, a superação do utilitarismo e do hedonismo éticos abriu caminho para o pensamento da autolegalidade e do fim próprio da arte. O conceito de "comprazimento desinteressado" com a beleza da natureza e da arte não apresenta uma tendência completamente nova no desenvolvimento da estética, considerada puramente em termos de conteúdo. Ele já foi utilizado por Plotino e, nos últimos tempos, foi aperfeiçoado por Shaftesbury, Mendelssohn e Karl Philipp Moritz em seu livro *Über die bildende Nachahmung des Schönen* [*Sobre a imitação formante do belo*]. Mas foi apenas através da exposição *sistemática* recebida na doutrina de Kant que ele foi capaz de desdobrar o seu significado genuíno; ele foi capaz de estabelecer nada menos do que um novo conceito da essência e origem do próprio espiritual em face da filosofia do Iluminismo e da poética do Iluminismo.

---

45. Idem, *KU*, AA 5: 226s. [p. 122ss.].

Mas Kant só alcançou a síntese mais elevada entre seu princípio ético e seu princípio estético fundamental na segunda parte principal da *Crítica da faculdade de julgar estética*, na *Analítica do sublime*. No próprio conceito de sublime, o interesse estético e o interesse ético entram numa nova conexão, e a separação crítica dos dois pontos de vista revela-se ainda mais necessária aqui. Nas discussões em torno disso, Kant se movimenta novamente em terreno que é genuinamente seu. Na *Analítica do belo* ainda se nota um certo estranhamento, mesmo com toda a perspicácia e sutileza do desenvolvimento conceitual, tão logo a investigação deixa o campo dos princípios puros e se volta para as aplicações concretas, pois falta a Kant a plenitude da intuição artística singular. A *Analítica do sublime*, por seu turno, mostra, com verdadeira perfeição e a mais feliz interpenetração mútua, todos os momentos do espírito de Kant e todas aquelas qualidades que são características da pessoa e do escritor. Aqui se encontra a perspicácia da análise conceitual unida ao *pathos* moral, que constitui o núcleo da personalidade de Kant; aqui se une a visão para o detalhe psicológico que Kant já havia evidenciado no escrito pré-crítico *Observações sobre o sentimento do belo e do sublime* com a visão geral abrangente "transcendental" que desde então ele alcançou sobre toda a consciência. A posição que o problema do sublime assume dentro do sistema como um todo da estética crítica pode ser vista do modo mais claro possível se olharmos // em retrospectiva para a peculiar relação que se estabeleceu entre as faculdades fundamentais da consciência no fenômeno da beleza. Esse fenômeno deveria emergir de um jogo livre da "imaginação" e do "entendimento". O "entendimento" aqui, entretanto, não significava a faculdade do conceito e do juízo lógico, mas a faculdade da limitação por excelência. Foi ele que interveio no movimento da imaginação e possibilitou que surgisse dela uma figura fechada[46]. Disso resulta imediatamente uma nova questão. A limitação constitui mesmo um momento essencial do estético, ou, muito antes, não seria precisamente o *ilimitado* que apresenta um valor estético próprio? A própria ideia do inacabado, ou do inacabável, não contém também, por seu turno, um momento de significação estética fundamental? O conceito de sublime responde a essa questão, pois a impressão da sublimidade surge, de fato, em todo lugar em que nós encontramos um objeto que excede todos os meios de nossas forças de compreensão e que, portanto, não temos capacidade de tomar em conjunto como um todo acabado nem pela intuição nem pelo conceito. Chamamos "sublime" aquilo

---

46. Ver acima, p. 303s.

que é por excelência grande – pode ser a grandeza da mera expansão ou a da força: o sublime "matemático" ou "dinâmico". Nos objetos como tais, porém, uma relação desse tipo não pode existir; pois toda medição e estimação objetiva de grandezas não é outra coisa senão comparação de grandezas, pelo que, dependendo da escala em que se baseia, o mesmo conteúdo pode ser ora descrito como pequeno, ora como grande, e assim a própria grandeza é sempre tomada apenas como expressão pura de uma relação de pensamento, mas não como uma qualidade absoluta e como um "ser" estético imutável, por assim dizer. A última determinação, no entanto, ocorre quando a escala de medida é deslocada do "objeto" para o "sujeito", quando já não é procurada em uma coisa singular espacialmente dada, mas na totalidade das *funções da consciência*. Se agora esta totalidade encontra um "imensurável", então já não estamos diante do mero infinito do *número*, o que no final não significa outra coisa senão a repetibilidade discricional do procedimento de contagem, ou seja, uma continuação indefinida; então, isto sim, da supressão da limitação resultou uma nova *determinação* positiva da consciência.

Assim, aqui o infinito, que havia se dissipado numa ideia // dialética quando o exame teórico tentou apreendê-lo como um todo dado, é trazido a uma totalidade e verdade que são sentidas. Assim diz a explicação genuína de Kant: "*é sublime aquilo em relação ao qual todo o resto é comparativamente pequeno. Vê-se aqui com facilidade que nada poderia ser dado na natureza que não pudesse, por maior que o julgássemos, ser reduzido a algo infinitamente pequeno quando considerado em uma outra relação comparativa; e que, inversamente, nada seria tão pequeno que não pudesse, em comparação com medidas menores, estender-se através da imaginação até à grandeza de um mundo. Os telescópios, no primeiro caso, e os microscópios, no segundo, nos deram um rico material para fazer essas observações. Nada, pois, que possa ser objeto dos sentidos, pode, desse ponto de vista, ser denominado sublime. Mas é justamente porque há em nossa imaginação um esforço para avançar em direção ao infinito, e em nossa razão, ao mesmo tempo, uma pretensão à totalidade absoluta (como se fosse uma ideia real), que a própria inadequação da nossa faculdade de estimar a grandeza das coisas do mundo sensível a essa ideia desperta o sentimento de uma faculdade suprassensível em nós; e é o uso que a faculdade de julgar faz naturalmente de certos objetos em favor desse último sentimento, e não o objeto dos sentidos, que é absolutamente grande, ao passo que, face a ele, qualquer outro uso é pequeno. Assim, o que deve ser denominado sublime é a disposição espiritual a partir de uma certa representação que* ocupa a faculdade de julgar reflexionante, e não o objeto. [...] *é sublime aquilo que, pelo simples fato de podermos pensá-lo, prova uma faculdade da mente que ultrapassa qualquer medida dos sentidos*"[47].

Só ao transferir o fundamento do sublime dos objetos para a "disposição espiritual", ao descobri-lo não como qualidade do ser, mas como qualidade da contemplação, nos elevamos verdadeiramente à esfera da reflexão estética. Mas esta esfera já não se limita aqui, como na contemplação do belo, ao campo do entendimento e da intuição, mas abrange as ideias da razão e o seu significado suprassensível. Se, no julgamento do belo, a imaginação estava entrelaçada num jogo livre com o "entendimento", então, no julgamento de uma coisa como sublime, ela se relaciona com a razão para produzir uma "disposição mental" "conforme e compatível com aquela que a influência de determinadas ideias exerceria [...] sobre o sentimento"[48]. Para Kant, // entretanto, toda determinação da razão no fim das contas passa pelo pensamento da *liberdade*. Assim é ele que embasa a nossa aplicação da categoria do sublime em toda a parte. Somente através de uma sub-repção peculiar aquilo que pertence genuinamente ao sentimento de nós mesmos e à nossa tarefa intelectual se transforma num predicado de determinadas coisas da natureza. Diante de uma análise e autorreflexão mais profundas, no entanto, esta aparência deve desaparecer de imediato. "Quem, com efeito, denominaria sublimes as massas disformes de montanhas, amontoadas umas sobre as outras de maneira selvagem, com suas pirâmides de gelo, ou o sombrio e tormentoso mar etc.? Porém, abandonando-se à imaginação na contemplação dessas coisas, sem levar em conta sua forma, e a uma razão que, embora colocada nessa relação sem qualquer fim determinado, apenas estende a imaginação, a *mente* se sente elevada em seu próprio juízo ao descobrir que todo o poder da imaginação é, todavia, inadequado às suas ideias. [...] Desse modo, a natureza não é julgada sublime em nosso juízo estético por despertar o medo, mas sim porque conclama em nós a nossa força (que não é natureza) para considerar pequeno aquilo que nos preocupa (bens, saúde e vida) e, assim, não considerar, relativamente a nós e nossa personalidade, o poder da natureza (ao qual estamos certamente submetidos em todos esses pontos) como um poder perante o qual tivéssemos de ajoelhar-nos quando se tratasse de nossos princípios supremos e de sua afirmação ou abandono. Assim, a natureza se chama aqui sublime tão somente porque eleva a imaginação à apresentação

---

47. *Crítica da faculdade de julgar*, *KU*, AA 5: 250 [p. 146s.].
48. Idem, *KU*, AA 5: 256 [p. 153].

daquele caso em que a mente pode tornar-se sensível à sublimidade própria de sua destinação, mesmo acima da natureza."[49]

Todavia, esta solução crítica para o problema do sublime, considerada com maior atenção, também levanta uma nova questão crítica. Pois ele, por intermédio da relação do sublime com a ideia da autolegislação e da personalidade livre, ao se descolar da natureza, parece cair totalmente dentro do domínio da *moral*. Mas o seu carácter *estético* peculiar e o seu valor estético independente seriam suprimidos tanto num caso como no outro. De fato, a execução da análise de Kant mostra imediatamente quão perto estamos deste perigo aqui. Pois a psicologia do sublime nos leva de volta ao afeto fundamental do *respeito* que já reconhecemos como a forma universal em que a consciência da lei moral se apresenta a nós. No fenômeno do sublime, reconhecemos aquela mistura de // prazer e desprazer, de relutância e de submissão voluntária, que constitui o verdadeiro caráter do sentimento de respeito. Nela sentimo-nos ao mesmo tempo esmagados pela grandeza do objeto enquanto sujeitos fisicamente finitos, como nos sentimos elevados acima de toda existência finita e condicionada pela revelação de que esta grandeza está enraizada na consciência da nossa tarefa inteligível e na nossa faculdade de ideias. Mas, ao basear o sublime no mesmo sentimento básico da moral, parece que já atravessamos o reino do "comprazimento *desinteressado*" e entramos na esfera da *vontade*. A dificuldade que reside nisso só pode ser superada na medida em que se possa discernir que a "sub-repção", através da qual nós pensamos no sublime uma determinação de nós mesmos como uma determinação do objeto da natureza, não desaparece mesmo quando é reconhecida como tal. Nossa intuição permanece estética somente quando vê a autodeterminação de nossa faculdade mental não em si mesma, mas, por assim dizer, por meio da intuição da natureza; quando ela reflete o "interior" no "exterior" e este naquele. Em tal reflexão recíproca do eu e do mundo, do sentimento de si e do sentimento de natureza, também existe para nós, como a essência da contemplação estética em geral, a essência daquela contemplação que encontra sua expressão no sublime. Apresenta-se aqui uma forma de *animação* da natureza que finalmente vai além da figura da natureza como ela também se delienava simbolicamente no fenômeno do belo – e que, por outro lado, volta sempre para a natureza, porque é só nesse contraste que ela é capaz de se compreender. Só nela o infinito da natureza, que antes era um mero pensamento, recebe a sua verdade concreta, sentida, porque se vê no reflexo da infinitude do eu.

---

49. Idem, *KU*, AA 5: 256 e 262 [p. 153 e 159].

A proposição da introdução à *Crítica da faculdade de julgar*, de que nela deverá ser apresentado o *"fundamento da unidade* do suprassensível, que está no fundamento da natureza, com aquilo que o conceito da liberdade contém do ponto de vista prático", só agora recebeu seu significado completamente determinado. E também compreende-se a partir de agora por que fora aqui introduzida ao mesmo tempo a restrição de que o próprio conceito que caracteriza essa unidade não logra nem teórica nem praticamente um *conhecimento* acerca dela, e por conseguinte não possui um domínio próprio, mas apenas torna possível a transposição de um modo de pensamento segundo princípios de um para o pensamento segundo princípios do outro[50].

// Sobre como a unidade do "fundamento suprassensível" é capaz de se dividir de tal modo que ela se apresenta para nós de um lado no fenômeno da natureza, de outro lado sob a imagem da liberdade e da lei moral, não nos é permitido sequer uma conjectura, menos ainda uma "explicação" teórica. Mas mesmo se rejeitamos todas as especulações sobre isso, permanece sempre um *fenômeno* que não pode ser negado, no qual a *consideração* da natureza e da liberdade entra numa relação completamente nova uma com a outra. Esse é o fenômeno da concepção artística. Toda legítima obra de arte é determinada de modo inteiramente sensível e parece não ansiar por outra coisa além de perseverar na esfera do sensível. E toda obra de arte alcança necessariamente para além dessa esfera. Ela contém uma porção de uma vida puramente concreta e pessoal, e, não obstante, ela remonta a uma profundidade em que o sentimento do eu [*Ichgefühl*] se revela ao mesmo tempo como sentimento do todo [*Allgefühl*]. Isso pode ser chamado de milagre, considerado conceitualmente. Mas em todas as criações artísticas mais elevadas (basta apenas pensar em algo como os mais elevados produtos da lírica de Goethe) esse milagre é verdadeiramente realizado, de tal modo que a questão sobre sua "possibilidade" deve calar-se. A este respeito – mas apenas a este respeito – o fato da arte, sem que o dissolvamos em ponderações abstratas, indica uma nova unidade do "sensível" e do "inteligível", da natureza e da liberdade; de fato, ele é a expressão e a garantia imediata desta unidade mesma. O caminho pelo qual chegamos aqui ao pensamento do suprassensível corresponde assim inteiramente à orientação crítica geral, pois começamos não com a "essência" do suprassensível para depois o analisarmos em suas expressões individuais, mas, sim, a sua *ideia* surge em nós ao unirmos as direções fundamentais dadas na própria consciência e as deixarmos se cruza-

---

50. Ver *Introdução à Crítica da faculdade de julgar*, KU, AA 5: 176 [p. 76].

rem num "ponto imaginário" [*imaginären Bildpunkt*], num ponto para além da experiência possível.

Desse modo, mesmo a doutrina do "*substrato* suprassensível" da natureza e da liberdade não se endereça a uma coisa primordial, mas à *função primordial* do espiritual, que, no estético, se revela diante de nós num novo sentido e numa nova profundidade. Pois a "comunicabilidade universal", que todo juízo estético genuíno reivindica para si mesmo, nos aponta para uma ligação fundamental à qual os sujeitos como tais pertencem independentemente de suas diferenças individuais acidentais, e na qual, portanto, não se apresenta tanto o fundamento inteligível dos objetos como, antes, o fundamento inteligível da humanidade. "É ao *inteligível*", conclui Kant nessa discussão, "[...] que o gosto dirige o seu olhar, // com o qual mesmo as nossas faculdades superiores de conhecimento concordam, e sem o qual surgiriam claras contradições entre a natureza delas e as pretensões levantadas pelo gosto. Nesse contexto, a faculdade de julgar não se vê, como acontece no julgamento empírico, submetida a uma heteronomia das leis empíricas: em relação aos objetos de uma satisfação tão pura, ela mesma dá a lei, tal como faz a razão em relação à faculdade de desejar; e ela se vê, tanto por essa possibilidade interna no sujeito quanto pela possibilidade externa de uma natureza que concorda com ela, relacionada a algo no sujeito e fora dele que não é a natureza, nem a liberdade, mas está conectado ao fundamento da última, ou seja, ao suprassensível – no qual a faculdade teórica é unida à prática de um modo comum a todos e desconhecido"[51]. Este "tipo desconhecido" é conhecido pelo menos na medida em que podemos designar determinadamente o conceito geral mais elevado sobre o qual a ligação repousa. Novamente, é o conceito de autonomia, o conceito da autolegalidade do espírito, que aparece como o centro de gravidade do sistema kantiano. É porque este conceito recebe uma nova confirmação e uma nova luz na estética que também somos levados por ele a uma camada mais profunda do "inteligível". Da autonomia do entendimento puro e das suas leis gerais surgiu a natureza como objeto da experiência científica – da autonomia da moral surgiu a ideia de liberdade e da autodeterminação da razão. Ambas, porém, não ficam isoladas, mas se relacionam necessariamente uma com a outra, pois o mundo da liberdade *deve* exercer influência sobre o da natureza, deve levar as suas exigências à realização no mundo empírico das pessoas e das coisas. Portanto, a natureza deve, pelo menos, também poder ser pensada de tal forma "que a legalidade de sua forma concorde ao menos com

---

51. *Crítica da faculdade de julgar*, KU, AA 5: 353 [p. 251].

a possibilidade dos fins que devem nela operar segundo leis da liberdade". Mas qualquer tentativa de realmente pensar desta forma confronta sempre, no campo puramente teórico, a antinomia entre causalidade e liberdade. Não importa até onde possamos ir aqui: no final das contas estaremos sempre novamente diante do "fosso intransponível" que se consolida entre o domínio do conceito de natureza como o sensível e o domínio do conceito de liberdade como o suprassensível[52]. Aqui só a visão artística nos mostra // um novo caminho. Se a consonância *objetiva* da natureza e da liberdade permanece uma tarefa interminável, se as direções de ambas apenas se cruzam no infinito, sua plena unidade *subjetiva* já se realiza no interior da própria esfera da consciência concreta, no sentimento e na criação da arte. Aqui, no livre jogo das forças do ânimo, a natureza nos aparece como se fosse uma obra da liberdade, como se fosse configurada de acordo com uma conformidade a fins inerente a ela, e como se ela se formasse a partir de dentro – enquanto que, por outro lado, a criação livre, a obra do gênio artístico, aparece-nos como uma necessidade e, nesse sentido, como um produto [*Gebilde*] da natureza. Assim, conectamos aqui o que é e deve permanecer separado, segundo seu mero ser, a uma nova forma de *contemplação*, cujo teor peculiar só continua a existir para nós se resistirmos à tentação de reinterpretá-lo numa forma independente de *conhecimento* teórico do efetivo. O "substrato suprassensível" ao qual o juízo do gosto nos aponta não é, portanto, de forma alguma conceitualmente deduzido dos fenômenos [*Erscheinungen*] na medida em que são fenômenos da natureza [*Naturphänomene*] objetivos; mas, sim, ele tem sua garantia imediata numa relação peculiar da própria consciência que difere tão acentuada e caracteristicamente do conhecimento de conceitos e leis quanto do conhecimento da pura determinação da vontade. Uma vez que essa relação tenha sido clara e inequivocamente estabelecida no sujeito, este resultado também afeta a imagem da efetividade objetiva. É o jogo harmonioso das forças anímicas que dá o conteúdo da *vida* à natureza mesma: a faculdade de julgar estética se transforma em teleológica.

5.

O resultado até aqui da *Crítica da faculdade de julgar* pode ser resumido da seguinte forma: o conceito de finalidade passou agora por aquela transformação que corresponde à "revolução do modo de pensar" kantiana. A finalidade não é um poder natural objetivamente operante nas coisas e por detrás delas; ao con-

---

52. Ver idem, *KU*, AA 5: 176 [p. 76].

trário, ela é um princípio de conexão espiritual que nosso julgamento aplica à totalidade dos fenômenos. Ela se provou como um tal princípio para nós tanto no pensamento da "finalidade formal" como no da "finalidade estética". Nós encontramos a "conformidade a fins formal" na organização da natureza num sistema de leis e formas naturais particulares; mas, para a investigação // crítica, ela constituiu não tanto um novo momento nos próprios fenômenos como, muito antes, uma concordância dos fenômenos com as exigências do nosso *entendimento*. A enformação estética também foi inserida diretamente na própria efetividade; mas quanto mais profunda e puramente ela era compreendida, mais claramente se tornava evidente que a unidade de ser que ela colocava diante de nós nem queria nem podia ser senão um reflexo da unidade do "estado de ânimo" e do sentimento que experimentamos em nós mesmos. Mas agora surge a questão se com esses comentários sobre a ideia de finalidade se esgota todo o seu campo de aplicação. Não existiria uma forma de consideração das coisas em que a finalidade expressaria não só uma relação do fenômeno dado ao "espectador", mas uma relação na qual ela deve ser considerada como um momento objetivamente necessário do próprio fenômeno? E se existe um tal modo de consideração das coisas – qual é e como pode ser criticamente fundamentado e justificado?

A ideia de conformidade a fins difere de todas as outras categorias na medida em que, onde quer que ela ocorra, afirma-se um novo tipo de "unidade da diversidade", uma nova relação de um todo formado aos seus momentos e condições parciais singulares. Assim, no conceito de conformidade a fins formal, o conjunto completo das leis especiais da natureza foi concebido de tal sorte que não apresentava um mero agregado, mas um sistema que se "especifica" de acordo com uma determinada regra – assim, no sentimento estético descobriu-se uma totalidade da consciência e de suas forças que precede e subjaz a todo desmembramento da consciência em "faculdades" singularizadas opostas umas às outras. Em cada um desses dois modos de consideração das coisas, o todo de que se trata é visto como se não fosse composto de suas partes, mas como se fosse ele mesmo a origem das partes e o fundamento de sua determinabilidade concreta. Mas esse mesmo todo era primeiramente de natureza puramente idealista: era um pressuposto e uma exigência que nossa reflexão se sentia compelida a aplicar aos objetos, mas que não entrava diretamente na configuração desses próprios objetos nem se fundia inseparavelmente com eles. Há, no entanto, uma área de fatos e problemas em que essa peculiar transição também ocorre e na qual, consequentemente, parecemos encontrar a finalidade não como um mero princípio de contemplação subjetiva, mas como um produto [*Gebilde*] e conteúdo da própria natureza. Esse passo acontece onde quer que não pensemos na natureza como o conjunto completo de leis mecânico-causais que gradualmente se // organizam do universal ao particular e ao singular, mas onde a entendemos como um todo de *formas de vida*. Pois é isto que define o conceito de vida: que nele se assume uma espécie de eficácia que vai não da pluralidade à unidade, mas da unidade à pluralidade, não das partes ao todo, mas do todo às partes. Um evento natural torna-se um processo de vida para nós quando não o pensamos como uma mera sequência de vários pormenores que se seguem uns aos outros, mas, sim, quando todas estas particularidades são para nós expressões de *um* evento e de uma "essência" que se revela neles apenas em múltiplas formações.

A orientação para essa unidade da essência, em oposição ao mero desenrolar de acontecimentos indiferentes uns aos outros, é o que constitui para nós o caráter da "evolução" [*Entwicklung*]. Onde há uma evolução verdadeira, não há um todo formado *a partir* das partes, mas, sim, ele já está contido nelas como princípio orientador. Ao invés de uma marcha uniforme do antes e do depois do tempo, em que cada momento precedente é engolido pelo presente e, por assim dizer, perde a sua existência nele, pensamos o fenômeno da vida como uma interligação recíproca dos momentos singulares de um tipo em que o passado é *conservado* no presente e que em ambos a tendência para a configuração futura já atua e pode ser reconhecida. É a este tipo de concatenação que tradicionalmente nos referimos pelo *conceito de organismo*. No organismo, de acordo com a explicação que Aristóteles já havia dado sobre ele, o todo é anterior às partes: porque ele não é possível através delas, mas apenas elas são possíveis por meio dele. As fases particulares da vida recebem sua interpretação apenas da totalidade das manifestações da vida a que pertencem; elas são compreendidas não na medida em que as retiramos do evento como uma condição causal, mas na medida em que as consideramos como um "meio" que existe "para" essa totalidade. "Em tal produto da natureza, cada parte, que existe *graças* a todas as demais, é pensada também como existindo *em função das demais* e do todo, isto é, como instrumento (órgão) – o que, porém, não é suficiente (pois ela também poderia ser instrumento da arte [...]); ela deve ser considerada, isto sim, como um órgão *producente* de todas as outras partes (cada parte, portanto, produzindo as demais reciprocamente), do tipo que não pode ser um instrumento da arte, mas apenas da natureza, que fornece todo o material para os instrumentos (mesmo os da arte); e é somente desse modo, e por essa razão, que tal produto // pode, como *ser organizado* e que *se organiza a si mesmo*, ser denominado um *fim da natureza*."[53] O pensamento do organismo surge quando o pensamento da finalidade não se refere à relação entre as nossas forças cognitivas e do ânimo, mas, por assim dizer, quando ela é intuída de forma direta, concreta e objetiva: "Como fins da natureza, as coisas são seres organizados"[54].

No entanto, mesmo essa concepção puramente objetiva não deve levar a desentendimentos. Não nos encontramos aqui numa metafísica da natureza, mas numa crítica da faculdade de julgar. A questão, por conseguinte, não é saber se a natureza procede de um modo conforme a fins em alguns de seus produtos, se sua atividade criativa é guiada por uma intenção consciente ou inconsciente de si mesma, mas se nosso julgamento é obrigado a estabelecer e assumir uma "forma de coisa" própria que difere da do corpo da mecânica abstrata e vai além dela. E aqui, no sentido de uma metodologia transcendental, é preciso estabelecer primeiro que essa afirmação, qualquer que seja a conclusão derradeira sobre o seu *direito*, é inegável como um *fato* puro. Podemos tão pouco apagar da nossa concepção da natureza a ideia de vida orgânica como podemos prescindir, na nossa concepção de ser espiritual, do fato da vontade ou do fato da intuição e da configuração estética. A distinção entre dois modos de ação – um mecânico e causal e outro interior e conforme a fins – pertence à própria imagem da natureza que devemos projetar segundo as condições do nosso conhecimento: não importa, nesse sentido, como podemos responder à questão metafísica, ela apresenta uma consistência da *consciência* de conhecimento que exige o seu reconhecimento e explicação. O contraste entre o evento como se nos apresenta num relógio e como se nos apresenta num corpo animado pode ser demonstrado diretamente no fenômeno e como um fenômeno. "Em um relógio, uma parte é o instrumento do movimento da outra, mas uma roda não é a causa eficiente de produção da outra; uma parte existe, de fato, em função da outra, mas não graças à outra. [...] Eis por que uma roda no relógio não produz a outra, e um relógio menos ainda outro relógio, de tal maneira que utilizassem para isso outra matéria (organizando-a); eis por que ele não substitui por si mesmo as partes que lhe tenham sido retiradas, nem compensa a falta delas na sua primeira montagem pelo acréscimo de outras, nem se conserta por si mesmo, por assim dizer, quando está estragado; coisas que, no entanto, podemos esperar da // natureza organizada. – Um ser organizado não é, portanto, uma mera máquina, já que esta tem apenas força

---

53. Idem, *KU*, AA 5: 373s. [p. 269].
54. Idem, *KU*, AA 5: 372 [p. 267].

movente, ao passo que ele tem força *formativa* [*bildende*] – e uma força tal que ele pode comunicar às matérias que não a possuem (organizando-as); uma força, portanto, que se forma e se propaga, e que não pode ser explicada somente pela faculdade motora (o mecanismo)."[55] Assim, em primeiro lugar, uma árvore gera outra árvore de acordo com uma lei conhecida da natureza e, por conseguinte, reproduz a si mesma de acordo com a *espécie*; mas, em segundo lugar, ela também se gera como *indivíduo*, desde que ela amplie e renove constantemente as suas partes singulares. Se normalmente chamamos a este último efeito apenas "crescimento", deve-se não obstante manter em mente que ele é totalmente diferente de qualquer outro aumento de tamanho de acordo com as leis puramente mecânicas, pois a matéria que a planta acrescenta a si mesma é processada por ela numa constituição especificamente peculiar, e apresentando assim um novo e ulterior desenvolvimento de seu gênero, e não um mero aumento da sua massa e quantidade[56]. O objeto da natureza, que foi determinado pelos princípios do entendimento puro, pela substancialidade, pela causalidade e pela reciprocidade simplesmente como *quantidade*, adquire aqui pela primeira vez uma *qualidade* que lhe é peculiar e a distingue de todas as outras formas, mas que não é tanto uma qualidade do seu ser, mas sim uma qualidade do seu *devir* e indica a *direção* individual deste mesmo devir.

Assim, os fenômenos individuais da natureza ganham aqui um novo significado, que apresenta um enriquecimento e aprofundamento de seu próprio conteúdo, mas não tem nada a ver com a consideração de uma finalidade externa, colocada fora de si mesmos. Pois assim como foi feito na fundamentação da estética, também aqui o pensamento da "finalidade sem fins" deve ser novamente rigorosa e completamente aplicado. Essa tarefa se mostra mais urgente na medida em que Kant, nesse ponto, se contrapõe conscientemente à sua época. Toda a teleologia da Época das Luzes é caracterizada pela contínua confusão da ideia de conformidade a fins com a de *utilidade* geral. Os momentos mais profundos do conceito leibniziano de finalidade já tinham se degradado numa rasa consideração e cálculo de utilidade na obra de Wolff. O pensamento metafísico universal da *Teodiceia* já havia se perdido aqui naquela mesquinhez estreita e // pedante que procurava detectar a vantagem do ser humano e, com isso, a sabedoria e a bondade do Criador em cada traço singular da organização do mundo. Mesmo a luz do sol perde com Wolff uma "justificação" teleológica desse tipo.

---

55. Idem, *KU*, AA 5: 374 [p. 269-70].
56. Idem, *KU*, AA 5: 369ss. [p. 264ss.].

"A luz do dia", observou ele certa vez, "é de grande utilidade para nós, porque com ela podemos realizar comodamente as nossas tarefas, algumas das quais não podem ser realizadas à noite, ou pelo menos não tão comodamente, e com algum custo"[57]. Na literatura alemã, Brockes tornou-se o poeta desta concepção e desta linha de pensamento. Já o jovem Kant, porém, atraído e ocupado com o problema da teleologia natural desde a *História natural universal e a teoria do céu*, enfrentou essa concepção com serena e superior ironia – e aqui ele se referia principalmente ao dito sarcástico de Voltaire, que Deus certamente nos tinha dado nariz apenas para que pudéssemos usar óculos[58]. A *Crítica da faculdade de julgar* remete a esse garante sem nomeá-lo; mas supera não menos clara e definidamente a intuição fundamental positiva do deísmo de Voltaire. O mundo não é mais considerado como um relógio mecânico que encontra sua explicação última no "relojoeiro" divino oculto, pois a forma metafísica da prova cosmológica de Deus é reconhecida como sem sentido, assim como a forma da prova teológica. Se vamos continuar a falar da conformidade a fins da natureza, isso não pode significar a referência a um fundamento transcendente externo do qual ela depende, mas apenas uma referência à sua própria estrutura imanente. Essa estrutura é conforme a fins – desde que a conformidade a fins *relativa* permaneça nitidamente separada para o ser humano ou qualquer outra criatura da conformidade a fins *interna*, que não requer outro ponto de comparação além do próprio fenômeno e da construção das suas partes. No que diz respeito à primeira, à conformidade a fins relativa, é evidentemente claro que a prova para ela permanece problemática em qualquer caso. Pois mesmo que provássemos que um fenômeno singular da natureza ou a natureza como um todo é necessária em função de outro, e que é exigida teleologicamente, o que nos garante a própria necessidade desse outro? Se quiséssemos chamar-lhe um *fim próprio* [*Selbstzweck*], estaríamos introduzindo um critério completamente novo e, neste ponto, // não admissível e útil. O conceito de algo como um fim em si mesmo, como o fundamento da ética kantiana demonstrou, não pertence ao reino da natureza, mas ao da liberdade. Se permanecermos com a natureza, não há como escapar do círculo das relatividades. "Vê-se facilmente aqui que a finalidade externa (conveniência de uma coisa para outra) só poderia ser considerada um fim externo da natureza sob a condição de que a existência da coisa para a qual a outra coisa é direta ou indiretamente conveniente fosse um fim da natureza em

---

57. Apud Josef Kremer, *Das Problem der Theodicee in der Philosophie und Literatur des 18. Jahrhunderts mit besonderer Rücksicht auf Kant und Schiller*, Berlin 1909, p. 95.

58. Comparar com *Único argumento possível*, BDG, AA 2: 131.

si mesmo. Como isso, no entanto, não pode jamais ser estabelecido pela mera observação da natureza, segue-se que a finalidade relativa, mesmo dando sinais hipotéticos de fins da natureza, não autoriza um juízo teleológico absoluto."[59] O pensamento do fim próprio, como o de *valor* próprio, permanece assim limitado à esfera da moral no seu sentido estrito, ao pensamento do *sujeito* de vontade; mas no campo da existência objetiva ele possui um antítipo *simbólico* no fenômeno do organismo (como antes no da obra de arte). Pois todas as partes do organismo são como que dirigidas a um único centro; mas este centro repousa em si mesmo e, por assim dizer, refere-se apenas a si mesmo. A consistência e a forma individual do organismo interpenetram-se reciprocamente: uma parece se dispor apenas em função da outra.

Aqui, entretanto, surge imediatamente uma nova questão em relação ao todo da contemplação estética. Não poderia haver conflito entre o conceito de beleza natural e o de legalidade natural, pois a validade que ambos reivindicam para si mesmos é de um tipo completamente diferente. A consciência estética cria seu próprio mundo e o eleva acima de toda colisão e confusão com a "efetividade" empírica na medida em que o constitui como um mundo de "jogo" e "aparência". Mas ao juízo teleológico que fazemos sobre a *natureza* e suas formações [*Gebilde*] é negada essa saída, pois ele tem um e o mesmo objeto que o juízo da experiência e do conhecimento. Mas poderia a natureza, para o filósofo crítico, significar ainda algo além do objeto da experiência, que é representado na forma de espaço e tempo e nas categorias de grandeza e realidade, de causalidade e reciprocidade, e que se esgota na totalidade dessas formas? Dessa determinação do objeto da experiência – assim parece – tão pouco pode ser subtraído quanto adicionado a ela. O que, // então, significa quando o pensamento da finalidade aparece agora com a exigência de corrigir ou complementar o pensamento da causalidade? Nós nos lembramos que o princípio da causalidade no sentido crítico não significa outra coisa senão o meio indispensável para a objetivação da sequência temporal dos fenômenos. Não é da sucessão dos fenômenos que se pode ler a sua conexão causal, mas, inversamente, só ao aplicar os conceitos de causa e efeito, de condição e condicionado, a uma dada sequência de percepções é que podemos determinar sem ambiguidade a ordem temporal objetiva dos seus elementos[60]. Quando nos atemos a este resultado, reconhecemos imediatamente que não há possibilidade de excluir qualquer área particular da natureza

---

59. *Crítica da faculdade de julgar*, KU, AA 5: 368s. [p. 264].
60. Ver acima, p. 178ss.

da validade universal do princípio causal. Pois assim que isso acontecesse, ela também seria removida da *única ordem temporal objetiva*, e não seria mais um "evento", no sentido empírico desta palavra. Portanto, por mais verdadeira que a evolução que atribuímos ao organismo seja e queira continuar a ser um tal evento, ela também precisa ser pensada como sujeita sem restrições à lei fundamental da conexão causal. Cada configuração particular que ocorre numa série evolutiva deve ser explicável a partir da anterior e das condições do ambiente. Toda determinação de algo presentemente dado por algo ainda não dado e futuro deve ser excluída aqui. Apenas o precedente condiciona e estabelece o seguinte, porque nesta forma de condicionalidade é constituído o fenômeno objetivo de uma sequência temporal unívoca. Nesta concepção da natureza não há espaço para a assunção de uma classe particular de forças que agem visando a fins, porque aqui não há nenhuma *lacuna* na qual o novo pensamento possa ser inserido.

Decorre imediatamente desta conexão que o fim, para Kant, como princípio especial da *explicação dos fenômenos naturais* – seja o "inorgânico" ou o "orgânico" – não pode ser colocado em questão. Há apenas um princípio e um ideal de explicação da natureza, e este é determinado pela forma da física *matemática*. Um fenômeno é "explicado" se for reconhecido e determinado como uma grandeza em todos os seus momentos singulares e se a sua ocorrência puder ser derivada de leis gerais de grandeza, bem como do conhecimento de certas constantes que caracterizam o caso particular. Que esta derivação nunca chega realmente ao fim, que cada caso individual e cada forma // individual encerra em si um emaranhado ilimitado, é igualmente verdade. Pois mesmo onde a análise da física matemática ainda não foi efetivamente realizada, ela ainda deve ser considerada como sendo fundamentalmente *realizável* – se o objeto em questão não deve em absoluto ser colocado fora do reino da natureza, que é descrito pela lei geral de conservação e seus corolários. A dissolução de todos os eventos em equações de grandeza, a transformação do "organismo" em "mecanismo" tem, por conseguinte, de ser mantida, mesmo em relação a todas as barreiras do nosso conhecimento *contemporâneo*, pelo menos como uma *exigência* incondicional. A *Crítica da faculdade de julgar teleológica* não deixa dúvidas sobre este resultado. Ela começa imediatamente com a afirmação de que na "ideia geral da natureza", como conjunto completo dos objetos dos sentidos, não há fundamento para assumir que as coisas da natureza sirvam umas às outras como meios para fins, e que sua possibilidade seja suficientemente compreensível somente através deste tipo de causalidade. Pois isso nem pode ser exigido ou discernido *a priori*, nem a experiência pode nos provar uma tal forma de causalidade: "pois ela teria de ser precedida de um sofisma que introduzisse o conceito de fim na natureza da coisa, sem, contudo, extraí-lo dos objetos e do seu conhecimento empírico; que o utilizasse, portanto, mais para tornar a natureza compreensível pela analogia com um fundamento subjetivo da conexão das representações em nós do que para conhecê-la a partir de fundamentos objetivos"[61].

No entanto, se este fosse o resultado final, a investigação teria andado em círculos. Pois precisamente esta foi a questão que surgiu após a análise da conformidade a fins estética das "forças do ânimo" e após a discussão da conformidade a fins "formal" entre nossos conceitos: se o pensamento da finalidade não estaria pelo menos indiretamente envolvido na construção do mundo da experiência e do seu objeto e, nesse sentido, possuiria algum tipo de validade "objetiva". Se lhe for negado isto, então a teleologia da *natureza*, no sentido crítico, não apresenta nenhum problema novo. Haveria apenas uma forma de conciliar as exigências aparentemente incompatíveis do princípio da finalidade e do princípio da causalidade. Se o princípio causal permanece o único conceito fundamental constitutivo da natureza e da experiência e se, por outro lado, o pensamento da finalidade deve ter uma relação independente com a experiência, então isso só pode ser concebido na medida em que essa relação // se tece e se produz pela *mediação do próprio conceito causal*. Então, e só então, seria possível encontrar aqui uma nova atividade para o conceito de fim se este conceito não contradisser a explicação causal, mas se quiser promover e orientar propriamente esta explicação. E aqui se encontra, na verdade, seu uso verdadeiro e legítimo. O princípio de finalidade não tem significação constitutiva, mas regulativa; ele não serve para a superação da interpretação causal dos fenômenos, mas, muito pelo contrário, para seu aprofundamento e aplicação universal. Ele não se opõe a esta interpretação, mas prepara o caminho para ela na medida em que indica os fenômenos e os problemas aos quais a interpretação causal deve se dirigir. Mas é fácil mostrar que tal preparação é frutífera, e mesmo indispensável, dentro dos fenômenos da natureza orgânica. Pois a aplicação direta do princípio causal e das leis gerais da causalidade, embora pouco se tenha pensado em contestá-los, não encontra aqui, a princípio, qualquer conteúdo no qual ele pudesse ser exercido. As leis da mecânica e da física não lidam com "coisas" da natureza, tal como elas se apresentam diretamente à observação, mas falam de "massas" e "pontos de massa". O objeto precisa ser despido de qualquer outra determinabilidade concreta, ser reduzido às abstrações puras da mecânica analítica se deve haver a possibilidade

---

61. *Crítica da faculdade de julgar*, KU, AA 5: 359s. [p. 255s.].

de subordiná-lo a tais leis. Onde, por outro lado, como nos fenômenos da natureza orgânica, estamos tratando a matéria não como massa em movimento, mas como um substrato dos fenômenos da vida, onde a forma natural em toda a sua complexidade interna forma a nossa verdadeira previsão – aí, antes que a dedução causal do singular possa ser sequer iniciada, o todo, ao qual se dirige a questão, deve ser designado e destacado em termos puramente descritivos. Do conjunto completo da existência espaçotemporal, no qual, em princípio, tudo pode ser ligado a todo o restante, devem ser extraídas algumas séries singulares específicas, cujos membros apresentam uma forma particular de pertencimento recíproco. É esta função que o conceito de fim cumpre. Ao contrário dos conceitos fundamentais da física matemática, ele não serve à "dedução", mas sim à "indução"; não à "análise", mas à "síntese", pois ele primeiramente cria as *unidades* relativas que posteriormente poderemos decompor em seus elementos causais singulares e em suas condições causais. O processo de ver deve ser explicado de forma causal em todos os seus detalhes, mas a estrutura do olho é // investigada do ponto de vista e a partir da premissa de que o olho é "*destinado* a ver", embora não intencionalmente concebido para fazê-lo. Assim, o julgamento teleológico, pelo menos problematicamente, é atraído, com direito à investigação da natureza. Pois o conceito de ligações e formas da natureza segundo fins é, pelo menos, "*um princípio a mais* para submeter os seus fenômenos a regras ali onde as leis da causalidade segundo o seu mero mecanismo não são suficientes. [...] Se, em contrapartida, submetêssemos a natureza a causas *intencionalmente* atuantes e, portanto, não baseássemos a teleologia somente em um princípio *regulativo* para o mero julgamento dos fenômenos, mas também em um princípio *constitutivo* da *derivação* de seus produtos de suas causas, o conceito de um fim da natureza já não pertenceria à faculdade de julgar reflexionante, mas à determinante; mas nesse caso, de fato, ele já nem sequer pertenceria propriamente à faculdade de julgar [...], mas, como conceito da razão, introduziria na ciência da natureza uma nova causalidade – causalidade esta que, na verdade, extraímos de nós mesmos e atribuímos a outros seres, sem, contudo, querer admitir que são da mesma espécie que nós"[62].

Esta é a decisão crítica que Kant toma na velha luta a favor e contra o fim. O conceito de fim em sua *interpretação* metafísica convencional é de fato o *asylum ignorantiae,* como o caracteriza Espinosa. Mas ele é, segundo seu *uso* puramente empírico, muito antes o meio para um conhecimento cada vez

---

62. Idem, *KU*, AA 5: 360s. [p. 256s.].

mais rico e preciso das conexões e das relações estruturais da natureza orgânica. Como "máxima da capacidade reflexionante de julgar" a serviço do conhecimento das leis da natureza na experiência, ele não serve para discernir a possibilidade interna das formas da natureza, mas para "meramente *conhecer* a natureza segundo suas leis empíricas"[63]. Neste ponto o fio condutor da investigação e o princípio da explicação dos fenômenos especiais da natureza se separam. Deve-se manter em mente aqui que ao próprio conceito de explicação natural, como Kant o concebe, não adere mais nada daquela aura mística com a qual a exigência e o anseio de penetrar "no interior da natureza" o cercava, mas que ele designa uma função lógica do // conhecimento que é de fato imprescindível e radical, mas ainda assim *singular*. Toda explicação causal de um fenômeno por outro se dissolve, em última instância, em que um determina ao outro seu lugar no espaço e no tempo. O "como" da passagem de um para o outro não é compreendido por esta via, mas é apenas estabelecido o fato da coesão necessária dos elementos na série da experiência. Mesmo o princípio da finalidade, quando usado num sentido crítico, abstém-se de tentar desvendar o mistério desta passagem. Mas ele organiza os fenômenos em torno de um novo centro e assim estabelece uma forma distinta de sua conexão mútua. Ainda que a derivação causal possa penetrar muito profundamente e por mais que lhe confiramos espaço ilimitado, ela nunca pode eliminar esta forma e torná-la dispensável. Pois no interior dos fenômenos da vida pode ser mostrado de modo puramente causal como o elo seguinte da evolução devém e se origina do anterior, mas, até onde podemos retroceder aqui, no final sempre chegaremos a um estado inicial de "organização" que devemos admitir como um pressuposto. O exame causal ensina-nos as regras segundo as quais uma estrutura passa para a outra; mas o fato de tais "germes" individuais existirem, de existirem formações originais que são especificamente diferentes umas das outras e que formam a base da evolução, ele já não pode tornar compreensível, mas pode apenas expressar como um fato. A antinomia entre o conceito de finalidade e o conceito de causalidade desaparece assim que pensamos em ambos como dois *modos de ordenação* diferentes, através dos quais tentamos trazer unidade à multiplicidade dos fenômenos. No lugar do conflito entre dois fatores metafísicos fundamentais do evento dá-se então a consonância entre duas "máximas" e exigências mutuamente complementares da razão. "Pois se digo que preciso *julgar*, quanto à sua possibilidade, todos os acontecimentos

---

63. Ver idem, *KU*, AA 5: 386 [p. 281].

na natureza material, portanto também todas as formas como seus produtos, segundo leis meramente mecânicas, não estou dizendo com isso que *eles somente são possíveis desse modo* (excluído qualquer outro tipo de causalidade); isso pretende indicar apenas que *devo* sempre refletir sobre eles *segundo o princípio* do mero mecanismo da natureza e, portanto, explorar este último tanto quanto eu possa, pois sem colocá-lo no fundamento da investigação não pode haver qualquer conhecimento verdadeiro da natureza. E isso não impede que se adote a segunda máxima quando for o caso de investigar algumas formas da natureza (e mesmo, em função destas, a natureza como um todo) segundo um princípio – qual seja, o princípio das causas finais – e refletir sobre elas, o que é inteiramente diferente da explicação segundo // o mecanismo da natureza. Pois a reflexão segundo a primeira máxima não é suprimida com isso, sendo antes comandado segui-la até onde for possível; também não é dito aí que essas formas não seriam possíveis segundo o mecanismo da natureza. Só se afirma que a razão humana, ao segui-la e procedendo desse modo, jamais descobrirá o mínimo fundamento daquilo que constitui a especificidade de um fim natural, ainda que possa por certo descobrir outros conhecimentos sobre as leis naturais [...]"[64].

A reconciliação crítica que aqui ocorre entre o princípio da finalidade e o princípio do mecanismo vincula assim ambos à condição de que eles só aspiram a ser modos diferentes e específicos de ordenação dos fenômenos da natureza, abstendo-se de desenvolver dogmaticamente uma teoria sobre a origem última da própria natureza e sobre as formas individuais nela contidas. O conceito de finalidade, bem como o conceito de causalidade, teriam de fracassar em tal empreendimento. Pois o conceito de um ser que, em virtude de seu entendimento e vontade que age visando a fins, é o fundamento primordial da natureza, é possível no sentido formal-analítico, mas não é provável no sentido transcendental, porque, como ele não pode ser tirado da experiência e como não é necessário para a possibilidade dela, sua realidade objetiva não pode ser assegurada por nada. A este respeito, o conceito de finalidade, quando se trata da investigação da natureza, permanece sempre um "estranho na ciência da natureza" que ameaça suspender o curso constante da sua metodologia e desviar de seu significado fundamental o próprio conceito de causa, que para ele apenas designa uma *relação no interior do fenômeno*[65]. Por outro lado, também

---

64. Idem, *KU*, AA 5: 387 [p. 282s.].
65. Comparar com idem (§§ 72 e 74), AA *KU*, 5: 389ss.; 395ss. [p. 284ss.; 290ss.].

o pensamento causal, se ele se mantém consciente de sua tarefa essencial de "soletrar fenômenos para poder lê-los como experiências[66], precisa renunciar à pretensão de poder mediar um verdadeiro discernimento nos "fundamentos" primeiros e absolutos da vida organizada. Pois já dentro dos próprios fenômenos, a infinita complexidade que toda forma natural orgânica possui para nós aponta imediatamente para o limite de sua capacidade. "É inteiramente certo que não podemos, segundo meros princípios mecânicos da natureza, *conhecer suficientemente* os seres organizados e sua possibilidade interna, // muito menos explicá-los; e, com efeito, tão certo que se pode dizer sem hesitação que é absurdo para seres humanos sequer conceber esse projeto, ou esperar que possa surgir um Newton capaz de explicar a geração de uma folha de grama que seja segundo leis naturais que nenhuma intenção tenha ordenado; é preciso antes negar esse saber aos seres humanos. Que na própria natureza, contudo, se pudéssemos chegar ao seu princípio especificando as suas leis universais que conhecemos, não *possa* ocultar-se uma razão suficiente da possibilidade de seres organizados, sem que haja uma intenção por trás da sua geração (no seu próprio mecanismo, portanto), isto seria novamente um juízo desmesurado da nossa parte; pois de onde poderíamos tirar esse saber? Probabilidades não cabem aqui de modo algum, quando se trata de juízos da razão pura[67]. Também aqui podemos tentar que as duas linhas que são divergentes para nós se cruzassem "no suprassensível"; poderíamos assumir que o "fundamento" transcendente sobre o qual se apoia o mundo dos fenômenos é tal que dele, de acordo com as leis gerais e, portanto, sem a intervenção de qualquer intenção arbitrária, deve surgir uma ordem completamente conforme a fins do universo. Desse modo, na metafísica da harmonia preestabelecida de Leibniz, por exemplo, buscou-se reconciliar o reino das causas finais com o da causa eficiente, o conceito de Deus com o conceito da natureza. Para Kant, entretanto, mesmo aqui o "suprassensível" não significa tanto o substrato e fundamento último de explicação das coisas como, muito antes, a projeção para além dos limites da experiência de uma meta inatingível na experiência. Não se afirma com isso uma certeza teórica sobre a origem absoluta do ser, apenas aponta-se uma direção que devemos manter interiormente na aplicação dos métodos fundamentais de nosso conhecimento. Que a reconciliação entre mecanismo e teleologia seja talvez possível no suprassensível quer dizer, antes de tudo, que devemos fazer uso resoluto de ambos os modos de procedimento *para a expe-*

---

66. *Prolegômenos, Prol,* AA 4: 312 [p. 89]. Ver também acima, p. 243.
67. *Crítica da faculdade de julgar, KU,* AA 5: 400 [p. 296].

riência mesma e para a investigação da relação de seus fenômenos, pois cada um deles é necessário e insubstituível dentro de suas esferas de validade. Para a explicação da conformidade a fins da natureza, a metafísica invocava ora a matéria inanimada ou um Deus inanimado, ora também a matéria viva ou um Deus vivo. No entanto, do ponto de vista da filosofia transcendental, nada mais resta a fazer em relação a esses // sistemas se não "nos afastarmos de todas essas *afirmações* objetivas e apenas avaliarmos nosso juízo em relação a nossas faculdades de conhecimento, de modo a fornecer ao seu princípio se não uma validade dogmática, ao menos a validade de uma *máxima* que seja suficiente para o uso seguro da razão"[68]. Nesse sentido também vale dizer que a unificação do princípio da finalidade e do princípio da causalidade "não pode basear-se em um fundamento de *explicação* (*Explikation*) da possibilidade de um produto segundo leis dadas para a faculdade de julgar *determinante*, mas apenas em um fundamento da *exposição* (*Exposition*) dessa possibilidade para a faculdade de julgar *reflexionante*"[69]. Não afirmamos com isso de onde a "natureza", considerada como coisa em si, vem nem para onde ela vai, mas constatamos com isso os conceitos e conhecimentos que são indispensáveis para compreender o todo dos fenômenos como uma unidade fechada em si sistematicamente organizada.

Assim, precisamente este princípio, que mais parecia destinado a alcançar o fundamento originário transcendente e o fundamento inicial de toda a experiência, apenas reconduz mais profundamente à estrutura da experiência e, em vez de iluminar esse fundamento originário, apenas o faz para a plenitude e o conteúdo do próprio fenômeno. A efetividade que, considerada sob o pensamento da causalidade e do mecanismo, mostrava-se como um produto a partir de leis universais, configura-se, para o princípio de finalidade e através dele, como um todo de formas de vida. Aqui fica clara a ligação, assim como o contraste, que existe entre as duas marcas do pensamento da finalidade na estética e na teleologia da natureza. O julgamento estético também significou uma completa transformação com relação à efetividade do entendimento puro e suas leis universais. Também através dele foi descoberta e fundada uma nova figura do ser numa nova função da consciência. Mas a área que assim surgiu de modo independente também perseverou aqui na independência e desprendimento de sua determinação. Ela, como um mundo autossuficiente de "jogo" e relacionada apenas ao seu próprio centro de interesse, separou-se do mundo das realidades

---

68. Idem, *KU*, AA 5: 392, nota [p. 287].
69. Idem, *KU*, AA 5: 412 [p. 309].

empíricas e dos fins empíricos. Na consideração teleológica da natureza e dos organismos, porém, tal separação não ocorre; ao contrário, há uma reciprocidade contínua entre o conceito de natureza que o entendimento projeta e o que a faculdade de julgar teleológica estabelece. O // próprio princípio da finalidade invoca o princípio causal e o instrui em suas tarefas. Não podemos considerar um produto como conforme a fins sem nos enredarmos em investigações sobre os fundamentos de seu surgimento, pois a assunção de que o seu surgimento se dá graças a uma intenção da natureza ou da providência não tem sentido, pois ela é puramente tautológica e apenas replica a questão[70]. Assim, deve ser feita pelo menos a tentativa de se manter com o pensamento do mecanismo e segui--lo o mais possível, embora, por outro lado, tenhamos a certeza de que por esta via nunca chegaremos a uma conclusão final da questão. Para o conhecimento, entretanto, precisamente essa incompletude permanente significa sua verdadeira fecundidade. O segredo da vida orgânica nunca será resolvido de modo abstrato e puramente conceitual por meio desse procedimento, mas o conhecimento e a intuição das formas individuais da natureza serão constantemente ampliados e aprofundados. Mais do que isso, entretanto, a "máxima da faculdade de julgar reflexionante" não é capaz de alcançar, e não o exige, pois sua meta não é resolver os "enigmas do mundo" no sentido de um monismo metafísico, mas afiar cada vez mais o olhar para a riqueza dos fenômenos da natureza orgânica e deixá-lo penetrar cada vez mais nas particularidades e detalhes dos fenômenos da vida e suas condições.

Tendo chegado a este ponto, Kant consegue mais uma vez contrapor com a mais alta acuidade e consciência metodológica o princípio de sua filosofia ao princípio da metafísica tradicional. A oposição entre entendimento "discursivo" e "intuitivo", que já havia sido invocada na *Crítica da razão pura*, ganha aqui um novo significado ainda mais abrangente. Para um entendimento absolutamente infinito e absolutamente criativo – como é aquele do qual a metafísica deriva a conformidade a fins das formas naturais e da ordem natural – seria eliminada a oposição entre o "possível" e o "efetivo" à qual estamos ligados em todo o nosso conhecimento. Para ele, a mera afirmação no pensamento e na vontade implicaria simultaneamente a existência do objeto. A distinção entre pensado e efetivo, entre ser "acidental" e "necessário" não teria sentido para tal intelecto; pois, para ele, no primeiro membro da série de seres que ele contempla já teriam sido de-

---

70. Ver idem, *KU*, AA 5: 410ss. [p. 306ss.].

cididos, a totalidade desta série e o conjunto ideal e efetivo da sua // estrutura[71]. Para o entendimento humano, por outro lado, o pensamento de tal visão abrangente é uma ideia inalcançável por excelência. Pois não lhe é dado compreender o todo a não ser fazendo-o ressurgir diante de si através de uma construção progressiva das partes. O seu lugar não é no conhecimento dos fundamentos primeiros e originais do ser, mas na comparação das percepções individuais e da sua subordinação às regras e leis universais. E mesmo onde ele segue o caminho da dedução pura, onde parece partir do geral para o particular, ele sempre atinge apenas o *universal analítico* que é inerente ao conceito como tal. "Nosso entendimento tem, com efeito, a propriedade de que, em seu conhecimento – por exemplo, da causa de um produto –, tem de ir do *analiticamente universal* (de conceitos) ao particular (da intuição empírica dada); no que, portanto, ele nada determina quanto à diversidade do último, tendo antes de esperar essa determinação, para a faculdade de julgar, da subsunção da intuição empírica (se o objeto é um produto da natureza) sob o conceito. Agora, nós também podemos representar-nos um entendimento que, por não ser discursivo como o nosso, mas intuitivo, vai do *sinteticamente universal* (da intuição de um todo enquanto tal) ao particular, isto é, do todo às partes; de modo que ele e sua representação do todo não contêm em si a *contingência* da conexão das partes (para tornar possível uma forma determinada do todo) de que necessita o nosso entendimento, que tem de avançar das partes, como fundamentos universalmente concebidos, para diferentes formas possíveis a serem, como consequências, sob eles subsumidas. [...] Se quisermos, pois, representar não a possibilidade do todo como dependente das partes, como é apropriado ao nosso entendimento discursivo, mas a possibilidade das partes (no que diz respeito à sua constituição e conexão) como dependentes do todo, conforme a medida do entendimento intuitivo (arquetípico), isso não pode acontecer devido justamente à mesma propriedade de nosso entendimento, de tal modo que o todo contenha o fundamento de possibilidade da conexão das partes (o que seria contraditório no modo discursivo de conhecimento), mas somente de tal modo que a *representação* de um todo contenha o fundamento de possibilidade de sua forma e a conexão das partes a ele pertencentes. Como, no entanto, o todo seria então um efeito (*produto*) cuja *representação* é considerada a *causa* de sua possibilidade, mas o produto de uma causa cujo fundamento de determinação é tão somente a representação // de seu efeito se chama um fim, segue-se daí que é uma mera consequência da consti-

---

71. Comparar acima, p. 268ss.

tuição particular de nosso entendimento o fato de nos representarmos produtos da natureza como somente possíveis segundo uma outra espécie de causalidade que não a das leis naturais da matéria, ou seja, segundo a causalidade dos fins e das causas finais, e o fato de esse princípio não dizer respeito à possibilidade de tais coisas elas mesmas (mesmo consideradas como fenômenos), segundo esse modo de geração, mas apenas ao julgamento que nosso entendimento pode fazer delas. [...] E não é sequer necessário, aqui, provar que tal *intellectus archetypus* é possível, mas apenas que, em contraposição ao nosso entendimento discursivo, que necessita de imagens (*intellectus ectypus*), e à contingência de tal constituição, somos conduzidos a essa ideia (de um *intellectus archetypus*); e também que esta última não contém qualquer contradição."[72]

Todas as diretrizes que a crítica da razão estabeleceu até agora convergem aqui num ponto: todos os seus conceitos e pressupostos se unem para determinar nítida e univocamente a posição em que o pensamento da finalidade se enquadra no conjunto do nosso conhecimento. A discussão aqui alcança até a verdadeira e derradeira profundidade, até os fundamentos da própria estrutura de pensamento kantiana. Schelling disse sobre estas proposições da *Crítica da faculdade de julgar* que talvez nunca antes tenham sido condensados tantos pensamentos profundos em tão poucas páginas como acontece aqui. Ao mesmo tempo, entretanto, todas as dificuldades em torno da doutrina de Kant sobre a "coisa em si" e sua concepção do "inteligível" são apresentadas aqui por um novo ângulo. Em primeiro lugar, aqui destacamos de toda consideração a ilação resultante que designa a direção *metodológica* da distinção entre o "*intellectus archetypus*" e o "*intellectus ectypus*", entre o entendimento "arquetípico" e o mediado que necessita de imagens. Os dois membros desta oposição não estão contrapostos entre si como *existentes*, não é uma diferença de coisas efetivas que se visa neles, mas, sim, devem apenas ser criados dois pontos sistemáticos de orientação aos quais a característica de nossos meios específicos de conhecimento, seu significado e validade, pode se referir e sobre os quais pode repousar. Esta tarefa pode ser facilitada neste ponto se a orientação *sistemática* for acompanhada em paralelo pela orientação *histórica*. São duas concepções e estimativas fundamentais opostas // que o conceito de fim experimenta na história da metafísica. De um lado está a doutrina de Aristóteles, de outro a doutrina de Espinosa. No primeiro caso, o conceito de fim vale como a forma mais alta do conhecimento adequado e do discernimento do ser; no outro, ele vale como um

---

72. *Crítica da faculdade de julgar*, KU, AA 5: 406ss. [p. 303s.].

modo de conhecimento especialmente "humano" que apenas por meio de um engano da imaginação é transferido para as próprias coisas e sua configuração. Para Aristóteles, a finalidade, o τὸ τί ἦν εἶναι, denota o último fundamento originário de todo ser e acontecer; para Espinosa, o conceito de finalidade é antes um mero ingrediente da nossa imaginação através do qual obscurecemos e turvamos a imagem pura do ser, a imagem da substância que, com necessidade geométrica, produz a totalidade das suas modificações. Todo o desenvolvimento da metafísica se move entre estes dois polos mais extremos. A liberdade interior que Kant ganhou diante dos resultados deste desenvolvimento é, portanto, provada mais uma vez na medida em que ele rejeita do mesmo modo *ambas* as soluções típicas que aqui foram apresentadas para o problema dos fins. Para ele, o fim não é, como para Aristóteles, o conceito fundamental do "*intellectus archetypus*" nem, como para Espinosa, um produto do "*intellectus ectypus*" que não atinge a verdadeira intuição da essência. A consideração dos fins surge, muito antes, através de uma nova *relação* que resulta de quando o nosso entendimento condicionado e finito levanta a exigência do incondicional – através de uma oposição, portanto, que é reconhecidamente possível apenas do ponto de vista do nosso tipo de conhecimento, mas que, por outro lado, se revela inevitável e necessária sob os pressupostos que constituem este modo de conhecimento. O fim é, portanto, tampouco um produto do pensamento "absoluto" quanto um modo puramente "antropomórfico" de representação que, no mais alto conhecimento intuitivo, deixamos para trás como um mero engano subjetivo. A sua "subjetividade" é propriamente de natureza universal: é a própria condicionalidade da "razão humana" que encontra nisso a sua expressão. O conceito de fim deriva da reflexão da experiência na ideia, da comparação da forma do nosso pensamento categórico com aquele outro tipo de entendimento que a razão nos apresenta em sua exigência de unidade sistemática e completude do uso do entendimento. Sua peculiaridade e sua particularidade metodológica são do mesmo modo mal compreendidas se abandonamos um ou outro membro nesta correlação. Se nos colocarmos do ponto de vista do entendimento absoluto e arquetípico, então com isso qualquer aplicação do conceito de fim perde seu solo. Pois a conformidade a fins é, segundo a definição de Kant, a "legalidade do // acidental"[73]. Para tal entendimento, porém, o conceito de acidental seria sem conteúdo. Pois para ele, que numa visada espiritual indivisível abrange o singular e o todo, o particular e o universal, seria superada a oposição entre "possibilidade" e "efeti-

---

73. Idem, *KU*, AA 5: 404 [p. 300].

vidade", à qual estamos ligados em virtude das leis fundamentais do nosso modo de conhecimento. Para ele só existiria a série absolutamente uniforme do ser, que mesmo em pensamento não toleraria nada nem ao seu lado nem fora de si. A comparação de uma maioria de casos possíveis, que constitui o pressuposto para todo juízo sobre o fim, seria assim afastada aqui: onde prevalece o discernimento de que o todo da efetividade não *pode* ser diferente do que realmente é, a afirmação de uma vantagem final particular desse mesmo ser perde o seu sentido e o seu direito[74]. Por outro lado, porém, isto não implica de forma alguma // que o conceito de efetividade *empírica*, que a nossa ideia dos *fenômenos* deva ou possa prescindir da aplicação do conceito de fim. Pois *esse* pensamento se move precisamente naquele dualismo de condições lógicas e intuitivas que constitui o fundamento para a aplicação deste conceito, e não pode sair desta dualidade sem renunciar a si mesma. Ela se situa no interior da oposição entre "universal" e "particular", e, por outro lado, sente-se chamada a superá-la progressivamente. A forma dessa superação tentada, mas nunca consumada nem realizável defi-

341

---

74. Neste ponto, portanto, Kant também critica indiretamente a versão leibniziana do conceito de fim e a metafísica que Leibniz fundamentou sobre ele. Na *Teodiceia* de Leibniz é o entendimento de Deus que faz uma escolha entre os infinitos "mundos possíveis" e "admite a efetivação" do melhor deles. Segundo Kant, a deficiência fundamental desta concepção consiste no fato de que nela uma oposição "subjetiva" inerente à forma de nossa cognição é falsamente hipostasiada e colocada no próprio absoluto. Que para nós a "possibilidade" das coisas e sua realidade não coincidem baseia-se no fato de que em nosso modo de conhecimento a esfera do entendimento e a da intuição, a área do "pensado" e do "dado" não são da mesma amplitude, de modo que aqui algo pode ser pensado como possível que não encontra correlação e nenhum caso de realização na intuição. Para o "entendimento intuitivo", porém, cuja direção é um olhar e cujo olhar é um pensamento, a diferença entre o possível e o efetivo precisa ser considerada como superada na medida em que permitimos até mesmo a ideia de um tal entendimento. "Se, com efeito, o nosso entendimento fosse intuitivo, ele não teria outros objetos senão o real. Conceitos (que só dizem respeito à possibilidade de um objeto) e intuições sensíveis (que nos dão algo sem por isso permitir conhecê-lo como objeto) desapareceriam ambos. [...] Assim, que as coisas são possíveis sem ser reais [...] são proposições que valem de maneira inteiramente correta para a razão humana, sem por isso provar que essa distinção resida nas próprias coisas. [...] Para um entendimento em que essa distinção não entrasse, valeria o seguinte: todos os objetos que conheço são; e a possibilidade de alguns que não existissem, isto é, a sua contingência caso existam, [...] não poderia entrar de modo algum na representação de um tal ser. Mas o que torna tão difícil para o entendimento acompanhar aqui com seus conceitos a razão é tão somente o fato de que, sendo entendimento humano, é para ele excessivo (isto é, impossível em virtude das condições subjetivas de seu conhecimento) aquilo que a razão assume como um princípio que seria inerente ao objeto." (*Crítica da faculdade de julgar*, [KU, AA 5: 402s.] p. 298s.). Só aqui, como se pode ver, a *Teodiceia* de Leibniz é verdadeiramente superada, não tanto na medida em que a investida crítica se dirige contra o seu resultado, mas muito antes contra o fundamento real de seu questionamento. A aplicação leibniziana do conceito de fim à ideia do "melhor dos mundos possíveis" é também acusada por Kant de um "antropomorfismo". Mas não é um antropomorfismo de tipo psicológico, mas de tipo "transcendental" que Kant descobre nela e que, portanto, segundo ele, só pode ser definitivamente removido pela totalidade da análise transcendental e de seus resultados.

nitivamente é o conceito de fim. Ele é indispensável para nós; ele não pode, de modo algum, ser suprimido do conjunto completo dos nossos métodos de conhecimento. Mas, por outro lado, ele se aplica apenas a esse próprio conjunto, não àquele ser "absoluto" do qual a metafísica na sua forma habitual se ocupa. A ideia de fim e a de vida orgânica dá à nossa experiência e ao nosso conhecimento da natureza o infinito imanente que lhe é peculiar: ela transforma as experiências condicionadas e isoladas em totalidade, em intuição de um *todo* vivo, mas ao mesmo tempo ela mostra o limite desse todo ao nos ensinar a conhecê-lo como um todo de fenômenos. "Se eu me consolar finalmente num fenômeno primordial", disse Goethe certa vez, "é apenas resignação; mas permanece uma grande diferença se eu me resigno aos limites da humanidade ou no interior de uma limitação hipotética de meu indivíduo nascido"[75]. Para Kant, o fenômeno da vida orgânica e a ideia de fim, na qual ele se expressa para nosso conhecimento, é um tal fenômeno primordial. Ele não é a expressão do próprio absoluto nem a de uma limitação subjetiva meramente acidental e superável de juízo. Ao contrário, ele leva aos próprios "limites da humanidade", a fim de entendê-los como tal e de se satisfazer com eles.

// Do conjunto dessas considerações abstratas, entretanto, somos imediatamente conduzidos de volta ao reino da própria contemplação intuitiva tão logo Kant passa a defender em detalhes a concepção fundamental a que ele chegou na crítica do conceito de fim sobre os fatos da própria natureza e sobre sua interpretação. A síntese do conceito de fim e do conceito de "mecanismo" e a condicionalidade mútua que se deve assumir entre ambos no interior da experiência se apresentam em concreção e nitidez imediatas no conceito de *evolução* [*Entwicklung*] de Kant. A evolução é ela própria um conceito de fim, pois ele pressupõe uma "forma cunhada", um "sujeito" uniforme dos fenômenos da vida que se mantém sempre o mesmo em todas as modificações ao transformar-se a si mesmo. Mas ele precisa ao mesmo tempo ser explicado de modo puramente causal em suas fases, se for verdadeiro que estas devam constituir um todo temporalmente ordenado. Essa exigência se mostrou desde sempre inquebrantável em Kant, porque foi no mundo dos fenômenos *cósmicos*, e com isso no próprio mundo do "mecanismo" que ele encontrou pela primeira vez o pensamento da evolução em seu sentido completo. Na sua primeira tentativa juvenil de estabelecer toda a sua visão científica do mundo, a *teoria* universal do céu havia se transformado imediatamente em *história natural* universal do céu. Deste pon-

---

75. Johann Wolfgang von Goethe, *Über Naturwissenschaft im Allgemeinen, einzelne Betrachtungen und Aphorismen*, in: Werke, 2. Abt.,Vol. XI, pp. 103-163: p. 131.

to de vista, não só surgiu uma profusão de novos resultados singulares, mas, o que é decisivo em sentido filosófico, um novo ideal de conhecimento, que confrontou clara e conscientemente o procedimento predominante de classificação sistemática das formas naturais existentes, como foi realizado, por exemplo, na doutrina de Lineu. "A *História da natureza*, da qual nos falta quase tudo ainda, ensinar-nos-ia sobre a alteração da forma da Terra, bem como sobre a alteração que as criaturas da Terra (plantas e animais) sofreram por meio de migrações naturais, e sobre as derivações originadas do protótipo do gênero fundamental [*Stammgattung*] dessas criaturas. Ela provavelmente reduziria uma grande quantidade de espécies aparentemente diferentes a raças do mesmo gênero, e transformaria o agora tão detalhado sistema escolar de Descrição da Natureza em um sistema físico para o entendimento."[76] Já aqui surge o pensamento fundamental de que a natureza é associada então pela primeira vez a uma unidade clara e abrangente para o entendimento, quando não a concebemos como um // ser fixo de formas que existem uma ao lado da outra, mas quando a investigamos em seu devir contínuo. A *Crítica da faculdade de julgar* dá a esse pensamento uma amplitude e profundidade novas ao criar para ele a fundamentação crítica universal no *Princípio da conformidade a fins formal*. Aqui se mostra que nós compreendemos toda diversidade particular apenas na medida em que a pensamos como procedente de um princípio que se "especifica" a si mesmo, e que um tal *julgamento* do diverso, do ponto de vista de nossa faculdade de conhecimento, constitui o meio impreterível para fazer sua estrutura concebível e transparente. Se aplicarmos esse resultado *lógico* ao exame do existente *físico*, chegamos então imediatamente a um *novo conceito de natureza* que não dispõe simplesmente as espécies e classes uma ao lado da outra, tal qual o de Lineu, e as separa uma da outra através de notas características imutáveis, mas que busca tornar compreensível o nexo da natureza na transição das espécies.

343

Agora se compreende que não era de modo algum um *aperçu* genial, mas sim uma consequência necessária de seus pressupostos metodológicos, quando Kant assume esse postulado na *Crítica da faculdade de julgar* e quando ele procura levá-lo a cabo para todo o domínio das formas naturais. Ele começa com a exigência universal por alguma "explicação da natureza" que para ele já é colocada através do conceito e através da forma da experiência científica. "É infinitamente importante para a razão não abandonar o mecanismo da natureza nas

---

76. Ver Immanuel Kant, *Das diferentes raças humanas* [*VvRM*, AA 2: 434], nota [Tradução de Hahn, A. In: Kant e-Prints. Campinas, Série 2, v. 5, n. 5, p. 10-26, número especial, jul.-dez., 2010].

suas produções, e não negligenciá-lo na explicação destas últimas; pois sem ele não se pode alcançar qualquer discernimento da natureza das coisas. Se nos é concedido que um arquiteto supremo criou imediatamente as formas da natureza, tal como elas existem desde sempre, ou predeterminou aquelas que em seu curso se formam continuamente segundo o mesmo modelo, nosso conhecimento da natureza não é minimamente ampliado com isso; pois nada conhecemos sobre o modo de agir desse ser, ou sobre as suas ideias que devem conter os princípios de possibilidade dos seres naturais, e não podemos explicar a natureza a partir dele, de cima para baixo (*a priori*)."[77] Por outro lado, foi estabelecido pelas discussões precedentes como uma "máxima da razão" igualmente necessária não desatentar do princípio dos fins nos produtos da natureza, porque ele, embora não nos torne mais concebível o modo de surgimento de seus produtos, é entretanto um princípio heurístico para a investigação das // leis especiais da natureza. Se os dois princípios se excluem mutuamente acerca das mesmas coisas da natureza como princípios de explicação e dedução, eles são, não obstante, plenamente aceitos como princípios de "*discussão*". O nosso conhecimento tem a competência e a vocação para explicar mecanicamente todos os produtos e acontecimentos da natureza, mesmo os mais conformes a fins, na medida em que isso esteja sempre em nossa faculdade, embora em relação a estes últimos ele se conforme a chegar a uma "organização" originária para a qual não se possa discernir nenhum "por quê" mecânico, e sim apenas teleológico. Como, no entanto, a questão não cessa *antes* de atingirmos este ponto, é louvável passar pela grande criação da natureza orgânica através de uma "anatomia comparativa" para ver se não encontramos algo semelhante a um sistema, de acordo com o princípio da criação. "A concordância de tantas espécies animais em um certo esquema comum, que parece estar na base não apenas de seu esqueleto, mas também na disposição das demais partes – em que uma simplicidade admirável do plano pôde, pelo encurtamento de uma e alongamento da outra, pela evolução de uma e involução da outra, produzir uma tão grande diversidade de espécies –, faz surgir na mente, ainda que fraco, um raio de esperança de que se poderia chegar aqui a algum resultado com o princípio do mecanismo da natureza – sem o qual não poderia sequer haver uma ciência da natureza. Essa analogia das formas, na medida em que estas, apesar de toda a sua diversidade, parecem ser geradas segundo um arquétipo comum originário, fortalece a suspeita de um parentesco efetivo delas na geração por uma mãe comum originária, pela apro-

---

77. *Crítica da faculdade de julgar*, KU, AA 5: 410 [p. 306s.].

ximação em graus de uma espécie animal à outra – daquela em que o princípio dos fins parece mais comprovado, ou seja, o ser humano, até o pólipo, e deste até os musgos e líquens, chegando finalmente até o grau mais inferior que podemos observar na natureza, a matéria crua; sendo que é desta, e de suas forças, que parece brotar segundo leis mecânicas (como aquelas que parecem operar nas cristalizações) toda a técnica da natureza – a qual nos parece tão incompreensível nos seres organizados que nos sentimos forçados a acreditar em um outro princípio para explicá-la. Agora, o *arqueólogo* da natureza tem aqui toda a liberdade de fazer surgir dos vestígios remanescentes de suas antigas revoluções, segundo o mecanismo natural que lhe é conhecido ou imaginado, essa grande família de criaturas [...] Ele pode fazer brotar do solo materno da terra, que havia acabado de sair de seu estado caótico // inicial, criaturas cuja forma é pouco conforme a fins, e destas fazer brotar outras que se teriam formado de maneira mais adequada a seu lugar de criação e suas relações recíprocas; até que essa mãe geradora, endurecida e ossificada, tenha limitado suas crias a determinadas espécies [...] Para isso, contudo, ele tem de atribuir a essa mãe universal uma organização que seja conforme a fins em vista de todas essas criaturas, já que, do contrário, a forma final dos produtos dos reinos animal e vegetal não poderia ser pensada no que diz respeito à sua possibilidade. Nesse caso, porém, ele apenas deslocou o fundamento de explicação, e não pode ter a pretensão de haver tornado a geração desses dois reinos independente da condição das causas finais."[78] Nós tivemos de seguir essas proposições de Kant – embora elas sejam tão conhecidas e famosas – segundo sua dimensão total, pois deixados de lado os discernimentos fundamentais das ciências da natureza que foram antecipados nelas, expressa-se aí ainda mais uma vez todo o caráter do pensamento kantiano. A acuidade da observação singular e o poder sintético da fantasia, a ousadia da intuição e a cautela crítica do juízo: tudo isso se encontra aqui como se estivesse unificado num só ponto. O pensamento de Kant de uma série unificada de descendência e evolução de organismos apareceu-lhe como uma "aventura da razão". Mas ele estava, como Goethe, determinado a sobreviver corajosamente a essa aventura, desde que lhe fosse permitido confiar na bússola da filosofia crítica. Ele compreendeu, mesmo antes de iniciar o percurso, o limite que lhe tinha sido fixado; ele viu diante de si os "Pilares Hercúleos" que marcavam o "*nihil ulterius*"[79], clara e determinadamente desde o início. Para ele, a evolução não é um conceito metafísico que remonta à origem transcendente do ser e desvenda

---

78. Cf. *Crítica da faculdade de julgar*, KU, AA 5: 418ss. [p. 315ss.].
79. Comparar com *Crítica da razão pura*, KrV, A 395 [p. 346].

nele o mistério da vida, mas é o princípio, em virtude do qual somente a plenitude e a interconexão dos fenômenos da vida podem ser plenamente apresentados para o nosso conhecimento. Não precisamos perguntar de onde *vem* a vida se só vemos diante de nós a totalidade de suas formas e sua disposição gradual em clareza intuitiva e em ordem conceitual. É um dos traços mais profundos da doutrina kantiana que se expressa mais uma vez e de um novo ângulo neste resultado. A // *Crítica da faculdade de julgar* mantém firme o dualismo entre "coisa em si" e "fenômeno". Mas, por seu turno, esse dualismo é mediado pelo pensamento de que somente a "coisa em si", *considerada como ideia*, leva o conceito de efetividade da experiência à verdadeira perfeição. Pois somente a ideia assegura a completude sistemática do uso do entendimento, na qual os objetos nos são dados não como singularidades separadas e, por assim dizer, como fragmentos do ser, mas em sua totalidade concreta e em sua conexão contínua e ininterrupta. Assim, a *Crítica da faculdade de julgar* mantém os pressupostos fundamentais do pensamento kantiano, enquanto, por outro lado, leva-os muito além de seu campo de aplicação anterior. O processo que Kant conduz contra a metafísica pré-crítica chegou ao seu fim aqui: a *Crítica da faculdade de julgar* confirma o veredito que a *Crítica da razão pura* e a *Crítica da razão prática* haviam proferido contra a metafísica dogmática. E, no entanto, é uma relação diferente em que a filosofia crítica entrou agora com a metafísica. Pois ela a investigou em seu campo mais próprio e se mediu em relação a ela na definição e solução daqueles mesmos problemas fundamentais que parecem pertencer à metafísica desde tempos imemoriais. A doutrina de Kant não extrapolou, naturalmente, o campo da "filosofia transcendental", a tarefa geral de analisar o conteúdo e os meios do conhecimento. Assim como ela foi capaz de determinar o conteúdo da moralidade apenas mostrando os princípios necessários e universais de todo ajuizamento moral, ela não foi capaz de abordar o problema da arte, e mesmo o da própria vida, de qualquer outra forma que não por meio de uma crítica da faculdade de julgar estética e teleológica. No entanto, torna-se agora ainda mais claro que, através desta virada que se encontra fundamentada na essência do método kantiano, a riqueza da efetividade intuitiva não deve ser atrofiada e dissipada num sistema de meras abstrações, mas que, pelo contrário, o conceito original do conhecimento de Kant passou aqui por uma ampliação e um aprofundamento que só agora lhe capacita verdadeiramente a abranger toda a vida natural e espiritual e a compreendê-la a partir de dentro como um único organismo de "razão".

7. Os últimos escritos e as últimas batalhas. A religião nos limites da simples razão e o conflito com o governo prussiano

// Se retornarmos da estrutura e do desenvolvimento do sistema kantiano para o exame da vida exterior de Kant após a conclusão da *Crítica da faculdade de julgar*, iremos reencontrá-la no mesmo ponto em que a havíamos deixado uma década atrás. Nada mudou no seu comportamento e na sua relação com o mundo e com seu entorno nessa época tão fecunda e interiormente agitada: é como se a pessoa se ausentasse de todos os acontecimentos e progressos que eram transferidos única e exclusivamente para a obra de Kant. Uma vez determinada, consciente e metodicamente, a forma em que transcorreria sua existência exterior, ele se manteve fiel a ela até nos menores detalhes com uma exatidão e regularidade minuciosas. Sua última mudança de residência ocorreu em 1783, ano em que se mudou para a casa em Schloßgraben e onde morou até o fim. As instalações dessa casa nos são bem conhecidas graças à descrição dos primeiros biógrafos de Kant. Ela possuía oito cômodos, dos quais Kant fazia uso de apenas dois, um escritório e um quarto de dormir. "Uma quietude serena", assim relata Hasse, "já dominava desde a entrada da casa [...]. Subindo as escadas, [...] atravessava-se à esquerda uma antessala bastante simples, desmobiliada e um tanto escurecida até um grande cômodo usado como sala, sem qualquer traço de luxo. Um sofá, algumas cadeiras revestidas em tecido, uma cristaleira com alguma porcelana, uma escrivaninha que guardava sua prataria e um pouco de dinheiro, ao lado um termômetro e um console compunham toda a mobília que cobria uma parte das paredes brancas. Através de uma porta bastante simples e modesta, era-se levado a um cômodo não menos modesto após um amistoso convite 'entre!'. [...] O cômodo inteiro respirava simplicidade e tranquilo distanciamento dos ruídos da cidade e do mundo". Duas mesas, habitualmente cobertas de livros, um sofá simples, algumas cadeiras e uma cômoda compunham todo o mobiliário do ambiente cuja única decoração consistia em um retrato de Rousseau afixado na parede¹. Kant se encontrava mais do que nunca confinado em sua própria casa // desde que em 1787 decidiu fundar seu próprio grupo, desistindo, assim, da sua mesa de almoço na hospedaria, quase que sua única diversão nos tempos de juventude e depois como *Privatdozent*. Não que ele tivesse renunciado com isso à necessidade de sociabilidade; ele recebia em sua mesa alguns de seus amigos quase que diariamente, com os quais passava o almoço em conversações vivas e estimulantes. Especialmente os membros mais jovens do círculo kantiano jamais se esqueceram dessas horas tão espirituosas e animadas à mesa. Aluno e depois seu colega na Universidade de Königsberg, Poerschke relata que Kant prodigalizava uma infinidade incomensurável de ideias, as quais ele proferia numa miríade de pensamentos geniais e das quais pouco depois dificilmente se lembrava. "Nele", Poerschke acrescenta, "se via como a candura e a genialidade se encontravam aparentadas; do seu espírito brotava, além dos frutos mais nobres, um sem-número de flores que frequentemente deleitavam e se mostravam úteis por não mais que um instante"². Deste modo, uma profusão dos seus mais ricos lampejos se manteve circunscrita ao círculo mais estreito. Pois, segundo uma máxima da vida social que estabeleceu para si mesmo, Kant admitia a regra de que seus comensais não podiam ser em número menor do que três nem maior do que nove. Embora não sentisse na época qualquer pendor hipocondríaco e sombrio pela solidão, ele de todo modo se protegia intencional e conscientemente das turbas do mundo externo. Ele próprio determinava os limites aos que se obrigava e em que se engajava, uma vez que também via sua regra fundamental de "autonomia" nas menores e mais íntimas questões.

Este traço do modo de vida de Kant sobressai da maneira mais conspícua em face do novo elemento que desde meados da década de 1780 havia entrado na sua vida. Só agora se manifestava a *fama literária* de Kant em toda sua extensão e com tudo aquilo que ela possui de estimulante e fatigante. A vitória da filosofia kantiana foi decidida na Alemanha com as *Briefen über die Kantische Philosophie* de Reinhold que apareceram nos anos de 1786 e 1787 no *Deutscher Merkur* de Wieland e com a fundação do *Jenaischen Allgemeinen Litteraturzeitung* de Schütz e Hufeland, em pouco tempo convertida no órgão especial da doutrina crítica. É certo que por muito tempo ela ainda teve de lutar contra todo tipo de incompreensões // e investidas dos oponentes; mas essas lutas apenas justificam e confirmam sob um prisma diferente o lugar que ela dali em diante assumiu na vida espiritual da Alemanha. Todo o poderio da tradição era agora novamente convocado contra ela. Quase todos os tipos e assuntos polêmicos foram aqui discutidos. Toda sorte de críticas era aqui encontrada, desde

---

1. Cf. Johann Gottfried Hasse. *Aeußerungen Kant's von einem seiner Tischgenossen*, p. 6ss.
2. Cf. op. cit., p. 35s. [Citação: Poerschke, Vorlesung bey Kants Geburtstagsfeyer, p. 542].

as piadas aborrecidas de Nicolai até as objeções alegadamente fundamentadas da filosofia escolástica wolffiana, que ganhava representação no órgão literário *Philosophischen Magazin* fundado em Halle por Eberhard e Maas. A orientação filosófico-popular e científico-popular da Academia Berlinense de Ciências se uniu, na sua luta contra a doutrina kantiana, aos "adeptos" e fanáticos das novas revelações metafísico-religiosas; o "entendimento humano saudável" e a perspectiva da "intuição" filosófica somaram forças contra a "arrogância" da filosofia transcendental. Todo esse contramovimento, porém, nada pôde alterar na difusão e influência cada vez mais vigorosa da doutrina kantiana. A filosofia kantiana se impôs, ainda que rapidamente tenha se desintegrado em diferentes partidos beligerantes, cada qual reivindicando a interpretação correta e válida da ideia fundamental da *crítica da razão*. Mas com isso demandas externas faziam com que Kant se afastasse cada vez mais do círculo de vida e dos planos filosóficos e literários que ele próprio traçara, forçando-o a uma declaração mais clara nas lutas que o envolviam. No geral, Kant se comportou com distanciamento diante de todas essas investidas: ele via com absoluta clareza diante de si o caminho que faltava percorrer e a tarefa positiva ainda a ser realizada para que se enredasse em meras repetições e interpretações das suas obras antigas que lhe eram exigidas. Onde acreditava ver uma deformação consciente da intenção fundamental da sua filosofia – como nos casos da crítica *de Feder* e da *de Eberhard* –, ali ele a perseguia com agudeza impiedosa e implacável; embora, no geral, ele mantivesse a firme convicção de que o direcionamento da discussão para determinado ponto contribuiria para esclarecer o sentido dos principais problemas críticos graças à disputa de opiniões. Ademais, sua consciência do conteúdo e valor da sua doutrina era tão imperturbável que a luta por fama pessoal, no presente e no futuro, // pouco o afetava. A "sanha de autor", que ele havia rechaçado tão constantemente durante o período de preparação e amadurecimento da *Crítica da razão pura*, novamente não tinha qualquer poder sobre ele. Era como se Kant não pudesse se reconhecer no papel de escritor celebrado que agora lhe cabia. Os traços de candura que Poerschke sublinha no seu retrato de Kant e que se encontram estreitamente aparentados aos traços fundamentais da sua genialidade com frequência emergem de modo surpreendente. Quando Schütz entrou em negociação a respeito da colaboração de Kant na *Jenaischen Litteraturzeitung*, o editor não pôde acreditar na modéstia de um Kant que não apenas abdicou voluntariamente dos seus honorários como também optou pela preparação de sua resenha das *Ideen* de Herder como uma simples *amostra*, deixando a critério do grupo que havia fundado a revista literária a decisão sobre sua aprovação[3]. "Kant", assim reafirma Poerschke numa carta a Fichte, "é certamente um modelo de escritor modesto. [...] de todas as almas humanas ele é a que menos sente sua grandeza [...], escuto-o frequentemente julgar seus oponentes com grande nobreza, apenas não deviam atacá-lo pessoalmente e como monges [...]"[4]. Uma tal natureza não desviaria sequer um passo de sua rota devido ao sucesso ou fracasso: em toda a carreira de Kant como escritor não encontramos qualquer evidência de preocupações desse tipo e de que elas tenham interferido de algum modo no seu desenvolvimento intelectual.

Não acompanhamos aqui a influência histórica geral que a doutrina kantiana exerceu e a transformação que ela própria experimentou nesse processo. Apenas indicamos brevemente alguns testemunhos pessoais que // nos informam sobre a influência da nova doutrina nos indivíduos. É bastante representativa a este respeito a conhecida declaração de Fichte, de que ele era grato pelas convicções fundamentais da filosofia kantiana não menos que pelo caráter dela ou, ao menos, pelo esforço em desejar possuí-lo, pois nos revela nos termos mais convincentes, sobretudo após o aparecimento das obras kantianas fundamentais sobre ética, uma sensação que se propagou e intensificou progressivamente. A correspondência kantiana oferece a esse respeito as mais variadas comprovações. Johann Benjamin Erhard, um jovem médico de vinte anos, relatou numa carta de 12 de maio de 1786 que, inicialmente inclinado pelo desejo de uma refutação da filosofia kantiana, aprofundou-se nos escritos de Kant até que eles se lhe apossaram completamente. "Há seis meses fui despertado por um chamado para ler a sua *Crítica*. Eu ainda não havia tomado nas mãos nenhum livro com tamanho amargor, meu mais fervoroso desejo e minha maior aspiração era destroná-lo [...]. Meu orgulho era na verdade culpa de minha cegueira, pois o que há de mais íntimo em mim se revoltava enquanto resistia o pensamento de que foi Kant quem malogrou para mim a esperança de meu futuro sistema, mas tão logo

---

3. Compare a carta de Christian Gottfried Schütz a Kant de 23 de agosto de 1784 e de 18 de fevereiro de 1785, *Br*, 10: 395-396 e 398-400. "A esta altura é provável", assim diz Schütz na última carta, "que você já tenha visto impressa sua resenha de *Herder*. Aqueles capazes de um juízo imparcial irão tomá-la como uma obra-prima de precisão [...]. Meu Deus, e você chegou a escrever que abdicaria dos honorários, caso etc.; que você chegou mesmo a acreditar que uma resenha como a sua poderia não ser adequada! Encontrei-me às lágrimas enquanto lia isso. Uma tal modéstia de um homem como você! Não sou capaz de descrever o sentimento que eu tinha. Era ao mesmo tempo alegria, horror e indignação, sobretudo essa última quando penso na imodéstia de muitos eruditos de nossa época que não são dignos de desamarrarem os cadarços dos sapatos de um *Kant*". *Br*, 10: 398-399.

4. Karl Ludwig Poerschke, carta a Johann Gottlieb Fichte, *Leben und litterarischer Briefwechsel*, p. 366.

me tornei consciente de que a Verdade o havia escolhido para mim como guia para me conduzir com segurança de uma terra tormentosa onde eu desejava erigir para mim um palácio sobre fundamentos tão incertos, para uma região paradisíaca onde uma primavera eterna não me forçaria a buscar abrigo sob ruínas de pedras, eu me abriguei nele e estou certo de que ele jamais soltará minha mão [...] Mas tua metafísica dos costumes me uniu inteiramente a ti, um sentimento de regozijo percorre meu corpo sempre que me lembro das horas em que a li pela primeira vez"[5]. Erhard também reconhece em sua autobiografia que ele devia às obras de Kant sobre ética um "renascimento de toda sua humanidade interior"[6]. Também para Reinhold foi esse o momento que o ligou para sempre a Kant. Se em seus escritos tardios ele buscava determinar sobretudo o mais alto princípio teórico da filosofia transcendental, os motivos que originalmente o conduziram a ela eram, contudo, práticos e religiosos. Estabelecia-se aqui a "harmonia entre a cabeça e o coração", que até ali ele buscara em vão. E mesmo um homem como Jung-Stilling, que certamente não // era levado à doutrina kantiana por qualquer necessidade especulativa profunda, encontrou o acesso a ela sob esse ponto de vista e sob a influência das *Briefen über die Kantische Philosophie* de Reinhold: sobre seu efeito poderoso e abrangente é significativo que mesmo esse espírito modesto e tímido ousou dizer que a doutrina kantiana provocaria em breve "uma revolução ainda maior, mais afortunada e universal do que a reforma de Lutero"[7]. Vemos por todos os lados que a doutrina kantiana, antes mesmo de ter sido assimilada e penetrado em toda sua extensão teórica, já era sentida como um novo e inescapável *poderio vital*. Porque esse fundamento da filosofia crítica se manteve firme em meio às disputas das escolas kantianas, as quais pareciam mais perigosas do que as investidas dos adversários, sua força histórica essencial se manteve inalterada. A meta do sistema estava claramente assinalada na doutrina transcendental da liberdade: acreditava-se ser possível ater-se a ela, mesmo que o caminho que a ela deveria conduzir parecesse cada vez mais se perder em obscuridade e confusão dialética.

É certo que para Kant não havia uma tal separação entre seu resultado e seu método, entre a teoria crítica e suas aplicações. Para ele, cada parte condicionava e sustentava as outras no interior do sistema e, num ensaio contra Garve de janeiro de 1793, ele enfrentou novamente e com toda agudeza o divórcio

---

5. Cf. Johann Benjamin Erhard, carta a Kant de 12 de maio de 1786, *Br*, 10: 446-449; 447 e 448.
6. Karl August Varnhagen von Ense (ed.), *Denkwürdigkeiten des Philosophen und Arztes Johann Benjamin Erhard*.
7. Cf. Heinrich Jung-Stilling, carta a Kant de 1º de março de 1789, *Br*, 11: 7-9; 9.

confortável e tradicional entre teoria e prática, com o qual a filosofia popular alemã buscava evitar o "rigorismo" de sua ética[8]. Porém, uma vez finalizada a justificação teórica do sistema com a conclusão da *Crítica da faculdade de julgar*, ele novamente passou a dar preferência a questões vitais de primeira ordem que agitavam a época. São agora primordialmente os problemas *políticos* que se movem para o centro do interesse, mais do que até então. Kant usou o ensaio contra Garve para desenvolver um plano completo de sua política e de sua doutrina do direito público para responder às questões particulares subsequentes que ele havia estabelecido. Mesmo os pequenos estudos de Kant publicados nesse período na *Berlinischen Monatsschrift* são todos conduzidos em referência a situações políticas concretas // e a acontecimentos da época. Mal concluíra o conjunto do seu edifício doutrinal e o filósofo crítico se torna articulista. Ele não se contenta em formular doutrinas abstratas e exigências, sendo levado a envolver-se com tarefas da ordem do dia e a intervir na formação da realidade concreta, ainda que apenas mediante esclarecimento e ensinamento. Considerada sob essa perspectiva, a atividade literária de Kant, à primeira vista bastante discrepante e multifacetada, imediatamente adquire um foco estável e uniforme. Kant se alia à filosofia berlinense do Esclarecimento, que encontrava no *Berlinischen Monatsschrift* dirigido por Biester seu principal órgão, com o objetivo de engrossar as fileiras na sua luta contra a reação política e espiritual na Prússia, cujos sinais Kant percebeu mais cedo e de modo mais nítido do que qualquer outro. O que separava sua concepção filosófica fundamental desse movimento de esclarecimento agora se tornava, aos seus próprios olhos, secundário diante da nova tarefa em comum. Ele já havia buscado sumarizar em 1784 no *Resposta à pergunta: Que é "Esclarecimento"?* todas as intenções que se agrupam em torno do nome desse partido, assim como determinar sua tendência unificadora mais profunda. O conceito de esclarecimento é reformulado aqui por intermédio do conceito crítico de *autonomia*, encontrando nele sua justificação e defesa. "*Esclarecimento é a saída do homem de sua menoridade, da qual ele próprio é culpado. A menoridade* é a incapacidade de fazer uso de seu entendimento sem a direção de outro indivíduo. *O homem é o próprio culpado* dessa menoridade se a causa dela não se encontra na falta de entendimento, mas na falta de decisão e coragem de servir-se de si mesmo sem a direção de outrem. *Sapere aude!* Tem coragem de fazer uso de teu *próprio* entendimento, tal é o

---

8. *Sobre a expressão corrente: Isto pode ser correto na teoria, mas nada vale na prática*, TP, 8: 273-313 [Tradução de Arthur Morão. In: *A paz perpétua e outros opúsculos*. Lisboa: Edições 70, 1995].

lema do Esclarecimento⁹." Com esses pensamentos e essa divisa Kant também enfrentou imediatamente todas as tentativas para colocar a doutrina crítica a serviço de um "irracionalismo" que, ao tornar o sentimento e a crença o elemento de todo discernimento *teórico*, ameaçava no limite abolir os próprios conceitos teóricos de verdade e certeza. Ele se dirigiu aqui nítida e claramente contra a filosofia da crença de Friedrich Heinrich Jacobi. E também aqui ele associa imediatamente a análise conceitual, em que expõe a diferença entre o conceito de crença de Jacobi e sua própria doutrina da "crença racional", com // uma visão política e uma advertência política. A discussão epistemológico-crítica termina numa advertência e apóstrofe pessoais: "Homens de capacidade espiritual e de vistas largas! Presto homenagem ao vosso talento e tenho amor por vosso sentimento humano. Mas refletistes bem no que fazeis, e onde se chegará com vossos ataques à razão? Sem dúvida desejais que a *liberdade de pensar* seja mantida incólume; pois sem ela em breve terão fim vossos livres ímpetos de gênio. [...] Amigos do gênero humano e daquilo que lhe é mais sagrado! Admiti aquilo que depois de cuidadoso e honesto exame vos pareça mais digno de fé, quer se trate de fatos, quer sejam princípios da razão. Somente não contesteis à razão aquilo que faz dela o supremo bem na Terra, a saber, o privilégio de ser a definitiva pedra de toque da verdade. Caso contrário, indignos desta liberdade, certamente também perdereis, e esta infelicidade arrasta além disso ainda os restantes membros inocentes da sociedade, que, se não fosse isso, estariam dispostos a se servirem *legalmente* de sua liberdade e a contribuírem convenientemente para a melhoria do mundo"¹⁰. Raramente o estilo de Kant alcançou um *pathos* pessoal tão veemente: sentimos nessas palavras, escritas no ano da morte de Frederico o Grande, como Kant via com clareza a aproximação do novo regime, que em breve encontraria expressão na nomeação de Wöllner para ministro e na promulgação do édito prussiano relativo à religião.

354

Assim, quase alcançados os seus setenta anos de idade e após uma década da mais abrangente e profunda atividade espiritual, não havia para Kant um minuto de descanso, logo se vendo novamente em meio ao desenrolar de novas lutas, as quais ele teve de combater em diferentes frentes. Por um lado, era importante rechaçar incompreensões e distorções de sua filosofia, as quais ameaçavam seu conteúdo característico e seu valor específico. Se a filosofia escolástica dominan-

---

9. *Resposta à pergunta: Que é "Esclarecimento"?*, WA, 8: 35-42, 35] [Tradução de Floriano de Sousa Fernandes. In: *Textos Seletos*. 2ª ed. bilíngue. Petrópolis: Vozes, 1985, p. 100].

10. *Que significa orientar-se no pensamento?*, WDO, 8: 144 e 146-147 [Tradução de Floriano de Souza Fernandes. In: Textos Seletos. 2ª ed. bilíngue. Petrópolis: Vozes, 1985, pp. 92 e 96-98].

te via de início em Kant o "demole tudo", assim Mendelssohn honestamente sentiu e se expressou, esse julgamento aos poucos produziu um sentimento e uma tática diferentes. A primeira impressão de mera negatividade da doutrina crítica precisou ser abrandada à medida que seu conteúdo positivo emergiu com progressiva clareza, ao menos indiretamente, em seus *efeitos*. Era agora necessário fazer com que esse conteúdo, de assimilação verdadeira e objetivamente difícil, // se tornasse minimamente compreensível a partir de categorias e de esquemas *historicamente* dados. Assim como na sua primeira publicação a *crítica da razão* fora equiparada a Berkeley, e Hamman saudava Kant como o "Hume prussiano", agora se multiplicavam as vozes que assinalavam o parentesco entre o idealismo kantiano e o leibniziano. Nesse caso, porém, a doutrina de Leibniz não era absolutamente tomada em sua verdadeira universalidade e profundidade, sendo apenas vista por intermédio exclusivo da filosofia de Wolff e à luz dos conhecidos manuais de metafísica oriundos da escola wolffiana. Quando os resultados kantianos foram retraduzidos na língua desses manuais, eles pareceram inicialmente ter sido despidos do que possuíam de estranho e incorporados ao círculo das ideias conhecidas. Mas disso resultou apenas um espanto crescente quanto às estranhas formas e fórmulas com as quais a filosofia transcendental vestia os pontos mais essenciais dos resultados já conhecidos. Todas as distinções metodológicas fundamentais da *crítica da razão* – o contraste entre sensibilidade e entendimento, a diferença entre juízos analíticos e sintéticos, a oposição entre *a priori* e *a posteriori* – foram afetadas por essa visão. Arrancadas enquanto momentos singulares do seu nexo sistemático de conjunto, ao qual elas pertencem e apenas no qual encontram sua base e significação, imprimiam-se nelas a marca de peças doutrinais específicas, facilitando, com isso, a indicação de um análogo e equivalente em mundos de pensamento que lhe eram estranhos. A despeito do aparente rigor e minúcia científicos que arrogam, as investigações críticas que Eberhard e Maas conduziram no *Philosophischen Magazin* entre os anos de 1788 e 1789 sobre as questões fundamentais da *crítica da razão* seguem inteiramente nessa direção. Kant se volta contra esse procedimento com uma agudeza e um amargor que lembram sua polêmica com Feder. Ele, em cujo espírito a filosofia crítica constituía um todo metodológico e vivo e era concebível apenas como um todo, não divisava nesse modo arbitrário e desarticulado de tratamento senão um falseamento e uma incompreensão "quase deliberados". Considerado em termos puramente psicológicos, ele sem dúvida agiu injustamente com seus oponentes; Kant foi tão pouco hábil em recolocar seu modo de pensar nos termos escolásticos e técnicos limitados que ele se inclinou a atribuir essa falta à vontade dos seus críticos antes que aos intelectos deles. Tanto mais que agora ele se sentia forçado em sua declaração de guerra contra Eberhard a novamente // posicionar ante o leitor uma visão sinóptica de todos os conceitos principais e essenciais do seu sistema e a iluminá-los mutuamente. A esse respeito, o estudo *Sobre uma descoberta segundo a qual toda nova Crítica da razão pura deveria tornar-se supérflua por uma antiga* apresenta um esboço que se aproxima diretamente dos *Prolegômenos* em clareza e concisão. O caráter específico com que é abordada a diferença entre a sensibilidade e o entendimento, a singularidade metodológica das formas puras do espaço e do tempo, do sentido do *a priori* e seu contraste com o inato: tudo isso aparece novamente em sua máxima determinação, do que decorre como que por si mesma a prova, singular e decisiva, da originalidade do sistema, que não é mensurável pela soma dos seus resultados, mas segundo a força e a unidade de seu tema conceitual criativo[11].

Enquanto que nessa contenda contra Eberhard se apresentava novamente a energia total do estilo polêmico de Kant, sua defesa contra a investida de Garve ocorrida pouco depois assumiu um tom mais suave. Quis o destino desse homem nobre e amável, mas um pensador bastante medíocre, que seus caminhos cruzassem em toda a parte com os de Kant. Kant perdoara sua parte assumida na famigerada recensão da *crítica da razão* nos *Göttingischen Gelehrten Anzeigen* tão logo ele se esclareceu aberta e sinceramente a esse respeito. Mas a *Fundamentação da metafísica dos costumes* atiçou novamente a objeção de Garve. A austeridade da ética kantiana contradizia sua natureza conciliadora, avessa a toda acrimônia e contrariedade, não menos que aos cacoetes intelectuais de sua filosofia popular. Não obstante, ele não se voltou tão imediatamente contra o princípio da ética crítica quanto contra a possibilidade de sua realização irrestrita. Bem ou mal ele admitia a regra – para imediatamente exigir e fazer valer "exceções" contra ela. Mas para Kant não poderia haver qualquer evasiva ou acordo [*Kompromiß*][12] nessa questão: mesmo o silêncio haveria de parecer com acordo. "O que me agrada no velho homem", assim Goethe escreveu mais tarde a Schiller, "é que ele gosta de reiterar continuamente seus princípios e de a cada oportunidade repisá-los nos mesmos termos. O jovem, prático, age bem em

---

11. Cf. *Sobre uma descoberta*, ÜE, 8: 185-251. [Há uma tradução em português sob o título *Da utilidade de uma nova Crítica da razão pura*. Tradução de Márcio Pugliesi e Edson Bini. São Paulo: Hemus, 1975 – N.T.].

12. O termo aqui tem acepção mais próxima do sentido jurídico e político. Mais adiante, Kant voltará a esse termo quando definir *Teoria e prática* como um "escrito de compromisso" [N.T.].

não dar importância a seus adversários; o ancião, teórico, não deve deixar passar uma única palavra imprecisa de ninguém.

// Queiramos no futuro também nos portar assim"[13]. Kant retomou o lugar comum da diferença entre teoria e prática como uma "expressão desastrada". Diante da incondicionalidade da pretensão moral reivindicada pelo imperativo categórico não há qualquer salvação na pretensa condicionalidade das possibilidades empíricas de aplicação da lei moral. "[...] numa teoria que se funda no *conceito de dever*, está deslocada a apreensão por causa da idealidade vazia deste conceito. Pois, não seria um dever intentar um certo efeito da nossa vontade, se ele não fosse possível também na experiência (quer ele se pense como realizado ou como aproximando-se constantemente do seu cumprimento); é deste tipo de teoria que se fala no presente tratado. Pois é a propósito desta última que não raro, para escândalo da filosofia, se alega que o que nela pode haver de justo é, no entanto, sem valor para a prática; e, claro está, num tom altivo e depreciativo, cheio de arrogância, em querer reformar, mediante experiência, a própria razão mesmo naquilo em que ela põe a sua mais alta glória; e em conseguir ver mais longe e com mais segurança uma pseudossabedoria, com olhos de toupeira fixados na experiência, do que com os olhos concedidos a um ser que fora feito para se manter de pé e contemplar o céu. Ora, em nossa época rica de sentenças e vazia de ação, esta máxima que se tornou muito comum causa o maior dano quando diz respeito a algo de moral [...]. Pois aqui havemo-nos com o cânone da razão (no campo prático), onde o valor da prática se funda inteiramente na sua conformidade com a teoria que lhe está subjacente, e tudo está perdido se as condições empíricas e, por conseguinte, contingentes do cumprimento da lei se transformam em condições da própria lei e se, portanto, uma prática que se avalie por um sucesso provável segundo a experiência *até agora adquirida* pretende controlar a teoria que por si mesma subsiste"[14]. Esta imperturbável pretensão da teoria pura diante de todas as condições particulares do material empírico-concreto de sua aplicação é apresentada em três direções: a respeito da consideração *ético subjetiva*, direcionada apenas ao estabelecimento de máximas válidas para a ação moral do indivíduo; a respeito do imperativo do dever na vida civil e na *constituição civil* e, por fim, // em sentido *cosmopolita*, que expande a ideia da organização jurídica e moral à totalidade dos povos e estados e, com isso, converte-a no ideal de um *direito internacional* de validade absoluta. À primeira

---

13. Johann Wolfgang von Goethe, carta a Friedrich Schiller de 28 de julho de 1798, p. 231s.
14. *Sobre a expressão corrente*, TP, 8: 276-277 [p. 59].

vista, a discussão não precisa senão repetir as especificações dadas na *Fundamentação da metafísica dos costumes* e *Crítica da razão prática* sobre a relação entre "matéria" do desejo e a "forma" pura da vontade. Mas no domínio dos problemas psicológicos individuais e concretos ela dá um passo além do que até então fizera na validação pura da lei moral enquanto tal, agora considerando sua eficácia objetiva na aplicação em casos individuais. E aqui novamente é mostrado que a decisão inteiramente em favor da "forma" contra a "matéria", em favor da "ideia" pura contra o sentimento de prazer empírico e a aspiração pela felicidade não tem lugar. Pertence ao conceito de dever não apenas a única significação normativa verdadeira, mas também a única força motivadora eficaz. "Em sua inteira pureza" esse conceito não só é incomparavelmente mais simples, claro, compreensível e natural a qualquer pessoa no uso prático do que todo motivo [*Motiv*] extraído da felicidade ou a ela misturado, mas também no próprio juízo da razão humana comum é de longe mais *forte*, penetrante e promissor do que quaisquer motivos [*Beweggründe*] emprestados desse último princípio[15]. Entretanto, se existe aqui um prosseguimento das ideias éticas fundamentais de Kant no domínio da *pedagogia*, coloca-se também uma ampliação real do horizonte teórico geral no ponto em que Kant se volta para a consideração da vida política. Ele enfrenta aqui uma nova decisão de princípio: a pergunta sobre a relação entre "teoria" e "prática" se transforma na pergunta sobre a *relação entre ética e política*.

Kant finca inteiramente sua concepção política fundamental no solo daquelas ideias que encontram sua expressão teórica em Rousseau e sua visível eficácia prática na *Revolução Francesa*. Ele vê na Revolução Francesa a promessa de realização do direito racional puro. Pois, para ele, o problema peculiar de toda teoria política consiste na pergunta sobre a possibilidade do acordo de diferentes vontades individuais numa vontade geral, sem que // a autonomia da vontade individual seja revogada, mas que possa receber validade e reconhecimento num novo sentido. Por isso, filosoficamente entendida, toda teoria do Direito e do Estado não deve querer ser nada além da solução da tarefa sobre como, a partir da necessidade de uma lei racional reconhecida, a liberdade de cada indivíduo tem de se limitar de modo a com isso permitir e justificar a liberdade de todos os outros. Assim, a doutrina kantiana do Direito e do Estado adere inteiramente aos pressupostos gerais do século XVIII: à ideia dos direitos fundamentais inalienáveis do ser humano e à ideia de contrato social. Não sem razão, Friedrich Gentz

---

15. Idem, *TP*, 8: 286 e 288 [p. 70 e 72].

disse a propósito do ensaio de Kant contra Garve que ele continha "a teoria completa dos tão amiúde elogiados, e tão pouco entendidos, direitos do ser humano [...] que surgem do raciocínio calmo e modesto do filósofo alemão, sem qualquer ruído ou pompa, e sob uma forma inteiramente acabada"[16]. A esse respeito não há certamente qualquer dúvida de que para Kant o dualismo *metodológico* entre o ser e o dever não é anulado quando ele requer a unidade da teoria do direito público e da práxis política, quando requer a conformação da vida civil efetiva segundo a ideia do contrato social. A própria teoria é aqui a teoria pura do dever, que na existência empírica, por mais perfeita que se possa pensá-la, é capaz de encontrar no máximo uma formação condicional e relativa. Apenas a *pretensão* de realização é incondicional e livre de quaisquer limitações temporais ou contingentes – ao passo que seu *cumprimento* permanece sempre limitado. Por isso, o conceito de contrato social também não designa um *Faktum* consumado em algum tempo passado ou a sê-lo em algum tempo futuro, mas somente uma tarefa todavia necessária e mantida como critério para todo ajuizamento do fático. Segundo o que é aqui conceitualmente admitido, para considerar-se vinculado a uma tal constituição civil não é absolutamente necessário que tenha ocorrido uma "coalizão" das vontades individuais, como algo a ser demonstrado pela história prévia de um povo que em algum momento realmente executou um tal ato e nos legou, oral ou por escrito, um registro seguro seu. Ao contrário, trata-se de "uma *simples ideia* da razão, a qual tem no entanto a sua realidade (prática) indubitável: a saber, *obriga* todo legislador // a fornecer as suas leis como se elas *pudessem* emanar da vontade coletiva de um povo inteiro, e a considerar todo o súdito, enquanto quer ser cidadão, como se ele tivesse assentido pelo seu sufrágio a semelhante vontade. É esta, com efeito, a pedra de toque da legitimidade de toda lei pública"[17]. Pelo contrário, onde essa regra não é cumprida, onde o soberano se arroga direitos incompatíveis com ela, ali certamente tampouco ao indivíduo como à totalidade empírica do povo cabe o direito de resistir pela força. Pois conceder um tal direito significa revogar o fundamento efetivo sobre o qual se baseia toda organização política enquanto tal. A autoridade do chefe de Estado deve permanecer intocável em sua subsistência fática; entretanto, a teoria pura, os princípios éticos universais têm o direito de exigir que nada se coloque no caminho de sua exposição e discussão irrestritas. A oposição que é autorizada contra o poder do Estado e que em certas circunstâncias é necessária e se impõe

---

16. Friedrich Gentz, Nachtrag zu dem Räsonnement des Herrn Professor Kant über das Verhältniß zwischen Theorie und Praxis, in: *Berlinische Monatsschrift* 22 (1793), p. 518-554: p. 535s.
17. *TP*, 8: 297 [p. 83].

contra ele possui, por isso, um caráter puramente espiritual. Deve reger em toda comunidade uma *obediência* ao mecanismo da constituição civil segundo leis coativas, mas, ao mesmo tempo, um *espírito de liberdade* e, por conseguinte, a crítica pública das instituições existentes. Por esta razão, o direito à oposição, que muitas teorias do direito civil admitem aos cidadãos, se reduz para Kant à mera "liberdade de escrita": mas mesmo para o soberano isso deve permanecer inviolável como "o único paládio dos direitos do povo"[18].

Reconhecemos novamente aqui o duplo caráter da luta em que Kant se coloca durante toda esta época. Ele começa com a defesa da pureza e validez irrestrita do seu conceito de dever; mas essa defesa o leva à pergunta básica geral sobre a relação entre a teoria ética e a práxis. Nem um único passo metodológico poderia ser dado antes que fossem determinados clara e inequivocamente o que é *medida* e o que é *medido* em ambos os momentos antagônicos, se o que tem de servir de norma é o real em face da ideia ou a ideia em face da realidade. No entanto, Kant mantém desde o início o conteúdo desse veredito a partir de suas primeiras exigências críticas. Assim como no campo teórico o conhecimento não se regula segundo o objeto, mas o objeto segundo o conhecimento, assim também o dever puro oferece a orientação contínua para o empiricamente existente e efetivo.

// É certo que, defendendo desse modo a aplicabilidade irrestrita da teoria *enquanto tal*, Kant ao mesmo tempo limita determinadamente o âmbito dos seus meios. A teoria permanece dentro de seu domínio: ela renuncia a todo uso da força como meio para a práxis de oposição e resistência, visando servir-se meramente dos meios da razão. Com isso se indica simultaneamente a parte que na vida civil corresponde à ciência em seu aspecto positivo tanto quanto negativo. A ciência não pode se eximir do poder e da tutela do Estado, quaisquer que sejam as formas de sua existência e organização pública; mas ela se lhe sujeita apenas sob a condição de que o Estado, por sua vez, mantenha intocado seu direito de verificação e crítica principais de todas as suas instituições. Assim, a tarefa geral se alarga para Kant: de uma investigação sobre as questões fundamentais do sistema e de uma defesa da pureza de seu método ela se transforma na questão sobre a posição da teoria filosófica na cultura espiritual como um todo, da qual a ciência e religião, a vida civil e jurídica são apenas partes específicas. A necessidade de novamente indicar os limites das "faculdades" singulares da consciência e de zelar por seus limites precisos se une a motivos particulares

---

18. Idem, *TP*, 8: 304 [p. 91].

que a este respeito a situação política da época apresentava para Kant. Adiantamos aqui o ensaio de Kant contra Garve que apareceu no ano de 1793 por ser o ponto-final de um certo desenvolvimento intelectual que indica distintamente sua tendência como um todo; porém, devemos agora retroceder para começarmos a acompanhar o curso das atividades filosóficas e públicas de Kant a partir da morte de Frederico II.

Zedlitz foi afastado de sua posição como ministro dos assuntos culturais [*geistlichen*] e educacionais dois anos após a morte de Frederico; posição a que Johann Christoph Wöllner foi nomeado "com particular confiança" do novo rei, sobre quem certa vez Frederico descreveu numa breve nota para um documento como um "pároco fraudulento e intriguista". Wöllner iniciou sua atividade profissional com o decreto do famoso "édito religioso", ao qual se seguiu rapidamente o decreto de um édito de censura e a nomeação de uma comissão de censura especial para todas as obras impressas publicadas na Prússia. Importava levar a cabo com todo o poderio estatal a luta da ortodoxia conta o livre-pensamento e a visão esclarecida de mundo. O édito religioso promulgava a tolerância das crenças religiosas dos súditos "enquanto cada um // cumprir serenamente seus deveres civis como um bom cidadão, mas sempre guardando para si mesmo sua opinião particular e cuidando diligentemente para não propagá-la ou dissuadir outros e para não extraviá-los ou enfraquecê-los em sua crença"[19]. Após dois anos, em 9 de dezembro de 1790, foi acrescentado um esquema meticuloso de avaliação ao exame dos candidatos de teologia por meio de uma portaria enviada ao consistório[20]. O conhecimento dos candidatos deveria ser comprovado mediante rigorosa arguição e cada um deles ao final se obrigava, com um aperto de mão, a não exceder os limites desse conhecimento na condução de seu ofício como professor e pregador. Para que possamos ter uma ideia completa da impressão de todas essas medidas sobre Kant, devemos nos lembrar da posição que ele havia assumido quanto à natureza de toda profissão de fé e da Igreja desde sua juventude, quando nele se formou uma convicção forte e independente em

---

19. Religionsedikt vom 9. Juli 1788, in: Carl Ludwig Heinrich Raabe, *Sammlung Preußischer Gesetze und Verordnungen*, p. 726ss.

20. Para mais informações sobre o édito religioso e o regime de *Wöllner*, cf. Wilhelm Dilthey, *Der Streit Kants mit der Censur über das Recht freier Religionsforschung*, p. 418-450; Emil Fromm, *Immanuel Kant und die preussische Censur. Nebst kleineren Beiträgen zur Lebensgeschichte Kants*, 1894 e Emil Arnoldt, Beiträge zu dem Material der Geschichte von Kants Leben und Schriftstellertätigkeit in Bezug auf seine "Religionslehre" und seinen Konflikt mit der preussischen Regierung, p. 23-207.

matéria religiosa. Quando Lavater lhe pediu no ano de 1775 seu parecer sobre o ensaio *Vom Glauben und dem Gebete*, Kant lhe respondeu do modo mais preciso e franco: "você então sabe", assim ele lhe escreve, "a quem você se dirige? A alguém que desconhece qualquer outro meio de enfrentar os últimos instantes de vida além da mais pura retidão quanto às disposições mais ocultas do coração e que, com Jó, considera um pecado adular a Deus e fazer confissões internas talvez extorquidas pelo medo e onde o ânimo não se coaduna com a crença livre. Diferencio a *doutrina* de Cristo da *informação* que possuímos sobre a doutrina de Cristo e, a fim de descobrir aquela em sua pureza, busco antes de tudo extrair a doutrina moral, isolada de todas as regulações do Novo Testamento. Esta é seguramente a doutrina fundamental do Evangelho, as demais podendo ser apenas sua doutrina auxiliar [...]. Mas se a doutrina da conduta correta e da pureza das // disposições [...] na crença (de que Deus de fato preencherá o restante [...] sem os *assim conhecidos rogos litúrgicos que sempre constituíram a ilusão religiosa* e cujo conhecimento não nos é absolutamente necessário) é suficientemente difundida de modo a poder conservar-se no mundo, então os andaimes devem ser retirados quando a construção já se encontra ali de pé. [...] Agora, confesso francamente que, historicamente considerados, nossos textos do Novo Testamento nunca gozarão do prestígio necessário para que pudéssemos ousadamente nos entregar a suas linhas com desmedida confiança e, com isso, enfraquecer em particular a atenção com o que é necessário, a saber, a crença moral do Evangelho, cuja excelência consiste precisamente em concentrar todo nosso esforço na pureza de nossa disposição e na conscienciosidade de uma conduta correta; e certamente de um modo tal que a lei sagrada esteja sempre ante nossos olhos e que a todo instante nos julgue nos menores desvios da vontade divina como um juiz austero e justo, *contra o que nenhuma profissão de fé, invocação de nomes sagrados ou cumprimento de observâncias litúrgicas pode ajudar* [...]. Agora, salta bastante à vista que os apóstolos tenham admitido esta doutrina auxiliar do Evangelho como sua doutrina fundamental e [...], em vez de promover como essencial a doutrina religiosa prática do santo Professor, promoveram a veneração desse próprio Professor e um tipo de submissão à sua graça por meio de bajulação e adulação, contra o que Ele falou tão enfática e frequentemente"[21].

Uma tal "religião da candidatura à graça", que ele desde sempre rotulou como a própria ilusão religiosa, Kant a partir de agora a via expressamente reconhecida e exigida pelo Estado – e, dadas as circunstâncias, havia o perigo de

---

21. Carta a Johann Caspar Lavater de 28 de abril de 1775, *Br*, 10: 176, 177 e 178.

ser colocado ao lado do sentido transcendental de "candidatura à graça" aqui em discussão o bastante tangível sentido político-prático. Daqui por diante ele não se cansaria de protestar, energicamente e em toda parte, contra o que sentia ser uma simultânea corrupção religiosa e civil. Quase todos os ensaios curtos que ele agora submete à *Berlinische Monatsschrift* se referem direta ou indiretamente a este tema fundamental e principal[22].

// Esta conexão já presente na carta a Lavater e que é indicada a partir do Livro de Jó parece ter-lhe sido habitual: só que, em face da dúvida honesta e do honesto desespero ante a compreensão da divindade da ordem universal, cunhada em Jó, ele agora a elabora à imagem do "bajulador de Deus", com traços tais que evidentemente foram extraídos dos governantes prussianos de então e a eles se direcionavam. "Jó", assim é dito no ensaio *Sobre o fracasso de toda tentativa filosófica na Teodiceia*, "fala como pensa e com uma coragem que qualquer um por si mesmo também poderia ter. Seus amigos, ao contrário, falam como se estivessem sendo secretamente ouvidos e julgados por aquele que é o mais poderoso e através de suas falas tentassem conquistar sua graça mais pelo coração do que pela verdade. Essa malícia de seus amigos de alegar uma impostura sobre algo que tinham que reconhecer ausência de compreensão e o fingimento de uma convicção que de fato não possuem vai de encontro com a franqueza de Jó, a qual lhe é muito mais vantajosa à medida que se distancia da falsa bajulação que beira a presunção"[23]. E a referência às relações contemporâneas que essa antítese contém sobressai com maior evidência à medida que o ensaio prossegue: "Jó provavelmente experimentaria um triste destino frente a qualquer julgamento de teólogos dogmáticos, frente a um sínodo, uma inquisição, uma congregação venerável ou qualquer alto consistório de nosso tempo (com uma única exceção)[24]. Portanto, não um discernimento privilegiado, mas apenas a veracidade do coração, a honestidade de não dissimular as suas dúvidas e a aversão em simular convicção quando não se a sente [...]: na pessoa de Jó são estas as características que, no veredito divino, dão preferência ao homem honesto em relação ao bajulador religioso"[25]. Um "comentário final", visando claramen-

---

22. Arnoldt tratou deste ponto com particular correção em *Beiträge zu dem Material der Geschichte von Kants Leben und Schriftstellertätigkeit*, p. 107ss.

23. *Sobre o fracasso de toda tentativa filosófica na Teodiceia*, *MpVT*, 8: 265-266 [Tradução de Joel Klein, *Studia Kantiana*, vol. 19 (dez. 2015), pp. 153-176, p. 170, modificado].

24. Uma alusão ao Alto consistório berlinense que, sob a direção de *Spalding*, se opôs energicamente às medidas de Wöllmer.

25. *Sobre o fracasso*, *MpVT*, 8: 266-267 [p. 171].

te à nova organização dos exames estabelecida por Wöllner e à obrigação para com a crença ortodoxa mediante aperto de mão ali determinada, é direcionado // a todo "instrumento de extorsão da verdade": contra a *tortura spiritualis* em coisas cuja própria natureza da matéria é incompatível com qualquer convicção teorético-dogmática[26]. Quem faz aqui uma afirmação de fé meramente por ser-lhe exigido, sem ter deitado sobre si mesmo qualquer olhar, mesmo se for, de fato, em alguma medida consciente desse assentimento, "*ele mente* não apenas uma mentira absurda (frente ao leitor de corações), mas uma mentira horrenda, pois ele mina o fundamento de todo intento virtuoso, a sinceridade. É fácil prever o quão rapidamente essa *confissão* externa e cega, a qual facilmente se pode associar com uma confissão interna igualmente inverídica à medida que se constitui em um *meio lucrativo*, pode produzir gradualmente uma determinada falsidade no próprio modo de pensar do ser comum"[27]. Dificilmente seria possível um esclarecimento mais definitivo e irrestrito de Kant acerca da nova direção que ele via o "ser comum" [*gemein Wesen*] tomar: apenas o *nome* de Wöllner fora suprimido desse texto por não vir propriamente ao caso, ao passo que o objetivo último e as consequências da sua política se apresentavam distintamente como sinais de alerta de modo a não pairar qualquer dúvida ou incompreensão a este respeito.

365

Assim, era então inevitável, e há muito tempo previsto, o conflito entre Kant e a alta cúpula do governo prussiano da época. Kant havia de início sido poupado pelo governo, que certamente evitava atacar o famoso escritor, até porque ele próprio gozava da confiança pessoal do rei, que lhe endereçara uma atenção particular durante a festividade de coroação em Königsberg. Enviado especialmente de Berlim a Königsberg com o objetivo de estudar a filosofia kantiana, Kiesewetter retornou à corte como preceptor dos filhos do rei, e demonstrando um vivo interesse na divulgação generalizada da doutrina crítica que, a bem da verdade, ele apenas assimilou e expôs de um modo superficial e popular. A oposição real, porém, pressionava progressivamente na direção de uma clara decisão. Segundo um rumor que o próprio Kiesewetter menciona numa carta a Kant, mas do qual se mostrava incrédulo, o alto consistório de Woltersdorf teria proposto em junho de 1791 uma requisição ao rei que proibia Kant de toda atividade literária. "Ele se encontra agora fraco de corpo e alma", assim escreve Kiesewetter sobre o rei, "e passa horas sentado chorando [...]".

---

26. Idem, *MpVT*, 8: 269 [p. 173n17]
27. Para uma visão geral dessa questão, cf. *Sobre o fracasso, MpVT*, 8: 268] [p. 173].

// Bischofswerder, Wöllner e Rietz são os que tiranizam o rei. Um novo édito religioso é esperado e a plebe resmunga que será obrigada a frequentar a igreja e a receber a comunhão. Pela primeira vez ela percebe a existência de coisas que nenhum príncipe pode pedir, e é preciso cuidar para que não se ascenda a fagulha"[28]. Entretanto, o censor designado por Wöllner, Gottlieb Friedrich Hillmer, não pôde se decidir a rejeitar de imediato a autorização para impressão do ensaio kantiano *Sobre o mal radical na natureza humana*, que lhe fora apresentado no ano de 1792; ele permitiu sua publicação no volume de abril da *Berlinischen Monatsschrift*, tranquilizando-se com o pensamento de que "certamente apenas os eruditos mais profundos leriam os escritos kantianos"[29]. Mas a continuação deste ensaio, o texto *Da luta entre o bom e o mau princípio pelo domínio sobre o ser humano*, também foi lido pelo censor teológico Hermes e seu conteúdo, considerado dessa vez como pertencendo à teologia bíblica, provocou escândalo e a sentença de proibição para publicação. Uma reclamação do editor da *Berlinischen Monatsschrift*, Biester, ao corpo de censores e ao rei foi em vão: recusando-se terminantemente a desistir do texto, Kant teve de planejar um outro caminho para a publicação, e o fez com a publicação na Páscoa de 1793 do conjunto dos dois ensaios para a revista como um escrito independente: *A religião nos limites da simples razão*. Ele se informara junto à Faculdade de Teologia em Königsberg se ela considerava a obra como pertencendo à "teologia bíblica" e se, por isso, o seu censor reivindicava o direito sobre ela[30] – como a resposta foi negativa, ele se dirigiu à Faculdade de Filosofia da Universidade de Jena buscando para o escrito um parecer de uma corporação científica, e foi o seu decano de então quem lhe concedeu o *Imprimatur*[31].

// Se examinarmos o conteúdo substantivo da obra antes de adentrarmos em suas vicissitudes, é preciso em primeiro lugar enfatizar que a obra de Kant sobre religião não pode ser medida segundo os mesmos parâmetros dos seus trabalhos críticos fundamentais. Ela não segue a par dos escritos de fundamentação do sistema, da *Crítica da razão pura*, *da razão prática*, da *Fundamentação da metafísica dos costumes* ou da *Crítica da faculdade de julgar*. De um lado, o sistema

---

28. Cf. a carta de Johann Gottfried Carl Christian Kiesewetter a Kant de 14 de junho de 1791, *Br*, 11: 265.

29. Citação de Kant para a impressão da *Religião nos limites da simples razão*, *Br*, 11: 329.

30. Cf. a esse respeito a carta de Kant a Carl Friedrich Stäudlin de 4 de maio de 1793, *Br*, 11: 429-430.

31. A outorga da aprovação para impressão por intermédio de Henning foi atestada pela primeira vez por Arnoldt (*Beiträge zu dem Material der Geschichte von Kants Leben und Schriftstellertätigkeit*, p. 31ss).

kantiano não reconhece a filosofia da religião como um membro integralmente *autossubsistente* do sistema, como um modo particular de exame baseado em princípios autônomos e independentes. Nos termos em que mais tarde será particularmente exigida por Schleiermacher na doutrina filosófica da religião, uma tal validade é estranha a Kant, pois aos seus olhos o conteúdo de sua filosofia da religião não passa de uma confirmação e corolário de sua ética. A religião "nos limites da simples razão", que não precisa nem pode conhecer o conceito de revelação, não possui qualquer outro conteúdo essencial além daquele da moral pura: ela apenas retrata esse conteúdo sob um outro ponto de vista e numa roupagem simbólica determinada. Para Kant, a religião é o *"conhecimento de nossos deveres enquanto comandos divinos"*[32]. O conceito de dever ocupa também aqui o lugar central; só que o exame de sua origem e do fundamento de sua validade segue numa direção distinta da que fora o caso na fundamentação da ética. Em vez de examinar o conceito de dever simplesmente segundo o que ele significa e comanda, sintetizamos aqui o conteúdo do comando com a ideia de um ser *superior* que pensamos como o autor da lei moral. Uma tal inflexão é inevitável para o ser humano, pois toda ideia, mesmo a mais alta como a de liberdade, só é compreensível em imagem e em "esquematização". Sempre precisaremos de uma certa analogia com o ser natural a fim de tornar compreensível para nós as qualidades suprassensíveis, e não podemos prescindir deste "esquematismo da analogia"[33]. O que rege aqui não é apenas uma singularidade de nossa natureza sensível e intuitiva que deve recorrer a uma metáfora espaçotemporal a fim de representar para si mesma tudo o que é espiritual, mas // simultaneamente uma tendência básica de nossa consciência *estética* pura, que só se tornou integralmente clara com a finalização da *Crítica da faculdade de julgar*[34]. Assim, embora

---

32. *Crítica da faculdade de julgar, KU*, 5: 481][Trad. cit., p. 378]; cf. também *Crítica da razão prática, KpV*, 5: 129 [p. 168]; *A religião nos limites da simples razão, RGV*, 6: 153 [Tradução de Arthur Morão. Lisboa: Edições 70, 1992, p. 155]; *Metafísica dos costumes, MS*, 6: 443 [Trad. cit., p. 256].

33. *A religião nos limites da simples razão, RGV*, 6: 64n [p. 71n].

34. Este ponto de vista emerge com particular clareza na contraposição de Kant entre sua própria perspectiva da crença racional ética e uma mera *religião sentimental*, pois entende que o sentimento só possui significado positivo e criador na construção do mundo estético. Segundo ele, é disso que resulta a possibilidade de uma mediação que, sem rejeitar de modo incondicional o novo momento verdadeiramente frutífero e contrário ao Esclarecimento do século XVIII, como, por exemplo, a que se encontra na filosofia sentimental de *Jacobi*, oferece-lhe, por seu turno, uma *interpretação* e aplicação inteiramente outra. "Mas, ora, para que toda essa disputa", assim ele conclui seu ensaio *Sobre um recentemente enaltecido tom de distinção na filosofia* (1796), "entre dois partidos, que no fundo têm um e o mesmo bom propósito, a saber, tornar os seres humanos sábios e probos? – Trata-se de um barulho por nada, de uma desunião por mal-entendido, na qual não se necessita nenhuma reconciliação, mas apenas um esclarecimento recíproco [...]. A deusa velada,

as forças // que conduzem à religião positiva e à religião natural não sejam entendidas em termos meramente psicológicos, sendo inclusive justificadas criticamente, ainda é preciso zelar cuidadosamente para que não presumam qualquer falsa independência. Já no prefácio à primeira edição do escrito sobre a religião é afirmado que a moral, na medida em que é fundada no conceito de ser humano enquanto um ser livre e, por essa mesma razão, também vinculado por sua razão a leis incondicionadas, não necessita da ideia de um outro ser que lhe seja superior para que conheça seu dever nem de um outro móbile além da própria lei para que ela seja observada. Ao menos, o ser humano é o próprio culpado caso semelhante carência seja nele encontrada, para a qual, porém, não há qualquer outro remédio, pois o que não surge de si mesmo ou de sua liberdade não pode suprir a falha de sua moralidade. A moralidade, "por conseguinte, em prol de si mesma (tanto objetivamente, no tocante ao querer, como subjetivamente, no que diz respeito ao poder), de nenhum modo precisa da religião, mas basta-se a si própria em virtude da razão pura prática"[35]. Onde se desconhece isso e onde o modo religioso de representação autoriza a influência, a mais ínfima que seja, na verdadeira *justificação* da moralidade, algo ocorre não apenas na ideia funda-

---

diante da qual nós de ambos os lados curvamos nossos joelhos, é a lei moral em nós em sua majestade invulnerável. Nós, em verdade, ouvimos sua voz e também entendemos extremamente bem o seu comando; porém ao lhe dar ouvidos ficamos em dúvida se ela provém do ser humano, da onipotência de sua própria razão, ou se ela provém de algum outro, cuja essência lhe é desconhecida e que fala ao ser humano mediante esta sua própria razão. No fundo talvez fizéssemos melhor se até nos dispensássemos desta investigação; visto que ela é meramente especulativa e o que nos obriga a fazer (objetivamente) permanece sempre o mesmo, quer ponhamos como fundamento um princípio ou outro: só que o processo didático de conduzir a lei moral em nós a conceitos claros, segundo um método de ensino lógico, é própria e unicamente *filosófico*, porém aquele procedimento de personificar aquela lei moral e de fazer da razão que ordena moralmente uma velada Ísis (ainda que não atribuamos a esta nenhuma outra propriedade que aquelas encontradas segundo tal método) é um modo de representação *estético* do mesmo objeto; dele a gente pode muito bem servir-se depois, se pelo primeiro método os princípios já tiverem sido conduzidos a sua pureza, para vivificar aquelas ideias mediante uma apresentação sensível, ainda que apenas analógica, contudo sempre com algum risco de cair em uma visão exaltada, que é a morte de toda a filosofia", *VT*, 8: 405 [Tradução de Valério Rodhen et al., *Studia Kantiana*, vol. 10 (2010), pp. 152-170, p. 167, modificado]. A grande dificuldade em oferecer uma verdadeira posição independente para a religião no conjunto da crítica transcendental emerge aqui de um modo bastante característico. Por seu *teor*, ela deve coincidir enquanto religião racional com a ética pura, da qual se diferencia apenas por sua forma: mediante "personificação" do mesmo conteúdo. Porém, essa própria forma a rigor não lhe pertence, já que a personificação – mesmo se desconsiderado o significado universal, puramente *teorético*, do "esquematismo" transcendental que fora desenvolvido na *Crítica da razão pura* – remonta à função *estética* fundamental da consciência. Assim, o religioso aparece segundo os pressupostos kantianos não como um *domínio* próprio da consciência, regido por suas leis próprias, mas apenas como uma nova *relação*, na qual os domínios e as "faculdades" previamente determinados e demarcados mutuamente se combinam.

35. *A religião nos limites da simples razão*, RGV, 6: 3 [p. 11].

mental pura da ética como também na própria religião e que converte o culto de Deus em um culto espúrio.

Kant se manteve fiel a esse pensamento desde que o manifestou por carta a Lavater. Do mesmo modo, o escrito sobre religião designa, enquanto verdadeira "ilusão religiosa", o ser humano que se supõe capaz de fazer mais que agir segundo a boa conduta para agradar a Deus – ao passo que nossa ação só pode ser chamada de "boa" quando o princípio de autonomia se encontra puramente fundado e quando se desconsidera a relação singular com o "legislador" no reconhecimento da lei enquanto tal. Qualquer que seja a inflexão do comportamento externo, nenhuma vem de encontro à superação de uma deficiência dessa disposição básica. "[...] se alguma vez se passou à máxima de um suposto serviço por si mesmo agradável a Deus, que, se for necessário, até reconcilia-o, mas não puramente racional, então no modo de servi-lo, por assim dizer, mecanicamente não há nenhuma diferença essencial que dê a preferência a um modo sobre o outro. Todos eles são iguais segundo o seu valor (ou antes, segundo o seu não valor), e é simples afetação, graças ao desvio *mais sutil* do único princípio intelectual da genuína veneração de Deus, considerar-se como mais seleto do que // os que se tornam culpáveis de um rebaixamento à sensibilidade, supostamente *mais grosseiro*. Se o devoto intenta o seu caminho, conforme aos estatutos, para a *Igreja* ou se empreende uma peregrinação aos santuários de *Loreto* ou da Palestina, se leva ante a autoridade divina a sua fórmula de oração com os *lábios* ou, como o tibetano [...] o faz por meio de uma *roda de oração,* ou qualquer que seja o tipo de sucedâneo do serviço moral de Deus, é tudo análogo e de igual valor. – Aqui, não se trata tanto da diferença na forma externa, mas tudo depende da aceitação ou do abandono do princípio único de se tornar agradável a Deus ou só por meio da intenção moral, enquanto esta se apresenta como viva em ações, qual manifestação sua, ou mediante pias ocupações e ociosidade"[36].

É certo que neste nexo imediatamente sobressai o problema *metodológico* difícil que se encontra ligado à religião e à dialética peculiar que lhe é inerente. Por um lado, o "esquematismo" sensível é inseparável da essência da religião e, ao mesmo tempo, inevitável a ela: a religião cessaria de ser o que ela é caso quisesse renunciar a ele. Por outro lado, porém, esse mesmo fator lhe significa uma constante ameaça a seu conteúdo mais profundo e original. Tão logo se entrega a ele sem crítica, a religião se vê necessariamente convertida no contrário de sua

---

36. Idem, *Quarta parte: Do serviço e pseudosserviço sob o domínio do princípio bom ou da religião e do clericalismo*, RGV, 6: 172-173][p. 174 s., modificado].

tendência fundamental. Vemo-nos diante da alternativa em dissolver de modo puro a religião na ética e, com isso, permitir seu desaparecimento como uma estrutura independente ou em sustentá-la ao lado da ética, mas de um modo que se lhe oponha necessariamente. Pois a derivação e a justificação da lei moral são tão pouco tolerantes com um suporte sensível quanto com um complemento "transcendente": cada elemento "heterônimo" que admitimos minará necessariamente os alicerces desta justificação. Por sua vez, a solução desta antinomia reside para Kant na separação rígida entre o empírico e o inteligível, entre o que é dado e o que é posto como tarefa. A passagem da religião racional pura para a ética pura é *exigida*, mas ela nunca se *realiza* no mundo dos fenômenos históricos, nem é em si mesma efetivamente exequível. O ponto de unificação que buscamos e ao qual devemos nos aferrar reside na infinitude. Mas não é por isso que ele se torna em absoluto um ponto imaginário: ao contrário, ele designa a direção rígida e precisa // da qual o desenvolvimento religioso não deve se desviar caso não queira errar o alvo. Onde se apresenta na realidade histórica, a religião deve adotar as formas que são apenas conformes a essa realidade. Para ser comunicável, ela deve prender-se aos sinais sensíveis da comunicação; ela necessita de regras e vínculos exteriores firmes com a vida social sobre a qual visa ter influência. Assim, em sua existência empírica, ela se transforma necessariamente em igreja. Mas ela, por outro lado, mergulha nessa forma de existência apenas para superá-la e questioná-la continuamente. O pensamento sobre o que é a religião em sua "essência" pura deve ser com frequência contraposto ao seu modo fenomênico temporalmente particular e limitado: sua verdadeira "doutrina básica" deve ser constantemente afirmada e levada a efeito contra sua mera "doutrina auxiliar". Assim, é certo que perdura em cada um de seus estágios e de suas fases a luta entre o conteúdo infinito a que a religião tem em vista e o finito modo de exposição em que ela é apenas capaz de compreendê-lo: mas é precisamente essa luta que lhe confere sua vida histórica e sua eficácia histórica. Neste sentido, Kant considera as religiões "positivas", tal como Lessing, como momentos e pontos de transição na "educação do gênero humano"; neste sentido, exige que elas, em vez de prenderem-se a uma dogmática estreita, reconheçam por si mesmas o critério da religião racional ética e, com isso, preparem de fato sua própria superação e dissolução.

O tema geral da doutrina kantiana da religião é com isso indicado, enquanto que a clara execução e realização deste tema se encontram de fato envolvidas em diversas limitações em *A religião nos limites da simples razão*. Elas residem, sobretudo, no caráter peculiar do escrito, que de modo algum oferece uma apresentação integral dos pensamentos básicos de Kant sobre filosofia da religião, mas, sim, apenas apresenta no exemplo de uma determinada dogmática pressuposta como um conjunto completo de verdades fundamentais éticas "racionais" podem ser obtidas a partir de um sistema de preceitos mediante aprofundamento e reinterpretação. Por outro lado, porém, é certo que se extraem limites bastante definidos dessa conexão com o modo crítico de exame. Não que esse exame crítico busque no geral renunciar ao seu princípio, mas ele agora exercita esse princípio num material que aceita como dado do exterior. Assim, o escrito *A religião nos limites da simples razão* conserva integralmente o caráter de compromisso [*Kompromiß*]. Ele seleciona um acervo de dogmas estabelecidos para simplesmente revelar o conteúdo moral // que reside oculto nesse invólucro dogmático. Tudo que parece discordar deste conteúdo ou é eliminado da "essência" das doutrinas da crença sob a avaliação de um aditamento falso e subsequente ou é, de algum modo, interpretado num sentido tal que permite seu ajuste ao método geral de tratamento[37]. Desta maneira, é certo que não apenas se fixa um ponto de partida arbitrário e fortuito para o exame, mas, ao apoiar-se num dado conjunto de dogmas, parece ser também tolerada e reintroduzida uma *escolástica* que a *crítica da razão*, já fundamentada teoricamente, poderia finalmente superar. Devemos, entretanto, ter o cuidado de não buscarmos esclarecer rápido demais essa falha, em si mesma inconfundível, nas limitações puramente fortuitas da personalidade e do caráter de Kant. De modo algum ele se encontrava aqui reprimido por um mero receio intelectual. A consideração exterior para com as autoridades civil e eclesiástica pode ter levado a muita imprecisão e muita escamoteação da *expressão*, mas nem por isso o núcleo do pensamento foi tocado. Kant não se posiciona diante da religião tradicional de um modo diferente do que fizera diante da metafísica tradicional. Mas aqui se tratava de uma outra tarefa: pois o *Faktum* de uma certa religião é dado num sentido bem mais rígido do que o da metafísica, em que cada sistema seguinte parece negar o anterior, num sentido em que o *Faktum* dado é relativamente perene e historicamente constante em seus traços principais. Essa fatualidade empírica deve ser levada em conta por aquele que aspira a superá-la idealmente. A idealização parte do dado: não para justificá-lo a qualquer preço, mas certamente para indicar nele o ponto a partir do qual, e mediante o desenvolvimento dos germes propria-

---

37. Este caráter de compromisso da *Religião nos limites da simples razão* foi particularmente enfatizado por *Troeltsch*, cuja singular exposição eu referencio aqui: Ernst Troeltsch, Das Historische in Kants Religionsphilosophie. Zugleich ein Beitrag zu den Untersuchungen über Kants Philosophie der Geschichte, in: Kant-Studien 9 (1904), p. 21-154: p. 57ss.

mente "racionais" que nele são pressupostos, ele pode transcender a si mesmo. Kant apenas obedece aqui a um método usado por todo o Esclarecimento com uma absoluta sinceridade subjetiva. Ele comprova aquela argúcia da separação entre "exotérico" e "esotérico" que Lessing havia sublinhado e louvado em sua análise e crítica da teologia leibniziana. Kant também buscou // produzir fogo com pedras, mas sem escondê-lo entre elas[38]. Neste sentido, *A religião nos limites da simples razão* não pertence tanto à sua filosofia pura quanto à sua obra pedagógica. Ele fala aqui para o povo e também para o governo na qualidade de educador: ele tinha de ao menos *começar* pela forma da crença popular tanto quanto pela forma da religião dominante do Estado. O modo crítico de pensar não é inesperadamente alterado para um modo dogmático, mas de fato ele se tornou "positivo" em um sentido específico: se o que importava não era demolir, mas construir, ele primeiramente deixa essas formas existentes intocadas em sua constituição para gradualmente transformá-la de dentro para fora de modo a admitir uma nova forma consoante às exigências da razão pura. Nisso Kant se sentia pessoalmente satisfeito com a experiência histórica daquele otimismo da razão que também era próprio de Lessing e Leibniz. A própria *conservação* da Cristandade através dos séculos tinha para ele o valor de prova de que nela devia residir algo de *significado* completo e universal, pois sua existência e continuidade seriam incompreensíveis sem a força geradora que é própria do motivo básico da religião puramente ética da razão.

Isto ao mesmo tempo nos coloca diante de um segundo momento da doutrina kantiana da religião, em que se manifesta tanto a amplitude do seu plano original quanto os limites da sua execução. A religião da razão, tal como Kant a pensa, não é de modo algum remetida de antemão, em sua relação com a empiria histórica, a uma forma fenomênica determinada do religioso na história ou sequer limitada a ela. A teologia bíblica se defronta no campo das ciências com uma teologia filosófica que, para confirmar e elucidar suas proposições, utiliza a história, a linguagem, os *livros de todos os povos*, dentre os quais se inclui a Bíblia, mas sempre como um *exemplo* singular notável[39]. Portanto, também podem ser nomeados ao seu lado sem qualquer hesitação os Vedas, o Corão, o Zendavesta, concedendo-lhes o mesmo direito de consideração e exame. Mas, para Kant, trata-se no caso de um simples direito concedido teoricamente que na verdadeira realização prática de sua concepção fundamental será novamente

---

38. Cf. Gotthold Ephraim Lessing, Leibnitz von den ewigen Strafen, in: *Sämtliche Schriften*, Bd. XI, Stuttgart 1895, p. 461-487.
39. *A religião nos limites da simples razão* (Prefácio à primeira edição), *RGV*, 6: 9 [p. 16].

extinto. Pois Kant no fundo avalia a literatura religiosa como um todo, // à exceção da produzida pela Cristandade, apenas por seu sentido antropológico e não por seu sentido ético-religioso. Ele a defronta com a atitude de um *conhecedor* que mostra interesse por todo fenômeno estranho sem ser por ele interiormente afetado. Kant possui desde o início uma reserva tão fortemente subjetiva face ao judaísmo como um todo e ao Antigo Testamento que não lhe permite ver na religião do Profeta e nos Salmos nada além de uma coleção de leis e costumes "estatutários". Mas nisso revela-se, desconsiderados o direito e o valor *referentes* ao conteúdo destes juízos em particular, um círculo *metodológico* peculiar que contém a consideração de Kant sobre filosofia da religião e história da religião. O padrão ético se opõe às formas religiosas singulares como critério universal e objetivo, mas no modo como é aplicado também falam inconfundivelmente o sentimento e a experiência pessoal. Porque se tornara consciente na juventude do *efeito* moral dos escritos do Novo Testamento, a pergunta pelo seu *conteúdo* único e incomparável estava decidida desde o início. A análise racional deveria aqui apenas confirmar e explicar em detalhes o resultado geral que para ele já se encontrava previamente assegurado. Com efeito, a força das primeiras impressões pietistas de juventude não se mostram em nenhum outro lugar tão nitidamente quanto no escrito de Kant sobre religião. Pois foi este mesmo pietismo que fez novamente valer, e de modo decisivo, aquele princípio de interpretação "moral" das Escrituras sobre o qual Kant também baseara sua doutrina da religião. É certo que já existia na Idade Média, ao lado de outras, esta forma conhecida e habitual de interpretação. Tomás de Aquino já separava com nitidez e determinação sistemática entre o *sensus allegoricus*, o *sensus anagogicus* e *sensus moralis* ou *mysticus* de uma passagem das Escrituras. Em seguida, este modo de interpretação da Bíblia assumiu no pietismo aquele molde especificamente protestante que influenciou Kant. Imerso na ideia do primado incondicionado da razão prática, ele agora buscava a significação exclusivamente ética por detrás de cada símbolo religioso que lhe era familiar. O círculo dogmático como um todo – o dogma da queda e da redenção, do renascimento e da justificação por meio da crença – é atravessado com esta intenção. Kant é incondicionalmente confiante de que a ideia básica diretora de sua religião racional deve ser capaz de assumir o controle desse círculo e de infundir-lhe a sua eficácia; mas precisamente por esta razão ele não se esforça para além desse círculo, já que está seguro de poder demonstrar completamente nele a aplicação abrangente de seu princípio.

// De fato, toda a análise e crítica dos dogmas que o escrito sobre religião executa se concentra desde o início sob *um* ponto. A doutrina de Kant sobre o "mal radical" na natureza humana como sua concepção da personalidade de Cristo, a interpretação que oferece sobre o pecado original e sua ideia de justificação, seu conceito de reino de Deus e sua oposição entre a lei moral pura e as leis "estatutárias", isto tudo faz referência a uma pergunta filosófica fundamental e só nela encontra sua verdadeira unidade. Para Kant, todas estas doutrinas dizem respeito a momentos particulares e interpretações particulares do *conceito de liberdade*. A liberdade e a oposição entre "heteronomia" e "autonomia", entre mundo sensível e mundo inteligível é o *Faktum* original para o qual todas as doutrinas religiosas fundamentais apontam de forma velada e simbólica. O método da filosofia kantiana da religião é diretamente direcionado a evidenciar esta interconexão. Buscou-se estabelecer uma nítida linha divisória entre a filosofia kantiana da religião e a filosofia moral kantiana que indicasse o *conceito de redenção* como um conteúdo específico da primeira, mas contra isso foi corretamente sustentado que para a própria doutrina de Kant sobre religião o motivo da redenção não significa nada além de uma certa transcrição do problema da liberdade. Ele não conhece nem admite nenhuma "redenção" em termos de uma intervenção divina sobrenatural que assuma o lugar do próprio ato do sujeito moral; ao contrário, ele vê nela apenas a manifestação do próprio ato inteligível pelo qual a autonomia da vontade pura e a razão prática obtêm o domínio sobre os impulsos empírico-sensíveis[40]. Assim, mesmo para a doutrina kantiana da religião a liberdade se mantém ao mesmo tempo como um singular mistério e como um princípio de esclarecimento singular. Ela elucida apropriadamente o sentido e o objetivo da doutrina da crença, mas é certo que, por razões expostas na ética crítica, não há qualquer outro "esclarecimento" teórico. Ao contrário, tudo que temos condições de fazer quanto a ela consiste em justamente compreendê-la em sua "incompreensibilidade"[41]. Mas, ao constatarmos e // reconhecermos deste modo os limites de nossa compreensão teórica, não somos por isso conduzidos a uma mera obscuridade mística, pois se não cabe perguntarmos sobre o "porquê", sobre o "fundamento" ulterior da liberdade, ainda assim a própria liberdade e seu *conteúdo* são dados na exigência incondicionada do dever como algo absolutamente assegurado e necessário. A religião tanto quanto a ética manifestam esse conteúdo, cada uma em sua própria língua, mas ele permanece fundamentalmente um e o mesmo, assim a lei moral é verdadeiramente

---

40. Cf. sobre isto Kuno Fischer, *Geschichte der neuern Philosophie*, Bd. V: Immanuel Kant und seine Lehre, p. 289ss. *Das Historische in Kants Religionsphilosophie*, p. 80ss.
41. Cf. acima, p. 251ss.

por sua natureza uma só coisa, por muitas que sejam as formas e os símbolos sob os quais possamos continuamente tentar dizê-la.

Assim, apesar de todas as implicações que contém, a filosofia kantiana da religião também se mostra dominada por uma ideia fundamental uniformemente sistemática, enquanto no *texto* kantiano de religião esta unidade só pode se apresentar de modo condicionado e insuficiente. Por conseguinte, é compreensível que o primeiro *efeito* exercido pela *Religião dentro dos limites da simples razão* também tenha sido bastante ambivalente. Os dois polos entre os quais o ajuizamento oscilou se tornam imediatamente visíveis quando se compara a impressão que Goethe obteve da obra com o juízo de Schiller. Goethe se afastou com indignação do texto, no qual ele pôde apenas ver uma concessão à ortodoxia e dogmática da Igreja; ele observa com amargura, numa carta a Herder, que Kant teria insultuosamente maculado seu manto filosófico "com o estigma do mal radical, e com isso também atraiu os cristãos a beijar-lhe a bainha". Schiller, por seu turno, cujo sentimento acerca da doutrina kantiana do "mal radical" inicialmente não foi menos relutante, finalmente cedeu à definição conceitual e à argumentação kantiana, pois ele teve de novamente reconhecer, ainda que numa dissimulação peculiar, o pensamento fundamental da doutrina kantiana da liberdade do qual ele se apropriara internamente havia muito tempo. Ele também expressou a Körner a sua preocupação de que a tendência fundamental kantiana seria mal-interpretada: enquanto a intenção de Kant teria sido apenas não jogar fora o que já havia sido conquistado, e por conta disso entendia que os resultados do pensamento filosófico deveriam ser ligados à razão infantil, os dogmáticos dominantes fortaleceriam imediatamente tudo para tirar proveito para si próprios – e assim, no fim das contas, Kant não teria feito nada além de remendar o "edifício podre da estupidez". Ele ajuíza o efeito da doutrina kantiana da religião tão ceticamente quanto acreditava também estar claro seu teor próprio. Diante do conteúdo dos dogmas, ele acreditava poder determinar em Kant uma atitude espiritual completamente independente: Kant lidaria com isso tão livremente como os filósofos e poetas gregos haviam feito com sua mitologia[42]. No que diz respeito à própria ortodoxia da Igreja, ela não poderia se iludir, por um momento sequer, acerca da contradição irreconciliável em que a convicção kantiana se colocava em relação ao sistema favorecido e exigido pelo Estado. É verdade que

---

42. Johann Wolfgang von Goethe, carta a Johann Gottfried e Caroline Herder de 7 de junho de 1793, in: *Werke*, 4. Abt., Bd. 10, p. 74ss.: p. 75 [1ª citação]; Friedrich Schiller, carta a Gottfried Körner de 28 de fevereiro de 1793 [in: *Briefe*, Bd. III, p. 287-290: p. 288 (2ª citação)].

o governo ainda tentava evitar a disputa aberta. De início, o governo não reagiu nem mesmo quando Kant publicou o tratado em forma de livro, o que fora proibido pela censura. Entretanto, o ensaio de Kant contra Garve de setembro de 1793, que se estendia de modo ameaçador da ética geral para a doutrina do Estado e que afirmava não apenas a liberdade de consciência religiosa, mas também a "liberdade de escrever" como o único paládio dos direitos do povo, e a deduzia dos conceitos fundamentais do direito natural, tinha de despertar a desconfiança e a preocupação das forças políticas novamente. Kant previu o conflito que necessariamente surgiria e, mesmo não o tendo procurado, desdenhou do tímido comedimento que porventura poderia tê-lo evitado. "Eu me apresso, estimado amigo", escreveu ele a Biester em maio de 1794, quando lhe enviou seu ensaio *O fim de todas as coisas*, "para lhe enviar o tratado prometido antes que chegue o fim da sua e da minha atividade como escritor [...] Agradeço-vos a mensagem que me transmitiram e, convencido de que agi sempre de forma conscienciosa e legal, aguardo com serenidade o fim destes estranhos acontecimentos. Se o que as novas leis *comandam* não for contrário aos meus princípios, eu as obedecerei com a mesma pontualidade; e o mesmo acontecerá caso elas devam meramente *proibir* de todo que seus princípios possam ser conhecidos, como eu tenho feito (e do que em nada lamento). – A vida é curta, especialmente no que resta depois de 70 anos vividos; é preciso encontrar um canto da Terra para levá-la até o fim sem preocupações"[43]. Não é certamente um estado de ânimo beligerante que se exprime nessas palavras, mas o septuagenário, que sempre permaneceu totalmente enraizado em sua cidade natal com todos os seus hábitos e com toda a sua ordenação da vida, e que já havia duas décadas designara como um instinto // de sua natureza física e espiritual fugir a toda mudança externa de vida, estava agora preparado até para abrir mão de seu posto de professor e de seu direito de residência na Prússia se não pudesse assegurar sua independência de outro modo. No que diz respeito ao ensaio que Kant enviou a Biester, ele continha advertências tão claras sobre a situação da época e exemplos tão amargos contra os governantes da Prússia, que estes dificilmente conseguiriam ignorá-los. "O cristianismo", diz Kant aqui, "além da maior consideração que a santidade de suas leis irresistivelmente infunde, tem algo em si *digno de amor*. [...] Quando, para torná-lo muito bom, acrescentamos ao cristianismo ainda alguma autoridade (mesmo a divina), por mais bem-intencionado que seja o propósito dela, e realmente por boa que fosse a finalidade, já é com isso suficiente para findar com

---

43. Carta a Johann Erich Biester de 18 de maio de 1794 [*Br*, AA 11: 500s.].

a dignidade amável dele. É uma contradição *exigir* de alguém que não somente faça alguma coisa, mas ainda que deva fazê-la *de bom grado*. [...] É, por conseguinte, o modo de pensar *liberal* – igualmente distante do sentimento do escravo e da ausência de vínculos – do qual o cristianismo espera resultados para sua doutrina, mediante a qual pode ganhar para si os corações dos seres humanos cujo entendimento já está iluminado pela representação da lei do seu dever. O sentimento de liberdade na escolha dos fins últimos é aquilo que torna para eles a legislação digna de amor. [...] Se o cristianismo chegasse a tal extremo que deixasse de ser digno de amor (o que bem poderia acontecer se ele, em vez de seu espírito suave, se armasse de uma autoridade impositiva), como nas coisas morais não existe neutralidade (e ainda menos coalizão de princípios opostos), o modo de pensar dominante entre os homens deveria ser a repulsa e a insubordinação contra ele. [...] Mas então, porque o cristianismo está sem dúvida destinado a ser a religião universal, porém para tornar-se tal não seria *favorecido* pelo destino, chegaria *o fim* (subvertido) *de todas as coisas* com relação à moralidade"[44]. Estas sentenças foram compostas no estilo barroco do velho Kant; mas, não obstante, o seu verdadeiro significado e tendência não foi malcompreendido. O governo teve de decidir por tomar medidas contra o incômodo admoestador, que alçava-se cada vez mais para além do círculo dos "profundos pensadores eruditos", no qual inicialmente o governo acreditava tê-lo confinado, e que se valia inclusive das armas da zombaria e da sátira. Então, sucedeu que em 1º de outubro // de 1794 chegou a Kant a famosa carta de próprio punho escrita pelo próprio rei, na qual ele foi repreendido por ter, por muito tempo, usado indevidamente sua filosofia "para a distorção e depreciação de algumas das doutrinas mais capitais e fundamentais das sagradas escrituras do cristianismo", e em que é instruído a evitar perder a graça real, não se tornando doravante culpado de mais nada desse tipo: "caso contrário, e se persistirdes em ser refratário, tereis de esperar infalivelmente medidas desagradáveis"[45].

A atitude de Kant em relação às acusações e ameaças aqui proferidas contra ele é bem conhecida. Em sua carta de justificação, começou por rejeitar a acusação de que, *como professor da juventude* – ou seja, como ele se entende em seus cursos acadêmicos – tenha alguma vez interpolado apreciações sobre a Bíblia ou o cristianismo, e para isso ele apelou ao caráter dos manuais de Baumgarten, os quais ele tinha sempre tomado como base e já excluíam por si mesmos

---

44. Immanuel Kant, *O fim de todas as coisas*, EAD, 8: 337ss. [Vozes, p. 176-180].
45. Ver o teor do manuscrito no prefácio ao *Conflito das faculdades* [*SF*, 7: 6].

essa relação. Ele também não teria de modo algum falado no seu ensaio "como professor do povo", mas teria pretendido exclusivamente uma "disputa entre eruditos da faculdade", pelo que deve ser considerado pelo público como um livro incompreensível e inacessível. Uma "depreciação" do cristianismo e da Bíblia não poderia estar de modo algum contida em seu texto sobre religião porque o que constitui seu único tema é o desenvolvimento da pura religião racional, não a crítica a determinadas formas históricas de fé. Ademais, sempre que ele entrava no teor específico do cristianismo, não deixava dúvidas de que reconhecia nele a mais bem-acabada marca histórica da fé racional pura. "*No tocante ao segundo ponto*", assim se encerra a explicação de Kant, "de no futuro não vir a ser inculpado de semelhante deformação e depreciação (incriminada) do cristianismo, tenho por mais seguro, para prevenir a tal respeito também a mínima suspeita, declarar aqui do modo mais solene, como *o mais fiel súdito de Vossa Majestade*, que doravante me absterei inteiramente de toda a exposição pública concernente à religião, quer a natural, quer a revelada, tanto nas lições como nos escritos"[46].

Assim Kant, em sua réplica ao édito real, cede às exigências do governo praticamente em todos os pontos. Ele tenta encontrar uma justificação para esse recuo // ao restringi-lo a uma reserva mental acerca da duração do governo e da vida de Frederico Guilherme II. O acréscimo de que ele, "como o mais fiel súdito de Vossa Majestade", doravante se comprometia ao silêncio em assuntos religiosos deveria, como o próprio Kant explicou mais tarde, incluir expressamente este significado. Com frequência, esse comportamento foi severamente repreendido; mas, na maior parte das vezes, estas acusações não atingiram seu ponto verdadeiramente decisivo. Seria injusto e mesquinho querer discutir com Kant se, com consciência e sentimento da obra filosófica de vida que ele ainda tinha diante de si – ele mesmo nunca considerou esta obra terminada e, mesmo aos oitenta anos de idade, ainda se queixava de que partes importantes dela ainda estariam inacabadas –, ele tivesse decidido renunciar à luta contra o regime de Wöllner, porque esta luta lhe roubaria as melhores forças de vida e de trabalho restantes. É direito fundamental do gênio determinar o seu próprio caminho e suas tarefas a partir de uma necessidade individual, que é, ao mesmo tempo, a mais elevada necessidade objetiva, e é sempre míope e estéril querer estabelecer uma norma externa e abstrata em vez dessa norma interna. Portanto, se Kant tiver naquele momento sacrificado a sua atividade como articulista ou a tiver poupado para um tempo mais favorável, a fim de ganhar espaço e ocasião para a superação

---

46. Ver idem, *SF*, AA 7: 7-11 – citação, p. 10.

dos outros problemas que ainda o esperavam – qualquer queixa a este respeito seria infundada. Mas em sua atitude em relação à carta de acusação do governo encontra-se um indício que mostra Kant agora não mais encarando com plena liberdade de resolução interior o conflito que ele previu tão nitidamente e ao encontro do qual se colocou de modo tão resoluto. Ele rechaça com total peremptoriedade a ideia de uma retratação meramente aparente. "A retratação e a negação da sua convicção interior" – podemos ler num dos seus registros desta época – "é *ignóbil*; mas o silêncio num caso como o presente é um dever de súdito; e, se deve ser verdadeiro tudo o que se diz, nem por isso é também um dever falar publicamente toda a verdade"[47]. Também aqui, à sua maneira rigorosa e metódica, Kant ponderou cuidadosamente o âmbito e a extensão dos deveres individuais; mas, ao fazê-lo, ele pelo menos subestimou, para além das *competências* pessoais que ele concedia a si próprio contra as forças políticas dominantes, o *poder* pessoal que ele // efetivamente possuía em relação a elas. "Se os fortes do mundo", escreveu a Spener nesta época, "estão em estado de embriaguez, possa ela provir do sopro dos deuses ou de alguma mofeta, deve-se aconselhar a um pigmeu que gosta de sua pele não se intrometer em suas disputas, ainda que isso aconteça através da mais suave e respeitosa persuasão; sobretudo porque ele simplesmente não será ouvido por eles, e pelos outros, que são seus informantes, ele seria malcompreendido. Daqui a quatro semanas eu completo setenta anos de vida. Nessa idade, sobre o quê ainda se pode esperar querer influenciar homens de espírito? E sobre o vulgo? Isso seria um trabalho perdido e inclusive danoso àquele que o tentasse. No restante dessa meia-vida é aconselhável aos velhos que *non defensoribus istis tempus eget*[48], e a considerar a medida das forças, que a esta altura não têm outro desejo restante senão o de tranquilidade e paz"[49]. O tom irônico destas frases é inconfundível; mas, por outro lado, elas mostram toda a timidez e acanhamento natural do solitário erudito e pensador, que sentia uma aversão cada vez maior diante de qualquer envolvimento nos "assuntos mundanos". Não era o medo de perder a sua posição que era decisivo para Kant; pelo contrário, ele já contava com a possibilidade de ter de se retirar dela antes, sem que a sua atitude fosse influenciada por isso. Ainda mais distantes dele estavam o falso respeito por posição e nobreza como tais. Todos os relatos sobre a sua co-

---

47. Apud Schubert, *Immanuel Kant's Biographie*, p. 138. Ver também Vorländer, *Immanuel Kants Leben*, p. 186.
48. O trecho latino é da *Eneida*, II: 520: "Non tali auxilio nec defensoribus istis / tempus eget; non, si ipse meus nunc afforet Hector." "A situação ora pede outras armas, defesa mais forte. Nem a presença do meu caro Heitor poderia salvar-nos neste momento" (Ed 34, p. 171) [N.T.].
49. Carta a Karl Spener de 22 de março de 1793 [Br, 11: 417s.].

municação pessoal com o rei Frederico Guilherme II, a quem ele, como reitor da universidade, saudara durante as cerimônias de coroação, louvam a desafetação e a franqueza natural que ele demonstrava. Mas sobre o papel que é possível ao indivíduo desempenhar num Estado governado de modo absolutista, Kant tinha uma opinião bastante modesta. Aqui, ele se atinha àquele ceticismo que o fizera renunciar desde cedo a toda atividade diretamente prática de reforma. No que dizia respeito à *teoria* da moral, da religião e do direito político, ele acreditava tê-la conduzido até o ponto a partir do qual ela podia, num avanço gradual e paulatino, conquistar influência cada vez maior sobre a *praxis*; mas ele não se sentia vocacionado a empenhar-se direta e ativamente nela. Ao fazer isso é certo que ele pensava objetivamente muito pouco da influência que sua personalidade poderia ter exercido, // porque ainda não era capaz de avaliar e estimar plenamente o que sua filosofia já significava como um poder ideal na vida geral da nação. Aqui reside talvez a verdadeira falha e o erro na declaração de Kant sobre o édito do governo prussiano. Mas para evitar isso ele precisaria ter se sentido elevado em relação ao seu ambiente histórico numa medida bem diferente do que de todo modo foi o caso. Ele também precisaria ter atribuído à sua pessoa individual uma força de influência direta que ele nunca concedeu.

Dentro dos limites da especulação filosófica, porém, o pensamento de Kant continua orientado para os problemas políticos fundamentais, que agora experimentam uma nova ampliação e um novo aprofundamento. A questão da constituição do Estado individual se estende para a ideia da *liga das nações*, que Kant procura fundamentar em seu texto *À paz perpétua* (1795) e cujas indispensáveis precondições empírico-históricas ele procura estabelecer. No sentido metodológico, no entanto, toda a série de pensamentos que aqui estavam encadeados tinha de ser reconduzida a um fundamento uniforme que ainda não tinha sido tratado de forma independente e exaustiva no interior do sistema crítico. A concepção kantiana de Estado assenta na sua concepção da ideia de liberdade – mas a ideia de liberdade por si só não basta para constituir o conceito concreto do Estado. Se o Estado, segundo a sua tarefa ideal, aponta para a esfera da liberdade, então, segundo a sua existência real e a sua realização histórica, ele pertence antes à esfera da coerção. Com isso, ele é posto numa contradição que tem de progressivamente mediar precisamente uma de suas determinações mais essenciais. Já a *Ideia de uma história universal de um ponto de vista cosmopolita* havia apontado para esta ligação, mas lhe faltava ainda um momento importante apenas mediante o qual o conflito entre coerção e liberdade, e a conexão entre ambas é levada à expressão conceitual mais perspicaz e precisa. No conceito de coerção está a preparação necessária e a precondição para o conceito de *Direito*. Pois é precisamente isso o que distingue o dever moral do dever legal, segundo Kant, que aquele não pergunta apenas pela ação, ela própria, mas ao mesmo tempo e antes de tudo pela sua máxima subjetiva e seu móbil, enquanto o dever legal abstrai de qualquer consideração desse tipo para simplesmente julgar a ação como tal em sua existência e seu cumprimento objetivos. A mera concordância ou discordância de uma ação com // a lei, sem consideração ao móbil da mesma, é o que constitui sua *"legalidade"*, enquanto sua *"moralidade"* é assegurada somente quando estiver estabelecido que ela provém da ideia de dever como o único motivo. É a última conformidade [*Übereinstimmung*] que, por tratar de algo puramente interior, é simplesmente comandada; a primeira é a que ao mesmo tempo pode ser conseguida por coação. A coercibilidade de uma ação é, portanto, colocada com o próprio conceito de direito. O "direito estrito" – no qual se prescinde de toda cooperação de conceitos morais – pode e tem de "ser representado como a possibilidade de uma coerção recíproca universal em concordância com a liberdade de cada um segundo leis universais". "Assim como o direito em geral só tem por objeto o que é externo nas ações, o direito estrito, a saber, aquele que não está mesclado com nada ético, exige apenas os fundamentos externos de determinação do arbítrio. Pois então ele é puro e não se confunde com as prescrições da virtude. Apenas o completamente externo, portanto, pode ser denominado um direito *estrito* (restrito). Ele se fundamenta, de fato, na consciência da obrigação de cada um perante a lei, mas, para determinar o arbítrio conforme a isso, se é que deve ser puro, ele não deve nem pode recorrer a essa consciência como móbil, mas apenas se apoia, devido a isso, no princípio da possibilidade de uma coerção externa que possa coexistir com a liberdade de cada um segundo leis universais. [...] Direito e competência para coagir significam, pois, a mesma coisa. A lei de uma coerção recíproca que concorda necessariamente com a liberdade de todos sob o princípio da liberdade universal é, de certo modo, a *construção* daquele conceito, isto é, a apresentação do mesmo em uma intuição pura *a priori* segundo a analogia da possibilidade dos movimentos livres dos corpos sob a lei da *igualdade de ação e reação*. Assim como na matemática pura não derivamos as propriedades de seu objeto imediatamente dos conceitos, mas só podemos descobri-las mediante a construção do conceito, assim também não é tanto o *conceito* de direito que possibilita a sua exposição, mas antes a coerção com ele coincidente, inteiramente recíproca e igual, que é submetida a leis universais."[50]

---

50. *Metafísica dos costumes*, MS, 6: 232s. [p. 38s.].

Esta é a exposição que Kant procura oferecer com os *Primeiros princípios metafísicos da doutrina do direito*, que foram publicados no início de 1797. Eles formam o último texto que ainda pertence inteiramente ao escopo e ao caráter dos grandes escritos sistemáticos principais, // na medida em que ele constitui um princípio universal para um determinado domínio cultural objetivo e intelectual, a partir do qual a peculiaridade e a necessidade da sua construção devem fazer-se compreensíveis. Este já não é o caso, na mesma medida, para os *Primeiros princípios metafísicos da doutrina da virtude*, que se seguem no mesmo ano. Pois o *princípio* da ética já se encontra aqui firmemente estabelecido. Agora se trata somente de investigá-lo por meio de uma profusão de aplicações, nas quais a exposição de Kant frequentemente se perde numa esquemática trabalhosa e numa casuística espinhosa. Mesmo o desenvolvimento do *direito privado*, que é dado na primeira parte dos *Primeiros princípios metafísicos da doutrina do direito* – com sua divisão dos direitos em direitos pessoais, reais e reais-pessoais – não está livre deste traço cada vez mais predominante para a esquemática, pela qual as questões concretas individuais são frequentemente organizadas e subordinadas à força; a este respeito, a construção, por Kant, do casamento como um direito real-pessoal é especialmente característica. O exame só se eleva novamente a uma liberdade maior de visão geral ao voltar-se para questões de direito público: direito político e direito internacional. Aquilo que Kant havia anteriormente apresentado em seus opúsculos separadamente, agora experimenta sua fundamentação e derivação a partir de uma ideia básica uniforme. As questões da soberania do governante e sua origem na soberania popular, a divisão, por conseguinte, dos poderes e a limitação recíproca de seus direitos são discutidas em completude sistemática e ao mesmo tempo em relação latente ao detalhe empírico-histórico. A metodologia em que Kant se baseia aqui não parece, à primeira vista, diferir em nada do modo de exame jusnaturalista que dominou a filosofia jurídica de todo o Iluminismo e período revolucionário. A doutrina do contrato social – especialmente na forma que recebeu de Rousseau – é aqui pressuposta como válida. Mas aqui mais uma vez se evidencia o traço que já era visível no tratado contra Garve sobre a relação entre teoria e prática, e que confere à visão geral de Kant, no interior do desenvolvimento da concepção de direito natural, o seu caráter especial. O contrato social é elevado da esfera do empírico e do suposto histórico pura e completamente para a esfera da "ideia". "O ato pelo qual o povo mesmo se constitui num Estado – *embora apenas, propriamente falando, segundo a única ideia dele* pela qual se pode pensar sua legalidade – é o *contrato originário*, segundo o qual // todos (*omnes et singuli*) no povo renunciam à sua liberdade externa para readquiri-la imediatamente enquanto membros de uma comunidade política, ou seja, enquanto membros do povo considerado como Estado (*universi*). E não se pode dizer que o homem no Estado tenha sacrificado a um fim uma *parte* de sua liberdade externa inata, mas sim que teria abandonado por completo a liberdade selvagem e sem lei para, numa situação de dependência legal, isto é, num estado jurídico, reencontrar intacta sua liberdade em geral, pois essa dependência surge de sua própria vontade legisladora."[51] Assim, o "inteligível" da ideia de liberdade para Kant garante o "inteligível" do conceito de Estado e de direito e protege-o da confusão com um conceito puramente factual, que se funda exclusivamente nas relações de poder e de dominação realmente existentes[52]. A comunidade do corpo do Estado, na qual o indivíduo é admitido e à qual ele deve se dedicar sem reservas como indivíduo, inclui, no entanto, através de sua própria natureza ideal, uma totalidade de condições ideais que podem ser resumidas na proposição de que aquilo que o povo inteiro não é capaz de decidir sobre si mesmo não é permitido ser decidido por qualquer legislador[53]. Esse *espírito* universal do contrato originário apresenta a diretriz e a norma para todos os tipos especiais de governo e formas de governo que devem ser transformados "de maneira gradual e contínua, até que concorde, *quanto a seu efeito*, com a única constituição que é conforme ao direito, a saber, com a constituição de uma república pura – e de conduzir por fim, segundo a letra, a esse resultado, dissolvendo aquelas antigas formas empíricas (estatutárias), que serviam apenas para obter a *submissão* do povo, na forma originária (racional), que toma apenas a *liberdade* como princípio e mesmo como condição de toda *coerção* exigida para a constituição jurídica no sentido próprio do Estado"[54].

Enquanto aqui tratamos das questões fundamentais mais gerais da filosofia do direito e do Estado, em seus escritos seguintes Kant retorna às experiências pessoais que tinha feito em sua obra literária e filosófica com os // poderes estatais existentes. Externamente, essa relação dificilmente vem à luz – exceto no prefácio dos livros –, mas ela constitui de modo claro o motivo a partir do qual surgiu sua ideia fundamental e a partir do qual se explica toda a sua construção.

---

51. Idem, *MS*, 6: 315s. [p. 121, 122].
52. Comparar acima, p. 215ss.
53. *Metafísica dos costumes, Doutrina do direito*, MS, 6: 327 [p. 133]. Para a doutrina do direito de Kant, comparar especialmente com Erich Cassirer, *Natur- und Völkerrecht im Lichte der Geschichte und der systematischen Philosophie*, Berlim 1919.
54. Idem, *MS*, 6: 340s. [p. 147].

Mais uma vez é o sistema das ciências e a conexão e ordem dos seus principais elementos que Kant se propõe a estabelecer aqui. Mas em vez de examinar as ciências em termos do seu conteúdo e dos seus pressupostos factuais, ele agora as compreende exclusivamente a partir do aspecto da relação que elas estabelecem com o Estado e a administração do Estado. Não é tanto a sua *existência* lógica como o seu funcionamento enquanto *profissão* que está aqui em questão e para o qual é necessário um princípio fixo. Em virtude desta mudança de consideração, o conflito das ciências tornou-se um *conflito das faculdades*. Pois o Estado precisa pelo menos tomar nota das ciências somente na medida em que elas são encaradas como determinadas associações com demarcações fixas umas das outras, como *corporações* independentes baseadas no direito histórico. É somente nessa enformação exterior que ele as reconhece como membros de sua própria organização, em relação às quais ele assume tanto o direito de supervisão como um dever de proteção. Deste ponto de vista, toda a ciência é levada em conta e apreciada apenas de acordo com a sua posição dentro da hierarquia política total; portanto, aqui o pesquisador pode contar em ser ouvido apenas na medida em que ele pode se identificar ao mesmo tempo como um representante e *funcionário* do Estado. Na verdade, é este questionamento que Kant assevera continuamente no *Conflito das faculdades*. Mas em meio ao rigor árido com que ele o executa, sente-se claramente uma liberdade de humor que mais uma vez lembra o estilo dos primeiros trabalhos de Kant. E também aqui, como nestas obras de juventude, o humor é apenas a expressão e o reflexo de uma autolibertação filosófica interior. Esta autolibertação, consoante e natural para Kant, consistia em tentar transformar o conflito *pessoal* com o poder estatal, que ele tinha acabado de experimentar, num conflito *metodológico* e em tentar resolvê-lo como tal. Ao colocar-se, com proposital estreitamento do horizonte de pensamento, totalmente no ponto de vista de quem pratica a política, ele busca, precisamente a partir desse ponto de vista, provar o direito e a intangível liberdade da teoria filosófica e da ciência. Através da postura e da intenção assumidas do político transparece aqui por toda parte a verdadeira visão e disposição do pensador crítico: e essa duplicidade é que dá ao *Conflito das faculdades* aquela mistura de ironia serena superior e de seriedade continuada e // objetiva que constitui o caráter peculiar da obra.

O tom irônico já se faz perceptível na primeira demarcação, na qual Kant, em conexão com a tradição, distingue as faculdades teológica, jurídica e médica como as faculdades "superiores" da faculdade "inferior" de filosofia. A origem desta distinção tradicional é, como ele observa, facilmente reconhecível: ela provém do governo, que nunca se preocupa com o conhecimento como tal, mas apenas com os efeitos que espera que ele tenha sobre o povo. Por esta razão, ainda que sancione certas doutrinas das quais espera uma influência útil, não se digna a estabelecer qualquer doutrina determinada. "[...] ela não ensina, mas ordena somente aos que ensinam (lide-se com que verdade se quiser), porque, ao tomar posse do seu cargo, concordaram com isso mediante um contrato com o governo. – Um governo que se ocupasse das doutrinas, portanto, da ampliação ou melhoria das ciências, por conseguinte, ele próprio, na suprema pessoa, pretendesse jogar com os sábios, perderia apenas, graças a tal pedantismo, o respeito que lhe é devido, e está abaixo da sua dignidade tornar-se íntimo do povo (com a sua classe de eruditos) que não compreende nenhum chiste e trata de modo análogo todos os que se ocupam de ciência."[55] Neste sentido, em virtude da sua autoridade governamental, o governo se compromete com as ciências individuais a determinados estatutos, uma vez que para ele a "verdade" não pode e não precisa existir a não ser na forma de tais estatutos. A Bíblia é prescrita como regra e diretriz para o teólogo; para o jurista, o código civil; para o médico, o regimento da medicina. A observância pontual desta regra é o que assegura a posição da teologia, da jurisprudência e da medicina na vida pública e o que assim as eleva à dignidade e à qualidade de uma faculdade "superior". Apenas uma coisa: o próprio saber, pelo puro saber, é deixado de fora neste ordenamento e classificação, porque não se pode esperar dele uma realização essencial para fins práticos imediatos. Se alguém também quiser conceder-lhe um lugar, então terá de se contentar com a classificação conveniente de "faculdade inferior". Nele a razão permanece livre e independente das ordens do governo, mas permanece ineficaz e deve contentar-se em não ter influência no curso dos assuntos de Estado. Aquilo que é // prerrogativa inalienável da razão, do ponto de vista objetivo, confere a ela o último lugar na avaliação convencional. A Faculdade de Filosofia se situa, como tal, completamente fora do círculo da ordem e da obediência. E reside na natureza do ser humano "[...] que quem pode mandar embora seja um humilde servo de outrem, imagina-se superior a outro que é, sem dúvida, livre, mas a ninguém tem de dar ordens"[56].

Desse fundamento jurídico diferente das faculdades resulta agora um "conflito legal" entre elas: uma oposição que é fundada em sua essência mesma e que daí por diante não pode ser criada através de qualquer que seja a comparação,

---

55. *Conflito das faculdades*, SF, AA 7: 19 [Tradução de Artur Morão. Lisboa: Edições 70, p. 21s. modificado].
56. SF, AA 7: 20 [p. 22].

mas que há de persistir e ser defendida até o fim. Como partes e membros da hierarquia estatal, as "faculdades superiores" permanecem sempre tão determinadas pelo desejo de governar quanto pelo desejo de saber, enquanto a Faculdade de Filosofia, se quiser permanecer fiel à sua tarefa, deve receber todas as suas instruções exclusivamente deste último. Assim, a sua posição natural é a de oposição, mas de oposição do tipo que é proveitosa e imprescindível para a prosperidade e o progresso positivo do próprio todo. A Faculdade de Filosofia representa a eterna disputa do "racional" contra tudo meramente "estatutário", da razão científica contra o poder e contra a tradição. Nesta sua função fundamental, ela não deve ser inibida ou restringida pelo Estado, desde que ele entenda corretamente sua própria utilidade e sua própria destinação. Ao Estado só é permitido exigir dela que não interfira diretamente em seu aparelho administrativo. A instrução e a formação dos funcionários do Estado de que necessita para os seus fins são deixadas às faculdades superiores, que estão sob a sua supervisão legal. Mas também é lícito esperar que os membros das faculdades superiores, pelo contrário, não saiam dos limites que lhes foram traçados. Se o teólogo evoca a razão para qualquer de suas proposições, ele "salta (como o irmão de Rômulo) o muro da fé eclesial, a única beatificante, e perde-se no campo raso do juízo próprio e da sua filosofia, onde, subtraído à disciplina eclesiástica, se encontra exposto a todos os perigos da anarquia"[57]. Do mesmo modo, o jurista, como o oficial mais qualificado da justiça, é simplesmente obrigado a aplicar os regulamentos legais existentes, // e seria incoerente querer exigir ou conduzir, em vez disso, a prova de que eles estão de acordo com a razão. Somente a Faculdade de Filosofia, como guardiã da teoria pura, nunca pode considerar esta prova exagerada. Pois pode acontecer que se siga um ensinamento prático por obediência; "mas tê-la por verdadeira porque é ordenada [...] é de todo impossível, não só objetivamente (como um juízo que não *deveria* ser), mas também subjetivamente (como juízo que nenhum homem *pode* declinar)"[58]. Portanto, quando se conflita pela verdade ou falsidade, não pela utilidade ou dano, não pode haver qualquer princípio mais elevado do que a razão. Limitar sua autonomia de qualquer modo não significaria senão abdicar do conceito essencial mesmo da verdade.

Quais consequências resultam disso para a disputa entre a religião da razão e a fé da Igreja, entre a filosofia pura da religião e a ortodoxia bíblica, já foi exposto cabalmente nos escritos kantianos sobre religião. O que o *Conflito das faculdades*

---

57. *SF*, AA 7: 24 [p. 27].
58. *SF*, AA 7: 27 [p. 31].

diz sobre isso é apenas a conclusão e confirmação das declarações anteriores, em que ecoa por toda parte a memória das fases individuais da luta pessoal que Kant teve de travar. Entretanto, a consideração sofre outra inflexão – na forma da discussão do conflito entre a Faculdade de Direito e a de Filosofia – ao tomar a questão segundo a relação entre a fundamentação naturalista e a positivista--legal da constituição do Estado. Seria o direito apenas a expressão das *relações de poder* empíricas efetivas, e poderia ser dissolvido nelas como seu verdadeiro fundamento, ou operaria junto a ele um fator ideal que se faz valer lenta e firmemente como um fator politicamente eficaz? Segundo Kant, a resposta dada a esta questão implica nada menos que um juízo sobre se a história humana e o gênero humano estão em ascensão e progresso constante para o melhor, ou se ambas, com ligeiras flutuações, permanecem em algum estágio de aperfeiçoamento, ou estão também sujeitas ao declínio e ao refluxo como um todo. Se alguém tenta decidir sobre isso do ponto de vista da mera felicidade, a resposta não pode deixar de ser negativa. O pessimismo de Rousseau em relação à cultura é absolutamente correto. O eudemonismo com suas esperanças sanguíneas parece ser insustentável e pouco poder dizer a favor de uma história humana que profetiza // seu perpétuo progresso no caminho do bem[59]. Mas aqui intervém imediatamente a ponderação metodológica de que o problema não pode ser esclarecido e resolvido de forma alguma por meios puramente empíricos. Pois a questão do progresso moral da humanidade é paradoxal: afinal de contas, trata-se de uma tentativa de prever algo que, por sua natureza, não pode e não deve ser previsto. O destino do gênero humano não é um fato imposto a ele por alguma "natureza" ou "providência" cega, mas é o resultado e o trabalho de sua própria livre-autodeterminação. Mas como se pode seguir e tornar visível o curso e o caminho que esta destinação inteligível percorre na sequência empírico-causal dos acontecimentos, na mera sucessão dos *fenômenos*? Como ambas as áreas não podem ser levadas à coincidência efetiva em nenhum ponto, uma relação deste tipo só é possível se o mundo dos fenômenos, ou seja, o avanço dos acontecimentos mundiais históricos, encerrar em si pelo menos um acontecimento *simbólico* cuja interpretação nos leva por si mesma e necessariamente de volta ao reino da liberdade. Existe algum indício histórico ao qual possa estar ligada a esperança e a expectativa de que a raça humana como um todo esteja em constante progresso? Kant responde a esta questão referindo-se à Revolução Francesa, que aqui, naturalmente, não deve ser entendida de acordo com o seu curso empírico e os

---

59. *SF*, AA 7: 81s. [p. 98].

seus frutos, mas exclusivamente de acordo com o seu sentido e tendência ideais. "Este acontecimento não consta, digamos, de ações ou crimes importantes, cometidos pelos homens, pelos quais o que era grande entre os homens se tornou pequeno, ou o que era pequeno se fez grande; e que assim, como por magia, se desvanecem antigos e brilhantes edifícios políticos e, em seu lugar, brotam outros, como das profundezas da Terra. Não, nada disso. É simplesmente o modo de pensar dos espectadores que se trai *publicamente* neste jogo de grandes transformações, e manifesta, no entanto, uma participação tão universal e, apesar de tudo, desinteressada dos jogadores [...] que demonstra assim (por causa da universalidade) um caráter do gênero humano no seu conjunto e, ao mesmo tempo (por causa do desinteresse), um seu caráter moral, pelo menos, na disposição, caráter que não só permite esperar a progressão para o melhor, mas até constitui já tal progressão na medida em que se pode por agora obter o poder // para tal. A revolução de um povo espirituoso, que vimos ter lugar nos nossos dias, pode ter êxito ou fracassar; pode estar repleta de miséria e de atrocidades de tal modo que um homem bem-pensante, se pudesse esperar, empreendendo-a uma segunda vez, levá-la a cabo com êxito, jamais, no entanto, se resolveria a realizar o experimento com semelhantes custos – esta revolução, afirmo, depara todavia, nos ânimos de todos os espectadores (que não se encontram enredados neste jogo), com uma participação segundo o desejo, na fronteira do entusiasmo, e cuja manifestação estava, inclusive, ligada ao perigo, que, por conseguinte, não pode ter nenhuma outra causa a não ser uma disposição moral no gênero humano."[60] A esperança da evolução de uma constituição baseada no direito natural na relação do indivíduo com o Estado, e na relação dos estados individuais uns com os outros, baseia-se na certeza desta disposição. Um fenômeno como foi a Revolução Francesa não se esquece mais, porque ele revelou uma faculdade para o melhor na natureza humana do tipo que nenhum político teria sido capaz de depreender do curso dos acontecimentos até agora, e que por si só une natureza e liberdade de acordo com os princípios legais internos do gênero humano. Fica claro agora que o ideal do Estado, tal como concebido pelos grandes teóricos sociais como o ideal de uma constituição em concordância com os direitos humanos naturais, não é uma fantasia vazia, mas a norma para todas as constituições cidadãs em geral. E com este discernimento, a "paz perpétua" deixa de ser um mero sonho. Para o estabelecimento de uma constituição estritamente democrática e republicana no seu espírito, oferece-se também no exterior – como já

---

60. *SF,* AA 7: 85 [p. 101s.].

tinha sido demonstrado no texto *À paz perpétua* – a garantia de que a intenção da opressão ilegal de um povo pelo outro, bem como os meios para alcançar essa intenção, serão cada vez mais enfraquecidos, para que a aproximação ao Estado "cosmopolita" seja progressivamente alcançada também na história dos povos[61].

A atividade filosófica de Kant termina com um olhar sobre esta meta da história humana, na qual a ideia de liberdade deve encontrar seu cumprimento concreto e sua realização empírico-política. A ideia de liberdade constitui o final de sua filosofia, assim como ela havia formado seu começo e seu meio. Pois o que // ainda se agrega à ocupação literária de Kant nessas discussões é apenas um adendo literário que nada acrescenta ao próprio conteúdo do sistema filosófico. O último parágrafo do *Conflito das faculdades*, que trata do conflito das faculdades de Filosofia e Medicina, já é acrescentado externamente. Na verdade, trata-se, nesse estudo *Sobre o poder da mente de tornar-se senhora de seus sentimentos doentios através do mero intuito*[62], somente de uma miríade de regras alimentares que Kant havia testado em si mesmo na experiência pessoal e na auto-observação metodológica. Mesmo a *Antropologia*, de 1798, em termos de conteúdo e construção, não pode, de forma alguma, estar ao lado das obras principais e sistemáticas propriamente ditas. Ela apenas resume "de um ponto de vista pragmático" o rico material sobre a história e o estudo do ser humano que Kant recolhera durante uma longa vida a partir da sua própria observação e de fontes estrangeiras e que sempre enriqueceu renovadamente com as notas e trabalhos preparatórios para as suas aulas. De outro lado, não chegou à maturidade o trabalho ao qual foi dedicada toda a atenção de Kant durante este último período, e que ele mesmo via como diretamente pertencente ao conjunto de seu trabalho sistemático, por mais que ele se esforçasse incessantemente para continuar nos últimos anos de sua vida e até a completa extinção de suas forças físicas e mentais. Com um empenho voluntário sempre renovado, ele se voltou para este trabalho sobre a *Passagem dos primeiros princípios metafísicos da ciência da natureza para a física*, que deve levar a uma visão geral completa e final do "sistema de filosofia pura em sua interligação". Os seus biógrafos testemunham unanimemente o amor com que ele estava ligado a esta obra, da qual costumava falar "com verdadeiro entusiasmo" e que muitas vezes declarava ser "a sua obra

---

61. Ver idem, *SF*, AA 7: 79ss. Comparar com *À paz perpétua: um projeto filosófico* [Tradução de Bruno Cunha. Petrópolis: Vozes, 2020].

62. *SF*, AA 7: 97 [p. 123].

mais importante"[63]. Com frequência ele acreditava estar prestes a completar este *Chef d'oeuvre*, acreditava que era necessária apenas uma pequena edição do manuscrito para poder // publicar este "coroamento de seu sistema"[64]. Foi apenas um autoengano natural de um senil que levou a este juízo? Somos tentados a assenti-lo se considerarmos a forma exterior do manuscrito[65]. As mesmas frases e locuções reaparecem em inúmeras repetições; coisas importantes e secundárias se misturam numa profusão de cores; em lugar nenhum encontramos uma disposição sistemática que a perpasse e uma construção e progressão rigorosas do pensamento. E ainda assim se mostra, no decorrer de sua leitura, que a real deficiência não se encontra tanto no próprio pensamento como, muito mais, na exposição. É como se a força criativa original do pensamento de Kant tivesse resistido mais tempo do que as forças subordinadas da ordem e da organização. Sua memória falha; ele não consegue se lembrar do início de uma frase ao redigir seu final. Os períodos estilísticos se lhe embaralham. E, no entanto, pensamentos singulares de força e profundidade espantosas se iluminam em meio a esse caos – pensamentos que, de fato, são capazes de clarear mais uma vez o todo do sistema e torná-lo visível até os seus últimos fundamentos. Especialmente sobre o significado metodológico do contraste entre "coisa em si" e "fenômeno", existem explicações que buscaríamos em vão com a mesma determinação e nitidez dos trabalhos anteriores. Em vista do estado do manuscrito, a tentativa de esmiuçar em detalhes o conteúdo intelectual da obra tardia parece fadada a permanecer para sempre vã – e assim, quanto mais se lê nas amostras da obra publicadas até agora, mais cresce o sofrido lamento por não ter o próprio Kant conseguido trazer este tesouro à luz.

Ainda em 1795, Wilhelm von Humboldt, após receber notícias de Memel, pôde relatar a Schiller que Kant ainda tinha uma enorme quantidade de ideias não laboradas na cabeça, todas as quais ele tencionava elaborar numa determinada série, embora ele provavelmente tenha calculado a duração de sua vida

---

63. Ver Jachmann, *Immanuel Kant in Briefen an einen Freund* (carta 3), p. 17s. (1ª citação); Ehregott Andreas Christoph Wasianski, *Immanuel Kant in seinen letzten Lebensjahren. Ein Beitrag zur Kenntniß seines Charakters und seines häuslichen Lebens aus dem täglichen Umgange mit ihm*, p. 195 [2ª citação].

64. Comparar com Hasse, *Letzte Äußerungen Kants*, p. 21ss.

65. Partes do manuscrito foram publicadas por Rudolf Reicke sob o título *Ein ungedrucktes Werk Kants aus seinen letzten Lebensjahren* no Altpreußischen Monatsschrift 19 (1882), p. 66-127, 255-308, 425-479 e 569-629; 20 (1883), p. 59-122, 342-373, 415-450 e 513-566; 21 (1884), p. 81-159, 309-387, 389-420 e 533-620. Para o conteúdo da obra completa, comparar agora especialmente com a apresentação de Erich Adickes, *Kants Opus posthumum*, Berlim 1920.

restante mais com base na quantidade dessas ideias em estoque do que com base na probabilidade // usual[66]. O próprio Schiller encontrou um traço de verdadeiro frescor e jovialidade no *Anúncio do término próximo de um tratado para a paz perpétua na filosofia*, que Kant publicou em 1797, e que – como ele acrescentou numa carta a Goethe – poderia quase ser chamado de estético, se não nos sentíssemos constrangidos pela forma horrível que poderíamos chamar de um estilo de chancelaria filosófica[67]. Do contato pessoal, o jovem conde von Purgstall relata a profunda impressão que recebeu das aulas de Kant em abril de 1795, e sobre o brilho e a clareza que tinham espalhado por todo o seu pensamento; e o colega de Kant, Poerschke, testemunha em uma carta a Fichte em 1798 que o espírito de Kant ainda não havia se apagado, embora ele não possuísse mais a capacidade de trabalho intelectual constante[68]. Mesmo na condução dos assuntos pessoais e na condução dos seus afazeres profissionais, Kant provou muitas vezes nesta altura que a sua velha vontade e energia não o tinham deixado. Ele abdicou das aulas no verão de 1796: em 23 de julho de 1796 ele subiu pela última vez na cátedra[69]. Ele também rejeitou o reitorado quando lhe foi oferecido em 1796, alegando sua idade avançada e fraqueza corporal[70]. Contudo, quando dois anos mais tarde se tentou limitar as suas funções no conselho universitário e nomear um "adjunto" no seu lugar que observasse seus direitos em seu nome e cuidasse de seus afazeres, Kant se rebelou contra tal exigência com palavras vigorosas e argumentação jurídica convincente[71]. O sentimento doloroso de ver colocado diante de si um "encerramento completo da minha consideração em assuntos // relativos à filosofia como um todo", cujo intento de fato não pode mais ser alcançado, não o deixou desde então. Ele mesmo o chamou de "suplício de Tântalo" em uma carta a Garve.[72] Apesar de sua inclinação interior, que o levou à força uma e outra vez ao tema principal e fundamental da época, o problema da "passagem da metafísica para a física", ele agora recusava as questões sobre suas obras filosóficas, na

---

66. Wilhelm von Humboldt, carta a Friedrich Schiller de 5 de outubro de 1795, p. 153-156.
67. Friedrich Schiller, carta a Johann Wolfgang von Goethe de 22 de setembro de 1797, p. 263ss.
68. Karl Ludwig Poerschke, carta a Johann Gottfried Fichte de 2 de julho de 1798, p. 368-371.
69. Sobre esta questão, ver o material de Arnoldt, *Beiträge zu dem Material der Geschichte von Kants Leben und Schriftstellertätigkeit*, assim como de Arthur Warda, *Ergänzungen zu E. Fromms zweitem und drittem Beitrage zur Lebensgeschichte Kants* (1. Teil), in: *Altpreussische Monatsschrift* 38 (1901), p. 75-95.
70. Carta ao reitor de 26 de fevereiro de 1796, in: Immanuel Kant, Gesammelte Schriften (Akad.--Ausg.), *Br*, 12: 437s.
71. Carta ao reitor de 3 de dezembro de 1797, in: Werke, *Br*, 12: 439s.
72. Carta a Christian Garve de 21 de setembro de 1798, *Br*, 12: 257.

maioria das vezes com claro discernimento e modéstia. "Oh, o que pode ser isto? *Sarcinas colligere!*[73] Só consigo pensar nisso agora!" – ele disse muitas vezes aos amigos naquela época, de acordo com o relato de Borowski[74].

É uma coincidência literária notável que não estejamos informados sobre nenhuma fase da vida de Kant de forma tão precisa e completa como estamos sobre esta última. Nos relatos do seu fiel amigo e cuidador, o Reverendo Wasianski, que enternecem precisamente pela sua simplicidade e serena objetividade, podemos acompanhar as fases individuais de declínio completo ano a ano, quase semana a semana. No entanto, não precisamos entrar nos detalhes desses relatos aqui, já que eles não vão além de uma simples história clínica. De um "erudito de passagem" que visitou Kant cerca de dois anos antes da sua morte, Wasianski relata a afirmação de que não viu Kant, mas apenas sua carcaça[75]. Cada vez mais o próprio Kant sentia o peso de tais visitas, as quais atraíam sempre mais pessoas, em parte por interesse pessoal real, em parte por mera curiosidade. "Em mim", costumava ele rebater os elogios de tais visitas, "os senhores veem um homem decrépito, débil e fraco"[76]. Em dezembro de 1803 ele não conseguia mais escrever seu nome, nem compreender qualquer expressão da vida cotidiana; finalmente ele começou a não mais se recordar das pessoas que o cercavam. Apenas os traços básicos de seu caráter permaneceram-lhe fiéis, mesmo na falência das forças intelectuais; e pode-se ainda mais acreditar sem reservas no que Wasiansky relata sobre isso, já que seu retrato está em toda parte sintonizado com o tom da mais simples verdade e despreza qualquer floreio retórico. "Todos os dias", relata ele sobre sua companhia a Kant nos últimos anos, "foram proveitosos para mim, pois diariamente eu descobria mais um lado amável de seu // bom coração; a cada dia eu recebia novas garantias de sua confiança. [...] A grandeza de Kant como estudioso e pensador é conhecida mundo afora, eu não poderia avaliá-la; mas ninguém teve a oportunidade de observar as melhores características de sua modesta bondade como eu"[77]. "Houve ainda alguns momentos em que a sua grande mente, embora já não fosse tão fascinante como antes, ainda se fazia visível, e por conseguinte mais o seu bom coração reluzia. Naquelas horas em

---

73. A expressão "*sarcinas colligere*" é atribuída a Marco Terêncio Varrão e pode ser traduzida por expressões como "fazer as malas" ou "de mala e cuia". Varro, "Agricultura", Livro I, cap. 1. Cf. Bluteau, Rafael. *Vocabulário portuguez e latino: T-Z*, Vol. 8, p. 314. [N.T.].

74. Borowski, *Darstellung des Lebens Kant's*, p. 184.

75. Wasianski, *Kant in seinen letzten Lebensjahren*, p. 202.

76. Idem, p. 170.

77. Idem, p. 74s.

que estava menos sujeito à própria fraqueza, ele reconhecia todos os cuidados que aliviavam seu fado, com comovente agradecimento a mim e com diligente gratidão ao seu servo, cujo esforço extremamente árduo e incansável lealdade ele recompensou com presentes significativos[78]. Um incidente em especial dos últimos dias de vida de Kant memorado por Wasianski torna a conservação dos traços humanos na personalidade de Kant mais visível do que qualquer característica indireta poderia fazer. "Em 3 de fevereiro", cerca de uma semana antes da morte de Kant, "todas as forças motivadoras da vida pareciam estar totalmente arrefecidas e a minguar por completo, pois, a partir daquele dia, ele realmente não comeu mais nada. A sua existência parecia ser apenas o efeito de uma espécie de impulso, após um movimento de 80 anos. O seu médico havia marcado uma hora para visitá-lo e havia solicitado a minha presença. [...] Quando ele veio [...] e Kant já não conseguia ver nada perto dele, eu disse-lhe que o seu médico havia chegado. Kant levantou-se da cadeira, estendeu a mão para o médico e falou-lhe de postos, repetindo esta palavra muitas vezes num tom como se quisesse ser ajudado. O médico tranquiliza-o de que tudo está em ordem, porque ele acha que a expressão é uma fantasia. Kant diz: *muitos postos, postos árduos*, em seguida *muita bondade*, em seguida *gratidão*, tudo sem ligação, mas com um ardor crescente e mais consciência de si mesmo. Entretanto, adivinhei muito bem a intenção dele. Com os *muitos* e *árduos* postos, ele queria se referir especialmente ao reitorado, o *muita bondade* foi pela visita do médico, apesar dos postos. *Muito bem*, respondeu Kant, que ainda estava de pé, mas quase caindo de fraqueza. O médico pediu-lhe para se sentar. Kant hesitou, constrangido e inquieto. Eu estava bem familiarizado com a sua forma de pensar para me equivocar quanto à verdadeira causa da demora pela qual Kant não mudava sua posição cansativa e debilitante. Chamei a atenção do médico para a // verdadeira causa, ou seja, o jeito cortês de pensar de Kant e suas boas maneiras, e assegurei-lhe que Kant somente se sentaria depois de ele, como um visitante, sentar-se primeiro. O médico parecia duvidar desse motivo, mas logo se convenceu da verdade da minha afirmação, e quase chorou quando Kant, depois de reunir suas forças, disse com vigor: *O sentimento pela humanidade ainda não me deixou*. Este é um homem nobre, fino e bom! Conclamemos uns aos outros, como se numa só voz"[79].

É um comentário fortuito, fruto de uma situação particular, que nos é relatado aqui; mas que tem um valor geral e simbólico quando considerado no

---

78. Idem, p. 180s.
79. Idem, p. 202-205.

conjunto da personalidade de Kant. Os biógrafos de Kant nos dizem que numa época em que ele já tinha dificuldade em acompanhar as conversas do dia a dia, sua compreensão das ideias gerais não havia diminuído: bastava dirigir a conversa a um tópico filosófico ou científico geral para conseguir imediatamente sua participação vivaz. Assim como nesses traços testemunhamos o poder e a persistência das ideias teóricas fundamentais no espírito de Kant, o que é relatado das expressões de seu caráter nos últimos anos reflete mais uma vez a direção contínua e dominante de sua vontade. Ele foi e permaneceu – como Wasianski se expressa – "o homem determinado, cujo pé fraco muitas vezes vacilou, mas cuja alma forte, nunca"[80]. Por mais difícil que fosse para ele tomar uma decisão simples sobre uma situação presente e concreta, mesmo nas circunstâncias mais difíceis ele persistiu na sua decisão, uma vez que a tinha tomado e justificado numa "máxima" formulada conscientemente. E, ao lado dessa energia e consistência de vontade, a peculiar ternura de sua natureza pessoal também aflorava repetidas vezes. Charlotte von Schiller disse de Kant que ele teria sido um dos maiores fenômenos da humanidade se ele tivesse sido capaz de sentir amor. Mas como este não era o caso, havia algo de defeituoso em seu ser[81]. De fato, mesmo na relação de Kant com as pessoas mais próximas dele, com toda a participação e toda // devoção altruísta da qual ele era capaz, um certo limite estabelecido pela "razão" nunca é ultrapassado. E este domínio da razão, onde se acredita ser legítimo esperar e exigir uma expressão direta de afeto, pode facilmente suscitar a aparência de frieza impessoal na consideração das coisas e das relações humanas. Efetivamente, todos os afetos do "tipo que amolecem" – como ele próprio os chamou – eram estranhos à natureza e ao ser de Kant. Mas nele se desenvolveram todos os mais ricos e refinados afetos, que ele mesmo considerava como um afeto ético fundamental e no qual ele acreditava reconhecer a força que move todo o agir moral concreto. Sua relação com o indivíduo foi guiada e dominada pelo respeito geral pela liberdade da pessoa moral e pelo seu direito à autodeterminação. E esse respeito não permaneceu uma exigência abstrata para ele, mas operava como um móbil imediatamente vivo que definia cada expressão singular. Através desse traço Kant conquistou aquela "gentileza de coração" que, se não é sinônimo de amor, é ao menos aparentada a ele. Seu "sentimento de humanidade", ao qual ele se ateve e conservou até os últimos dias de sua vida, era desprendido de qualquer fundo meramente sentimental. Foi precisamente

---

80. Idem, p. 109.
81. Comparar aqui e nos seguintes com Otto Schöndörffer, *Kant's Briefwechsel*. Band II. 1789-1794, in: *Altpreussische Monatsschrift* 38 (1901), p. 96-134: p. 120ss.

através disso que ele ganhou o seu caráter especial em relação ao seu tempo e entorno, em relação ao século da sensibilidade. A atitude de Kant para com o ser humano foi determinada pelo meio [*Medium*] puro e abstrato da lei moral. Mas foi nessa mesma lei que ele reconheceu e reverenciou a mais elevada força da personalidade humana. Por esta razão, a ideia de humanidade e a ideia de liberdade não ficaram restritas a um ideal político-social e pedagógico, mas se tornaram a alavanca com a qual ele moveu todo o cosmos espiritual e alterou seu eixo. A ideia da "primazia da razão prática" exigiu uma transformação na concepção fundamental da própria razão teórica: o novo sentimento e a nova consciência da humanidade levaram a uma "revolução da maneira de pensar" geral na qual, somente, encontrou a sua justificação final e decisiva.

Na manhã de 12 de fevereiro de 1804 Kant morreu. O seu funeral acabou por ser uma grande celebração pública na qual toda a cidade e a população de todos os distritos participaram. Seu corpo foi primeiramente velado em sua casa, e uma grande multidão de pessoas "das condições mais elevadas e mais baixas" se aglomerou para vê-lo. "Todos se apressaram para aproveitar a última oportunidade [...] A peregrinação para vê-lo se estendeu por muitos dias, e durava o // dia todo. Muitos voltaram duas ou três vezes e em muitos dias o público não satisfazia completamente a sua curiosidade em vê-lo."[82] O funeral foi organizado pela universidade e pelos estudantes, que não queriam perder a oportunidade de prestar uma homenagem especial a Kant. Sob o toque de todos os sinos de Königsberg, o corpo de Kant foi levado de sua casa pela juventude acadêmica, de onde a procissão incalculável, acompanhada por milhares, foi para a catedral e a igreja da universidade. Aqui ele foi enterrado no chamado "Cofre dos Professores", o local de sepultamento da universidade. Mais tarde um salão separado, o "Stoa Kantiana", foi construído nesse local.

Mas ainda que o funeral de Kant tenha se realizado em formas externas tão suntuosas e com uma participação tão ampla, e que nele estivessem reunidos "os traços mais claros de estima geral, pompa e circunstância solenes"[83], segundo expressão de Wasianski, o próprio Kant tinha-se tornado quase estranho aos seus arredores e à sua cidade natal à época de sua morte. Já em 1798 – seis anos antes de sua morte – Poerschke havia escrito a Fichte que desde que Kant deixou de dar aulas e desde que se retirou de todas as relações sociais, com exceção às

---

82. Wasianski, *Kant in seinen letzten Lebensjahren*, p. 219s.
83. Idem, p. 223.

da casa Motherby, pouco a pouco se tornou desconhecido também em Königsberg[84]. Apenas seu nome ainda brilhava na antiga fama; mas sua pessoa começou a ser cada vez mais esquecida. O efeito histórico de sua filosofia sempre foi mais alto, e o mais próprio de sua doutrina se difundia largamente. Mas já em seus últimos anos de vida sua personalidade parecia pertencer mais à memória e à lenda do que ao presente histórico imediato. E também nisso se revela um traço típico que é peculiar à vida de Kant e característico dela. Pois a grandeza e a força desta vida não consistia em que ela trazia todos os momentos pessoais e individuais que foram decididos no espírito e na vontade de Kant a um desenvolvimento cada vez mais rico, mas em que ela os colocava sempre mais definitiva e exclusivamente a serviço das exigências materiais, dos problemas e das tarefas ideais. As formas de vida e de existência pessoais não retêm, puramente como tais, um valor intrínseco independente; o seu pleno significado reside no fato de se tornarem o material e o meio para a vida do pensamento abstrato, que progride segundo a sua própria lei e em virtude da sua // necessidade imanente. É nesta relação entre pessoa e coisa que se baseia toda a forma e estrutura da vida de Kant – ela se baseia naquilo que constitui sua profundidade e que pode aparecer como sua peculiar limitação e estreiteza. A completa devoção a metas puramente objetivas parece, naturalmente, às vezes levar ao necessário empobrecimento do conteúdo concreto e da plenitude individual da vida; mas, por outro lado, só assim se manifesta toda a força imperiosa do universal – aquele universal que se expressa tanto no mundo do pensamento como no da vontade de Kant, como uma ideia teórica e prática. Recordamos em que força e frescor, em que vivacidade subjetiva imediata a direção fundamental da obra de Kant já estava expressa no início de sua atividade filosófica e literária, já nos *Pensamentos para a verdadeira estimação das forças vivas*. "Eu já tracei", escreveu o rapaz de 22 anos, "o caminho que quero seguir. Eu me colocarei no meu caminho, e nada me impedirá de seguir por ele"[85]. O pensamento de Kant já medira esse caminho num sentido muito mais amplo do que o seu próprio entusiasmo juvenil tinha sido capaz de prever. Nas mais diversas direções havia sido percorrido o caminho do singular e do particular para o todo, do individual para o universal. O exame começou com o problema cosmológico e cosmogônico, com as questões da origem e da ordem do mundo. Não foi só a percepção sensível imediata, que permanece ligada ao detalhe espaçotemporal, ao respectivo aqui e agora, que precisou ser superada, mas também a imagem de mundo científico-matemática de Newton precisou

---

84. Poerschke, Carta a Fichte de 2 de julho de 1798.
85. Ver acima, p. 26, nota 38.

ser complementada e aprofundada na medida em que nela mesma foi incluída a questão acerca da *origem* temporal do sistema do mundo e com isso, ao mesmo tempo, uma nova dimensão de consideração foi alcançada. Só agora o raio de visão empírico-terrestre se alargou para o horizonte verdadeiramente abrangente e universal do conceito astronômico e do juízo. O conceito de *história humana* passou então por uma expansão análoga nas tentativas de Kant de estabelecer uma geografia física e uma antropologia empírica na medida em que ela, como caso especial, estava subordinada ao problema geral da história do desenvolvimento do orgânico. A época crítica de Kant mantém então esta tendência fundamental, mas muda // o enfoque do "natural" para o "espiritual", da física e da biologia para o âmbito lógico e ético. Também aqui devem ser trazidas à nítida consciência toda a força e profundidade de sua validade para o juízo e a ação, na medida em que seus fundamentos universais e *a priori* são evidenciados. Mas ao mesmo tempo são estabelecidos os limites, para além dos quais as aplicações desses princípios não podem extrapolar sem se perderem no vazio. Ambos os momentos, o da *justificação* e da *limitação*, convergem para Kant imediatamente em um, pois apenas na união do entendimento e da vontade através de uma lei universal e necessária se estabelece a ordem objetiva do mundo do entendimento e da vontade, sobre o qual seu conteúdo essencial repousa.

No conhecido paralelo que apresenta entre Platão e Aristóteles na *História da doutrina das cores*, Goethe contrapõe dois tipos fundamentais de contemplação filosófica. "Platão comporta-se para com o mundo como um espírito bem-aventurado a quem agrada passar algum tempo nele. Não se trata tanto de conhecê-lo, porque já se o pressupõe, como de comunicar-lhe de forma amigável o que traz consigo e que o mundo tanto precisa. Ele penetra nas profundezas, mais para preenchê-las com o seu ser do que para explorá-las. Ele se move para as alturas, com ânsia de participar de sua fonte novamente [...] Aristóteles, por outro lado, está no mundo como um homem, um arquiteto. Ele está aqui e deve trabalhar e produzir aqui. Ele se informa acerca do solo, mas não para além de encontrar um fundamento. Daí até o centro da Terra lhe é indiferente. Ele traça um imenso círculo de fundamentos para o seu edifício, produz materiais de todos os lados, organiza-os, empilha-os e, assim, ascende em forma regular piramidal até o topo, enquanto Platão, como um obelisco, uma chama pontiaguda, busca o céu. Se dois homens como estes, que de certa maneira dividiram a partir de si a humanidade, atuaram como representantes separados de características admiráveis que não são fáceis de reunir; se tiveram a sorte de ser plenamente educados, de expressar plenamente aquilo a que foram educados, e não em frases lacônicas curtas como oráculos, mas em inúmeras obras detalhadas e extensas; se essas obras remanescem para o bem da humanidade, e sempre foram mais ou menos estudadas e examinadas, segue-se, naturalmente, que o mundo, na medida em que deve ser considerado como o mundo do sentimento e do pensamento, foi obrigado a dedicar-se a um ou // outro, a reconhecer um ou outro como mestre, professor, líder"[86].

Ilustra a abrangência e profundidade do gênio filosófico de Kant que, na direção básica de seu espírito, Kant se encontre fora da oposição espiritual-histórica universal que Goethe expressa aqui nessa forma típica. A oposição aqui apresentada não tinha força e validade para Kant. No lugar do conflito histórico mundial de até então no que se refere aos motivos intelectuais da filosofia entra uma nova unificação histórica mundial. Se Platão e Aristóteles pareciam se dividir como representantes de características distintas de humanidade, Kant estabelece no seu trabalho filosófico um novo conceito geral do que é possível e alcançável para a humanidade no entender e no realizar, no pensar e no fazer. Talvez nisso resida o verdadeiro segredo do efeito histórico que a sua doutrina exerceu. Uma dicotomia milenar que percorreu toda a história do pensamento parecia agora ter sido superada e resolvida pela primeira vez. De fato, em Kant se conectam e se interpenetram as tendências fundamentais que Goethe contrapôs nas características de Aristóteles e Platão. E ambos estão aqui num equilíbrio tão perfeito que dificilmente se poderia falar de uma precedência de um sobre o outro. O próprio Kant, especialmente na fundamentação de sua ética, sentiu-se um platônico. E na *Crítica da razão pura* ele se declarou poderosa e decisivamente pelo direito da "ideia" platônica e contra todas as objeções a ela que provêm do "apelo vulgar à suposta experiência conflitante"[87]. Mas quando então uma corrente da moda e da época procurou colocar o teólogo místico no lugar do Platão da dialética e da ética, quando Schlosser enalteceu Platão nesse sentido como o filósofo do suprassensível e da "intuição intelectual", aí Kant não menos energicamente assumiu o "trabalhador" Aristóteles, a quem aquela "filosofia num tom nobre" pensava que podia olhar de cima para baixo. "[...] não pode ocorrer a nenhum outro senão ao filósofo da *intuição*, que não efetua suas demonstrações pelo trabalho hercúleo do autoconhecimento de baixo para cima, mas sobrevoando-o, por uma apoteose que não lhe custa nada, de cima para baixo, proceder distintamente: porque ele aí fala // por autoridade própria

---

86. Johann Wolfgang von Goethe, *Materialien zur Geschichte der Farbenlehre*, p. 141s.
87. Ver acima, p. 244.

e por isso não se sente obrigado a prestar contas a ninguém." A filosofia de Aristóteles, por outro lado, é trabalho. Pois, independentemente de se e por quais meios ela possa ser alcançada por ele, a meta do metafísico Aristóteles é, de qualquer forma, voltada à análise do conhecimento *a priori* em seus elementos e à sua recuperação e composição a partir desses elementos[88]. Aqui é indicada em uma única palavra a dupla direção do conceito de filosofia de Kant. Também a filosofia crítica ambiciona passar do empírico-sensível para o "inteligível", e ela encontra seu acabamento e sua verdadeira conclusão somente no inteligível da ideia de liberdade. Mas o caminho para essa meta passa "pelo trabalho hercúleo do autoconhecimento"[89]. Aqui não valem, por conseguinte, nenhuma "verve de gênio" e nenhum apelo a quaisquer iluminações da intuição, pois aqui imperam as exigências e necessidades rigorosas do conceito; aqui nenhum sentimento imediato de evidência psicológico ou mítico decidem, mas sim a análise científica metodologicamente realizada e a "dedução transcendental" das formas fundamentais do conhecimento. O verdadeiro inteligível, que "serve de fundamento" para a experiência, é alcançado apenas na consolidação e na salvaguarda, na completa compreensão crítica da própria experiência. E essa mesma ambição que conduz para além da experiência ao suprassensível e à "ideia" reconduz por causa disso, ainda mais profundamente, ao "fértil *Bathos* da experiência"[90]. Isso se prova agora como a força da ideia e do idealismo que somente eles, ao se elevarem para além da experiência, tornam inteiramente compreensíveis sua forma e sua estrutura legal. A ideia aspira ao absoluto e incondicionado, mas a reflexão crítica considera que o verdadeiro incondicional nunca é dado, mas continuamente proposto como tarefa, e que nesse sentido coincide com a exigência da totalidade das condições. Daqui por diante basta ir ao finito em todos os lados para alcançar o infinito. A própria empiria, quando completamente desenvolvida, conduz à "metafísica" – como a metafísica, no sentido transcendental, quer expor e exprimir nada além do conteúdo completo da empiria. A aspiração ao incondicionado é inata e inerente à razão. Mas o próprio sistema completo das condições da razão // teórica e prática se mostra como o último condicionado ao qual nós podemos chegar. Nesse sentido se delimitam e se determinam na doutrina de Kant os conceitos do "sondável" e do "insondável". Um insondável permanece reconhecido; mas ele não permanece aí como mera negação, e sim ele se torna o regulador do conhecer e do agir. Não é mais a expressão de um

---

88. Ver *VT*, 8: 387-406.
89. Idem, *VT*, 8: 390 [p. 153s.].
90. Comparar com p. 88, nota 106.

ceticismo indolente e desesperado, mas quer mostrar o caminho e a direção nos quais a investigação tem de se movimentar e segundo a qual tem de se desdobrar em todas as direções. Assim, o mundo do ser se transforma para nós num mundo da ação, no verdadeiramente inteligível, no inteligível da tarefa da razão. Nessa nova relação entre o condicionado e o incondicionado, entre o finito e o infinito, entre experiência e especulação, Kant criou um novo tipo de pensamento filosófico frente a Platão e Aristóteles. O conceito especificamente moderno de idealismo que fora proposto por Descartes e Leibniz atinge nele sua plenitude e completude sistemática.

Referências bibliográficas

As referências estão divididas em três grupos: as edições e traduções de *Kant – Vida e doutrina*, as traduções em português que cotejamos das obras de Kant e as obras citadas por Cassirer segundo elaboração da edição da Meiner Verlag. Desta última suprimimos apenas o detalhamento referente a volume/tomo e paginação citada, dado que tais informações já se encontram nas notas de rodapé ao longo do texto.

Edições de Kants Leben und Lehre utilizadas

– Kants Leben und Lehre. Ed. Tobias Berben. In: *Gesammelte Werke*, Vol. 8 [ECW8]. Meiner: Hamburgo, 2001.

– Kant – Vida e doctrina. Tradução de Wenceslao Roges. Fondo de Cultura Economia: México e Buenos Aires, 1948.

– Vita e Dottrina de Kant. Tradução de Gian Antonio De Toni. La Nuova Italia: Florença, 1977.

– Kant's Life and Thought. Tradução de James Haden. Yale University Press: New Haven e Londres, 1981.

Traduções em português das obras de Kant utilizadas

– *Investigação sobre a evidência dos princípios da teologia natural e da moral*. Tradução de Luciano Codato, em KANT, I. *Escritos pré-críticos*. São Paulo: Unesp, 2005, pp. 101-140.

– *Sonhos de um visionário explicados por sonhos da metafísica*. Tradução de Joãosinho Beckenkamp, em KANT, I. *Escritos pré-críticos*. São Paulo: Unesp, 2005, pp. 141-218.

– *Que significa orientar-se no pensamento?* Tradução de Floriano de Sousa Fernandes, em KANT, I. *Textos seletos*. 2ª ed. bil. Petrópolis: Vozes, 1985, pp. 267-283.

– *Notícia do Prof. Immanuel Kant sobre a organização de suas preleções no semestre de inverno de 1765-1766*. Tradução de Guido de Almeida, em KANT, I. *Lógica*. Rio de Janeiro: Tempo Brasileiro, 2003.

– *Crítica da razão pura*. Tradução de Fernando Costa Mattos. Petrópolis: Vozes, 2012.

– *Prolegômenos a toda a metafísica futura que queira apresenta-se como ciência*. Tradução de Artur Morão. Lisboa: Edições 70, 1987.

– *Ideia de uma história universal de um ponto de vista cosmopolita*. Tradução de Ricardo Terra. São Paulo: Martins Fontes, 2004.

– *Resposta à pergunta: Que é "Esclarecimento"?* Em KANT, I. *Textos Seletos*. 9ª ed. Petrópolis: Vozes, 2013, pp. 63-71.

– *Fundamentação da metafísica dos costumes*. Tradução de Guido de Almeida. São Paulo: Barcarolla, 2009.

– *Crítica da razão prática*. Tradução de Monique Hulshof. Petrópolis: Vozes, 2016.

– *Crítica da faculdade de julgar*. Tradução de Fernando Costa Mattos. Petrópolis: Vozes, 2016.

– *Das diferentes raças humanas*. Tradução de Alexandre Hahn. Em: Kant e-Prints, [s. l.], v. 5, n. 5, p. 10-26, 2011. Disponível em: https://www.cle.unicamp.br/eprints/indexphp/kant-e-prints/article/view/414. – Acesso em: 22 jan. 2020.

– *Sobre a expressão corrente: Isto pode ser correto na teoria, mas nada vale na prática*. Tradução de Arthur Morão. Em: *A paz perpétua e outros opúsculos*. Lisboa: Edições 70, 1995.

– *Metafísica dos costumes*. Tradução de Clélia Aparecida Martins et al. Petrópolis: Vozes, 2013.

– *Da utilidade de uma nova Crítica da razão pura*. Tradução de Márcio Pugliesi e Edson Bini. São Paulo: Hemus, 1975.

– *Sobre o fracasso de toda tentativa filosófica na Teodiceia*. Tradução de Joel Klein. Em: *Studia Kantiana*, vol. 19 (dez. 2015), pp. 153-176. Disponível em: http://www.sociedadekant.org/studiakantiana/index.php/sk/article/view/225 – Acesso em 12 jun. 2019.

– *A religião nos limites da simples razão*. Tradução de Arthur Morão. Lisboa: Edições 70, 1992.

– *Sobre um recentemente enaltecido tom de distinção na filosofia*. Tradução de Valério Rodhen et al., *Studia Kantiana*, vol. 10 (2010), pp. 152-170. Disponível em: http://www.sociedadekant.org/studiakantiana/index.php/sk/article/view/87 – Acesso em 13 ago. 2020.

– *O fim de todas as coisas*. Em KANT, I. *Textos Seletos*. 9ª ed. Petrópolis: Vozes, 2013, pp. 92-107.

– *Conflito das faculdades*. Tradução de Artur Morão. Lisboa: Edições 70, 1993.

– *À paz perpétua: um projeto filosófico*. Tradução de Bruno Cunha. Petrópolis: Vozes, 2020.

Obras citadas por Cassirer

Adickes, Erich. *Kants Opus posthumum*. Berlim, 1920.

_____. *Kant-Studien*. Kiel/Leipzig, 1895.

d'Alembert, Jean le Rond. *Traité de dynamique, dans lequel les loix de l'equilibre et du mouvement des corps sont réduites au plus petit nombre possible*. Paris, 1743.

Arnoldt, Daniel Heinrich. *Ausführliche und mit Urkunden versehende Historie der Königsbergischen Universität*. Königsberg, 1746. 2 vol.

Arnoldt, Emil. *Gesammelte Schriften*. Berlim: Otto Schöndörffer, 1908. 6 vol.

_____. *Beiträge zu dem Material der Geschichte von Kants Leben und Schriftstellertätigkeit in Bezug auf seine "Religionslehre" und seinen Konflikt mit der preussischen Regierung*. In: *Gesammelte Schriften*, vol. VI.

_____. *Kants Jugend und die fünf ersten Jahre seiner Privatdozentur im Umriss dargestellt*. In: *Gesammelte Schriften*, vol. III.

_____. *Vergleichung der Garve'schen und der Feder'schen Rezension über die Kritik der reinen Vernunft*. In: *Gesammelte Schriften*, vol. IV. *Kritische Exkurse im Gebiete der Kantforschung*, Parte 1.

_____. *Verzeichnis von Kants Vorlesungen nach der Reihenfolge, für die sie angekündigt, und in denen sie, zum Teil nachweisbar, gehalten worden, nebst darauf bezüglichen Notizen und Bemerkungen*. In: *Gesammelte Schriften*, vol. V. *Kritische Exkurse im Gebiete der Kantforschung*, Parte 2.

Augustinus, Aurelius. *Soliloquorum liber II* [in: *Opera omnia, post lovaniensium theologorum recensionem castigata denuo ad manuscriptos codices gallicos, vaticanos, belgicos, etc., necnon ad editiones antiquiores et castigatiores*. Paris: Jacques-Paul Migne, 1841, vol. I.

Baumgarten, Alexander Gottlieb. *Metaphysica*. Halle a. d. S., 1739.

Biedermann, Karl. *Deutschland im achtzehnten Jahrhundert*. Bd. II/1Fu+2. *Deutschlands geistige, sittliche und gesellige Zustände im achtzehnten Jahrhundert*. 2ª ed. ampliada e revisada. Leipzig, 1880.

Biographie des Königl. Preuß. Geheimenkriegsraths zu Königsberg, Theodor Gottlieb von Hippel, zum Theil von ihm selbst verfasst. Gotha, 1801.

Borowski, Ludwig Ernst. *Darstellung des Lebens und Charakters Immanuel Kant's. Von Kant selbst genau revidirt und berichtigt (Ueber Immanuel Kant, v. I)*. Königsberg, 1804.

Buchenau, Artur/Gerhard Lehmann (ed.). *Der alte Kant. Hasse's Schrift. Letzte Äußerungen Kants und persönliche Notizen aus dem opus posthumum.* Berlim/Leipzig, 1925.

Cassirer, Erich. *Natur- und Völkerrecht im Lichte der Geschichte und der systematischen Philosophie.* Berlim, 1919.

Cassirer, Ernst. *Das Erkenntnisproblem in der Philosophie und Wissenschaft der neueren Zeit,* v. II, Texto e notas editadas por Dagmar Vogel. Hamburgo, 1999 [ECW 3].

_____. *Freiheit und Form. Studien zur deutschen Geistesgeschichte.* Texto e notas editadas por Reinold Schmücker. Hamburgo, 2001 [ECW 7].

_____. *Hermann Cohen und die Erneuerung der Kantischen Philosophie.* In: Kant-Studien 17 (1912), pp. 252-273.

_____. *Leibniz' System in seinen wissenschaftlichen Grundlagen.* Texto e notas editadas por Marcel Simon. Hamburgo 1998 [ECW 1].

Cohen, Hermann. *Das Princip der Infinitesimal-Methode und seine Geschichte. Ein Kapitel zur Grundlegung der Erkenntniskritik.* Berlim, 1883.

_____. *Kants Theorie der Erfahrung.* 2ª ed. revisada. Berlim, 1885.

Descartes, René. *Discours de la méthode. Pour bien conduire sa raison, et chercher la vérité dans le sciences.* In: Œuvres. Paris: Charles Adam e Paul Tannery, 1897. 15 vol.

_____. *Le monde ou traité de la lumière.* In: Œuvres de Descartes, v. 1. Paris: Victor Cousin, 1824.

_____. *Meditationen über die Grundlagen der Philosophie.* Leipzig, 1902.

Dilthey, Wilhelm. *Der Streit Kants mit der Censur über das Recht freier Religionsforschung. Drittes Stück der Beiträge aus den Rostocker Kanthandschriften.* In: Archiv für Geschichte der Philosophie 3 (1890).

Erdmann, Benno. *Die Entwicklungsperioden von Kants theoretischer Philosophie.* In: *Kant, Reflexionen.*

_____. *Martin Knutzen und seine Zeit. Ein Beitrag zur Geschichte der Wolfischen Schule und insbesondere zur Entwicklungsgeschichte Kants.* Leipzig, 1876.

Erhard, Johann Benjamin. *Brief an Kant vom 12. Mai 1786.* In: *Kant, Werke.* vol. IX.

Euler, Leonhard. *Briefe an eine deutsche Prinzessinn über verschiedene Gegenstände aus der Physik und Philosophie.* Leipzig, 1769.

_____. *Mechanica sive motus scientia analytice exposita.* Petropol, 1736. 2 vol.

_____. *Réflexions sur l'espace et le temps.* In: *Histoire de l'Academie Royale des Sciences et Belles Lettres,* Jahrgang 1748, Berlim, 1750.

_____. *Theoria motus corporum solidorum seu rigidorum ex primis nostrae cognitionis principiis stabilita et ad omnes motus, qui in huiusmodi corpora cadere possunt, accomodata.* Rostock/Greifswald, 1765.

Fichte, Johann Gottlieb. *Leben und litterarischer Briefwechsel.* Sulzbach: Immanuel Hermann Fichte, 1830. 2 vol.

Fischer, Kuno. *Geschichte der neuern Philosophie.* 4ª ed. revisada. In: *Immanuel Kant und seine Lehre. Zweiter Teil.* Heidelberg, 1899.

Formey, Jean Henri Samuel. *La belle Wolffienne,* 6 v., Haia, 1741.

Fromm, Emil. *Immanuel Kant und die preussische Censur. Nebst kleineren Beiträgen zur Lebensgeschichte Kants. Nach den Akten im Königl. Geheimen Staatsarchiv zu Berlim.* Hamburgo/Leipzig, 1894.

_____. *Das Kantbildnis der Gräfin Karoline Charlotte Amalia von Keyserling. Nebst Mitteilungen über Kants Beziehungen zum gräflich Keyserlingschen Hause.* In: *Kant-Studien 2* (1899).

Garve, Christian. *Brief an Kant vom 13. Juli 1783.* In: *Kant, Werke,* vol. IX.

_____. *Critik der reinen Vernunft. von Iman. Kant. 1781.* In: *Göttingische Anzeigen von gelehrten Sachen 1* (1782).

Gentz, Friedrich. *Nachtrag zu dem Räsonnement des Hrn Professor Kant über das Verhältniß zwischen Theorie und Praxis.* In: *Berlinische Monatsschrift 22* (1793).

Goethe, Johann Wolfgang von. *Werke. Herausgegeben im Auftrage der Großherzogin Sophie von Sachsen,* Parte 4. Weimar, 1887. 133 vol.

_____. *Goethes Gespräche.* 2ª ed. revisada e fortemente ampliada. Vol. 5. Leipzig: Flodoard Freiherr von Biedermann, 1909.

Haering, Theodor (ed.). *Der Duisburgsche Nachlass und Kants Kritizismus um 1775.* Leipzig, 1910.

Hamann, Johann Georg. *Schriften,* vol. III e VI Berlim: Friedrich Roth, 1824.

Harnack, Adolf. *Geschichte der Königlich Preussischen Akademie der Wissenschaften zu Berlim. Bd. I/1. Von der Gründung bis zum Tode Friedrich's des Großen.* Berlin, 1900.

Hasse, Johann Gottfried. *Letzte Aeußerungen Kant's von einem seiner Tischgenossen.* Königsberg, 1804.

Herder, Johann Gottfried. *Sämmtliche Werke.* Berlim: Bernhard Suphan, 1877. 33 vol.

Hippel, Theodor Gottlieb von. *Mann nach der Uhr oder der ordentliche Mann. Ein Lustspiel in einem Aufzuge,* 1765.

Humboldt, Wilhelm von. *Brief an Friedrich Schiller vom 5. Oktober 1795.* In: *Briefwechsel zwischen Schiller und Wilhelm von Humboldt, mit Anm. vers. v. Albert Leitzmann,* 3ª ed. reduzida. Stuttgart, 1900.

Hume, David. *Dialoge über natürliche Religion*. Edição com introdução de Friedrich Paulsen. Leipzig, 1905.

Jachmann, Reinhold Bernhard. *Immanuel Kant geschildert in Briefen an einen Freund* (*Ueber Immanuel Kant*, v. II). Königsberg, 1804.

Jung-Stilling, Heinrich. *Brief an Kant vom 1. März 1789*. In: Kant, *Werke*, vol. IX.

Justi, Carl. *Winckelmann in Deutschland. Mit Skizzen zur Kunst- und Gelehrtengeschichte des achtzehnten Jahrhunderts. Nach gedruckten und handschriftlichen Quellen dargestellt*. Leipzig, 1866.

Kant, Immanuel. *Werke*. Editado em conjunto com Hermann Cohen et al. por Ernst Cassirer. Berlim, 1912. 11 vol.

_____. Gesammelte Schriften (ed.) v. der Königlich Preußischen Akademie der Wissenschaften, 1. Abt.. Werke, 9 Bde. (Bde. I–IX), Berlin 1902 ff. u. 2. Abt. Briefe, 4 Bde. (Bde. X–XIII), 3. Abt.. Handschriftlicher Nachlaß, 10 Bde. (Bde. XIV–XXIII). Berlim, 1900.

Kiesewetter, Johann Gottfried Carl Christian. *Brief an Kant vom 14. Juni 1791*. In: Kant, *Werke*, v. X, pp. 77-80.

Kremer, Josef. *Das Problem der Theodicee in der Philosophie und Literatur des 18. Jahrhunderts mit besonderer Rücksicht auf Kant und Schiller*. Berlim, 1909.

Kühnemann, Eugen (ed.). *Herder*. 2ª ed. revisada. Munique, 1912.

Lambert, Johann Heinrich. *Brief an Kant vom 13. November 1765*. In: Kant, *Werke*, vol. IX.

_____. *Brief an Kant vom 13. Oktober 1770*. In: Kant, *Werke*, vol. IX.

Lasswitz, Kurd (ed.). *Anmerkungen zu "Untersuchung über die Deutlichkeit der Grundsätze der natürlichen Theologie und der Moral"*. In: Kant, *Gesammelte Schriften*, vol. II.

Lavater, Johann Caspar. *Brief an Kant vom 8. Februar 1774*. In: Kant, *Werke*, vol. IX.

Leibniz, Gottfried Wilhelm. *Epistola ad Hanschium, de philosophia Platonica, sive de enthusiasmo Platonico*. In: *Opera omnia*, v. II. Genebra: Louis Dutens, 1768.

_____. *Hauptschriften zur Grundlegung der Philosophie*. Übers. v. Artur Buchenau, durchges. u. mit Einl. und Erl. vers. v. Ernst Cassirer, Bd. I. Leipzig, 1904.

_____. *Nouveaux Essais sur l'entendement humain*. In: *Opera philosophica quae exstant latina gallica germanica omnia*. Berlim: Johann Eduard Erdmann, 1840.

Lenz, Jacob Michael Reinold. *Der Hofmeister [oder Vortheile der Privaterziehung. Eine Komödie]*. Leipzig, 1774.

Lessing, Gotthold Ephraim. *Sämtliche Schriften*. 3ª ed. revisada e corrigida por Franz Muncker. Leipzig/Stuttgart/Berlim: Karl Lachmann, 1886. 23 vol.

Mendelssohn, Moses. *Brief an Kant vom 25. Dezember 1770*. In: Kant, *Werke*, vol. IX.

_____. *Ueber Rousseau's Neue Héloïse*. In: *Schriften zur Philosophie, Aesthetik und Apologetik*, vol. II. Leipzig: Moritz Brasch, 1880.

Menzer, Paul (Ed.). *Anmerkungen zu "Der einzig mögliche Beweisgrund zu einer Demonstration des Daseins Gottes"*. In: Kant, *Gesammelte Schriften*, vol. II.

Montaigne, Michel de. *Essais avec les notes de tous les commentateurs*. Paris: Joseph-Victor Le Clerc, 1836. 2 vol.

Moritz, Karl Philipp. *Über die bildende Nachahmung des Schönen*. Braunschweig, 1788.

Newton, Isaac. *Optice: sive de reflexionibus, refractionibus, inflexionibus et coloribus lucis, libri tres*. Lausanne/Genebra: Samuel Clarke, 1740.

_____. *Philosophiae naturalis principia mathematica*. Genebra: Thomas Le Seur e Francisque Jacquier, 1739/1742. 2 vol.

Platão. *Opera omnia uno volumine comprehensa*. Leipzig/Londres: Gottfried Stallbaum, 1899.

Poerschke, Karl Ludwig. *Brief an Johann Gottlieb Fichte*. In: Fichte, *Leben und litterarischer Briefwechsel*, vol. II.

_____. *Vorlesung bey Kants Geburtstagsfeyer, den 22sten April 1812*. In: *Königsberger Archiv für Philosophie, Theologie, Sprachkunde und Geschichte*, v. I. Königsberg: Friedrich Delbrück, Carl Gottlieb August Erfurdt et al., 1812.

Recke, Charlotte Elisabeth Konstantia von der. *Bruchstücke aus Neanders Leben*. Berlim: Christoph August Tiedge, 1804.

Reicke, Rudolf. *Ein ungedrucktes Werk Kants aus seinen letzten Lebensjahren*. In: *Altpreußische Monatsschrift 19* (1882); *20* (1883); *21* (1884).

_____. (ed.). *Kantiana. Beiträge zu Immanuel Kants Leben und Schriften*. Königsberg, 1860.

Reinhold, Carl Leonhard. *Briefe über die Kantische Philosophie* [Leipzig, 1790/1792. 2 vol.].

Religionsedikt vom 9. Juli 1788. In: Carl Ludwig Heinrich Raabe, *Sammlung Preußischer Gesetze und Verordnungen*, v. I, 7ª ed. Halle a. d. S., 1823.

Rink, Friedrich Theodor. *Ansichten aus Immanuel Kant's Leben*. Königsberg, 1805.

Ritschl, Albrecht. *Geschichte des Pietismus*. Bonn, 1880. 3 vol.

Rousseau, Jean-Jacques. *Émile ou de l'éducation*. Paris, 1762. 2 vol.

_____. *Recueil d'estampes pour la nouvelle Héloise* Amsterdã, 1761.

Ruhnken, David. *Brief an Kant vom 10. März 1771*. In: Kant, *Werke*, vol. IX.

Sauer, August (ed.). *Stürmer und Dränger*. Bd. II. Lenz und Wagner. Berlim/Stuttgart o. J., 1886.

Schiller, Friedrich. Briefe. Kritische Gesamtausgabe (ed.) u. mit Anm. vers. v. Fritz Jonas, 7 Bde. Stuttgart/Leipzig/Berlim/Wien o. J. [1892 ff.].

Schlapp, Otto. *Kants Lehre vom Genie und die Entstehung der "Kritik der Urteilskraft"*. Göttingen, 1901.

Schmidt, Julian. *Geschichte der Deutschen Litteratur von Leibniz bis auf unsere Zeit*. Berlim, 1886. 5 vol.

Schöndörffer, Otto. *Kant's Briefwechsel. Band II. 1789-1794*. In: *Altpreussische Monatsschrift 38* (1901).

Schubert, Friedrich Wilhelm (ed.). *Immanuel Kant's Biographie. Zum grossen Theil nach handschriftlichen Nachrichten dargestellt* (*Sämmtliche Werke*. Karl Rosenkranz und Friedrich Wilhelm Schubert, v. XI/2). Leipzig, 1842.

Schütz, Christian Gottfried. *Brief an Kant vom 23. August 1784*. In: Kant, *Werke*, vol. IX.

_____. *Brief an Kant vom 18. Februar 1785*. In: Kant, *Werke*, v. IX.

Sembritzki, Johannes. *Kant's Vorfahren*. In: *Altpreussische Monatsschrift 36*, 1899.

_____. Neue Nachrichten über Kant's Großvater. In: *Altpreussische Monatsschrift 37*, 1900.

Sommer, Robert. *Grundzüge einer Geschichte der deutschen Psychologie und Aesthetik von Wolff-Baumgarten bis Kant-Schiller*. Würzburg, 1892.

Spinoza, Baruch de. *Tractatus de intellectus emendatione [et de via qua optime in veram rerum cognitionem dirigitur]*. In: *Opera quae sunt omnia*. Leipzig: Karl Hermann Bruder, 1843. 3 vol.

Stadler, August. *Kants Teleologie und ihre erkenntnisstheoretische Bedeutung. Eine Untersuchung*. Berlim, 1874.

_____. *Kants Theorie der Materie*. Leipzig, 1883.

Stern, Albert. *Ueber die Beziehungen Chr. Garve's zu Kant nebst mehreren bisher ungedruckten Briefen Kant's, Feder's und Garve's*. Leipzig, 1884.

Swedenborg, Emanuel. *Arcana coelestia quæ in scriptura sacra, seu verbo Domini sunt, detecta*. Londres, 1749.

Tetens, Johann Nikolaus. *Philosophische Versuche über die menschliche Natur und ihre Entwickelung*. Leipzig, 1777. 2 vol.

Troeltsch, Ernst. *Das Historische in Kants Religionsphilosophie. Zugleich ein Beitrag zu den Untersuchungen über Kants Philosophie der Geschichte.* In: Kant-Studien 9 (1904).

Varnhagen von Ense, Karl August (ed.). *Denkwürdigkeiten des Philosophen und Arztes Johann Benjamin Ehrhard.* Stuttgart/Tübingen, 1830.

Voigt, Johannes. *Das Leben des Professor Christian Jacob Kraus, öffentlichen Lehrers der praktischen Philosophie und der Cameralwissenschaften auf der Universität zu Königsberg, aus den Mittheilungen seiner Freunde und seinen Briefen.* Königsberg, 1819.

Voltaire. *Candide ou l'optimisme.* Genebra, 1759.

Vorländer, Karl. *Immanuel Kants Leben.* Leipzig, 1911.

Warda, Arthur. *Ergänzungen zu E. Fromms zweitem und drittem Beitrage zur Lebensgeschichte Kants.* In: Altpreussische Monatsschrift 38, 1901.

_____. *Kants Bewerbung um die Stelle des Sub-Bibliothekars an der Schloßbibliothek.* In: Altpreussische Monatsschrift 36, 1899.

_____. *Zur Frage nach Kants Bewerbung um eine Lehrerstelle an der Kneiphöfischen Schule.* In: Altpreussische Monatsschrift 35, 1898.

Wasianski, Ehregott Andreas Christoph. *Immanuel Kant in seinen letzten Lebensjahren. Ein Beitrag zur Kenntniß seines Charakters und seines häuslichen Lebens aus dem täglichen Umgange mit ihm (Ueber Immanuel Kant, v. III).* Königsberg, 1804.

Windelband, Wilhelm. *Die Geschichte der neueren Philosophie in ihrem Zusammenhange mit der allgemeinen Kultur und den besonderen Wissenschaften dargestellt.*, 3ª ed. revisada. Leipzig, 1904. 2 vol.

Zedlitz, Karl Abraham Freiherr von. *Brief an Kant vom 28. März 1778.* In: Kant, *Werke*, vol. IX.

LEIA TAMBÉM:

Desapegar-se com Schopenhauer

Céline Belloq

Este livro não é um livro apenas para ser lido, mas também para ser posto em prática. Questões concretas a respeito de nossa vida acompanham as teses apresentadas em cada capítulo. Não o leia passivamente, mas arregace as mangas para questionar sua vida e obter, assim, respostas honestas e pertinentes. Com provocações e exercícios concretos, você será incitado a trazer para dentro de sua vida concreta os ensinamentos da filosofia. Da mesma maneira, esforce-se para apropriar-se deles e encontrar situações oportunas para praticá-los seriamente.

Você está pronto para começar a viagem? Pode ser que ela o surpreenda, ou pareça, às vezes, árida, ou quem sabe chocante... Você está preparado para sentir-se desestabilizado, arremessado em uma nova maneira de pensar e, portanto, de viver? Essa viagem através das ideias de um filósofo do século XIX o transportará também para o fundo de você mesmo. Então, deixe-se guiar ao longo dessas páginas, acompanhando as questões e as ideias apresentadas, para descobrir como o pensamento de Schopenhauer pode mudar sua vida.

(Trecho da obra)

LEIA TAMBÉM:

Ser livre com Sartre

Frédéric Allouche

O existencialismo de Sartre é parte de um projeto de vida: descobrir-se livre e transformar a própria vida; superar as condições sociais, religiosas ou pessoais que nos entravam; identificar o funcionamento conflitante de nossos relacionamentos com os outros para nos superar; lembrar-se que pensar é ter a liberdade de *escolher*. Em todos os momentos a filosofia de Sartre atua como um estímulo que nos obriga a agir, sem desculpas válidas. Não é complacente porque proíbe pequenos arranjos consigo mesmo, proscreve álibis de todos os tipos e estratégias de escape que às vezes dão boa consciência.

Mas, confrontar-se com a realidade é oferecer a si mesmo a oportunidade de finalmente viver em harmonia consigo mesmo, provar a alegria de ser autêntico.

Esse livro não é um livro apenas para ser lido, mas também para ser posto em prática. Questões concretas a respeito de nossa vida acompanham as teses apresentadas em cada capítulo. Não o leia passivamente, mas arregace as mangas para questionar sua vida e obter assim respostas honestas e pertinentes. Com provocações e exercícios concretos, você será incitado a trazer para dentro de sua vida concreta os ensinamentos da filosofia. Da mesma maneira, esforce-se para se apropriar deles e encontrar situações oportunas para praticá-los seriamente.

Você está pronto para começar a viagem? Pode ser que ela o surpreenda, ou pareça, às vezes, árida, ou quem sabe chocante... Você está preparado para se sentir desestabilizado, arremessado em uma nova maneira de pensar e, portanto, de viver? Essa viagem através das ideias de um filósofo do século XX o transportará também para o fundo de você mesmo. Então, deixe-se guiar ao longo destas páginas, acompanhando as questões e as ideias apresentadas, para descobrir como o pensamento de Sartre pode mudar sua vida.

Frédéric Allouche é formado em etnologia e em psicologia. É professor de Filosofia no Lycée Charles de Foucauld, em Paris.

Conecte-se conosco:

facebook.com/editoravozes

@editoravozes

@editora_vozes

youtube.com/editoravozes

+55 24 2233-9033

www.vozes.com.br

Conheça nossas lojas:

www.livrariavozes.com.br

Belo Horizonte – Brasília – Campinas – Cuiabá – Curitiba
Fortaleza – Juiz de Fora – Petrópolis – Recife – São Paulo

EDITORA VOZES LTDA.
Rua Frei Luís, 100 – Centro – Cep 25689-900 – Petrópolis, RJ
Tel.: (24) 2233-9000 – E-mail: vendas@vozes.com.br